Höhepunkte des Tiroler Sports

Fred Steinacher

Höhepunkte des Tiroler Sports
Jahrbuch 2015

Herausgegeben vom
Amt der Tiroler Landesregierung – Sport

HAYMON

Die Drucklegung dieses Buches wurde unterstützt durch:
Amt der Tiroler Landesregierung
    Sportabteilung, Mag. Reinhard Eberl

ASVÖ Tirol
Baustoffe Lang
Casinos Austria
Generali Kitzbühel open
Hypo Tirol Bank
Olympiaregion Seefeld
Sky
Tiroler Raiffeisenbanken
Tiroler Tageszeitung
Tiroler Versicherung
Tiroler Wasserkraftwerke
UNIQA
UPC

Gefördert von

ISBN 978-3-7099-7175-8

© Haymon Verlag, Innsbruck-Wien 2016
Alle Rechte vorbehalten
www.haymonverlag.at

© der Fotos bei den Fotografen bzw. Agenturen

Redaktion: Fred Steinacher
Bildredaktion: GEPA, Fred Steinacher
Layout, Satz und Umschlaggestaltung: Haymon Verlag/Karin Berner

www.sportjahr.at

Inhalt

LHStv. Josef Geisler:
    Hoher Stellenwert des Sports 6
Fred Steinacher:
    Triumphe und Tragik 7

Jänner 9
Feber 39
März 59
April 79
Mai 95
Juni 111
Juli 133
August 151
September 165
Oktober 185
November 209
Dezember 235

Jahresbericht 2015 des Amtes der
    Tiroler Landesregierung Abteilung Sport 245
Meister des Tiroler Sports 2015 269

Hoher Stellenwert des Sports

Wieder neigt sich ein aufregendes Jahr für den Tiroler Sport dem Ende zu. Erinnerungen an Vergangenes lassen Bilder entstehen und Emotionen hochleben. Das Tiroler Sportjahrbuch ist für mich als Landessportreferent ein ganz besonderes Highlight. Es führt uns den hohen Stellenwert des Sports in Tirol bewusst vor Augen und dokumentiert die Top-Leistungen unserer Sportlerinnen und Sportler.

Dieser Jahresrückblick in Buchform erinnert an bewegende Sportmomente. Wir fieberten mit unseren Athletinnen und Athleten mit, feierten ihre Siege und bewunderten herausragende Erfolge.
Aber nicht nur unsere Sportlerinnen und Sportler gehören zu den Besten der Welt, auch unser Land ist bekannt als idealer Austragungsort sportlicher Großveranstaltungen auf höchstem Niveau. Nächstes Jahr finden in Innsbruck die International Children's Games und die Bob- und Skeleton-WM in Innsbruck-Igls statt. Austragungsort solcher internationaler Sportveranstaltungen zu sein, zeugt von Tirols Einmaligkeit und Qualität.

All diese unvergesslichen Momente und Ereignisse benötigen viele Helferinnen und Helfer, starke Hände und Zusammenhalt, um sie zu ermöglichen. Dafür möchte ich mich bei allen Tirolerinnen und Tirolern bedanken.
Ich wünsche allen Leserinnen und Lesern viel Spaß und Freude mit dem Sportjahrbuch 2015 und unseren Sportlerinnen und Sportlern ein gutes, erfolgreiches und vor allem verletzungsfreies Jahr 2016.

Ihr Landeshauptmann-Stellvertreter
Josef Geisler

Foto: Tiroler Tageszeitung

Triumphe und Tragik

Der Sport in allen seinen Varianten ist zu einem wesentlichen Bestandteil unseres täglichen Lebens geworden, und wenn nun zu Beginn des Jahres 2016 dieses traditionelle Jahrbuch des Tiroler Sports mit dem Rückblick auf 2015 erscheint, dann feiern wir bereits die 18. Ausgabe dieser Chronik. Das ist gleichsam eine Bestätigung dafür, dass Sport aus und in Tirol ein Qualitätsbegriff der besonderen Art ist: be- und geachtet in der ganzen Welt.

2015 – das war einmal mehr ein Jahr zahlreicher großer Veranstaltungen in unserem Land. Weltcups in Seefeld, Hochfilzen, Igls, die Springertournee, das Hahnenkammrennen, das Gastspiel des Handball-Weltmeisters, Champions League im Volleyball, Tennis-Daviscup, die EM im Klettern usw. Da war wohl für jeden Geschmack das Richtige dabei.

Dass darüber hinaus Tiroler Sportlerinnen und Sportler in allen Teilen der Welt für Furore sorgten, Medaillen holten (Hosp, Schlierenzauer, Flock oder Penz/Fischler), Titel hamsterten und sich nicht zuletzt auf diese Art als perfekte Botschafter unserer Heimat erwiesen, rundet das Bild der Qualitätsmarke „Sport und Tirol" sehr eindrucksvoll ab.

Wir haben mit dem FC Wacker gezittert und gejubelt, als die Schwarzgrünen die Klasse gehalten haben, haben uns gefreut, als die Hypo-Volleyballer die heimische Liga und die MEVZA aufmischten oder als die Raiders den Titel zurückeroberten. Es gab da wie dort Jubelszenen, wie man sie nur selten sieht.

Dort der Triumph, hier die Tragik – im Sport stets Wegbegleiter auf engstem Raum. Auch in diesem Jahr. In all die Freude über Siege, Medaillen oder Top-Veranstaltungen mischte sich der Schock nach dem verhängnisvollen Unfall von Kira Grünberg. Bewundernswert, wie sie den Weg zurück in Angriff nimmt. An dieser Stelle wünschen wir Kira viel Kraft und dass sie diesen bisher schwersten Kampf in ihrem noch jungen Leben meistern kann.

Mein Dank gilt all jenen, die mitgeholfen haben, dass diese 18. Ausgabe termingerecht und in bewährter Form erscheinen konnte. Allen Kolleginnen und Kollegen in der Sportredaktion der Tiroler Tageszeitung, deren Artikel die Basisinformationen lieferten, Franz Pammer und der GEPA für die Fotoauswahl, Romana Riedl, der Statistik-Fee, sowie Linda Müller und Karin Berner vom Haymon Verlag. Und natürlich nicht zu vergessen sind all die treuen Sponsorinnen und Sponsoren, viele davon als Partner der ersten Stunde, die mit ihren Einschaltungen Jahr für Jahr beweisen, wie sehr sie dem Sport und den Sportlerinnen und Sportlern in diesem Land verbunden sind.

Viel Spaß beim Blick zurück!

Herzlichst
Fred Steinacher

JÄNNER

Der Sprung auf Innsbruck: Immer wieder ein beeindruckendes Bild.

Zwei Freunde schrieben Tourneegeschichte

Es sind diese Tage um die Jahreswende, an denen sich die Skisprungfreunde aus aller Welt auf vier Namen konzentrieren: Oberstdorf, Garmisch, Innsbruck und Bischofshofen. Vier Traditionsorte, ein Begriff – deutsch-österreichische Springertournee! Die Zutaten? Ausverkaufte Stadien, faszinierende Stimmung, alles in allem Sport auf höchster Ebene sozusagen. Und natürlich das stets aktuelle Duell der „Flieger" aus Deutschland und Österreich. Ab und zu zwar unterbrochen oder „gestört" von Norwegern, Finnen oder Schweizern wie zuletzt von Anders Jacobsen und Simon Ammann, aber letztlich war während der letzten Jahrzehnte fast immer alles auf die Erzrivalen aus den Teams des DSV und ÖSV fokussiert. Fantastisch auch das Drehbuch der Tournee 2014/2015. Im ersten Kapitel, auf der WM-Schanze in Oberstdorf, spielte neben Wetterkapriolen vor allem das ÖSV-Duo Stefan Kraft und Michael Hayböck die Hauptrolle. Dem witterungsbedingten Abbruch vom Sonntag ließen die beiden Freunde und Zimmerkollegen einen Doppelsieg am Montag folgen. Dass es für den 21-jährigen Kraft gleichzeitig der Weltcup-Premierenerfolg war, entlockte dem Salzburger ein breites Lächeln und ein demütiges „Das ist wie ein wunderschöner Traum!" In dieser Saison war er als Zweiter und Dritter schon zweimal relativ knapp am Premierenerfolg dran gewesen, in Oberstdorf ließ er just in seinem 50. Weltcup-Bewerb aber alle Favoriten hinter sich und feierte nach Sprüngen auf 136,5 und 129,0 Meter gemeinsam mit den rund 12.000 Zuschauern. Hinter Hayböck landete der Slowene Peter Prevc, Vorjahressieger Ammann war schon im ersten Durchgang gestürzt und hatte damit genauso seine Anwartschaft auf den begehrten Gesamtsieg

Stefan Kraft, die Freude des Siegers.

Gregor Schlierenzauers elegante Landung im Bergisel-Stadion.

im Schnee begraben müssen wie Gregor Schlierenzauer, der im zweiten Durchgang vom sechsten auf den 17. Platz zurückgefallen war.

Die Konkurrenz von Garmisch – oder der Sprung ins neue Jahr – versprach also Hochspannung pur. Tatsächlich erweiterte sich der Kreis der Anwärter auf den Tourneetriumph neben Kraft, Hayböck und Prevc um Tagessieger Anders Jacobsen auf ein Quartett. Der 29-Jährige hatte im mit 20.000 Zuschauern ausverkauften Olympiastadion vor dem Schweizer Simon Ammann gewonnen und feierte damit eine fast unglaubliche Rückkehr auf das Podest, nachdem seine Karriere nach einem Kreuzbandriss im März 2013 gleichsam an einem seidenen Faden gegangen war. Während also Jacobsen jubelte und von Schlierenzauer beglückwünscht wurde, hielt sich der wahre Sieger im Hintergrund: Peter Prevc. Denn der Slowene durchkreuzte mit seinem dritten Platz schon früh den österreichischen Alleingang im Kampf um den Vierschanzentourneesieg. Bereits zur Halbzeit war der 22-Jährige an dem siebtplatzierten Michael Hayböck in der Gesamtwertung vorbeigezogen. Der sechstplatzierte Kraft führte vor der dritten Station am Bergisel plötzlich nur noch um einen Hauch im Ausmaß von 60 Zentimetern (1,1 Punkte). Eine Ausgangsposition der Extraklasse vor dem Finale in Österreich. Wo sich vor allem der Bergisel vom Hexenkessel in ein Tollhaus verwandelt hatte, wo die 22.500 Fans für einen derart ohrenbetäubenden Lärm gesorgt hatten, dass man das eigene Wort nicht mehr verstehen konnte. Und im Fahnenmeer jubelten vier Springer unterschiedlichster Nationen so sehr, dass man glauben konnte, alle vier hätten dieses stimmungsvolle, prestigeträchtige Springen gewonnen.

Richard Freitag, der Tagessieger aus Deutschland, freute sich, weil er seine bei der Tournee so lange nach einem Erfolg lechzende Nation endlich erlöste. Der Schützling von Werner Schuster, einem Wahl-Mieminger, sorgte für den ersten deutschen Erfolg bei der Traditionsveranstaltung seit Dezember 2002. „Ein unglaubliches Gefühl, eine Gefühlsexplosion. Das war gewaltig, gigantisch in dem Kessel, da macht alles einen Riesenspaß", sagte der 23-Jährige. Der Schweizer Simon Ammann wiederum visierte im Schanzenauslauf Noriaki Kasai an, umarmte ihn stürmisch, der 33-Jährige freute sich, mit seinem 42-jährigen Idol aus Japan wieder einmal auf dem gleichen Stockerl stehen zu dürfen. Beide wurden ex aequo Dritte.

Und ÖSV-Adler Stefan Kraft jubelte, weil er als Zweiter der große Sieger eines fantastischen Wettkampfs war. Zuerst hatte er mit einem weiten Satz auf 137 Meter im ersten Durchgang den Schanzenrekord Sven Hannawalds von 2002 geknackt und damit – auch wenn die neue Messlatte nur einen Durchgang lang hielt, weil Michael Hayböck danach bei 138 Metern landete – den Grundstein für einen fast uneinholbaren Vorsprung in der Tournee-Gesamtwertung gelegt. Denn Peter Prevc, der noch bis Innsbruck auf Schlagdistanz war, landete abgeschlagen auf dem elften Platz. Tatsächlich war das die Entscheidung um den Tourneesieg, denn Stefan Kraft hielt seine Nerven und die stark attackierenden Konkurrenten im Zaum.

„Ich bin zwar doch ein bisschen nervös geworden, aber es hat trotzdem gereicht", gestand der Tournee-Gesamtsieger letztlich inmitten eines rot-weiß-roten Fahnenmeeres, bevor er vor mehr als 20.000 Fans die begehrte Trophäe in Form eines goldenen Adlers entgegennehmen durfte. Zum Abschluss in Bischofshofen hatte der Schwarzacher als Dritter noch 17,1 Punkte auf Tagessieger Michael Hayböck eingebüßt, am Ende trennten die Freunde aber immerhin noch sechs Punkte. Und wie schon im Vorjahr (damals Thomas Diethart und Thomas Morgenstern) feierte Österreich einen Doppel-

Fantastische Stimmung im Hexenkessel am Bergisel.

Stefan Kraft und die Tournee-Trophäe.

Heinz Kuttin – ÖSV-Cheftrainer mit kritischem Blick.

erfolg. Krafts Erfolg hatte historische Dimension: Der zwölfte Tourneegewinner Österreichs war erst der zweite Salzburger nach Bubi Bradl (1953), dem dieses Kunststück gelungen war. Und Kraft egalisierte mit dem 16. Tournee-Erfolg für Rot-weiß-rot auch die Führung der Deutschen und Finnen. Der Tiroler Gregor Schlierenzauer, selbst schon zweimal Gewinner des legendären Bewerbs, schulterte die Sieger. Und auch der Senkrechtstarter des vergangenen Jahrs, der Niederösterreicher Thomas Diethart, nahm's mit Humor. „Letztes Jahr war es stressig, heuer habe ich meine Ruhe gehabt. Es hat Spaß gemacht."

Adler segelten auf Platz zwei

Aus acht mach zwei – gesagt, getan. Den Teambewerb im polnischen Zakopane beendeten die ÖSV-Adler auf dem zweiten Platz hinter Deutschland, Slowenien musste sich mit Rang drei begnügen. Immerhin hatte das österreichische Team einiges gutzumachen: Beim Saisonauftakt in Klingenthal waren die rot-weiß-roten Springer noch auf den achten Platz abgestürzt. In Polen lief es von Anfang an viel besser: Startspringer Michael Hayböck bestätigte seine gute Form und brachte Rot-weiß-rot in Führung, auch Gregor Schlierenzauer

Der finale Sprung der Tournee 2014/2015.

und Tourneesieger Stefan Kraft zeigten gute Sprünge, nur Thomas Diethart ließ etwas aus. Somit ging Österreich gleichauf mit Norwegen und zehn Punkte hinter Deutschland in die Entscheidung. Und es blieb bis zum letzten Sprung spannend: Hayböck verkürzte den deutschen Vorsprung, Schlierenzauer holte die Führung zurück. Nach einem deutlich verbesserten zweiten Sprung von Diethart zeigte auch Kraft einen guten Sprung zum Abschluss. Allein Severin Freund blieb davon unbeeindruckt und sprang den Sieg für Deutschland am Ende doch noch deutlich nach Hause. Die deutschen Sieger zeigten sich großmütig: Michael Neumayer, Marinus Kraus, Richard Freitag und Severin Freund kündigten an, das Preisgeld dem in Bischofshofen schwer gestürzten US-Amerikaner Nick Fairall zukommen zu lassen.

Naturbahn-WM: Silber für Angerer

So etwas nennt man einen Auftakt nach Maß: Österreichs Naturbahnrodler holten gleich im Auftaktbewerb der Heim-WM im steirischen St. Sebastian die erste Medaille. Rupert Brüggler und Tobias Angerer sicherten sich im Doppelsitzer 2:96 Sekunden hinter den italienischen Titelverteidigern Patrick Pigneter/Florian Clara die Silbermedaille. Angerer jubelte nach der Zieleinfahrt: „Es ist ein Traum für uns in Erfüllung gegangen, vor heimischem Publikum eine Medaille zu gewinnen." Die Tiroler Christoph Regensburger und Dominik Holzknecht lagen als Vierte nur 29 Hundertstel hinter den Bronzemedaillengewinnern Pawel Porschnew/Iwan Lasarew aus Russland und verpassten Edelmetall hauchdünn. Leider blieb es dabei – in den Einzelrennen war ein vierter Platz von Thomas Kammerlander die gesamte Ausbeute, bei den Damen hatte sich Tina Unterberger mit Rang fünf zufriedengeben müssen.

Gasser erlöste Rot-weiß-rot

„Vier bis fünf Medaillen" hatte ÖSV-Präsident Peter Schröcksnadel noch bei der Eröffnung der Snowboard-Heim-WM am Kreischberg gefordert. Geworden sind es letztlich sechs Stück Edelmetall, eine Zahl, die den Präsidenten genauso freute wie der Ansturm der Zuschauer. „Wir wollten beeindruckenden Sport liefern, das ist uns gelungen", so die Organisatoren, die trotz teilweise schwierigster Bedingungen den Athleten nahezu perfekte Verhältnisse präsentierten. Mit jeweils zweimal Gold, Silber und Bronze wurden die ÖSV-Athleten den hohen Erwartungen gerecht – und das, obwohl die Titelkämpfe für das Team nicht gerade optimal begonnen hatten, als Co-Favorit Markus Schairer nach einer in der Quali erlittenen Verletzung vor dem Finale aufgeben hatte müssen.

Slopestylerin Anna Gasser wiederum hatte sich von einer Verletzung nicht stoppen lassen und holte Silber. „Ich war so aufgeregt, da habe ich die Schmerzen gar nicht gespürt", so die 23-Jährige. Der undankbarste Platz bei Weltmeisterschaf-

Bester Österreicher in St. Sebastian: Thomas Kammerlander.

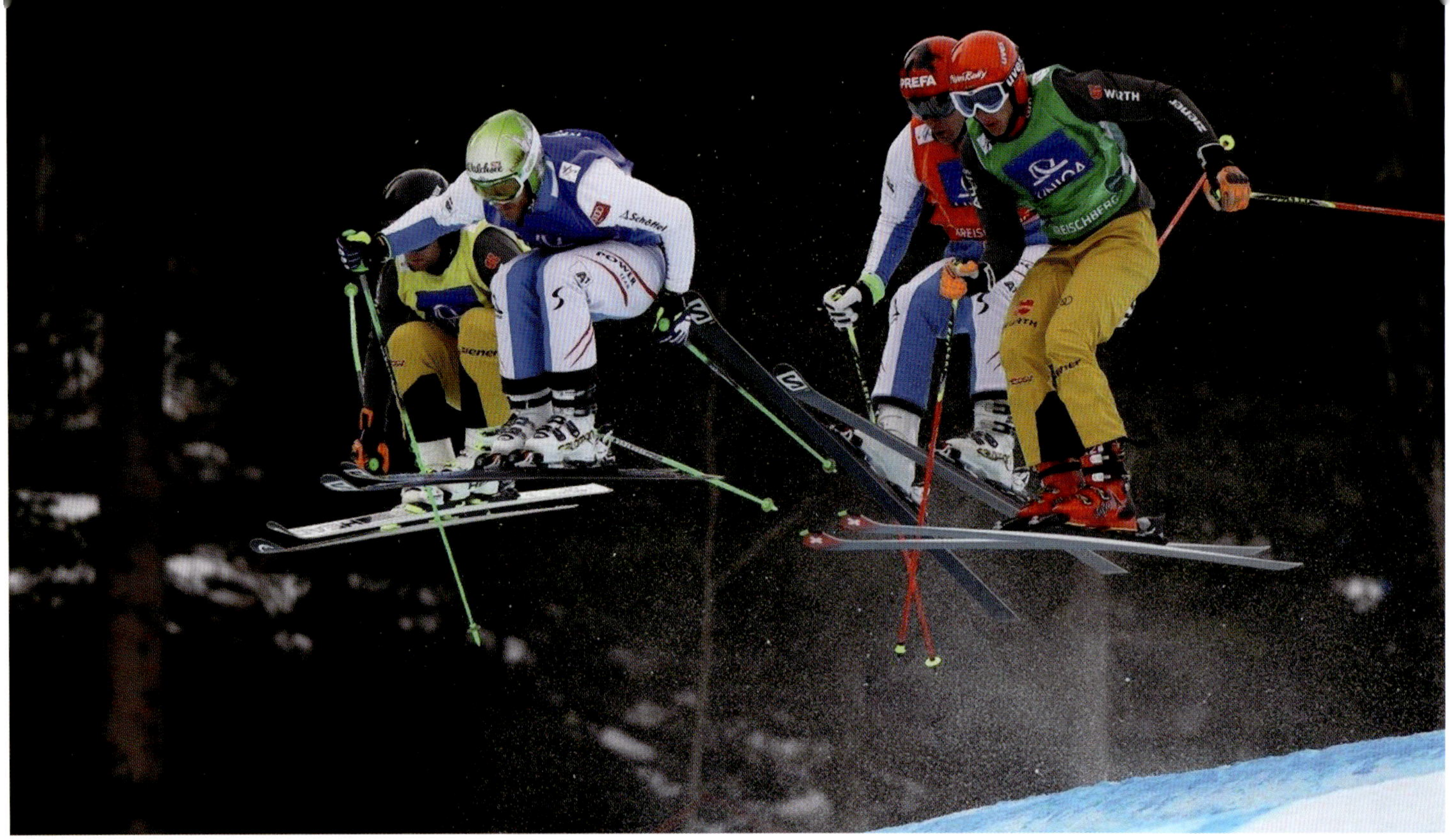

Foto: GEPA

Spektakulär wie immer – der Skicross-Bewerb bei der WM am Kreischberg mit Thomas Zangerl und Andreas Matt.

ten ist ohne Zweifel der vierte, Viktor Moosmann, 19-jähriger Osttiroler, kann ein Lied davon singen. Er hatte das Podest im Slopestyle-Finale gerade einmal um 1,2 Punkte verpasst, freute sich aber dennoch über die „Blecherne". Im RTL fuhr Benjamin Karl trotz Slalom-Frust und Bandscheibenvorfall auf Platz drei, gewann sein siebtes Edelmetall. Sensationell die 41-jährige Claudia Riegler, die mit Gold im Riesentorlauf den größten Erfolg ihrer langen Karriere feierte. Wie überhaupt die Damen auftrumpften: Julia Dujmovits (Silber) und Marion Kreiner (Bronze) kassierten im Parallelslalom ab, während zum Abschluss der WM Andrea Limbacher im Skicross mit Gold auftrumpfte und damit wohl auch etwas den Schmerz des Tirolers Thomas Zangerl linderte, der sich im Halbfinale bei einem Sturz einen Bruch im Lendenwirbelbereich zugezogen hatte.

Fehler verhinderte den Sieg

Eigentlich zählt die Bahn in Königssee nicht zu den Lieblingsstrecken der rot-weiß-roten Kunstbahnrodler Peter Penz und Georg Fischler. Und eigentlich würden sich die Tiroler Doppelsitzer auch nicht über einen dritten Platz ärgern. Doch diesmal

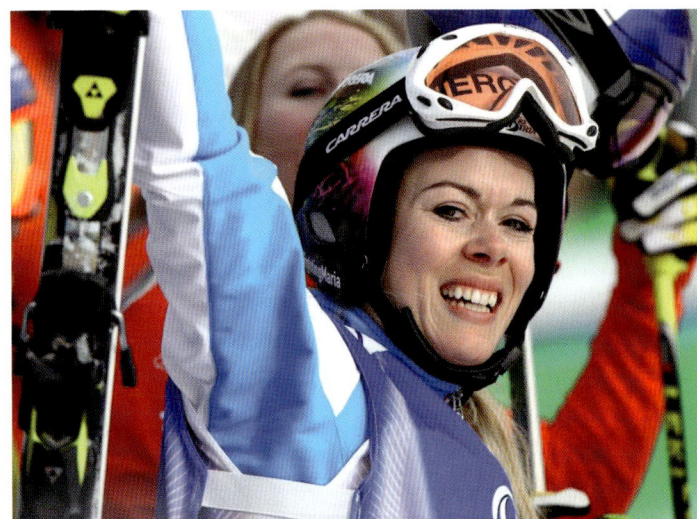

Andrea Limbacher jubelte nach dem Goldlauf.

Freude bei Penz/Fischler nach Platz drei.

Fotos: GEPA (li.), APA/ÖRV/Eugen Eslage (re.)

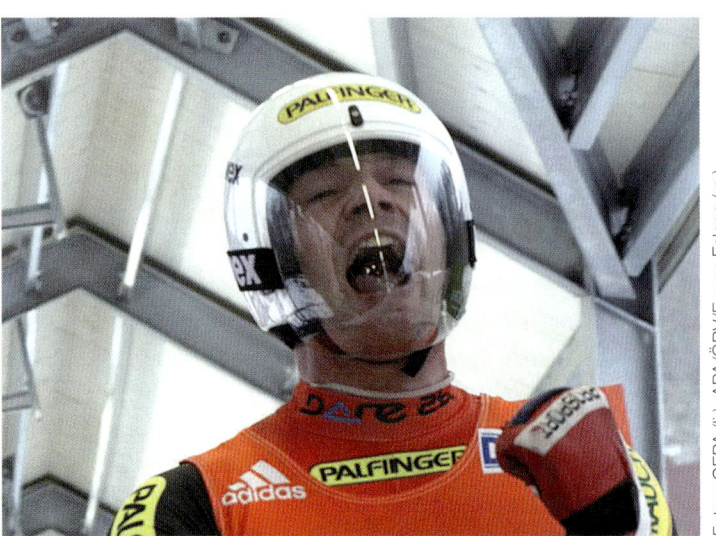

war alles ein wenig anders – denn nur ein schwerer Fehler im ersten Durchgang verhinderte den möglichen Sieg, am Ende leuchtete Rang drei hinter den deutschen Tobias Wendl/Tobias Arlt und Toni Eggert/Sascha Benecken auf. Fischler: „Der Podestplatz ist super, trotzdem bin ich sehr verärgert. Ohne den Fehler wäre mehr möglich gewesen." Bei den Damen rodelte Miriam Kastlunger auf Rang 13.

Junioren-Staffel eroberte WM-Bronze

Auf Penz/Fischler ist auch im Jahr eins nach Linger/Linger immer wieder Verlass. Österreichs Doppelsitzer-Stars verpassten im Rahmen der Weltcup-Veranstaltung in Oberhof Rang drei nur hauchdünn. Es wäre der zweite Stockerlplatz hintereinander gewesen, am Ende fehlten lächerliche drei tausendstel Sekunden auf die Drittplatzierten Denisjew/Antonow aus Russland. Für die Deutschen Gastgeber gab es dagegen einmal mehr einen Doppelsieg durch die Olympiasieger Wendl/Arlt vor Eggert/Benecken. Die zweite rot-weiß-rote Doppelsitzerpaarung Thomas Steu/Lorenz Koller musste sich mit Rang 16 begnügen.

Dafür lieferten die Einzel-Herren ein kräftiges Lebenszeichen. Reinhard Egger raste auf Rang fünf, ihm fehlten letztlich 128 tausendstel Sekunden auf Rang drei. Der Deutsche Felix Loch siegte überlegen. David Gleirscher wurde Zehnter.

Mehr Grund zur Freude aus rot-weiß-roter Sicht hatten dafür weit oben im hohen Norden die Mitglieder der österreichischen Staffel, die bei der Junioren-WM im Olympiaort Lillehammer mit Rang drei die zweite Bronzemedaille für Österreich eroberte. Davor hatte zum Auftakt der Titelkämpfe bereits der Tiroler Nico Gleirscher für Furore gesorgt. Der 17-Jährige war in der Einsitzer-Konkurrenz hinter Roman Repilov aus Russland und Tucker West aus den USA auf Rang drei gerast und holte damit ebenso WM-Bronze wie Bruder David vor zwei Jahren. „Diese Medaille ist ein Traum, das ist mein bisher größter Erfolg, entsprechend groß ist die Freude", sagte Gleirscher. Bei den Damen belegte Madeleine Egle Rang vier, Nina Prock wurde Zehnte.

Verspätung, Jetlag und Niederlage

An den 30. Dezember 2014 wird sich HCI-Neuerwerbung Kenny MacAulay wohl noch lange erinnern: Zunächst hatte sein Flieger aus Chicago Verspätung, dann ging es im Schneetreiben von München nach Innsbruck und beim anschließenden Haie-Debüt setzte es noch eine 2:6-Niederlage im Tiroler Derby gegen Bozen: „Es war eine interessante Herausforderung", meinte der kanadisch-kroatische Eishockey-Crack mit einem Augenzwinkern. MacAulay kam aufgrund der langen Anreise nicht einmal zum Aufwärmen: „Ohne Aufwärmen ein Spiel zu absolvieren, war auch für mich neu. Das Ergebnis stört mich aber mehr."

In dasselbe Rohr blies Teamkollege Florian Stern: „Wir sind derzeit leider noch nicht konstant genug. Gegen Linz holen wir zwei Punkte, gegen Bozen gelingt uns dann aber nicht viel." Chance zur Korrektur gab es jedoch nur 48 Stunden später gegen Dornbirn. Nach drei Auswärtssiegen in Serie (gegen KAC, Graz und Linz) und ebenso vielen Heimniederlagen en suite (Vienna, Villach und Südtirol) standen die Haie

Reinhard Egger auf dem Weg zum Spitzenplatz in Oberhof.

Die Premiere von MacAulay gegen Bozen endete mit einer Niederlage.

im Westderby unter Druck. Mit Blickrichtung Zwischenrunde und etwaiger Bonuspunkte musste dringend eine Kurskorrektur in Sachen Heimtabelle (nur Platz elf) her. „Wir müssen zu Hause endlich wieder anschreiben", fasste Obmann Günther Hanschitz den Auftrag in Worte.

Nach torlosem Startdrittel ergab sich plötzlich ein ganz anderes Bild. Dornbirn drückte, fand durch Blatny, D'Aversa, Bohmbach, Di Benedetto und Arniel zahlreiche Hochkaräter vor, scheiterte aber immer wieder an Teufelskerl Adam Munro. Der schien zu Beginn des neuen Jahres wieder im Vollbesitz seiner Kräfte. Und vorne schlugen Jeff Ulmer (Abstauber nach Ross-Schuss an die Bande) sowie Andreas Valdix (nach Ulmer-Assist im Powerplay aus der Drehung) eiskalt zu. Eine 2:0-Führung lachte von der Anzeigetafel und nach 40 Minuten wähnten sich die „Gsis" im Vier-Punkte-Spiel plötzlich im falschen Film.

Das Glück des Tüchtigen begleitete die Haie in den Schlussabschnitt. Dornbirns möglichem Anschlusstreffer nach nur 34 Sekunden blieb nach Videobeweis die Anerkennung verwehrt. Durchatmen. Die Vorarlberger belagerten in der Folge phasenweise das Innsbrucker Gehäuse, aber auch die Chancen aufs 3:0 waren da. Als Dornbirn-Goalie Lawson für einen sechsten Feldspieler wich, markierte Roland Kaspitz den Endstand ins leere Tor. Und nach dem Match wurde mit den Fans endlich wieder in der eigenen Halle gefeiert.

Aufholjagd blieb in Laibach unbelohnt

Eigentlich nicht zu fassen – da schlägt der HC Tiroler Wasserkraft Innsbruck zum Jahresstart den immer gefährlichen Westrivalen Dornbirn völlig verdient dank einer starken Vorstellung und wenige Tage später war die Herrlichkeit wie vom Eis gewischt, mussten sich die Tiroler einmal mehr ihrem Angstgegner Laibach geschlagen geben. Dabei waren die Haie mit besonderem Ehrgeiz bei der Sache, vor allem die beiden Ex-Laibacher Nick Ross und Jeff Ulmer, die noch immer auf ausstehende Gehaltszahlungen aus ihrer Zeit in Slowenien hofften. Doch beim Tabellenletzten wollte es für die Innsbrucker nicht nach Wunsch laufen. Es entwickelte sich ein zerfahrenes Anfangsdrittel mit vielen Fehlern auf beiden Seiten. Und die folgenschweren Böcke „schoss" vor allem der HCI: Innerhalb von 60 Sekunden sorgte Laibach mit einem Doppelschlag für hängende Innsbrucker Gesichter. Treffer von Hunter Bishop und Tom Zanoski (beide in der 11. Minute) ließen die Slowenen mit 2:0 davonziehen. Erst in der 19. Minute hatten dann die Ex-Laibacher ihren ersten und einzigen auffälligen Auftritt: Ulmer bediente Ross ideal, doch der aktuell gefährlichste Defensivspieler der Liga verpasste den Anschlusstreffer knapp. Im zweiten Abschnitt sollte es noch schlimmer kommen: In der 25. Minute stellte Ales Music auf 3:0. Es blieb die Hoffnung, genährt durch den Powerplay-Anschlusstreffer von

Jubel bei den Haien: Beech, Siddall, Ross und Ulmer nach dem Sieg über Dornbirn.

Neuerwerbung Kenny MacAulay, dem sein erster Treffer im HCI-Dress gelang (27.). Und neun Minuten später waren die Haie endgültig zurück im Spiel: Nach Pittl-Vorlage sorgte Matt Siddall für das 3:2. Es kündigte sich eine Aufholjagd an. Denn auch im Schlussdrittel agierten die Innsbrucker druckvoll, das Tor zum 4:2-Endstand machte dann aber Laibach (53.). Doch die Aufgaben wurden nicht einfacher für die um einen Play-off-Platz bzw. um Bonuspunkte kämpfenden Schützlinge von Christer Olsson.

In Salzburg roch es zwar rund 40 Minuten lang nach einer Überraschung, nicht zuletzt weil die Tiroler dank Treffer von Valdix und MacAulay mit 2:1 voranlagen. Allein im letzten Abschnitt wurde die Überlegenheit der Bullen eklatant, ein Treffer in Unterzahl sowie ein Tor nach Videobeweis kippten die Partie zugunsten der Gastgeber, das Lob für die beherzte Leistung war nur ein schwacher Trost. „Viel lieber wären mir zwei Punkte gewesen", so Torhüter Munro, der die Gastgeber fast zur Verzweiflung getrieben hatte – aber eben nur fast.

So betrachtet kam dem vierten Saisonduell gegen Graz eine ganz besondere Bedeutung zu, denn allen war klar: Nur mit einem vollen Erfolg würden die Haie ihre minimale Chance wahren können. Aber gegen diese 99ers, gegen die der HCI auswärts zweimal siegreich geblieben war, aber zu Hause verloren hatte, fanden die Gastgeber auch diesmal kein Patentrezept. Die Gäste, die in den letzten Wochen nach unten durchgereicht worden waren, machten dafür aus herzlich wenig relativ viel: Im zweiten Powerplay netzte Stephen Werner nach idealer Vorarbeit von Matt Kelly zum 0:1 ein. Der einzige „Haie-Treffer" im ersten Abschnitt gelang Verteidiger Nick Ross, der mit einem Check Tyler Cuma außer Gefecht setzte. Den besseren Start im Mitteldrittel verzeichnete zwar Graz, aber HCI-Goalie Adam Munro blieb gegen Bastiansen und Zusevics Sieger. Der Ton wurde mit einer kleinen Boxeinlage an der Bande rauer, Graz fand wieder ein Powerplay vor, Munro hielt gegen Ganahl aber überragend und endlich fiel auch das heiß ersehnte Ugly Goal – einen eigentlich harmlosen Kaspitz-Schuss fälschte Beech im Powerplay zum 1:1 ab. In Unterzahl und dank Munro retteten sich die Haie in die Pause, das Visier war offen und die Fäuste längst erhoben.

Nach all dem Feuer war im Schlussabschnitt nun ein kühler(er) Kopf gefragt. Auf der Strafbank gewinnt man ja kein Spiel. Und wer will schon sinnlos ins Verderben stürmen, wenn ohnehin die große offensive Qualität fehlt? Ein einziger Stellungsfehler war aber bereits einer zu viel: Die Innsbrucker vergaßen an der blauen Linie auf Luke Walker und der hämmerte die Scheibe ins Eck – 1:2. Alle weiteren Bemühungen (Top-Chancen Höller und Valdix) scheiterten. Stattdessen gab's ins leere Tor noch eines obendrauf. Ein bitterer Dämpfer.

Ohne Annahme

Anstatt sich ein kühles Budweiser nach getaner – erfolgreicher – Arbeit zu spendieren, grantelte Hypo-Zampano Hannes Kronthaler in der tschechischen Bier-Metropole vor sich hin, haderte mit unerklärlichen Fehlern seines Teams und hatte – Realist, der er ist – die Champions League schon fast abgehakt. Ausschlaggebend dafür war die bittere 1:3-Niederlage in Budweis. Dabei hatten die Tiroler vor den zwei letzten Partien in der Gruppe F noch von zwei glasklaren Siegen und dem möglichen Aufstieg in die K.-o.-Runde geträumt. In Budweis landeten Tusch und Co. ohne den verletzten Kapitän Janis Peda allerdings viel zu schnell am Boden der Tatsachen. Nach zwei ernüchternden und verlorenen ersten Sätzen war nach nur einer Stunde Spielzeit ein Verbleib in der europäischen Königsklasse schon vor dem letzten Gruppenmatch gegen Antwerpen verspielt.

Begonnen hatte alles programmgemäß: Eine 6:2-Führung leuchtete von der Anzeigetafel, ehe eine wahre Horrorserie die Tiroler mit 12:18 im ersten Durchgang im Rückstand sah. Lorenz Koraimann musste bald vom Feld, Gabriel Soares kam. Zu machen war freilich nichts mehr. Auch im zweiten Satz führten zahlreiche Wechsel (im Mittelblock Pedro Frances für Douglas und Marek Beer für Andrew Hein sowie im Aufspiel Alex Tusch für Gregor Ropret) nach einem 10:16-Rückstand keine Wende mehr herbei. Manager Hannes Kronthaler ärgerte sich zwar nicht vor Ort, aber am Internet-Livestream: „Wir bringen keine stabile Annahme zusammen und ohne Annahme kannst du kein Spiel aufbauen und gewinnen. Unsere Verteidigung ist null, ihre dafür gut", machte er den Fehltritt fest und wunderte sich, warum Leistungsträger in den entscheidenden Momenten immer verletzt (Peda) oder mit schwacher Leistung ausfallen. Diagonalangreifer Oliver Venno machte er weniger einen Vorwurf, Alex Tusch erhielt ein Sonderlob für den darauffolgenden gewonnenen Satz: „Das hat der Tuschi umgedreht." Nach dem vierten Durchgang und auch nach einigen strittigen Schiedsrichter-Entscheidungen jubelte aber Schlusslicht Budweis über einen 3:1-Heimsieg, für Hypo Tirol lebte im internationalen Gewässer somit nur noch die (Minimal-)Chance auf einen Verbleib im CEV-Cup.

Die Miene von Kronthaler nach der Pleite von Budweis sagte wohl alles.

Neurauter lief zum Rekord

Verrücktes Winterwetter – und das ausgerechnet vor der 17. Auflage des Rofan-Aufstiegsrennens. Erst war's noch trocken, dann fiel Regen, später Schnee und Sturmböen über die rund 100 Teilnehmer her, die allerdings unbeeindruckt von diesem „Sauwetter" den Start in Maurach am Achensee aufnahmen. Um – im wahrsten Sinne des Wortes – 1.000 Höhenmeter die Piste hinaufzusprinten.

1.000 Höhenmeter, dafür benötigt ein Durchschnittstourengeher rund zwei Stunden. Der Schnellste beim Rofan-Aufstieg? Unglaubliche 37:15 Minuten. Mit neuem Streckenrekord feierte Staatsmeister Armin Neurauter einen überlegenen Start-Ziel-Sieg vor dem Steirer Andreas Ringhofer (1:37 zurück), Rang drei ging an den Osttiroler Johannes „Johnson" Walder, Vierter wurde Philipp Brugger aus Sistrans. Schnellste Dame? Die Deutsche Kathrin Bickel, die 53:30 Minuten benötigte.

Aus der Revanche wurde nichts

Angesagte Revolutionen finden meist nicht statt. Ein Sprichwort, das sich auch im mit großer Spannung erwarteten Stadtderby der Volleyball-Damenliga bewahrheiten sollte. Ganz so heiß wie im Herbst 2014, beim 3:2-Sieg der TI-Damen, ging es bei der Neuauflage des Innsbrucker Bundeliga-Duells nicht her. Zwei Stunden und 25 Minuten hatte damals die Partie gedauert, ehe die TI-Spielerinnen am Ende jubeln durften. Revanche war also angesagt, aber die leicht favorisierten VC-Mädels vermochten ihrer Rolle nicht gerecht zu werden, zu hoch war die Eigenfehlerquote, zu groß das Nervenflattern im Landessportcenter. Fazit: Statt geglückter Revanche setzte es einen 0:3-Flop nach nur 101 Minuten.

TI-Volley Innsbruck war kompakter, besser, konzentrierter. Das Einzige, was TI-Manager Much Falkner seiner Mannschaft vorwerfen hätte können? In Führung gelegen, hatten seine Athletinnen manchmal die Konzentration vermissen lassen. Deshalb wurde der erste Satz auch zu einem Krimi, den die TI-Damen mit dem sechsten Matchball 33:1 für sich entscheiden konnten. TI setzte nach, siegte im mittleren Satz 25:19, um im letzten sogar einen Satzball des VC Tirol abzuwehren. Und so wurde der 24. Geburtstag ihrer Spielerin Daniela Traxler würdig mit einem 26:24 zum 3:0-Sieg gefeiert. Die siegreiche Truppe schenkte dem Geburtstagskind sogar noch ein Geburtstagsständchen. Die TI war ihren Stadtrivalinnen mit diesem Sieg in der Tabelle näher gerückt. Es blieb spannend im Kampf um die Innsbrucker Vorherrschaft im Damen-Volleyball.

Die TI-Mädels feierten das 3:0 über Stadtrivale VC Tirol.

Fotos: Sporer (o.), GEPA (u.)

Hirscher-Gala in Adelboden

Hirschers Tanz durch den Flaggenwald in Adelboden.

Skitage in der Schweiz sind tatsächlich etwas Besonderes. Fünf Rennen in neun Tagen, ein Klassiker jagt den nächsten, von Adelboden nach Wengen ist es ja nur ein Katzensprung und die Weltcuprennen in den beiden Orten zählen zu den prestigeträchtigsten im Skizirkus. Publikumsrenner einerseits, andererseits Straßenfeger für jene Eidgenossen, die es nicht live ins Berner Oberland schaffen. Aber es war ein Nicht-Schweizer, der diesen Auftakt des eidgenössischen Skifestes überstrahlte – Marcel Hirscher. Vor allem im RTL demonstrierte der Salzburger einmal mehr seine Vormachtstellung in dieser Disziplin. Marcel hatte die Weichen auf den vierten Sieg im fünften Riesentorlauf des Winters bereits im ersten Lauf gelegt, als er seine schärfsten Rivalen um mindestens 55 hundertstel Sekunden distanzieren konnte. Im spannenden Finale dann verteidigte er seine Spitzenposition sehr souverän und holte sich damit zum zweiten Mal nach 2012 den Sieg in diesem Klassiker am Kuonisbergli. Auf Platz zwei landete mit über einer Sekunde Rückstand der Franzose Alexis Pinturault vor dem Norweger Henrik Kristoffersen. Dahinter, und damit noch vor dem einstigen Dominator der RTL-Szene Ted Ligety (7.), belegten Fritz Dopfer und Felix Neureuther die Ränge vier und fünf. Die weiteren Österreicher? Nösig 19., Raich 20. und Schörghofer 25. – weit jenseits ihrer eigenen Erwartungen. Die große Frage aber lautete – würde Hirscher auch im Slalom derart auftrumpfen können? Die Antwort wurde in einem Hundertstelkrimi und nach einem dramatischen Dreikampf geliefert, den sich Stefano Gross, Fritz Dopfer und Marcel Hirscher geliefert hatten. Fritz Dopfer fiel im Ziel fassungslos zu Boden, sein Papa vergrub auf der Zuschauertribüne das Gesicht entgeistert in den Handschuhen. Um die Winzigkeit von zwei hundertstel Sekunden verfehlte der 27 Jahre alte Skirennfahrer beim Slalom im schweizerischen Adelboden seinen ersten Weltcup-Erfolg, obwohl er mit fast einer Sekunde Vorsprung auf Sieger Stefano Gross (ITA) ins Finale gestartet war: erstmals in der Karriere des gebürtigen Innsbruckers und Stams-Absolventen, der seit 2007 für den nördlichen Nachbarn startet (Vater Deutscher, Mutter Österreicherin). Eine halbe Stunde später konnte der tragische Held schon wieder lächeln: „Ich gehe weiter meinen Weg, so konsequent und zielorientiert, wie ich das immer gemacht habe." Auch Marcel Hirscher, der im Hundertstelkrimi Dritter wurde, verneigte sich vor Dopfer: „Es hätte jeder von uns drei vorne sein können." Hirscher landete damit auch im dritten Rennen des Jahres 2015 auf dem Stockerl. Nach seinen Siegen im Zagreb-Slalom sowie im Adelboden-Riesentorlauf gab es nun den 67. Podestplatz seiner Karriere zu feiern. Abgesehen von Marcel Hirscher wurde das ÖSV-Slalomteam auch in Adelboden schwer geschlagen. Außer dem Salzburger war in diesem Winter noch kein einziger weiterer Österreicher in die Top Ten gefahren. Reinfried Herbst wurde 15., Benjamin Raich 21. Für Olympiasieger Mario Matt endete der Arbeitstag einmal mehr vorzeitig – wie schon in Levi, Åre, Madonna di Campiglio und Zagreb schied der Tiroler auch in Adelboden aus.

Fantastische Stimmung im bummvollen Skistadion am Kuonisbergli in der Schweiz.

Reichelt und sein wunderbares Comeback

Das Lauberhorn – neben dem Hahnenkammm *der* Klassiker für die Abfahrer, ein Rennen der Superlativen, nicht nur wegen der Länge. Hundschopf, Haneggschuss, Österreicherloch – Passagen, die für Gänsehaut sorgen, bei den Läufern genauso wie beim Betrachter zu Hause vor dem TV-Gerät. Und wenn dann noch ein Österreicher gewinnt, trifft das zwar die Schweizer Ski-Seele bis ins Mark, den ÖSV-Fans hingegen können nicht oft genug solche Tage geboten werden.

Diesmal setzte Hannes Reichelt die Richtzeit, an der alle zerschellten. Dabei war sein Start gar nicht hundertprozentig gesichert gewesen. Erst mit einer Tasse Ingwertee und einer Tablette Aspirin besiegte er im Vorfeld eine Erkältung – und wenig später mit neuen Skiern die ganze Konkurrenz. Der Wahl-Innsbrucker hatte im Schweizer Wengen das gemacht, was ihn so auszeichnet: In misslicher Lage fand der 34-Jährige ein Rezept, um sich selbst, eine leichte Krankheit und letzte Materialunsicherheiten zu überwinden. Er tüftelte, riskierte – und am Ende des Tages ließ er sich nicht nur für seinen neunten Weltcup-Sieg feiern, sondern zugleich auch für den ersten Triumph bei der Lauberhorn-Abfahrt, der längsten im Weltcup-Geschehen.

Für Reichelt war es der zweite große Klassiker-Sieg nach der Hahnenkamm-Abfahrt 2014, wo er mit Bandscheibenvorfall zum Erfolg fuhr, ehe er drei Tage danach operiert wurde und seine Karriere auf der Kippe stand.

Nach Platz eins beim Super-G in Beaver Creek (USA) Ende 2014 war der Sieg in Wengen die Krönung seines oft angezweifelten Comebacks. Zu verdanken hatte er das einer fulminanten Fahrt im berüchtigten Ziel-S. Keine zwei Finger breit betrug der Abstand zwischen Ski und Absperrung bei der riskanten Einfahrt – Reichelt hatte alles auf eine Karte gesetzt. Und genau das machte sich bezahlt: Nach zwei zweiten Plätzen an diesem Ort (2012, 2014) ließ er mit Beat Feuz, Carlo Janka und Patrick Küng ein Schweizer Trio hinter sich.

„Es tut mir leid, dass ihr keinen Schweizer Sieg habt. Aber als ich hier Zweiter wurde, war immer ein Schweizer vor mir. Das passt schon so", spaßte der selten um einen guten Spruch verlegene WM-Zweite von 2011 mit dem Publikum. Danach marschierte er mit stolz geschwellter Brust während einer 45-minütigen Unterbrechung (Funkausfall) durch den Zielraum – und erzählte seine Geschichte. Die Geschichte eines Comebacks im Alter von 34 Jahren nach einer Bandscheibenoperation.

„Es ist unglaublich schön. Wieder ein Klassiker, den ich auf meiner Liste abhaken kann. Ich habe zwischen Santa Caterina gut getestet, das hat viel ausgemacht", meinte Reichelt.

Die Triumphfahrt des Hannes Reichelt im Schatten der Eiger-Nordwand.

Foto: EPA/Jean-Christophe Bott

Feierstimmung bei den Hypo-Stars nach dem 14. Sieg im 14. Spiel der AVL.

Hypo ohne Fehl und Tadel

Natürlich ist es nicht immer einfach, voll konzentriert zu bleiben, aber diese Serie wollten die Innsbrucker Volleyballer auf alle Fälle halten bzw. ausbauen. Und so gab es am Ende eines nur kurz unterhaltsamen Abends mit dem 3:0 gegen Weiz bereits den 14. Sieg im 14. Spiel in der österreichischen Volleyball-Liga (AVL). Der Tabellen-siebte aus der Steiermark hatte sich zwar tapfer zur Wehr gesetzt, aber in der USI-Halle kein Gegenmittel gefunden, nach 76 Minuten stand das 3:0 (18, 20, 23) auf der Anzeigentafel.

Der alte und neue König am Bärenberg

Die Dominanz des Marcel Hirscher verleitete natürlich zu Wortspielereien. Der Slalom in Zagreb lieferte dafür eine ideale Bühne – oder anders formuliert: Der flinke Hirsch entpuppte sich am Bärenberg von Zagreb wieder einmal als rettender Engel, der mit seinem dritten Triumph en suite nach 2012 und 2013 (2014 abgesagt) eine Pleite der ÖSV-Slalomfahrer verhinderte. Marcel durfte sich bei der Siegerehrung die gläserne Zagreb-Krone auf den Helm setzen: „Dreimal hintereinander zu gewinnen, ist fantastisch", schwärmte Hirscher, der mit seinem Spezialtraining übers neue Jahr auf einem vom Neuschnee gesäuberten, tückisch glatten Kurs wieder seine alte Slalomklasse ausspielte. Nach dem vorangegangenen Rennen (Platz sieben in Madonna/ITA) habe er noch „blöd dreingeschaut". Mit Zusatzschichten und neuem Material („Das Zeug rockt!") sei der Umkehrschwung erfolgt. Nicht auszudenken, hätte er nicht im ersten Lauf einen kapitalen Fehler gehabt, der ihn fast aus dem Rennen geworfen hätte, wer weiß, ob er nicht mit einem Shiffrin-Vorsprung vor Madonna-Sieger Felix Neureuther gewonnen hätte. „Chapeau, Marceli", verneigte sich der Deutsche.

Den anderen Österreichern hingegen nützten die guten Voraussetzungen und die Euphorie der knapp 15.000 Zuschauer nichts: Benni Raich, der im ersten Lauf zeitweise schneller war als Hirscher, bremste fehlender Grip am Ski. Lapidarer Kommentar: „Anfangs gut ins Fahren gekommen, dann ausgerutscht …" Damit blieb nur noch der 31-jährige Salzburger Wolfgang Hörl in der Wertung. Dank einer Ausfallorgie im zweiten Lauf unter gleißendem Flutlicht und in beißender Kälte schob er sich vom 28. noch auf den 19. Platz vor.

Marcel dominierte in Zagreb.

Einmal mehr herrschte in Kitzbühel eine fantastische Stimmung bei der Entscheidung in der Super-Kombi.

Kitzbühel: Party!

Gerne nennt man Kitzbühel auch das Mekka des Skirennsports, hauptsächlich natürlich wegen der traditionsreichen Hahnenkammrennen, die seit Jahrzehnten auf der Streif und dem Ganslern stattfinden. Wohl aber auch, weil jährlich zigtausende Fans in die „Gamsstadt" pilgern, um Sieger, Stars und Promis, kurz um eine Riesenparty zu feiern.

2015 stand das 75. Jubiläum auf dem Programm, eingeleitet wurde die Party mit der Kombi aus Slalom und Super-G, in dem sich letztlich der Südtiroler Dominik Paris für die österreichischen Fans als Partyschreck erwies. Weil er im letzten Augenblick den fast greifbaren ÖSV-Doppelsieg durch Matthias Mayer und Georg Streitberger verhinderte. Verständlich, dass da nicht nur die Zuschauer, sondern auch Mayer und Streitberger etwas säuerlich reagierten. „Sechs Hundertstel, na ja", meinte der Kärntner und blickte versonnen den Hausberg empor. Dort schickte sich wieder einmal ein Mann mit einer hinteren Startnummer an, die Bestzeit des späteren Siegers Dominik Paris zu knacken, doch in der Traverse war es mit der Herrlichkeit ohnedies vorbei. Der Kitzbüheler Super-G präsentierte sich zum Leidwesen vieler (Marcel Hirscher) selektiv, der norwegische Kurssetzer hatte im Sinne seines Top-Fahrers Kjetil Jansrud keine Gnade mit den Technikern des Kombinationsbewerbs.

Doch dann huschte doch so etwas wie ein Lächeln über Mayers Gesicht, als er sich eben die zweite silberne Kitzbühel-Gams nach 2013 (ebenfalls Super-G) gesichert hatte. „Sechs Hundertstel war ich bei meinem Olympiasieg vorne, jetzt war es eben anders", befand der Goldene der Winterspiele 2014. Anders lief es für den Dominik Paris. Der Südtiroler nahm seine zweite Gams in Gold nach Hause. 2013 hatte sich der 26-jährige Heavy-Metal-Fan bereits eine in der Abfahrt gesichert, die bekommt nun Gesellschaft. Der erste Weltcup-Sieg im Super-G: „Damit habe ich wirklich nicht gerechnet." Entscheidend war, dass der 97 Kilogramm schwere Speed-Spezialist aus Ulten bei Meran im unteren Streckenteil ab der Hausbergkante volles Risiko nahm: „Wenn du gut drauf bist, dann musst du hier in Kitz einfach Mut haben. Es ist nicht einfach, hier auf dem Hausberg alles zu riskieren."

Dynamisch unterwegs: Matthias Mayer.

Fotos: GEPA

Hannes Reichelt, der Stilist.

Das musste dafür Marcel Hirscher gleich zweimal: Begonnen hatte alles im Super-G, der zusammen mit dem Flutlichtslalom am Ganslernhang in die Wertung einging. Hirscher musste sich dort erstmals der Hausbergkante stellen – und das Ergebnis war ein wilder Sprung, der nur dank akrobatischer Künste nicht in einem Sturz endete. „Ich kann den Speed nicht einschätzen, habe die falsche Linie genommen und wäre fast eingefädelt", erklärte Hirscher. Startnummer drei sei dabei ein großes Hindernis gewesen, habe dies doch die Möglichkeit genommen, die anderen Fahrer zu analysieren: „Ich habe oft überlegt, ob ich die Startnummer zurückgebe. Aus der Erfahrung habe ich das alles nicht so drauf." Zudem war die Kurssetzung des skandinavischen Trainers ein Dorn im Auge: „Der Norweger setzt für Norweger, nicht für Marcel Hirscher."
Gewohnt stark war dafür der Slalomauftritt des 29-fachen Weltcup-Champions, der ihn auf den zweiten Platz hinter dem Franzosen Alexis Pinturault katapultiert hatte. „Ich habe sehr viel riskiert. Es ist ein kleiner Held daraus geworden, aber es hätte genauso gut ein großer Depp sein können", meinte Hirscher im Ziel.
Es war die kürzeste Abfahrt der Weltcup-Geschichte und das ausgerechnet zum Jubiläum in Kitzbühel. Trotzdem hatten sich die besten Abfahrer der Welt durchgesetzt, mit dem Norweger Kjetil Jansrud an der Spitze. Natürlich hatte sich nach einer zweieinhalb Stunden dauernden Wartezeit und der Startverschiebung zum Seidlalmsprung die Frage gestellt: Ist dieses Rennen mit nicht einmal einer Minute Fahrzeit einer Weltcup-Abfahrt überhaupt würdig? Egal – auf alle Fälle war es die Chance, in rund 59 Sekunden als Sieger Skigeschichte zu schreiben. Denn in die Skigeschichte geht man als Sieger am Hahnenkamm automatisch ein, unabhängig davon, wie lang, wie schwer, wie kurz das Rennen letztlich ist. Was aus der Verkürzung resultierte: Natürlich hatte nicht mehr viel mit einer Weltcup-Abfahrt zu tun. Die erste Hälfte der Strecke bestand fast nur aus Gleitpassagen und dann war man schon bei der Hausbergkante. „Normal ist man bei der Hausbergkante schon richtig müde. Heuer war man nicht einmal im Ziel müde", so Matthias Mayer. Der Olympiasieger wurde am Ende Zehnter. Sieger Jansrud benötigte gerade einmal 58,16 Sekunden bis ins Ziel. „Ihm wird's wurscht sein. Er bekommt hundert Punkte, das volle Preisgeld und eine ganze Gams", meinte Streitberger, der als Vierter um 18 Hundertstel das Podest verfehlt hatte.
Und dann? Kehraus in Kitzbühel, wie immer mit dem Slalom – und mit einem Gewinner, der nicht ganz erwartet worden war. Mattias Hargin, Schwede und bis dato sieglos im Weltcup, aber just am Ganslern schlug seine große Stunde und der 29-Jährige die beiden Favoriten Felix Neureuther und

Marcel Hirscher, der Slalom-König.

Hansi Hinterseer, der Strahlemann.

Fotos: GEPA

Marcel Hirscher. Völlig neue Erfahrungen also bei der Pressekonferenz. Der eine war leicht geknickt, der andere schwer entkräftet – und in der Mitte saß der große Slalomsieger dieses Tages, der verlegen um die richtigen Worte der Freude kämpfte. „Endlich" war das Treffendste, was Mattias Hargin nach dem Kitzbühel-Slalom von sich gab. Es war der erste Erfolg des Schweden im 91. Weltcuprennen. „Das hier in Kitzbühel zu erleben, ist unglaublich", fuhr Hargin etwas hölzern fort, der seine Premiere mit 75.000 Euro Preisgeld versüßen durfte. Links neben Hargin saß der geknickte Felix Neureuther, der Dritter wurde und nicht wirklich Lust auf den finalen Fragenmarathon verspürte: „Darf heute der Drittplatzierte anfangen?" Und währenddessen kritzelte Marcel Hirscher als Zweitplatzierter rechts von Hargin auf einem Blatt Papier herum. Der Salzburger, entkräftet und müde, hatte in aller Eile ein Haus gemalt, wie sich später herausstellte. Und als ein Journalist die Zeichnung samt Unterschrift mitnehmen wollte, da malte der 25-Jährige auf das Haus noch schnell einen Kamin, aus dem Rauch aufstieg. Ob Maltherapie oder nicht: Es entsprach Hirschers Gemütslage an diesem Tag. Trotz 160 Punkten nach Rang zwei in Kombination und Slalom und der fast unveränderten Gesamtweltcup-Führung fühlte sich Österreichs Ski-Star eingeengt. Und danach befragt, gab der Tennengauer bereitwillig Auskunft über seine Stimmungslage: „Ich freue mich sehr über all das, keine Frage. Aber ich brauche jetzt 24 Stunden Pause. Es ist an der Grenze des Machbaren", beschrieb ein müder Hirscher die Tage in Kitzbühel. Ein wenig als Sieger durfte sich auch Olympiasieger Mario Matt fühlen: Der 35-jährige Flirscher war mit der fünftbesten Laufzeit auf den zwölften Rang gefahren und zeigte damit vor der WM endlich wieder groß auf. Matt: „Das war teilweise schon sehr gut."

Denkmal und Ehrungen

Mit einem kleinen, aber feinen Festakt war die 75. Hahnenkamm-Woche in Kitzbühel stilecht eingeläutet worden. Im Beisein von Sohn Florian hatten Toni Sailers Wunderteam-Kollegen Hias Leitner, Ernst Hinterseer, Anderl Molterer und Fritz Huber im Legendenpark das Denkmal zu Ehren des unvergessenen Toni Sailer enthüllt. Die von Gregor Unterrainer geschaffene Skulptur zeigt einen schwarzen Blitz auf einem goldenen Sockel mit der Signatur des dreifachen Olympiasiegers von Cortina d'Ampezzo (1956).
Und standesgemäß zum Jubiläum wurde dem KSC-Präsidenten Michael Huber im Beisein von Minister Andrä Rupprechter und ÖSV-Vizepräsident Alfons Schranz von LH Günther Platter die Auszeichnung „Tiroler Skipionier" überreicht.

Super-G-Siegerbild mit Mayer, Paris und Streitberger.

So macht Volleyball Spaß

Just zum Abschied aus der Champions League zeigten die Hypo-Volleyballer noch einmal ihre ganze Klasse, schossen den belgischen Champion Antwerpen mit 3:1 aus der Olympiahalle. Mehr als 1.000 Zuschauer waren hellauf begeistert und nicht nur einmal hörte man dieses „Was wäre gewesen, wenn …?" Ja, wenn die Innsbrucker in Antwerpen so gespielt hätten, oder in Budweis, da wäre tatsächlich viel möglich gewesen, sogar ein Aufstieg.

Ganze 47 Minuten hatte der erste Satz gedauert und nach über einer Dreiviertelstunde Spielzeit wurden mit dem 31:29 für die Gastgeber erstmals die Seiten gewechselt. Weil Douglas da Silva und Co. im entscheidenden Moment Durchschlagskraft und Nervenstärke bewiesen. Dem folgte trotz 3:7-Rückstand zu Beginn des zweiten Satzes ein 25:22. Zu diesem Zeitpunkt war Hypo nicht wiederzuerkennen. Hatte man in der Champions League bisher stets in den entscheidenden Momenten die nötige Durchschlagskraft vermisst, so war es in dieser Partie vor allem die Kaltschnäuzigkeit bei den gebotenen Chancen, die die Tiroler Truppe so auftrumpfen ließ.

Allen voran geigte der Este Martti Juhkami groß auf. Der Außenangreifer in den Reihen der Tiroler Volleyballer machte bei den „Big Points" den Unterschied – trocken und cool war er in allen Lagen zur Stelle. Ebenso nennenswert der Auftritt des Tschechen Marek Beer. Der Mittelblocker von Manager Hannes Kronthaler agierte nahezu fehlerlos. Dazu überraschte der brasilianische Wechselspieler Gabriel Soares (Außenangreifer) mit wichtigen Punkten durch die Mitte und am Block.

Im dritten Durchgang nahmen sich die Innsbrucker Gastgeber eine kleine Auszeit (22:25) – danach ging das königliche Duell wieder nur mehr in eine Richtung. Um 22.39 Uhr war es soweit: Das 25:20 bedeutete den zweiten CL-Heimerfolg für Tirols Volleyball-Vorzeigeclub.

Genügend Gründe für Zampano Hannes Kronthaler, seines Zeichens Manager des Hypo-Tirol-Volleyballteams, selbstbewusst zu resümieren: „Man sieht wieder, dass der Manager von Hypo doch keinen Blödsinn redet. Ich habe gesagt, dass wir die Belgier schlagen können. Auch wenn es um nicht mehr ganz so viel ging."

Der KAC blieb für die Haie das Einser-Menü

Der vierte Saisonsieg über den KAC hauchte den Haien wieder Leben ein. Ein furioses Mitteldrittel (5:1) mit herzhaften Schüssen war der Schlüssel dazu.

Nach der 1:3-Niederlage gegen die Graz 99ers hatte bei den Innsbrucker Haien im wahrsten Sinne des Wortes Eiszeit geherrscht. Und Coach Christer Olsson forderte für das

Riesenfreude nach dem Triumph über Antwerpen.

Zuerst gewann Max Steinacher das Bully gegen Harand, dann landete er nach einem Check von de Santis in der Klinik.

KAC-Match schlichtweg eine Reaktion. Das erste Mal in dieser Saison schickte er zum Startbully mit Florian Stern, Stefan Pittl, Patti Mössmer, Roland Kaspitz und Alex Höller fünf Österreicher, davon vier Tiroler, vor Goalie Adam Munro aufs Eis. Damit war hinsichtlich der Legionäre einiges gesagt. Die wollte er wohl aufstacheln.

Auf die (Trotz-)Reaktion mussten die treuen Fans – die TIWAG Arena war mit gut 2.000 Zusehern sehr gut gefüllt – aber einige Zeit warten. Nach einem Powerplay-Kracher ins Kreuzeck ging der KAC nämlich mit einer 1:0-Drittelführung in die erste Pause. Richtiger Dampf seitens der Haie war nur schwer zu erkennen. Es war bis dahin eher ein Duell der Geprügelten, die wenig Selbstvertrauen hatten und einen schweren Rucksack auf den Schultern trugen. Irgendwie charakteristisch für ein Match Zehnter gegen Elfter.

Doch dann gelang Siddall der verdiente Ausgleich, ehe Jeff Ulmer sogar mit der Führung nachlegte. Der KAC konterte zwar noch einmal mit dem Ausgleich, im Finish des zweiten Drittels schlug das Pendel aber endgültig für die Haie aus, weil sich der Rekordmeister aus Kärnten mit Strafen schwächte und die Innsbrucker plötzlich mit jedem Schuss trafen: Topscorer Jeff Ulmer (18. Saisontreffer), Nick Ross (punktbester Verteidiger der Liga) und neuerlich Siddall schossen eine 5:2-Führung heraus. Nur Max Steinacher brummte mit Verdacht auf Gehirnerschütterung nach einem brutalen Check von de Santis der Schädel.

Im Schlussabschnitt ging auch der sechste HCI-Treffer mit Andreas Valdix auf das Konto eines Legionärs, der KAC konnte nur noch verkürzen. Den 6:3-Sieg nahmen die Haie dennoch mit Handkuss. Es war der vierte Sieg im ebensovielten Saisonduell – die unglaubliche Serie gegen den KAC las sich 5:4, 7:3, 4:1 und 6:3. Fast ein Viertel aller Treffer gelang somit gegen den neuen Lieblingsgegner aus Kärnten.

Eder fand seinen Meister

Es war schon irgendwie verflixt in diesen Jännertagen – Dominik Landertinger fehlte den österreichischen Biathleten auch beim Abschlussbewerb des Biathlon-Weltcups in Oberhof und so war nach der krankheitsbedingten Absage des Tirolers mit Simon Eder nur ein ÖSV-Athlet im Massenstart dabei und verfehlte als Elfter knapp die Top Ten: Der Salzburger lag mit

Die Top Ten im Massenstart knapp verfehlt.

zwei fehlerlosen Liegendschießen bis zur Hälfte des Rennens im Spitzenfeld, fand aber in Martin Fourcade seinen Meister. Der Franzose siegte wie tags zuvor im Sprint. Eder kosteten drei Strafrunden im ersten Stehend-anschlag einen möglichen Spitzenplatz. „Rang elf ist in Ordnung, denn hier oben kann man auch schnell zurückgereicht werden", resümierte der Saalfeldner. Bei den Damen siegte die Weißrussin Darja Domratschawa, die Tirolerin Lisa Theresa Hauser blieb als 19. fehlerlos.

Lindseys und Mosers Rekord

Cortina ist ein würdiger Ort für Rekorde – erinnern wir uns nur an Toni Sailers Gold-Triple bei den Olympischen Spielen 1956. Und ausgerechnet in diesem Ski-geschichtsträchtigen Ort holte Lindsey Vonn mit ihrem 62. Weltcup-Sieg in der Abfahrt von Cortina Annemarie Moser-Pröll an der Spitze der ewigen Bestenliste ein, ist seit Jänner 2015 Co-Führende im Ranking der meisten Weltcup-Siege. Es war eine sehr emotionale Angelegenheit: Lindsey raste durchs Ziel, stieß einen Jubelschrei aus und ließ sich in den Neuschnee von Cortina fallen. Glücklich lächelnd, mit im Handschuh geballter Faust. Und auf der Anzeigetafel leuchteten die Eins und kurz darauf die 62. Trotz weiterer Läuferinnen am Start schien sonnenklar, dass die US-Amerikanerin soeben ihren achten Abfahrtssieg auf der Tofana eingefahren hatte und den 62. ihrer Karriere – genauso viele, wie einst Annemarie Moser-Pröll, die bisher alleinige Rekordhalterin an Weltcup-Erfolgen.

Nur einmal hatte die attraktive Blondine den Atem anhalten müssen. Eine knappe Minute lang. Elisabeth Görgl schoss noch schneller durch die Felsen, am Ende blieb Vonn aber doch vorne und die Wahl-Innsbruckerin Görgl strahlte als Zweite wie schon in Val-d'Isère. „Es geht nicht darum, etwas zu verhindern. Sondern ums Skifahren – und da bin ich ein super Rennen gefahren", gab sich Görgl abgeklärt.

Vonn fiel ihrer fast vollzählig versammelten Familie in die Arme. „Ich wusste, dass der 62. Sieg irgendwann passieren wird, aber ich wollte ihn unbedingt jetzt, weil alle hier sind", schmunzelte die vierfache Gesamtweltcup-Siegerin. Eine gefühlte Ewigkeit hatte sie auf ihren 62. Sieg gewartet, hatte im vergangenen Winter bereits ein Doppelinterview mit Moser-Pröll gegeben. Vor einem Monat gelang Sieg Nummer 61, dann folgten zwei verpasste Chancen (Super-G in Val-d'Isère, Abfahrt in Cortina) und zwei ausgefallene Rennen (Bad Kleinkirchheim).

Nun war der Rekord eingestellt, ihn zu knacken war wohl nur noch eine Frage der Zeit. „Sie hat zwar bisher ungefähr 100 Rennen mehr als ich damals bestritten, Super-G hat es zu meiner Zeit auch noch keinen gegeben, aber man kann es sowieso nicht vergleichen – und ihre Leistung schmälert das nicht, sie ist eine fabelhafte Skifahrerin", lobte die heute 61-jährige Ausnahmeskiläuferin, deren Rekord nach fast 35 Jahren egalisiert wurde.

Lindsey strahlte nach erfolgreicher Rekordjagd.

Immerhin hält Annemarie Moser-Pröll noch weitere Bestmarken: „Vonn ist noch jung genug, dass sie sich immer neue Ziele setzen kann – meine sechs Gesamtweltcup-Siege oder die meisten Abfahrtssiege en suite zum Beispiel. Es gibt so viele Dinge, die Vonn noch ins Visier nehmen kann."

Weißkopf verpasste Finale

Freud und Leid lagen bei Skibergsteiger Martin Weißkopf in Pelvoux nahe beieinander. Einerseits verpasste der Osttiroler bei der zweiten Weltcup-Station in den französischen Alpen mit Rang elf im Sprint eine Top-Ten-Platzierung denkbar knapp und damit den Einzug ins Finale. Andererseits war der Spezialist für lange hochalpine Rennen mit seinem Ergebnis im Sprint mehr als zufrieden.

Nach der sechstbesten Zeit in der Qualifikationsrunde – nur elf Sekunden hinter dem in der ersten Runde dominanten Sepp Rottmoser aus Deutschland – kämpfte sich der 24-Jährige souverän ins Halbfinale. Dort war allerdings dann Endstation: „Die Qualifikationsrunde hat gepasst. Da ist vom Aufstieg, der Tragepassage, bis zu den Wechseln und der Abfahrt alles

Weißkopf scheiterte im Halbfinale.

perfekt gelaufen. Im Viertelfinale bin ich noch ganz vorne mit dabei gewesen, im Halbfinale war dann ein bissl die Luft draußen. Trotzdem darf man sich über einen elften Rang inmitten der Weltspitze nicht beklagen."

Für Klapfer schlug die große Stunde

Zum Gewinnen ist man nie zu alt, oder, um es mit den Worten von Wolferl Ambros zu sagen: „Zwickt's mi, i man, i tram" – dieser Hit des Austro-Popstars war wie maßgeschneidert für Lukas Klapfer bei seiner Zielankunft im deutschen Schonach. Denn das der Eisenerzer den traditionsreichen Schwarzwaldpokal gewinnen würde, hätte er beim Zähneputzen am Morgen selber nicht geglaubt. Und doch ist es passiert – eine faustdicke Überraschung. „Einfach gewaltig, dass ich hier meinen ersten Sieg feiern darf. Ein unglaublicher Tag", sagte er mit einem breiten Grinsen. Bei seinem 120. Einzelbewerb habe alles zusammengepasst: „Ich bin überglücklich."

Den Grundstein zu seinem Premierensieg hatte der 29-Jährige schon im Skispringen mit Zwischenrang drei gelegt. Sein Glück für den 10-km-Langlauf war wohl, dass die laufstarken Konkurrenten auf der Schanze nicht brillierten. Und so schlug die Stunde von Jungpapa Klapfer (Tochter Valentina). Schon im Vorjahr hatte er hier mit Platz vier aufgezeigt. Cheftrainer Christoph Eugen wusste, dass mit seinem Schützling zu rechnen sein würde. „Im Schwarzwald gefällt es ihm."

Bernhard Gruber (4.) („Ich hätte auf der Schanze eine Berni-Bombe zünden müssen.") und Mario Seidl (15.) rundeten das starke ÖSV-Ergebnis ab. Nicht rosig lief es für die beiden Tiroler Mario Stecher (32.) und Willi Denifl (37.). Eugen: „Sicher wäre mir lieber, wenn alle in die Punkteränge kommen. Aber das ist kein Wunschkonzert." Denifl blieb wie zuletzt in Ramsau hinter den Erwartungen. „Ich muss wieder Vertrauen bekommen", erklärte der Stubaier. Ihm würden oft alte Fehler unterlaufen, „das bremst mich zurzeit ein wenig. Es fehlt nicht mehr viel, dann läuft es wieder!"

Klapfer triumphierte im Schwarzwald.

Weisheit siegte beim Ski-Trail

Tannheim im Außerfern – ein malerischer Flecken und für die Langlaufszene längst ein Hot Spot. Heuer hatten die Organisatoren des Ski-Trails zum 20-Jahre-Jubiläum geladen, und die Langläufer kamen trotz der tiefwinterlichen Verhältnisse in das Tannheimer Tal: Rund 1.200 Teilnehmer in allen Altersklassen fanden den Weg auf die Loipe. Am Ende hatte der Tscheche Jiri Rocarek beim Ski-Trail die Nase im Schneegestöber vorne, bei den Damen siegte Sigrid Mutscheller aus Deutschland. Und das, obwohl die Läufer in der Führungsgruppe für den Rest des Feldes im wahrsten Sinne des Wortes den Schneepflug spielen mussten. Zu Beginn der Woche hatte noch Schneemangel eine Verlegung der Loipen notwendig gemacht. In der Nacht vor dem Rennen fielen dann 30 Zentimeter Neuschnee, und auch die Rennen waren geprägt von regem Schneetreiben. Über die Königsdistanz (50 km) lieferten sich dann Rocarek und Markus Weeger aus Deutschland ein Kopf-an-Kopf-Rennen. Der spätere tschechische Sieger, der sich erst auf den letzten Metern absetzen konnte, gab zu: „Es war hart." Dritter wurde der Tuxer Christian Eberharter, Achter Matthias Höfler aus Längenfeld. Mutscheller musste sich ihren bereits fünften Triumph beim Ski-Trail aber hart erarbeiten: „Durch den Schneefall und den Wind waren es wirklich schwere Bedingungen."

Das klassische Rennen über 36 Kilometer absolvierte der Deutsche Martin Weisheit in 1:43:45 Stunden als Schnellster, hinter ihm landete der Vorarlberger Martin Sutter vor Alexander Wolz, ebenfalls aus Deutschland. Bei den Damen war dessen erst 17-jährige Landsfrau Kathrin Weikard nicht zu schlagen. „Ich glaube, wir haben ein tolles Langlauffest organisiert", war auch OK-Chef Michael Keller zufrieden.

Christina verfehlte ihr selbstgestecktes Ziel.

Hengster Neunte in St. Moritz

Einen Top-Sechs-Platz hatte sich Christina Hengster für das Weltcuprennen in St. Moritz ganz fest zum Ziel gesetzt. Geworden ist's der neunte Rang und verständlich, dass die Tirolerin damit nicht ganz zufrieden war. Hengster, die mit Sanne Dekker im Zweierbob unterwegs war, büßte in beiden Läufen jeweils im Finish wertvolle Zeit ein. Dabei ist gerade auf der anspruchsvollen Natureisbahn im Engadin Präzision die halbe Miete. Bei den Herren musste sich der Rumer Benjamin Maier mit seinem Partner Stefan Laussegger im Zweierbewerb mit Rang 24 begnügen.

Daniela strahlte nach dem ersten Saisonsieg.

Premierensieg für Daniela

Endlich hatte nun auch Daniela Iraschko-Stolz in dieser Saison ein Weltcup-Springen gewonnen. In Oberstdorf flog die 31-Jährige erstmals in der WM-Saison der Konkurrenz auf und davon. Als nunmehrige Zweite in der Gesamtwertung gewann die Wahl-Tirolerin mit 101 und 95 Metern sowie 7,5 Zähler vor der deutschen Olympiasiegerin Carina Vogt und 13,1 Zähler vor der Japanerin Sara Takanashi.

Ein Fest des Langlaufsports: der Dolomitenlauf.

Dolomitenlauf – zurück zum Ursprung

Rund 1.500 Langläufer aus 29 Nationen – auch die 41. Auflage des Dolomitenlaufes zeichnete sich durch ein großes und starkes Teilnehmerfeld aus. Den Klassiker im freien Stil sicherte sich zum Abschluss der Dolomitenfestspiele in Obertilliach der Schweizer Toni Livers und die US-Amerikanerin Holly Brooks. Über die 20-km-Distanz hatten die Deutschen Tobias Rath und Alexandra Svoboda gewonnen. Der Dolomitenlauf 2015 war damit also schon wieder Geschichte, doch für OK-Chef Franz Theurl hatte die 2016-Auflage bereits begonnen. „Der Dolomitensprint soll ins Programm zurückkehren", sagte der TVB-Obmann: „Und das noch größer als je zuvor. 1980 haben wir den ersten Dolomitensprint organisiert. Es war damals der weltweit erste Sprint, mittlerweile ist diese Disziplin olympisch." Und ein weiteres großes Ziel hatte Theurl für das nächste Jahr: „Der klassische Stil wird immer wichtiger – ganz nach dem Motto: Zurück zum Ursprung!"

Thöni vertraute auf Miklós

St. Moritz – WM-Schauplatz 2003 und nun auch 2017. Ansonsten Treffpunkt der Reichen und Schönen – und der hübschen Skimädchen beim Weltcup-Weekend. Die Schweizer feierten durch Lara Gut einen Abfahrtsheimsieg vor Anna Fenninger – Geschichte aber schrieb die Dritte Edit Miklós. Die 26-jährige Hungaro-Rumänin aus Csíkszereda raste als erste ungarische Skirennfahrerin aufs Podest. „Ich habe in der Nacht geträumt, dass ich Dritte werde", verriet das Sensationsmädl: „Mein Traum ist wahr geworden!"

Für Miklós bedeutete die Podium-Premiere die triumphale Bewältigung von Krankheiten im Herbst. Verletzungen (eine Spezialschiene schützte den vor Weihnachten operierten Daumen) und Abstimmungsprobleme mit dem neuen (Head-)Set prägten die Vergangenheit. Ihr Tiroler Trainer Dietmar Thöni atmete erleichtert auf, als die Überraschungsfrau von Olympia (Platz acht) die Kurve zu ihrer Vorjahresform gefunden hatte. „Wir haben im Kühtai trainiert, nicht mehr am Schuh getüftelt, sondern uns wieder aufs Skifahren konzentriert", sagte Thöni. Der Pitztaler führte die Rückkehr der Weltcup-Fünften von Crans-Montana zur Weltklasse auch auf das neue Vertrauen in Ski und Schuh sowie Können, Mut und Freude zurück. Thöni

Jubelndes Siegertrio in Obertilliach.

Edit Miklos mit einem stolzen Blick zurück.

Fight or Flight – für Jakob Schubert kein Thema.

traute der vor zwei Jahren aufgrund des Minderheitengesetzes in Ungarn eingebürgerten Ex-Rumänin nun auch zu, bei der WM ähnlich aufzutrumpfen wie in Sotschi. „Dass sie im Gleiten schnell ist, hab' ich gewusst. Es stimmt mich zuversichtlich, dass sie im kurvigen Mittelteil so gut gefahren ist", sagte der 47-Jährige.

Dass es ausgerechnet am 31. Dezember, seinem 24. Geburtstag, und dann auch noch beim eigentlich aussichtslosen dritten Versuch an diesem Tag geklappt hatte, erstaunte ihn selbst: „Die Sonne war schon weg, aber es war einfach ein geiles Timing." Der richtige Zeitpunkt eben – auch für die Silvester- und Geburtstagsparty danach in Barcelona.

Im Schlaf zur Traumroute

Weihnachten oder Silvester? Für Jakob Schubert sind gesetzliche Feiertage nur Nebensächlichkeiten. Und dennoch jubelte der Innsbrucker zum Jahreswechsel: Schubert kletterte im spanischen Oliana eine 9b-Route namens „Fight or Flight" (Kampf oder Flug), eine der schwierigsten 35-Meter-Routen am Fels überhaupt. Weltweit hatten bisher nur zwei andere, der Tscheche Adam Ondra und der US-Amerikaner Chris Sharma, offiziell eine derart kniffelige Kletterei geschafft. Wenige Wochen danach strahlte Schubert noch immer: „Das war echt cool und dass es so schnell klappt, hätte ich mir eigentlich nicht gedacht."

Schnell bedeutet im Klettergarten drei Wochen. Im Gegensatz zur Halle, wo der Weltmeister und Weltcup-Sieger nur wenige Augenblicke hat, um sich alles von unten einzuprägen. „Auf Fels ist es weniger übersichtlich. Du musst die ganze Route auseinandernehmen und arbeitest dich Tag für Tag, jeden Griff und Tritt, Stück für Stück durch", erzählte er von seinen Weihnachts-„Ferien". Immer wieder ging er sie durch. Auch beim Einschlafen. Sogar im Traum – „bis alles automatisiert war".

Ein Abend für die Schweden

Die Führung in einer Weltcup-Wertung verpflichtet – und weil selbst Ex-Kollegin Marlies Schild von der Siegchance der Schwedin mit dem Familiennamen Hansdotter überzeugt war, brauste Frida im Nachtslalom von Flachau im Eilzugstempo zu ihrem zweiten Weltcup-Triumph. Nach insgesamt elf zweiten Plätzen eine gerechte Belohnung. In einem Bewerb, der sich – obwohl mitten in Österreich stattfindend – für die Skandinavierin fast wie ein Heimrennen anfühlte. Denn unter den rund 15.000 Zuschauern waren viele Frida-Fans, die die Laufbestzeiten in beiden Durchgängen lautstark akklamierten und letztlich gar nicht schwedisch-unterkühlt über den Sieg jubelten.

„Es war sehr wichtig für mich, hier zu gewinnen", plauderte Hansdotter im Ziel munter drauflos. Kein Wunder: Wer in seiner Karriere elfmal auf Platz zwei landete und den Sieg mitunter knapp verpasste, sehnt Siege wie diesen herbei. Es war übrigens nach Kranjska Gora 2014 der zweite in Hansdotters Karriere.

Österreichs Damen hatten mit der Entscheidung nichts zu tun, als beste landete Nicole Hosp unmittelbar vor Kathrin Zettel auf Rang sieben. Die Tirolerin hatte ihre Not mit den

Frida Hansdotter auf ihrer Siegesfahrt.

schwierigen Verhältnissen, da war sie allerdings nicht alleine. „Aber ich weiß, dass ich schnell sein kann", beruhigte sich die Bichlbacherin selbst. Die Siegerin von Aspen wäre gerne auf dem Podest gelandet, aber ein Weltcuprennen sei eben „kein Wunschkonzert".

Sandbech, der neue Herr der Ringe

Erst die Arbeit, dann das Vergnügen. Oder umgekehrt? Im Fall von Multitalent und Multimillionär Shaun White lässt sich das nicht so leicht beantworten. Gerade vom Halfpipe-Training aus der Schweiz angereist, rockte der zweifache Halfpipe-Olympiasieger, mehrfache X-Games-Champion und seit Frühjahr neuer „Air + Style"-Mehrheitseigentümer mit seiner Band „Bad Things" die Bühne, um sich im Anschluss das stylische Treiben anzusehen. Da und dort mit reichlich Kamerapräsenz im Schlepptau.

Was White auf dem mit 10.000 Fans gut gefüllten Bergisel zu sehen bekam, war die Quintessenz einer zukunftsweisenden Eventgestaltung. Ein sportives Feuerwerk an Tricks und gleich fünf Bands sorgten für einen kurzweiligen Nachmittag bzw. Abend. Und als sich der Nieselregen pünktlich zum Finale

Der Bergisel in seiner ganzen „Air + Style"-Pracht.

Fotos: EPA/Barbara Gindl (o.), TT/Julia Hammerle (u.)

Sprang im Schneegestöber zum „Air + Style"-Triumph: Ståle Sandbech.

Janine – voll konzentriert zum Premierensieg.

der besten acht in dicke Schneeflocken verwandelte, war die Traumkulisse perfekt.

Das gefiel auch Sage Kotsenburg, wenngleich der Slopestyle-Olympiasieger von Sotschi gleich in Runde eins die Segel streichen hatte müssen. Nur ein Indiz dafür, wie hochkarätig es zu Werke ging. „Unglaublich", schüttelte auch Max Plötzeneder den Kopf. Der Thaurer war just auf den Tag vor 21 Jahren selbst bei der Geburtsstunde des Snowboard-Kultevents durch den Abendhimmel rotiert. „Aber was diese Jungs inzwischen zeigen, ist ein anderer Sport."

Doch pünktlich zum Superfinale der besten vier begann es wie wild zu schneien und die immer langsamer werdende Spur stellte das finale Quartett zwischenzeitlich vor eine „Mission impossible". Erst vor dem letzten der drei Finalsprünge ließ das dichte Schneetreiben nach und Ståle Sandbech nützte mit einem „1080 Frontside Cab" die Gunst des Augenblicks und verwies damit Peetu Piiroinen aus Finnland und den Japaner Yūki Kadono auf die Ehrenplätze. „Einfach fantastisch, es war an der Zeit, dass ich mir den Ring of Glory überstreife", so der neue Herr der Ringe, der nach Platz zwei bei Olympia und dem „Air + Style"-Auftakt in Peking ausgerechnet am Bergisel triumphierte.

Flock jubelte über ihren ersten Weltcup-Sieg

Das Warten hatte ein Ende und Janine Flock durfte sich in St. Moritz endlich für ihren ersten Sieg in einem Weltcuprennen feiern lassen. Die Rumerin hatte mit 0,09 Sekunden Vorsprung auf Elisabeth Vathje aus Kanada und 0,24 auf die Engländerin Laura Deas gewonnen. „Ich habe das Rennen genossen, hatte ein super Gefühl. Ich bin stolz, dass sich die harte Arbeit gelohnt hat", strahlte Flock.

Beachtlich auch die Leistung von Carina Mair. Die 19-jährige Zirlerin schaffte als Neunte erstmals den Sprung in die Top Ten. Nicht nach Wunsch lief es dagegen für die ÖBSV-Herren. Beim Sieg von Martins Dukurs aus Lettland mussten sich Raphael Maier und Matthias Guggenberger mit den Plätzen 15 bzw. 21 begnügen.

Nur leere HCI-Kilometer

Andreas Valdix, Benni Schennach und Mario Huber waren der stark ersatzgeschwächten HCI-Truppe erst am Spieltag und im Kleinbus rund 533 Kilometer nach Znojmo nachgereist. Ein Kraftakt im Dienste der Sache. Am Charakter der Haie-Truppe gab es im Laufe dieser Saison ohnehin nie Zweifel. Doch die Absenzen waren zu groß, zu viele Spieler fehlten mit Grippe bzw. einer Viruserkrankung gegen die läuferisch starken Tschechen.

Dennoch stand nach dem ersten Drittel dank eines starken Adam Munro im Haie-Kasten noch die Null, erst im zweiten Abschnitt münzten die Hausherren ihre Überlegenheit dann auch in Tore um. Roman Tomas, Martin Nemcik und Jan Seda

Einmal bitte kurz durchschnaufen: In Znojmo stand Adam Munro unter Dauerbeschuss.

Das Match gegen die Haie gewann Laibach, den Fight entschied Christoph Hörtnagl für sich.

sorgten für eine komfortable 3:0-Führung, die im Schlussabschnitt locker über die Zeit gebracht wurde. Unter dem Strich standen für die Haie nach dem Kraftakt Znojmo letztlich doch nur leere Kilometer zu Buche. Aber noch gab es fünf Spiele und vor dem „Pflichtsieg" gegen Laibach träumte Haie-Obmann Günther Hanschitz sogar von vier Siegen in den letzten fünf Partien. Aber angesagte Siege sind oft die schwersten. Und so schleppten die Haie gegen den Tabellenletzten wieder eine Bleiweste mit sich herum. Zudem erwischte HCI-Legionär Matt Siddall einen rabenschwarzen Tag, den er so schnell nicht vergessen würde: In Minute zwei leitete er mit einem leichtfertigen Scheibenverlust im eigenen Drittel das 0:1 ein. In Minute 30 servierte Siddall am Ende eines druckvollen Powerplays den Gästen den Puck, die im Konter – der fünfte Mann kam gerade von der Bank – eiskalt zum 1:3 zuschlugen. Da waren Erinnerungen an die erste Heimniederlage gegen Laibach (0:3 am 22. November) wieder allgegenwärtig. Zudem hatte Goalie Adam Munro beim 1:2 nicht die beste Figur gemacht. Das 1:4 gab's später aus einem Konter obendrauf. Es passte alles zusammen – in die verkehrte Richtung allerdings. Die Kämpfer- und Nehmerqualitäten von Christoph Hörtnagl in einem verlorenen Fight blitzten viel zu selten auf. Zumindest resultierten daraus ein Powerplay und der Anschlusstreffer zum 2:4. Mit Wechselfehlern und leichtfertigen Strafen lud Laibach die Haie immer wieder zu einem Comeback ein, der Anschlusstreffer fiel durch Alex Höller (3:4/45.). Danach schnappte sich Pedevilla den Hörtnagl-Intimfeind Groznik zum Faustkampf, beide wanderten unter die Dusche. Der HCI erzeugte in der Folge viel Druck, den Nadelstich setzte aber Laibach durch den agilen Hunter Bishop (3:5/52.). Einem verschossenen Kaspitz-Penalty folgte abermals der Anschlusstreffer durch Höller. Beim 4:5 blieb's – die dritte Saisonpleite gegen Laibach war perfekt.

Und als Elfter würden die Haie ohne einen Bonuspunkt in die Zwischenrunde gehen. Das stand dann nach dem vorletzten Spiel der Vorrunde unverrückbar fest – denn gegen kampfstarke Ungarn aus Fehérvár setzte es in der TIWAG Arena nach einer miserablen Darbietung eine klare 1:4-Pleite, wenngleich festgehalten werden muss, dass selbst ein voller Erfolg nichts mehr genützt hätte, weil gleichzeitig Dornbirn aus Wien die zwei Punkte entführte. Erstmals Pfiffe von den Rängen waren eine unschöne Begleitmusik für eine allerdings nicht genügende Leistung der Haie.

Nur der Spitzenplatz fehlte

Das Wetter, das Material, die Startnummer – für ÖRV-Chefcoach René Friedl war schon vor den Weltcuprennen der Kunstbahnrodler am Königssee völlig klar, was entscheidend sein würde. Während Damen und Doppelsitzer mit starkem Regen zu kämpfen hatten, mussten sich die Herren bei dichtem Schneefall den Weg durch den Eiskanal bahnen. Und wenn dabei auch kein Top-Platz für die ÖRV-Mannen heraussprang, kann sich das mannschaftliche Ergebnis sehen lassen: Vier Österreicher landeten unter den Top Zwölf. Wolfgang Kindl, der in Königssee noch nie besser als Zehnter gewesen war, bestätigte seine bisherigen starken Saisonleistungen mit Platz sechs. „Die Bedingungen waren enorm schwer, dadurch wurde das ganze Rennen zu einem Poker. Mit einer besseren Startnummer wäre mehr möglich gewesen. Trotzdem bin ich mit der Platzierung zufrieden", bilanzierte der Natterer. Knapp hinter Kindl landete der Zillertaler Daniel Pfister auf Rang sieben, er gab damit ein kräftiges Lebenszeichen von sich. Auch die beiden jungen Tiroler Armin Frauscher und David Gleirscher zeigten mit den Plätzen elf bzw. zwölf auf. Gleirscher sicherte sich sogar mit der drittbesten Zeit im ersten Lauf das Ticket für die Teamstaffel. Doch in dieser kam der Stubaier nach einem Fehler im Kreisel spektakulär zu Sturz, das ÖRV-Team kam dadurch beim Sieg der Deutschen nicht in die Wertung.

Ja! – Wolfgang Kindl mit der Faust in Königssee …

Wie auf Wolke neun …

Als der Deutsche Eric Frenzel nach seinem dritten Sieg hintereinander wieder zu Atem gekommen war, hatte der alleinige König von Seefeld einen Tipp für die nachfolgende Generation parat. Oder besser gesagt: für die junge Generation der Österreicher. Schließlich weiß der 21-fache Weltcup-Sieger, der im Tiroler Wintersport-Mekka zum neunten Erfolg in Folge lief und nach 2014 das zweite Triple gewann, wie schwer es ist, sich zwischen den Arrivierten zu behaupten. „Ich hatte genügend Zeit, mich in ihrem Schatten weiterzuentwickeln, um dann zuzuschlagen", sagte der 26-Jährige, der seine ersten Erfolge im Alter von 20 Jahren feierte. Ebenso viele Lenze zählte nun Philipp Orter. Der Kärntner, der als Rohdiamant bei den ÖSV-Kombinierern gilt. Der dreifache Juniorenweltmeister, der bei seinem ersten 15-km-Langlauf Lehrgeld bezahlen musste, indem er bei Kilometer neun einbrach und ihm bei 13,5 Kilometern bei einem Sturz der Stock abbrach. So zählte Orter (21.) nicht zu den besten Österreichern (Bernhard Gruber/7. und Willi Denifl/10.) und vom Stockerl mit Håvard Klemetsen aus Norwegen und dem Japaner Akito Watabe trennten ihn über zwei Minuten. Trotz des Missgeschicks lief er jedoch bei strahlendem Sonnenschein und vor 9.000 Zuschauern 19 Sekunden vor Altmeister Mario Stecher (25.) über die Ziellinie. Zu diesem Zeitpunkt sagte Frenzel in den ersten Siegerinterviews: „Ich weiß nicht, woran es liegt – warum das Siegen in Seefeld so funktioniert wie das Brezelbacken." Dieses Rezept freilich wollte der Deutsche keinem verraten – schon gar nicht der jungen Konkurrenz aus Österreich, die Frenzel schon wahrgenommen hatte.

Neunmal! Was jedenfalls Eric Frenzel in Seefeld abgeliefert hatte, stellte alles bisher Dagewesene in den Schatten. „Stimmt schon, meine Bilanz hier ist recht gut", erklärte der Deutsche mit leuchtenden Augen. Als die Bezeichnung „lebende Legende" fiel, musste er schlucken. „Ich habe jetzt in Seefeld öfter gewonnen als Hannu Manninen? Das wusste ich gar nicht", stammelte der sympathische Sachse. Manninen, das finnische Zugpferd der Kombination, sammelte sechs Siege in Seefeld. Frenzel indes erzielte binnen fünf Jahre derer neun, davon acht in Serie.

Spannende Positionskämpfe lieferten die Kombinierer in den drei Tagen von Seefeld.

Die Reaktion seiner Gegner – sofern ihm in dieser Form überhaupt jemand das Wasser reichen konnte – schwankte zwischen Staunen und Ärger. Und Bewunderung. Auch von Bernhard Gruber, dem stärksten Österreicher, der zumindest im zweiten Rennen als Zweiter das Stockerl erobert hatte – im Windschatten des überragenden Frenzel. Die Handzeichen des Deutschen, er solle auch Führungsarbeit leisten, hatte der Team-Olympiasieger einfach ignoriert. „Ich habe arbeiten lassen", sagte er mit einem schelmischen Grinsen im Gesicht.

Der große Sieger von Seefeld: Eric Frenzel.

Mach' mal Pause – das nahm sich Berni Gruber wohl zu Herzen.

Fotos: GEPA

Schluss mit lustig war erst im letzten giftigen Anstieg vor dem Ziel. „Der Eric hat mich einfach stehen gelassen. Ich weiß nicht, vor was der davongelaufen ist", rätselte der Salzburger, der sich dampfend und keuchend als sensationeller Zweiter ins Ziel schob. Völlig ausgepumpt kauerte er im Schnee: „Mir ist das Gas ausgegangen." Wenig später hüpfte er schon wieder frisch und munter durch den Zielraum und freute sich über seinen zweiten Seefeld-Podestplatz nach 2008. Zudem war es der erste ÖSV-Stockerlplatz seit David Kreiner (2011). Und dann noch das Lob für die Organisatoren: „Die Atmosphäre in Seefeld ist einfach unglaublich."

Haie bissen überraschend zu

Es war schon merkwürdig, dieses ständige Auf und Ab im Lager der Haie. Und besonders auffallend: Wenn der HCI keinen Druck verspürt, als krasser Außenseiter geführt wird, ist er am stärksten. So wie in Wien. Oder anders formuliert: Wenn man am wenigsten damit rechnet, beißen die Haie eiskalt zu. Bei den Capitals feierten die Innsbrucker einen völlig überraschenden 5:1-(3:1, 0:0, 2:0)-Erfolg. Von Beginn an zeigte sich die Olsson-Truppe vor allem im Konter äußerst aktiv und ging nicht unverdient durch Torjäger Jeff Ulmer in Führung. In der Folge ließen sich die Haie nicht einmal durch den Ausgleich des Ex-Innsbruckers Andreas Nödl schocken, im Gegenzug sorgte Roland Kaspitz postwendend für die erneute Haie-Führung. Dem nicht genug, ließ Patrick Mössmer kurz vor Drittel-Ende sogar das 3:1 folgen. Auch im zweiten Abschnitt war kein großer Unterschied zwischen den Teams zu erkennen. Die Wiener bestimmten zwar das Spielgeschehen, die schlaue und kompakte Defensivarbeit der Haie mündete aber in einen torlosen zweiten Spielabschnitt. Im Schlussdrittel trafen Alex Höller und Ulmer zum Endstand, fixierten damit den ersten Sieg gegen die Capitals seit der EBEL-Rückkehr. In dieser Form sollte doch auch bei Fehérvár etwas möglich sein, oder? Eine trügerische Hoffnung. Denn nach ausgeglichenem erstem Drittel – dank Munro – gingen die Ungarn in Abschnitt zwei in Führung, Siddall egalisierte, weiter Möglichkeiten konnten nicht verwertet werden. So kam es im Schlussdrittel, wie es kommen musste: Nick Ross wanderte wegen Behinderung in die Kühlbox, Csaba Kovács nützte das Powerplay postwendend zum 2:1 (48.). Das 3:1 fiel dann noch ins leere Haie-Tor (60.), als die Innsbrucker alles nach vorne warfen. So gab's einen Tag nach dem 5:1 in Wien wieder einen Nackenschlag im Kampf um Bonuspunkte – die Haie bleiben eben eine echte Wundertüte.

Jeff Ulmer – zweifacher Torschütze in Wien.

OLYMPIAREGION Seefeld

ZEITLOS KLASSISCH
SEIT 1898

MEHR NORDISCH GEHT NICHT.

OLYMPIAREGION SEEFELD. DER HOTSPOT DES NORDISCHEN SPORTS IM ALPENRAUM

OLYMPIAREGION SEEFELD

- ☑ Drei Olympiaden
  - Olympiaden 1964 & 1976
  - 1st Youth Olympic Winter Games 2012
- ☑ Nordische Ski Weltmeisterschaften 1985
  Nordische Ski Weltmeisterschaften 2019
- ☑ Seit 12 Jahren Austragungsort Weltcup der Nordischen Kombination
- ☑ Weltcup „Nordic Combined Triple"
  29. – 31. Jänner 2016

NORDISCHES KOMPETENZZENTRUM SEEFELD

- Über 250 km bestens präparierte Loipen
- 2 Schanzen (HS 109 + HS 75)
- Trainingsstätte für Nationalteams
- 3,5 km Rollerstrecken im Sommer
- Vollelektronische Biathlonanlage

SNOWFARMING

Garantierter Loipenstart und ideale Trainingsmöglichkeiten dank Snwofarming bereits Anfang November.

Seefeld 2019 – FIS Nordic World Ski Championships

KONTAKTADRESSE FÜR TRAININGS & INFORMATIONEN
www.seefeld-sports.at | www.seefeld.com

Tirol

FEBER

Eine völlig entspannte Schlussregatta genehmigten sich Delle-Karth/Resch in Miami.

Vor Miami zum Weltcup-Sieg

Das war ein großartiges Finish gewesen vor den Küsten Miamis: Nachdem sie bereits als Gesamtführende ins entscheidende Medal Race gestartet waren, ließen sich Österreichs 49er-Asse in diesem Segel-Weltcup die Butter nicht mehr vom Brot nehmen. Nico Delle Karth und Niko Resch, die Olympia-Vierten von London, kontrollierten ihre direkten Konkurrenten um den Gesamtsieg, die Australier Turner/Jensen, und brachten mit einem dritten Wettfahrtrang den vierten Weltcup-Sieg ihrer Karriere gleichsam in trockene Tücher.

„In dieser Woche ist so ziemlich alles aufgegangen. Wir sind trotz sehr schwieriger, weil launischer Windsysteme extrem konstant geblieben und hatten kaum Schwächen. Auch im Finale gelang Kopfarbeit nach Maß, wir haben die Nerven behalten und eine wichtige Bestätigung eingefahren. Angenehmer Nebeneffekt ist die direkte Qualifikation für das Weltcup-Finale in Abu Dhabi", frohlockte der Tiroler Steuermann Delle Karth.

Jury stellte Ampel auf Rot

Wie man sich doch täuschen kann: Eigentlich schien bei strahlend blauem Himmel und vor rund 3.000 Zuschauern im beeindruckenden Schnee-Amphitheater am Lärchfilzkogel in Fieberbrunn alles für einen perfekten Contesttag der Freerider „angerichtet". Doch erstens kommt es anders, zweitens als man denkt …

Über eine Stunde lang hatten die erwartungsfrohen Fans auf den Start des zweiten Bewerbes der Freeride-World-Tour

Auch Freerider respektieren die Gesetze der Natur.

Fotos: Agentur Diener (o.), GEPA (u.)

gewartet, dann fuhren die Damen, ehe die Konkurrenz abgebrochen werden musste. „Die Schneebedingungen wurden immer schwieriger und wir wollten nicht mit der Gesundheit der restlichen 45 Teilnehmer spielen", erklärte World-Tour-General-Manager Nicolas Hale-Woods. Das Hauptproblem war die vom Winde verwehte Strecke. Immer wieder blieben die Ski-Damen an den nur knapp unter der Schneedecke liegenden Latschen hängen. Fast die Hälfte des Feldes kam zu Sturz, am schlimmsten erwischte es die US-Amerikanerin Ashley Maxfield, die mit Verdacht auf Oberschenkelbruch abtransportiert wurde.

Die heimischen Starter, allen voran Flo Orley, waren enttäuscht, dass es anderntags trotz Kaiserwetter keinen Heim-Contest gab. „Ich akzeptiere die Entscheidung, hätte sie aber so nicht getroffen", meinte der 39-jährige Snowboard-Routinier. Schon im Vorfeld sei jedoch „kein guter Stern über dem Wochenende gestanden". Innerhalb der Rider-Szene hatte man schon am Vorabend eine gewisse Unruhe gespürt, nicht zuletzt, weil der Bewerb vom Wildseeloder auf den Marokka („kleine Henne") verlegt werden musste. Zumindest die Damen durften dort jubeln: Hinter Lotte Rapp aus Schweden landeten mit Eva Walkner (2.) und Lorraine Huber (3.) zwei Österreicherinnen auf den Plätzen. Während Walkner von Bruder und Rallye-Dakar-Teilnehmer Matthias („Ich bin sehr stolz auf sie.") bejubelt wurde, lieferte Huber ein glanzvolles Comeback ab. Fünf Wochen nach ihrem Knöchelbruch war Platz drei für sie „wie ein Sieg".

Kindl erlöste die rot-weiß-rote Rodel-Elite

Hallo Rodler, wie doch die Zeit vergeht! Dass der 26. November 2005 für die rot-weiß-roten Kunstbahnrodler (Herren-Einsitzer) der letzte Freudentag sein würde, das hatte sich damals beim Österreichischen Rodelverband (ÖRV) wohl niemand gedacht. Doch es sollte tatsächlich zehn lange Jahre dauern, ehe mit dem Tiroler Wolfgang Kindl im Eiskanal von Lillehammer wieder einmal ein Österreicher vom obersten Podest lächeln durfte. Den erfolgreichen Tag rundete die Teamstaffel (Kindl, Birgit Platzer und die Doppelsitzer Peter Penz/Georg Fischler) mit einem viel umjubelten dritten Platz ab.

„Ich schaue nicht so auf die Geschichte, aber klar ist das viel wert, wenn man eine so lange Durststrecke beendet", gab Kindl offen zu, dass der erste Triumph nach Markus Kleinheinz (Altenberg) Gewicht hatte. Das tat dem aus Vill stammenden Kunstbahnrodler in der Sportlerseele gut: „Einen Sieg kann man nicht planen, der muss passieren. Ich bin sehr stolz, es ist eine große Genugtuung, die sieglose Zeit im Einsitzer beendet zu haben." Und: „Ich reise nun mit breiter Brust nach Sigulda, eine WM-Medaille war und bleibt mein Ziel. Der Anspruch ist berechtigt, mir ist aber auch klar, dass dafür bei der aktuellen Dichte alles passen muss."

Iraschko-Stolz

Irgendwann, das war natürlich auch der Daniela klar, musste die Serie ganz einfach abreißen, aber: Nach drei Siegen in Serie setzte Daniela Iraschko-Stolz zum Abschluss der

Wolfgang Kindl nach seinem Triumph in Lillehammer.

Daniela – so schön jubelt es sich nach drei Siegen in Serie.

Fotos: APA/ÖRV/Eugen Eslage (li.), GEPA (re.)

Bewerbe von Hinzenbach hochzufrieden auf Rang zwei auf. Den Sieg am Finaltag hatte sich die deutsche Olympiasiegerin Carina Vogt gesichert, die nach Sprüngen auf 92 und 90 Meter 245,2 Punkte erreicht hatte. Iraschko-Stolz lag nach Sätzen auf 90,5 und 92,5 Meter allerdings nur 0,4 Punkte dahinter. Ein Wimpernschlag. „Die Freude über Platz zwei überwiegt, ich bin superglücklich. Ich habe mit dem zweiten Sprung eine Riesenfreude, habe alles riskiert. Carina hatte sensationelle Sprünge gezeigt, es war ein super Duell." Ob man um 0,4 Punkte vorne oder hinten ist, sei egal, „wenn die Sprünge passen", sagte die Wahl-Tirolerin. „Heuer bin ich mit der Schanze von Anfang an gut zurechtgekommen, anscheinend ist das jetzt meine Lieblingsschanze."

Haie rupften die Adler

Ende gut, alles gut? Nicht ganz, aber mit dem 1:0 gegen den Villacher SV im letzten Match des Grunddurchgangs tankten die Haie wesentliches Selbstvertrauen für die wichtigen Spiele in der Zwischenrunde, in der man erstmals das Play-off schaffen wollte. Tatsächlich waren die Tiroler nach dem sehr müden Auftritt und der 1:4-Niederlage gegen Fehérvár nur 48 Stunden später vor allem im Startdrittel gegen Villach nicht wiederzuerkennen. Es schien fast so, als hätte Coach Christer Olsson seinem Team eine Frischzellenkur verordnet. In den ersten fünf Minuten war mehr Dynamik im Spiel als im kompletten Match gegen die Ungarn, (Groß-)Chancen gab es durch Kaspitz, VanBallegooie, Siddall, Ulmer, Olsson und Co. fast im Minutentakt zuhauf. Nur die Führung blieb gegen VSV-Goalie Jean-Philippe Lamoureux (vielleicht der beste Schlussmann der Liga) aus. Es war aber nicht zu erkennen, dass da der Tabellenelfte gegen den Dritten spielt.

Das Mitteldrittel begann ebenfalls flott, den ersten dicken Sitzer nach einigen Distanzschüssen des HCI verzeichnete aber Villach durch Lammers und Haydar nach einer halben Stunde. Gerade als die Gäste begannen, das Kommando zu übernehmen, überraschte Schlitzohr Alex Höller Lamoureux mit einem Schuss ins kurze Eck (1:0/30.). In der Folge mehrten sich die Villacher Hochkaräter, HCI-Goalie Patti Machreich vertrat den erkrankten Adam Munro aber in mehreren Szenen mit Bestnoten, die große Ausgleichschance von Haydar (57.) vereitelte mit Machreich der „Man of the Match". Es blieb bei einem verdienten Erfolg, dem 16. Saisonsieg (in der gesamten Vorsaison waren es nur zwölf gewesen) und es war gleichzeitig auch der erste Sieg über Villachs Adler seit der EBEL-Rückkehr 2012. Jetzt hatten die Haie jedes Team in der Erste Bank Eishockeyliga zumindest einmal geschlagen.

Lawine stoppte Freeride-Gastspiel

„Gegen die Wetterkapriolen waren wir ganz einfach machtlos, aber natürlich: Sicherheit geht vor." Für die Veranstalter des in Kappl geplanten Freeride-World-Tour-Spektakels hatte es keine Alternativen gegeben, schon gar nicht, nachdem sich bereits beim zweiten Starter eine Lawine (40 Meter breit, 100 Meter lang) gelöst hatte und ins Tal gedonnert war. Abbruch war die logische Konsequenz. Dabei hatte der Tag auf der Quellspitze mit idealen Bedingungen – klarer Himmel, niedrige Temperaturen – begonnen. Alles deutete darauf hin, dass die in Fieberbrunn abgebrochenen Bewerbe der Snowboarder und Ski-Herren ohne Probleme nachgeholt werden könnten. Aber kurz, nachdem Julien Lopez im mittleren Teil des Hanges gestürzt war und gerade bergauf stieg, um einen verlorenen Ski zu bergen, löste sich die Lawine, der Franzose wurde vom

Valdix (rechts) und Ulmer feierten das 1:0 gegen Villach.

Kein Wetterglück für die Freerider – Lawine statt Spektakel.

Schnee erfasst, reagierte aber blitzschnell, löste sein Lawinen-Airbag-System aus und kam mit Prellungen davon. Stunden später meldete sich Lopez mit gehobenen Daumen bei seinen 10.000 Facebook-Fans: „Alles ist gut. Nichts Ernstes ist passiert, bin mit dem Schrecken davongekommen."

Bei den Organisatoren überwog die Erleichterung, dass niemand ernsthaft zu Schaden gekommen war. „Wir sind froh, dass Julien in Sicherheit ist und hoffen, dass dieser Vorfall alle Freerider und Tourengeher daran erinnern wird, dass sie immer ihre Sicherheitsausrüstung mit sich führen sowie das Vorgehen im Falle eines Lawinenabgangs sicher beherrschen und immer wieder trainieren müssen", spannte World-Tour-Generalmanager Nicolas Hale-Woods gleich einmal den Bogen zum Breitensport.

Kraft baute Weltcup-Führung aus

Während Severin Freund „sein" Heimspringen in Titisee-Neustadt souverän für sich entschied, sorgten auch zwei Österreicher für Aufmerksamkeit. Stefan Kraft baute mit einer tollen Aufholjagd vom achten auf den zweiten Platz seine Weltcup-Führung aus und Gregor Schlierenzauer nähert sich dem Spitzenfeld. Der Tiroler wurde Siebenter und untermauerte damit seinen Aufwärtstrend. Der Stubaier ballte nach dem ersten Sprung auf Platz sieben die Faust und sein anschließend gezeigtes Victory-V mit gespreizten Fingern sollte signalisieren: Bei mir geht es wieder bergauf. Entsprechend zufrieden äußerte sich der Fulpmer: „Da sind mir drei starke Versuche gelungen. Das war wirklich ein guter Tag und eine Bestätigung für meine Bemühungen."

„Ich wollte schon alles hinschmeißen"

Es war alles angerichtet für die große Party entlang des Igler Eiskanals, der zum würdigen Schauplatz für die geplante Titelverteidigung von Janine Flock prädestiniert zu sein schien. Doch dann lief alles – quasi im letzten Augenblick – ganz anders ab als erwartet. Aber die Tirolerin, die im Ziel mit Bestzeit wartete, blieb ruhig, keine Sekunde wich das Lächeln aus dem Gesicht von Janine, erst recht nicht in dem Moment, als ihr die britische Skeleton-Pilotin Elizabeth Yarnold noch die EM-Goldmedaille förmlich aus den Händen riss. Die verfehlte Titelverteidigung konnte das Glück nicht trüben, weil Flock nach dem verpatzten ersten Lauf (sechster Rang) das Podium schon aus den Augen verloren hatte. Ende gut, alles gut. Nach dem dritten Rang und der Übernahme des Gelben Trikots der Gesamtweltcup-Führenden rundete die Silbermedaille das Heim-Wochenende perfekt ab: „Mir ist ein großer Stein vom Herzen gefallen."

Und was tat die Rumerin nach der ganzen Aufregung als Erstes? „Jetzt leg' ich mich erst einmal auf meine Couch." Eine Entspannung, die sie bitter nötig hatte. Schließlich hatte der Wecker schon um 4.30 Uhr morgens geläutet, die ungewöhnliche Startzeit (acht Uhr) hatte das gefordert. Dann aber war sie doch hellwach, dennoch endete der erste Lauf mit einem technischen Fehler. Es folgten die Wut im Bauch und ein entfesselter zweiter Durchgang. Dass das EM-Endergebnis zugleich für den Weltcup zählte, ließ die 25-Jährige noch mehr strahlen. Schließlich landete ihre Hauptkonkurrentin um das Gelbe Trikot, Tina Hermann aus Deutschland, nur auf Rang fünf.

Stefan Kraft gelang eine tolle Aufholjagd.

Janine tröstete sich mit EM-Bronze und der Weltcup-Führung.

Vanessas Jagd nach Rekorden …

Bittner in der Form ihres Lebens

Die mit Testrennen angereicherte, harte Vorbereitung zu Jahresbeginn in Klobenstein (ITA) hatte sich bezahlt gemacht. Österreichs schnellster Teenager auf Kufen, Vanessa Bittner, befand sich schon beim Countdown auf die Einzelstrecken-WM in der Form ihres Lebens. Nicht nur, weil Vanessa mit ihrer 500-m-Rekordzeit von 38:26 Sekunden (bisher 38:33) das zweite Weltcup-Podest ihrer Karriere nur um fünf Hundertstel verfehlt hatte, jubelte Trainer Hannes Wolf. „Auf Siegerin Heather Richardson haben nur vier Zehntel gefehlt, Vanessa hat den Rückstand auf die Besten halbiert." Bittner bestätigte damit aber nicht nur Fortschritte auf der kurzen Sprint-Distanz, sie zeigte auch über 1.000 Meter Stehvermögen mit Platz acht in 1:17:04.

„Es hat geschneit und gestürmt – einfach super!"

Es war einmal mehr ein illustres Starterfeld, dass den bereits 43. Internationalen Koasalauf – diesmal bei heftigem Schneetreiben – in Angriff genommen hatte. Unter den 1.900 Athleten aus 25 Nationen waren auch Langlauf-Exoten aus Australien, Neuseeland und Griechenland zu finden. Auf dem Siegerpodest allerdings sah man altbekannte Gesichter: Der Tscheche Jiri Rocarek kürte sich nach dem Sieg über 28 Kilometer klassisch auch über die 50 Kilometer Freistil zum Loipenkaiser. Schon 2013 war ihm dieses Kunststück gelungen.

Musste der Koasalauf im Vorjahr noch mangels Schnee und Kälte abgesagt werden, so zeigte die diesjährige Auflage ein anderes Gesicht. „Es hat die ganze Zeit geschneit und gestürmt", erzählte Koasa-Präsident Sigi Joast, während er noch auf den Zieleinlauf des allerletzten Läufers wartete: „Es war einfach super!" Der Wind sei nicht wirklich ein Problem gewesen, im Gegenteil: „Gegen einen tüchtig anschiebenden Rückenwind hat wohl kein Langläufer etwas einzuwenden!"

Nach der Absage im letzten Jahr hätten viele Athleten das Nenngeld einfach für dieses Jahr stehen lassen. Was wiederum für die Marke Koasalauf spreche: „Wir legen großen Wert darauf, auch wirklich ein Volkslauf zu sein." In den letzten Jahren habe man den Koasa sogar einfacher gemacht: „Seitdem verzeichnen wir wieder Zuwächse bei den Teilnehmerzahlen." Nichtsdestotrotz waren auch diesmal wieder Top-Läufer in der Loipe anzutreffen. So nutzten die österreichischen Kaderläufer Bernhard Tritscher, Clemens Baßnig und Max Hauke den Koasa zur Vorbereitung für die Nordische Ski-WM in Falun und

Der Winter als standesgemäßer Begleiter der Koasalauf-Teilnehmer.

Ein Lorbeerkranz für den Koasa-Sieger.

Was für ein Bauchfleck!

Die Zwischenrunde in der EBEL ist wie Play-off-Zeit, es sind die Tage der Wahrheit, Spiele, in denen sich die Spreu vom Weizen trennt. Sein oder Nichtsein heißt da die Devise und für den HC Tiroler Wasserkraft Innsbruck wurde es ernst – man wollte endlich die Qualifikation für die Play-off schaffen. Doch gleich zum Auftakt setzte es einen Riesendämpfer für die Tiroler, ausgerechnet gegen den bisherigen Lieblingsgegner KAC wurden aus den Haien zahme Goldfischlein. Fazit: In Klagenfurt setzte es eine peinliche 8:0-Pleite.

Viel mehr Fehlstart geht eigentlich gar nicht: Gerade einmal eine Minute und 39 Sekunden zeigte die Hallenuhr in Klagenfurt an – und der HC Innsbruck lag bereits in Rückstand. Und wie! Eigentlich waren die Haie nämlich nach einem Stockschlag von Oliver Setzinger mit einem Mann mehr auf dem Eis, trotzdem konnten die Kärntner einen perfekten Konter spielen, der im KAC-Führungstreffer durch Jean-François Jacques mündete. „Eine konzentrierte Defensivleistung", wie sie Coach Christer Olsson vor dem Match gefordert hatte, sieht anders aus.

feierten nebenbei über 28 Kilometer einen tollen Erfolg. Weltcup-Läufer Hauke war begeistert: „Die Spur war sehr weich und es ist ein richtig hartes Rennen geworden. Die ideale Vorbereitung für die nächsten Weltcuprennen."

Da half kein Tor-Verriegeln und auch Munro war chancenlos: Der KAC schoss die Haie mit 8:0 vom Klagenfurter Eis.

Der Führungstreffer war dann aber nur Wasser auf den Angriffsmühlen des österreichischen Rekordmeisters. Die „Rotjacken" aus Klagenfurt schnürten die Haie im eigenen Drittel ein – das 2:0 durch Lukas Pither (11.) ließ die Halle dann endgültig beben und Haie-Coach Olsson eine Auszeit nehmen.

Als HCI-Angreifer Marcus Olsson nach 13 Minuten nach einem harten Check von Jacques, gestützt von Teamarzt Ekkehard Steiner, das Eis verlassen musste, war das Haie-Unglück endgültig perfekt. Der zweite Treffer von Pither zum 3:0 (16.) war nur noch die Draufgabe in einem miserablen ersten Drittel. Dann konnte sich zwar Haie-Keeper Munro einige Male auszeichnen, aber nur bis zur 29. Minute, als der Kanadier gegen einen Backhand-Schlenzer von Manuel Geier chancenlos war. Mit seinem dritten Treffer legte Pither den Finger dann vier Minuten später noch tiefer in die Haie-Wunden – 5:0 (32.). Als Jacques das 6:0 erzielte, war die Spielzeit von Adam Munro vorbei. Der im Abschluss des Grunddurchgangs (1:0 gegen Villach) so überragende Patrick Machreich ersetzte den „Hexer außer Dienst". Es wirkte in dieser Phase ein bisschen so, als wolle der KAC alle vier bisherigen Saisonpleiten gegen die Tiroler in nur einem Spiel gutmachen. Die Haie blieben im Klagenfurter Angriffswirbel nur Passagiere, das 7:0 von Thomas Hundertpfund diente als Bestätigung für diese These, wie dann das 8:0 im Abschlussdrittel.

Bei müden Haien gingen langsam die Lichter aus

War es das schon gewesen mit den Play-off-Träumen der Tiroler? Die Frage tauchte das erste Mal nach der Abfuhr beim KAC auf und wurde lauter, als auch die erste Heimpartie dieser Zwischenrunde, gegen Bozen, verloren wurde. Irgendwie verständlich, dass die Haie in den Anfangsminuten des fünften Nord-Südtirol-Derbys das 0:8 mental wie einen tonnenschweren Rucksack mitschleppten, erst nach fünf Minuten und nach einer sehenswerten Einzelleistung von Dustin VanBallegooie wachten die Hausherren einigermaßen auf. Wenngleich schon da klar ersichtlich war, dass das Können mit dem Wollen nicht Schritt halten konnte. Die Beine schienen in diesem (vermeintlichen) „Spiel der letzten Play-off-Chance" mindestens ebenso schwer wie der Kopf, wenn nicht schwerer. Matt Siddall fand im Powerplay noch einen Sitzer vor, richtig frisch wirkte aber keiner der Vielzeit-beschäftigten HCI-Legionäre mehr. Fast logisch daher der 1:2-Rückstand nach 40 Minuten. Und weil auch im Schlussdrittel die ganz großen Ausgleichschancen ausblieben, spielten die Bozner die Partie trocken herunter und verteidigten ihre Tabellenführung.

Flock zitterte sich zum Gesamtweltcup

Ausgerechnet die Olymiabahn von Sotschi wurde zum Schauplatz des großen Triumphes für Janine Flock. Denn im abschließenden Saisonbewerb des Skeleton-Weltcups reichte der Rumerin ein vierter Platz zum erstmaligen Gewinn des Gesamtweltcups. Dabei hatte der Bewerb für die Führende der Gesamtwertung nicht gut begonnen: Nach einer fehlerhaften Fahrt landete die 25-Jährige nur auf dem zehnten Platz. Und das, wo ihre härtesten Konkurrentinnen im Kampf um den Gesamtweltcup, Lizzy Yarnold und Tina Hermann, auf den ersten beiden Plätzen zu finden waren.

Doch wie schon bei der Heim-EM in Igls, wo Flock sich im zweiten Lauf steigerte und noch zum Vizeeuropameister-Titel raste, startete die Rumerin auch in Sotschi eine sehenswerte Aufholjagd: Mit zweitbester Laufzeit raste sie auf der Bahn, auf der sie bei Olympia Neunte geworden war, noch auf den

Auch gegen Bozen gab's für den HCI nichts zu gewinnen: Kaspitz und Co. rannten sich immer wieder fest ...

Hübsch, schnell und Weltcup-Siegerin – Janine Flock freute sich mit der Kristallkugel um die Wette.

vierten Platz nach vorne. Diese Platzierung reichte Flock (1.531 Punkte) trotz des Sieges von Lizzy Yarnold (1.511) zum erstmaligen Gewinn des Gesamtweltcups, dem ersten für Österreich seit Alexander Müller in der Saison 1996/97 – und dem ersten für eine österreichische Skeleton-Pilotin überhaupt. Die Freude bei Flock war groß: „Ich bin megahappy! Ich kann es noch gar nicht richtig glauben!"

Trainer Martin Rettl platzte naturgemäß vor Stolz: „Das war der Höhepunkt einer tollen Saison, ein super Erfolg. Es geht nichts über den Gesamtweltcup." Angesichts des Rückstands im ersten Lauf hatte auch der Olympia-Silberne von 2002 erst einmal schlucken müssen: „Aber Janine hat im zweiten Lauf wieder enorm zugelegt." Nachsatz: „Ihr macht es offenbar Spaß, ihre Trainer zu ärgern."

WM-Silber ließ Sotschi vergessen

Lettland ist ein ausgezeichneter Boden für die österreichischen Rodel-Aushängeschilder Peter Penz und Georg Fischler. Und das Schnapserl gemeinsam mit dem Botschafter hatten sich die zwei nach ihrer Fahrt zu WM-Silber redlich verdient. Wie auch immer: Die beiden Tiroler strahlten im Zielauslauf um die Wette. Vergessen war Sotschi, vergessen der dortige Olympiaabsturz vom Bronzetreppchen. Viele Tränen waren damals geflossen, das Karriereende schien besiegelt. Doch das Duo raufte sich zusammen, wollte es noch einmal wissen. „Gewaltig! Wir sind megaerleichtert. Endlich haben wir wieder einmal ein ordentliches Rennen gezeigt", jubelte Penz über die Silbermedaille. Fischler zeigte sich überzeugt, dass sie damit endgültig ihr Sotschi-Trauma abgeschüttelt hätten: „Zur Halbzeit gingen mir wieder die Szenen von Olympia durch den Kopf. Aber ich habe mir gedacht, dass wir das diesmal schaffen. Und wie!" Für die Heeressportler war es der bisher größte Erfolg in ihrer Karriere, obwohl sie auch schon Europameister wurden und beim Heim-Weltcup in Igls triumphierten. „Da kommt der EM-Titel nicht hin, eine WM-Medaille ist eine andere Liga", betonte Fischler. Die Top-Favoriten Wendl/Arlt (GER) fuhren erwartungsgemäß den WM-Titel ein. Dabei war Gold für Penz/Fischler, die bereits nach dem ersten Durchgang auf Platz zwei gelegen waren, nicht außer Reichweite. „Wir hatten zwei richtig gute Läufe. Die Bedingungen kamen uns allerdings nicht wirklich entgegen. Wenn es ein paar Grad kälter gewesen wäre, hätten wir sicher um Gold mitfahren können", waren sich die beiden einig.

Kundl scheiterte an den Dragons

Den Grunddurchgang in der Eishockey Eliteliga hatten die Kundler in diesem Jahr bereits zum fünften Mal für sich entschieden, doch wieder einmal kam das Ende aller Titelträume bereits im Halbfinale. Ausgerechnet Erzrivale Kufstein siegte im Entscheidungsspiel mit 2:1. „Hier regiert der HCK", skandierten nach dem Auswärtstriumph die Drachenfans begeistert. Die Halle war zum Bersten voll, restlos ausverkauft. Es hatte sogar den Anschein, dass fast mehr Kufsteiner als Kundler zum Spiel gekommen waren. Wie in den letzten zwei Partien gab Kundl den Ton an, Kufstein hielt mit Herz dagegen. Was letztendlich den Ausschlag zugunsten der Festungsstädter gab, wie auch ihr Trainer Ivo Novotny meinte: „Ich glaube, das Herz hat gewonnen. Wir schauen jetzt von Spiel zu Spiel. Die Jungs haben noch nicht genug." Bei Kundl war die Enttäuschung groß. Trainer Günter Tomasini kreidete seiner Truppe vor allem die Chancenauswertung an: „Wir wollten es oft zu schön machen." Im Finale trafen die Kufsteiner auf Wattens, das bei Hohenems – ebenfalls im dritten Spiel, knapp mit 3:2 gewann.

Penz/Fischler mit WM-Silber in Sigulda.

Auf dem Eis zerstört: Die Kundler Eishockeyspieler nach dem Halbfinal-Aus gegen Kufstein.

Schwaz gelang die Revanche gegen Leoben

Für die beiden Tiroler Vertreter in den österreichischen Handball-Ligen hatte es jeweils nur zum „unteren Play-off" gereicht, Sparkasse Schwaz Handball Tirol verfehlte die Meisterrunde in der HLA nur knapp, HIT Innsbruck ebenfalls. Der Start in diese Play-offs gelang indes nur den Schwazern, die Leoben mit 27:21 aus der heimischen Halle schossen. Damit nahmen die Silberstädter auch ohne Spielertrainer Krešimir Maraković am Feld erfolgreich Revanche an den Steirern, die im Grunddurchgang noch in Schwaz triumphiert hatten. Eine Klasse tiefer mussten sich die jungen Innsbrucker in Hollabrunn mit 18:22 geschlagen geben. Bester Werfer dabei war Junioren-Nationalspieler Armin Hochleitner mit sieben Treffern.

Fannemel mit Fabel-Weltrekord

Immer schneller, immer höher, immer weiter – auf der Flugschanze in Vikersund setzten die Skispringer getreu diesem Motto eine sensationelle Duftmarke. Zunächst hatte der Slowene Peter Prevc mit dem erstmaligen Sprung auf 250 Meter für Jubel gesorgt, 24 Stunden später war der Norweger Anders Fannemel auf die nunmehr neue Weltrekordmarke von 251,5 Meter gesegelt und stieß damit die Tür in eine völlig neue Dimension des Skifliegens auf. Schon in der Qualifikation hatte der Rekord „gewackelt", als der Russe Dmitri Wassiljew mit 254 Metern die größte Weite der Skisprung-Geschichte erzielte, den Sprung aber nicht stehen konnte. „Ich habe nicht gedacht, dass man weiter als 250 Meter fliegen kann. Dann habe ich den Sprung von Dmitrij Wassiljew gesehen. Die Bedingungen waren perfekt und ich habe den besten Sprung meines Lebens gezeigt", erklärte Fannemel.

Den Tagessieg in Vikersund allerdings sicherte sich der deutsche Weltmeister Severin Freund. Der 26-Jährige hatte mit 237,5 und 245 Metern Lokalmatador Fannemel um 42,7 Punkte übertroffen. Fannemel, der in die Fußstapfen der früheren norwegischen Rekordler Björn Einar Romören (239 Meter) und Johan Remen Evensen (246,5 Meter) trat, vermochte nach seinem Rekordflug im Finale nichts Ähnliches zu bieten.

Der Flug zum neuen Weltrekord.

Haie und ganz dunkle Wolken

Ladehemmung, Defensivfehler – kein System, keine Kraft? Viele Fragen waren während des fast schon vorentscheidenden Heimspiels der Haie gegen Laibach aufgetaucht. Die Antwort gab ein schwer enttäuschter HCI-Fan, der sich genau zur Halbzeit mit einem deutlichen „Pfiat eich" aus der TIWAG Arena verabschiedete. Er hatte genug gesehen. Und zwar auf der „verkehrten" Seite: Ein Laibach-Tor im Powerplay sowie zwei Treffer der Slowenen mit einem Man weniger auf dem Eis. Chancen wie im ersten Drittel waren auch im zweiten Abschnitt da, die Tore machten aber wieder die Gäste. Der erste Unterzahltreffer war dann die „Krönung". Schon vor dem Match hatte HCI-Obmann Günther Hanschitz moniert: „Wir haben in den letzten drei Partien nur zwei Treffer geschossen und die hat beide Alex Höller markiert."

Auf das letzte Match im Grunddurchgang (1:0-Sieg über Villach) waren ja in der Qualifikationsrunde ein 0:8 beim KAC und die 1:2-Heimniederlage gegen den HCB Südtirol gefolgt. Da hatten sich die Innsbrucker intern durchaus stark gesehen, viel öfter als die Gäste aufs Tor geschossen, aber eben auch nur einmal getroffen. Eine offensive Bringschuld, die laut Hanschitz die Legionäre traf.

Nach dem 0:4 (Zanoski), dem zweiten Gegentreffer in Überzahl (!), wurde es sogar peinlich. Für die verbleibende Zeit in diesem Powerplay hatte Coach Christer Olsson als Trotzreaktion die vierte Linie (Steinacher–Huber–Hanschitz) aufs Eis gebracht. Höller schoss noch das Ehrentor – wo waren die Legionäre? – und der HCI-Vorstand verzichtete bezeichnenderweise zum ersten Mal in dieser Saison auf die Auszeichnung zum „Man of the Match". Die hatte sich auch keiner verdient.

Fassungslos und schwer enttäuscht: Adam Munro.

Maria Auer rockte die Naturbahn

Mut, exzellente Technik, viel Feingefühl und ein großes Kämpferherz. Das war beim Weltcup der Naturbahnrodler auf der 955 Meter langen Eispiste Grantau in Umhausen einmal mehr gefordert. Vor allem, um die mit zwölf Kurven äußerst selektive Bahn erfolgreich zu bezwingen.

Was zum Beispiel der erst 17 Jahre alten Lokalmatadorin Maria Auer perfekt gelang, sie sorgte auch für die große Sensation.

Maria Auers Premiere auf dem Podest nach dem Umhausener Weltcup der Naturbahnrodler.

Denn mit dem dritten Rang, ihrem ersten Podestplatz im Weltcup, fuhr sie mitten in die Weltklasse. Geschlagen nur von der erfolgreichen Titelverteidigerin Ekaterina Lavrentyeva aus Russland und der Südtirolerin Evelin Lanthaler. Bei den Herren verpasste der 24-jährige Umhausener Thomas Kammerlander als Zweiter den Sieg im letzten WC-Bewerb, nur Titelverteidiger Patrick Pigneter aus Südtirol war schneller gewesen. Pigneter sicherte sich erneut den Gesamtsieg im Einzel und auch im Doppel mit Partner Florian Clara. Weltcup-Dritte wurden die Österreicher Christoph Regensburger/Dominik Holzknecht.

Der alte Mann und das Brett

Flo Orley ist bekannt dafür, dass ihn, den 39-jährigen Freeride-Routinier, so schnell nichts aus der Ruhe bringt. Doch als der Tiroler nach dem World-Tour-Stopp in Andorra im Zielgelände einen Blick auf seinen Score erhaschte, war es um seine Beherrschung geschehen, es folgte ein Urschrei samt geballten Fäusten. „Ich hab' selber lachen müssen, als ich das auf Video gesehen habe."
Kein Wunder, dass die Freude aus dem zweifachen Vater heraussprudelte – schließlich schlug er mit Platz zwei in Andorra gleich mehrere Fliegen mit einer Klappe: Er übernahm die Gesamtführung bei den Snowboardern und qualifizierte sich als Teil der Top Acht gleich für die World Tour im kommenden Jahr.

„In diesem Moment ist ganz viel Druck abgefallen", erzählte Orley. Dass der Routinier als Gesamtführender den Titel im Visier hatte, verstand sich von selbst. „Aber ich schaue nur von Stopp zu Stopp. Bei den Alpinen sagt ja auch keiner nach zwei Stockerlplätzen im Dezember, dass er den Gesamtweltcup gewinnt." Vor allem weiß der bald 40-Jährige, wie es sich anfühlt, knapp zu scheitern. „Ich hab' schon zweimal lange geführt und es am Schluss dann doch versemmelt, weil ich zu viel nachgedacht habe", erinnerte sich Orley.

Flo Orley – nach Platz zwei stimmte die Richtung ...

**Österreichs Alpinstars
und die Festspiele von Vail**

LIQUI MOLY
FIS ALPINE
WORLD SKI CHAMPION
2015
VAIL · BEAVER CREEK
Audi
Schöffel
uvex
Vail

RAPTOR
WORLD CUP DOWNHILL COURSE
BEAVER CREEK, COLORADO

HAUS
SKI AUSTRIA
1964

ZUPAN

Fotos: GEPA

So etwas nennt man eine perfekte Revanche: Während sich Österreichs Skistars bei der Heim-WM 2013 in Schladming im Medaillenspiegel noch mit Rang zwei hinter den USA zufriedengeben mussten, drehte das ÖSV-Team ausgerechnet in der Höhle des Löwen den Spieß um. In Vail und Beaver Creek, zum dritten Mal Schauplatz von alpinen Titelkämpfen, räumten Hirscher, Fenninger und Co. groß ab und gewannen die Medaillenwertung überlegen mit neun Stücke Edelmetall (5/3/1). Verständlich die Begeisterung rund um das Skiteam des Peter Schröcksnadel.

Und wenn auch der alpine Skirennsport in den USA nicht jene Tradition besitzt wie zum Beispiel in Österreich – zu feiern wussten die Amerikaner auf jeden Fall, so manche Ski-Party von Colorado 2015 würde in die Geschichte eingehen, denn unabhängig vom wechselnden Erfolg der Lokalmatadore erlebte man rund um die Pisten „Birds of Prey" und „Raptor" permanent gute Laune. Blendend aussehende Cheerleader, eine stets volle Haupttribüne, perfekt moderierende Stadionsprecher und – fast immer – strahlender Sonnenschein sorgten für ausgelassene Stimmung.

Im Gegensatz zu Schladming, wo der Erfolgsdruck fast nicht zum Aushalten gewesen war, konnten die Österreicher zwei Jahre später mit dem speziellen Flair einer WM gut umgehen.

Fotos: GEPA

Marcel Hirscher hatte zwar im abschließenden Slalom die Titelverteidigung nach einem Einfädler knapp verpasst, war aber mit zweimal Gold (Team, Kombination) und einmal Silber (Riesentorlauf) ebenso wie Anna Fenninger mit zweimal Gold (Super-G, Riesentorlauf) und einmal Silber (Abfahrt) zum rot-weiß-roten Medaillenhamster avanciert.

Die Hoffnungen der Amerikaner waren groß gewesen, dass Vail eine Wiederholung von Schladming bringen würde, dann allerdings mussten die US-Skifans lange warten, ehe sie letztlich ihre Gold-Erlösung innerhalb von 24 Stunden gleich im Doppelpack feiern durften. Ted Ligety hatte im Riesentorlauf für das erste US-Gold gesorgt, Mikaela Shiffrin wenig später mit dem Slalomsieg in Beaver Creek Begeisterungsstürme ausgelöst.

Dennoch verlief für einige vermeintlich als Favoriten gehandelte Stars nicht in allen Disziplinen alles nach Wunsch. Erst waren Österreichs Abfahrer im traditionell prestigeträchtigsten Rennen einer WM in ein gleichsam historisches Debakel geschlittert, nachdem Matthias Mayer als bester ÖSV-Athlet nur auf Rang zwölf abgeschwungen hatte.

Oder Lindsey Vonn: Vor ihrem Heimpublikum wollte sie groß auftrumpfen, doch das ersehnte bis erwartete Gold blieb der

Fotos: GEPA

Lokalmatadorin verwehrt. Vonn hatte zwar vor den Augen ihres Freundes Tiger Woods Bronze im Super-G gewonnen, in der Abfahrt und in der Kombination ging sie jedoch ebenso wie im Riesentorlauf leer aus.

Erzrivalin Tina Maze dagegen war furios in die WM gestartet, holte gleich in den ersten drei Rennen zweimal Gold und einmal Silber. Danach ging der 31-Jährigen aber etwas die Luft aus.

Tiroler waren natürlich auch mit von der Partie und holten Medaillen. Christoph Nösig und Eva-Maria Brem trösteten sich mit dem WM-Titel mit der Mannschaft, Niki Hosp gewann in ihrer Spezialdiziplin, der Kombination, Silber – und im spektakulären Teambewerb kassierte sie gar Gold, und das ohne Einsatz. Romed Baumann raste in der Kombination auf Titelkurs, ehe ein kapitaler Fehler das Ende seiner Gold-Träume bedeutete, Bronze verpasste er um acht Hundertstel. Nichts zu erben gab es für die Routiniers: Benni Raich und Mario Matt hätten im Finish ihrer großen Karrieren gerne noch einmal Edelmetall geholt, doch Vail 2015 war nicht *ihre* Weltmeisterschaft gewesen.

Der Tiroler, der Vail entdeckte

Als die FIS 1989 erstmals Weltmeisterschaften in das malerische Vail und nach Beaver Creek vergeben hatte, war dies vor allem einem Tiroler zu verdanken gewesen – dem Pepi Gramshammer aus Kufstein. 26 Jahre später war der nunmehr 82-jährige Kufsteiner immer noch mit Leib und Seele dabei. Wenn auch, gesundheitlich bedingt, nicht am Pistenrand, sondern eher im Hotel, mitten im Ortszentrum gelegen, in dem Pepis Gattin Sheika mit starken Kommandos regiert. Ohne Stress, wie dies schon 1989 und 1999 der Fall gewesen war. Tür auf, Tür zu. Hier eine Unterschrift für den jungen Lieferanten mit dem Topfhaarschnitt, da eine Anweisung auf Deutsch für eine WM-Volontärin, dann auf Englisch für das Zimmermädchen und endet schließlich in einer sprachlichen Mischung. Es dauert ein wenig, bis Sheika Zeit und Ruhe findet.

Bei all der Geschäftigkeit und dem Hochbetrieb im Ort ist es nur schwer vorstellbar, dass hier früher einmal gähnende Leere, fast Langeweile geherrscht hatte. Aber natürlich hatte es diese Zeit gegeben, als alles noch unberührt war, das teure Vail inmitten eines Nichts auf rund 2.300 Höhenmetern lag. Es war das Jahr 1961, als der damals 28-jährige Skilehrer aus Tirol nach verpasster Olympia-Qualifikation für Squaw Valley sein Heil in Vail gefunden hatte.

„Damals war nichts von alldem da. Ein paar Griechen aus Grand Junction hatten das Gebiet als Weideland für Schafe benutzt, die dann frei am Berg herumgelaufen sind", erzählte Sheika. Ende 1962 hatten sich die Steirerin und der gebürtige Kufsteiner beim Ski-Urlaub in Aspen kennengelernt. Drei Monate später war Pepi vor seiner Sheika niedergekniet, hatte ihr einen Heiratsantrag gemacht und zugeflüstert: „Lass uns hier etwas aufbauen. So etwas Schönes habe ich noch nie gesehen."

In diesem damaligen Nichts, umgeben von einigen kleinen Berghütten, bauten sich die beiden ihre Existenz auf. Auf Betreiben zweier US-Amerikaner war damals der Ort Vail entstanden, der heute Millionäre mit dicken Brieftaschen anlockt. Gramshammer war erfolgreicher Profi-Skirennläufer gewesen und wurde als Werbefigur mit dem Logo der Colorado-Oase ausgestattet. Nicht anders, als es auch heute läuft. Um 27 Dollar pro Quadratmeter kauften die beiden Land, heute ist einer 1.300 Dollar wert. Aus der Idee eines Sportgeschäfts wurde ein Hotel, das über die Jahre hinweg zum Zentrum Vails wurde und den österreichischen Skifahrern im Austria House bei allen Weltmeisterschaften der Jahre 1989, 1999 und 2015 eine Unterkunft bot.

Die Gramshammers waren Europas Pioniere in Vail, ihr Hotel florierte – Sheika leitete das Hotel, Pepi machte den Ort als Repräsentant unermüdlich bei Rennen und abseits davon bekannt. Bereits wenige Jahre später erkannten andere Europäer das finanzielle Potenzial, ließen sich nieder und sorgten wie beim „Hotel Sonnenalp" für eine deutsche Note. Gramshammer hatte aber einen anderen Traum.

Mitte der 1980er Jahre hatte Pepi die Idee einer Ski-Weltmeisterschaft und nach langem Werben und Betreiben und mit Unterstützung seines langjährigen Freundes Gerald Ford, später Präsident der USA, kam die Zusage für 1989. Vail wurde zum WM-Ort. Es war sein Geschenk an den Skiort, der ihn aufgenommen hatte und der mehr und mehr ein Gesicht in der Welt bekam. „Maier, Schwarzenegger, they all were here", meinte Gramshammer, der zwischen Englisch und Deutsch wechselt, was es ein wenig schwierig macht, ihm zu folgen. Aber er hatte Recht: Sie alle waren hier und sie alle werden wiederkommen. Um sein Vermächtnis für die Ski-Welt zu feiern. Und das Winter für Winter.

Gerald Ford und Pepi Gramshammer.

Teamsilber für die Skispringer

Just zum Abschluss der Nordischen Ski-Weltmeisterschaften strahlten Österreichs Skispringer wie Sieger, obwohl sie „nur" Silber gewonnen hatten. Stefan Kraft, Michael Hayböck, Manuel Poppinger und Gregor Schlierenzauer durften auch in der Tat zufrieden sein mit ihren Leistungen, selbst angesichts der Tatsache, dass erstmals seit 2005 die Goldmedaille auf der Großschanze nicht an Österreich ging. Doch der Sprung auf das Podest war für das diesjährige Quartett mit gleich drei WM-Neulingen trotz allem ein großer Erfolg. „Wir hatten harte Tage, aber das haben sie sehr gut gemacht", lobte dann auch Cheftrainer Heinz Kuttin.

In der die WM abschließenden Konkurrenz hatte Tourneesieger Kraft im zweiten Durchgang vorgelegt, Poppinger und Schlierenzauer sicherten mit starken Sprüngen den zweiten Platz hinter Norwegen und vor Polen. Allen voran für Poppinger erfüllte sich mit der Medaille ein Traum. „Ich habe ja gar nicht erwartet, dass ich zur WM darf. Es ist ein Gefühl, das ich nicht beschreiben kann. Ich bin auf Wolke sieben", meinte der 25-Jährige. Die Situation mit neuem Cheftrainer und neu zusammengestelltem Betreuerteam sei für die Springer nicht einfach gewesen. „Es war irrsinnig schwierig für die Athleten, sich zu orientieren. Jetzt haben wir drei Medaillen, das ist natürlich umso erfreulicher", resümierte Kuttin.

Wie auch immer – Österreichs Abordnung beendete die Titelkämpfe als fünfter der Medaillenwertung, was sogar für zufriedene Gesichter sorgte. Ernst Vettori, Sportlicher Leiter für Skispringen und Nordische Kombination, freute sich vor allem über das versöhnliche Ende für die ÖSV-Adler. „Da waren einige Bewerbe dabei, in denen wir uns schwergetan haben, aber wir haben wieder hineingefunden", sagte der Tiroler. Nachsatz: „Es ist zwar nicht alles gelungen, wir sind dennoch zufrieden." Nach den sechs Skisprungbewerben standen mit Bronze für Daniela Iraschko-Stolz und Kraft, Silber für Schlierenzauer und das Herrenteam vier Stück Edelmetall in der Bilanz.

Das Abschneiden der Kombinierer bezeichnete Vettori trotz des sensationellen Titelgewinns von Bernhard Gruber als „durchwachsen". Das erste Gold eines österreichischen Kombinierers mitzuerleben sei „etwas ganz Besonderes" gewesen, analysierte „Vechtl", doch in Anbetracht der Nullnummern in den Teamkonkurrenzen wäre noch Luft nach oben vorhanden. Daran gelte es zu arbeiten, vor allem im Hinblick auf die Heim-WM 2019 in Seefeld.

Zufrieden bilanzierte auch Langlauf-Chef Markus Gandler. Einziger Wermutstropfen für den Kitzbüheler war das knapp verpasste Finale im Teamsprint gewesen. Die Aushängeschilder Bernhard Tritscher und Teresa Stadlober hätten die Erwartungen erfüllt. Tritschers Vorstellung im 15-km-Skatingrennen, in dem er Sechster geworden war, bezeichnet der Cheftrainer als herausragend. „An diesem Tag hat alles gepasst. Form, Material, Bedingungen und Startnummer. Besser hätte es nicht laufen können."

Die Tochter von Alois Stadlober wiederum hatte ihre Position in der erweiterten Weltspitze nicht zuletzt mit dem 13. Rang über 30 Kilometer unter Beweis gestellt und damit auch ein Versprechen für die Zukunft deponiert. „Es kann nicht immer in so großen Schritten weitergehen, aber sie kann jetzt auch schon weiter nach vorne laufen", erklärte Gandler. Der Blick in Richtung Heim-WM stimme ihn optimistisch. „Wenn alle so weitermachen, gesund bleiben und vielleicht noch jemand nachkommt, dann haben wir für 2019 ein kompaktes Team."

Michael Hayböck – mit dem Team holte er Silber bei der WM.

Denk was stoppt dich eigentlich?

Denk UNIQA

denk.uniqa.at

Werbung

MÄRZ

Abfahrer spielten Hirscher in die Karten

Ausgerechnet in der WM-Abfahrt in Beaver Creek waren die Österreicher schwer geschlagen worden, doch das Imperium schlug zurück. Und wie! Zweimal schnürten die ÖSV-Stars in den Abfahrten von Garmisch und Saalbach den Triplepack. Nach der historischen WM-Pleite und dem Dreifachsieg von Saalbach schlugen die ÖSV-Abfahrer in Garmisch erneut gnadenlos zu.

Während in Saalbach Matthias Mayer vor Max Franz und Hannes Reichelt triumphiert hatte, gewann der Wahl-Innsbrucker Reichelt in Garmisch vor Romed Baumann und Mayer. Sensationell. Vor allem die Leistung von Baumann, der so lange dem Abfahrtsstockerl nachgefahren war, ehe es nun – quasi vor der Haustüre – klappte. Nur um eine Hundertstel langsamer als der Sieger. Mangelndes Glück oder Pech?

Auch Stunden, nachdem Romed im Ziel war, wollte er nichts von Pech wissen. Und sagte auf der gemeinsamen Heimfahrt mit Freundin Vroni, was er bereits im Zielraum von sich gegeben hatte: „Eine Hundertstel ist eine Hundertstel. Und da es doch ein Zeiterl her ist, dass ich das letzte Mal auf einem Abfahrtspodest gestanden bin, hält sich der Ärger in ganz engen Grenzen." Augenzwinkernder Nachsatz in Richtung seines siegreichen Team- und Salomon-Markenkollegen Hannes Reichelt: „Hannes hätte sich ruhig noch eine Hundertstel Zeit lassen können, dann hätten wir beide was davon gehabt."

Abfahrtstriumphatoren von Garmisch: Baumann, Reichelt und Mayer.

Aber auch so überwog klar das Positive beim Hochfilzner, der am 4. Februar 2012 in Chamonix letztmals von einem Abfahrtsstockerl gelacht hatte. „Ich knabbere schon den ganzen Winter daran, dass ich einen Lauf von oben bis unten fehlerfrei hinbekomme." Diesmal, auf der wegen hartnäckigem Nebel verkürzten Kandahar-Piste, gelang es ihm. Mehr oder weniger.

Romed Baumann – endlich landete der Tiroler auf dem Siegespodest einer Abfahrt.

Fotos: GEPA

„Durch den Neuschnee war die Piste weniger kompakt als im Training, da ist es nicht so einfach, überall hundertprozentig auf Zug zu bleiben."

Auch Hannes Reichelt, der nach seinen beiden Trainingsbestzeiten als Top-Favorit ins Rennen gegangen war, wollte von keinem perfekten Rennen sprechen. „Ein paar Kurven habe ich übersehen, aber wenn's lafft, dann lafft's." Und das Hundertstel-Pendel, das diesmal in seine Richtung ausschlug, nahm der Radstädter pragmatisch: „Im Leben kommt alles zurück und es wird auch bei Romed zurückkehren."

Matthias Mayer, der Doppelsieger von Saalbach, hustete kurzerhand auf seinen „g'standenen Männerschnupfen" und machte den zweiten ÖSV-Dreifachtriumph binnen einer Woche perfekt. Die stark verkürzte Schussfahrt sei ihm entgegengekommen, „sonst wäre ich wohl blau gegangen".

Die Ewigkeit dauerte 3:28 Sekunden

„Rush, Ironman, Streif – one hell of a ride", hatte Marcel Hirscher kürzlich auf die Frage geantwortet, welches Video es ihm besonders angetan habe. In Garmisch, unmittelbar nach dem beeindruckenden zweiten RTL-Durchgang, war dem Salzburger noch ein weiterer Streifen eingefallen: „Ich freue mich schon darauf, die Videos meiner zwei Läufe zu sehen." Gefreut haben sich seine Konkurrenten wohl weniger, wenngleich sich auch diese sicherlich dem 2:40 Minuten langen Video gewidmet hatten.

Wo genau hatte dieser Hirscher seine 3:28 Sekunden herausgeholt, die ihn auf Platz drei der Weltcup-Historie hievten? Nur Ingemar Stenmark hatte in einem Riesentorlauf mehr Vorsprung, und das ist gut 30 Jahre her. Marcel Hirscher, der einen Tag nach dem Triumph seinen 26. Geburtstag feierte, war damals jedenfalls noch nicht auf der Welt. Benni Raich, seit Garmisch 37 Jahre alt, hingegen schon. Und wäre Hirscher nicht diese kleine Ewigkeit vor ihm gewesen, dieser Artikel hätte genauso gut ihm, dem Drittplatzierten, gewidmet werden können: „Ich habe nach wie vor Freude am Skisport", jubelte der Pitztaler trotzdem. Nach knapp einem Jahr Pause (Zweiter beim Riesentorlauf in Kranjska Gora) war er wieder am Podest gelandet.

„Diese Saison ist wie ein kleines Wunder"

Ein bisschen mehr als ein Jahr war es her, als Hannes Reichelt Wunden geleckt hatte. Er hatte dies gemeinsam mit Langzeitliebe Larissa auf Mauritius getan. Die drei Tage nach seinem Kitzbühel-Triumph unabwendbare Operation (akuter Bandscheibenvorfall) war gut verlaufen, die Laune des Radstädters dennoch im Keller. Schließlich waren die Olympischen Spiele in Sotschi auf dem Programm gestanden und Reichelt nur rekonvaleszenter wie mürrischer Zuschauer. Die Flucht in wärmere Gefilde war also eine logische und zielführende Konsequenz. „Das Beste, was ich in dieser Situation hatte machen können." In der Form seines Lebens sei er damals gewesen, waren sich Trainer und Experten einig. Da wussten sie freilich nicht – wie auch? –, was die Zukunft noch so bringen würde. Auch Reichelt nicht. „Wenn ich daran denke, dass ich vor einem Jahr um diese Zeit am Strand gelegen bin, ist das schon Wahnsinn", sagte der Wahl-Innsbrucker. Und er sagte es nach seinem Abfahrtstriumph auf der wegen Nebel verkürzten Strecke in Kvitfjell. Also im Wohnzimmer von Kjetil Jansrud, der nur Siebenter wurde. Schon mit einem Weltcup-Sieg wäre er in seiner Comeback-Saison „überglücklich" gewesen, der Norwegen-Triumph vor Manuel Osborne-Paradis und dem Südtiroler Werner Heel war der vierte Weltcup-Sieg in diesem Winter nach dem Dezember-Super-G in Beaver Creek und den Abfahrten in Wengen und Garmisch-Partenkirchen.

Benni Raich – ein verlässlicher Wert im RTL.

Hannes Reichelt freute sich mit Freundin Larissa.

Fotos: GEPA

Hanni und Harti jubelten mit Tina

Die Damenrennen in Garmisch sind für die Weirathers, also Harti und Hanni, stets ein Pflichttermin. Hatten sie sich doch einst in Hartis Heimatgemeinde Wängle mit dem Greatlerhof ein Hotel hingebaut und nun in Tannheim bei Markus Gutheinz so eine Art Zweitwohnsitz. Da ist's nicht weit über die Grenze, schon gar nicht, wenn die eigene Tochter fährt. Und es schien, dass Tina diesmal ihre Eltern ganz besonders für das Daumendrücken belohnen wollte – und tatsächlich schlug in Garmisch die große Abfahrtsstunde von Tina Weirather. „Garmisch liegt mir einfach. Ich liebe diesen Ort", strahlte die Liechtensteinerin mit österreichischem Pass. Nicht ohne Grund: In Garmisch-Partenkirchen holte sie 2009 Junioren-WM-Silber (Riesentorlauf), dort feierte sie auch vor ziemlich genau zwei Jahren ihren ersten Weltcup-Erfolg (Super-G). Papa Harti zählte im Zielraum zu den ersten Gratulanten, Mama Hanni, die das Rennen am Pistenrand mitverfolgte, musste sich erst einmal zu ihrer siegreichen Tochter durchschlagen. Nach zuletzt drei Siegen in Folge konnte Anna Fenninger auch mit Rang zwei (+0,51 Sekunden), unmittelbar vor Dauerrivalin Tina Maze (SLO/+0,91), bestens leben. „Es ist schön, dass ich meine Leistungen immer wieder bestätigen kann. Ich bin voll zufrieden, denn Tina fuhr in einer eigenen Liga." Sehr gut schlug sich auch Edel-Allrounderin Nicole Hosp, die als Vierte und Fast-Lokalmatadorin nur um drei hundertstel Sekunden am Podest vorbeigerast war. „Es ist eine gefühlte Ewigkeit her, dass ich in der Abfahrt so gut war."

Anna Fenninger am Ziel ihrer Träume mit der großen Kugel.

Ein Abschied ohne Tränen

Tränen waren zwar keine geflossen, nur die Stimme hatte kurzzeitig etwas zittrig geklungen. „Ich habe mich entschieden, meine Karriere zu beenden." 12.03 Uhr zeigte die Uhr an diesem denkwürdigen Tag, und in der Lounge des Karl-Schranz-Skistadions am Fuße des Arlbergs hätte man eine Stecknadel fallen hören können, als Mario Matt dies verkündete. Nur einen Steinwurf entfernt, 14 Jahre vorher, genau am 10. Februar 2001, war er hier erstmals Weltmeister geworden, der Ort schien als für seinen Abschied prädestiniert.

Alle seine Wegbegleiter standen Spalier: Papa Hubert, der ein wenig auf eine Fortsetzung der Karriere gehofft hatte. Mama Hanni, die selbst beim Rücktritt gleich nervös schien wie bei einem Rennen („Ich konnte eh nie hinschauen."), Freundin Andrea, die sich niemals in die Entscheidung eingemischt hätte. Und daneben seine Langzeit-Trainer, seine Langzeit-Physiotherapeutin. Sie hatten sich das Vertrauen von Mario Matt erarbeitet, der abseits der Piste nie ein Mann von Schnellschüssen gewesen war.

Überlegungen für ein vorzeitiges Karriereende habe es schon nach der Goldmedaille bei den Olympischen Spielen gegeben, aber da juckte es ihn noch. „Er ist immer noch in Top-Form", meinte Matts Privattrainer Gerhard Außerlechner zur Konstitution seines Schützlings und auch der 35-jährige Matt selbst meinte trotz einer verkorksten Saison unumwunden: „Ich glaube, dass ich nach wie vor schnell bin."

Der Körper spielte wohl noch mit, der Geist allerdings nicht mehr. Er sei bei Trainingsläufen auf vereisten Pisten gestanden und habe sehnsüchtig auf die von Touristen frequentierten Tiefschneehänge geschaut. Da war er wieder, der Mario Matt, so wie ihn sein Präsident Peter Schröcksnadel immer kannte. „Er ist ein echter Skifahrer", sinnierte der 73-Jährige und erinnerte sich an eine Treffen mit dem jungen Matt: Zwei Tage vor der Ski-WM in St. Anton sei ihm dieser mit damals unüblichen Trick-Skiern (Twintips) auf der Piste begegnet, verspielt und so gar nicht auf Stangentraining eingestellt. „Skifahren lernst du im Gelände", beharrte Matt. Dorthin kehrte er nun wieder zurück. Weh hatte es ihm dennoch getan, als er das Karriereende bekannt gab. „Skifahren war schließlich lange mein Lebensmittelpunkt." Den stellen jetzt sein „Krazy Kanguruh" (Après-Ski-Bar in St. Anton) und die Araber-Pferde dar. „Du hast uns viel gegeben", würdigte ÖSV-Präsident Schröcksnadel den

Mario Matt – oder „Sag' beim Abschied leise Servus!"

scheidenden Sportler, der all die Huldigungen mehr über sich ergehen ließ, als dass er sie eingesaugt hätte. Als Matt den Presseraum um kurz nach 13 Uhr verließ, hatte er mit dem Rennsport abgeschlossen. Von ihm bleibt nur noch der Matt-Fanclub. Und der widmet sich künftig seinem Bruder Michael.

Ein Drahtseilakt für zwei Kugeln

Es war ein denkwürdiger Tag im französischen Méribel gewesen. Dort, wo sich 1992 Petra Kronberger zur zweifachen Olympiasiegerin gekrönt hatte, holte 23 Jahre später Anna Fenninger ihre zweite große Kristallkugel ab. Es war ein emotionales Finale, die französischen Fahnen, die man verschenkt hatte, zitterten leicht in den Händen der Zuschauer. Journalisten im Zielraum hielten den Atem an, als Anna Fenninger, Österreichs Ski-Aushängeschild, an die Reihe kam, um den Schlusspunkt nach 148 Tagen Ski-Weltcup zu setzen. Und das nicht wie so oft bei einem Finale nur formhalber, sondern im entscheidenden Lauf der Damen-Saison. Eva-Maria Brem lag zu diesem Zeitpunkt vor Rivalin Tina Maze, die es zu schlagen galt. Fenningers Aufgabe: 18 Punkte in der Gesamtwertung aufholen – also in jedem Fall vor der Allrounderin landen. Gewinnen oder Platz zwei, nur nicht ausfallen.

Spannender hätte ein Weltcup-Finale nicht sein können. Und als Fenninger nicht nur souverän fuhr, sondern auch noch in derselben Manier ihren 14. Weltcup-Sieg holte, sprühten die Emotionen Funken. Die Salzburgerin fiel entkräftet in den französischen Schnee, weinte, jubelte und lachte zugleich. Die zweite große Kugel für den Gewinn des Gesamtwelt-Cups (nach 2013/14) war Realität geworden – 22 Zähler vor der 31-jährigen Maze, die wenige Meter daneben stand und mit geschlossenen Augen ihre bittere Niederlage verdaute, ehe sie Fenninger umarmte.

Zuvor hatte Österreichs Sportlerin des Jahres die Speed-Kugeln (Abfahrt, Super-G) an US-Star Lindsey Vonn abgeben müssen. Nun, im allerletzten Rennen, wo es darum ging, mit leeren oder vollen Händen in den Flieger zu steigen, schlug Fenningers Stunde. „So knapp wie die Entscheidung war, habe ich das noch nie erlebt. Ich konnte mich nach gewissen Rennen nicht freuen, weil ich wusste, dass das nächste Rennen wartet. Ich habe mir oft gesagt: ‚Ich weiß nicht, wie es weitergeht. Ich kann nicht mehr.' Jetzt ist es vorbei", meinte Fenninger, die Brem als erste Gratulantin nach Maze in die Arme schloss und kurz darauf gemeinsam auf demselben Flug wie Herren-Sieger Marcel Hirscher insgesamt fünf Kristallkugeln mit ins Flugzeug nehmen durfte.

Der 26-jährige Salzburger, der sich zuvor schon in der Gesamt- und Riesentorlaufwertung durchgesetzt hatte, gewann – sozusagen als krönenden Höhepunkt des Weltcup-Finales – auch noch den Slalom klar vor dem Italiener Giuliano Razzoli sowie dem Russen Alexander Choroschilow und damit auch die kleine Kugel. Kaum im Ziel, musste sich Österreichs Ski-Star auch schon die ersten Fragen über seine Zukunft anhören. Wohin geht der Weg für den 26-jährigen Salzburger nach dem Gewinn von vier Gesamtweltcup-Siegen in Folge und einer Sammlung von nunmehr neun Kristallkugeln? „Es fällt im ersten Moment schwer, das alles zu realisieren. Man muss sich Gedanken machen, was als Nächstes kommt. Aber jetzt ist eine Leere da. Eine Leere der Zufriedenheit", meinte Hirscher, der in Frankreich seinen 31. Weltcup-Sieg feierte und damit

Eine Demonstration der Stärke – das Alpine Team des Österreichischen Skiverbandes mit allen Weltcup-Trophäen.

den Deutschen Felix Neureuther noch knapp in der Slalomwertung abfangen konnte.

Gerüchte von einer Saison-Auszeit, die Ende des vergangenen Jahres kursierten, streute Hirscher allerdings sofort als Unwahrheit in den Wind. So etwas habe es nie gegeben. „Ich habe nur gesagt, dass ich mir Gedanken darüber mache. Aber ich mache mir über viele Dinge Gedanken." Die Freude am Skifahren sei aber ungebrochen, auch wenn manche Weltcup-Orte mehr abverlangen als andere. Kritik traf dabei explizit die Hahnenkamm-Rennen in Kitzbühel und die Bewerbe in Schladming: „Die Organisation ist einfach schlecht. Das ist nicht mehr packbar, weicht weit von einer normalen Rennvorbereitung ab. Das ist ja, wie wenn ein Fußballer nach dem Spiel durch 80.000 Zuschauer und die Würstlbude zur Kabine geht. Das funktioniert so nicht."

Rote Laterne „leuchtete" im Tivoli

Neues Jahr, neues Glück? Und raus aus dem Abstiegskampf? Weit gefehlt! der FC Wacker Innsbrucker startete 2015 genau so, wie das Jahr 2014 beendet worden war – mit einer blamablen Vorstellung. Hatte es zum Abschluss des Katastrophen-Herbstes die 1:2-Heimniederlage gegen Austria Lustenau gesetzt, gab es diesmal zum Frühjahrsauftakt ein 3:0-Abfuhr in Kapfenberg. Die Luft im Abstiegsstrudel der zweitklassigen Sky Go Erste Liga wurde somit noch dünner, als sie ohnehin schon war. Jetzt fehlten bereits drei Punkte auf einen Nichtabstiegsplatz. Klar, dass die Stimmung sowohl bei der Geschäftsstelleneröffnung im Tivoli Stadion als auch beim Kaderpersonal in der Obersteiermark ebenso wie der Tabellenstand gleichsam im Keller war. „Es war echt grausig. Da komm' ich mit dem FC Wacker in ein Stadion, in dem ich noch nie verloren habe, und dann gibt's eine 0:3-Packung", war FCW-Coach Klaus Schmidt am Tag danach auch noch schwer frustriert. Sportbeirat Nick Neururer war nach der Darbietung des FC Wacker im Franz-Fekete-Stadion enttäuscht und sprach Klartext: „Der Auftritt war schlecht. Es ist keine Wende erkennbar." Was musste sich ändern? „Die Mannschaft muss sich ändern. Es muss mehr Aggressivität ins Spiel. Mutiger, konsequenter, mit viel mehr Selbstvertrauen muss gespielt werden. Wir stehen mitten im Abstiegskampf, da gibt's mit lauwarmen Auftritten nichts zu gewinnen."

Schöne Worte, aber ohne Wirkung. Denn vor nur noch 1.687 Zuschauern kassierten die Innsbrucker im Tivoli eine klare 0:3-Niederlage gegen Titelaspirant Liefering. Die zehnte Niederlage in den letzten elf Runden zog die Tiroler noch tiefer in den Abstiegsstrudel, weil Tabellenschlusslicht Hartberg nach dem gleichzeitigen 1:1 gegen Horn nur noch einen Zähler zurücklag und auf den Nichtabstiegsplatz in der Zwischenzeit schon drei Punkte fehlten. Die Bilanz des neuen Trainers Klaus Schmidt war mit drei Niederlagen (Torverhältnis: 1:8) erbärmlich, die Lage rund ums Tivoli trostlos, aber noch nicht ganz hoffnungslos. Denn gegen Liefering verlor der FC Wacker gegen eine Mannschaft, die für diese Liga einfach zu gut war. Das sahen auch die Fans auf der Nordtribüne so und verabschiedeten die geknickten Kicker mit Applaus.

In Kapfenberg jubelten nur die Steirer nach einem 3:0 gegen den FC Wacker.

Prompt holten die Schwarzgrünen mit einem 0:0 beim FAC den ersten Frühjahrspunkt, doch da Hartberg siegte, übernahmen die Innsbrucker noch vor dem direkten Duell die rote Laterne. Es war alles angerichtet für den großen Showdown im Tivoli. Doch das Kellerderby brachte nicht den erhofften Umschwung, mit dem 1:1 blieb den Tirolern der letzte Platz. Wer im Banne des Abstiegsgespensts zittert, begeht fatale Fehler. Wackers erster Annäherung an Hartbergs Tor waren im Spielaufbau schon Unsicherheiten vorausgegangen. Und wenn ein Routinier wie Peter Hlinka als „Libero" das Spiel eröffnen will und dann dem Gegner die Kugel serviert, gibt es nur eine Konsequenz – Christoph Kröpfl sagte eiskalt Danke zum 0:1. Nach nur 5 Minuten. Man musste den Schwarzgrünen in dieser Partie zugutehalten, dass sie nach der eiskalten Dusche Fahrt in Richtung Hartberg-Tor aufnahmen – und Sekunden vor dem Pausenpfiff auch belohnt wurden: mit dem Ausgleich durch einen Kopfball von Hlinka. Es war Wackers erster Liga-Treffer im Frühjahr und seit 364 Minuten.

Nach Seitenwechsel allerdings verlor Wacker gleichsam im Minutentakt jenen Spielfluss, der zumindest in einigen Szenen in Durchgang eins zu erkennen gewesen war. Die Partie wurde zunehmend zum Rasenschach und Tabellenschlusslicht Wacker fehlte die spielerische Substanz, in jene Zonen vorzustoßen, in denen Spiele entschieden werden. Das war offensiv dann wieder ein Hauch von Nichts, selbst ein „Lucky Punch" war nicht drinnen. Die Schlussphase gehörte den Steirern, die durch Christoph Kröpfl wiederholt gefährlich durchkamen. Es blieb beim 1:1. Die Fans der Nordtribüne zeigten sich trotz der Enttäuschung solidarisch mit ihrer Elf, während sich Sportbeirat Nick Neururer auf der Tribüne Diskussionen stellen musste. Endzeitstimmung im Tivoli und das schon im März. Dass es auch in St. Pölten zu keinem Treffer und nur einem 0:0 reichte, ließ die Alarmglocken nur noch schriller klingeln – ohne Siege würde der Abstieg nur noch schwer zu verhindern sein.

TWV pulverisierte Uraltrekord

Unverhofft kommt nicht oft – weil die 4 x 200-m-Freistil-Staffel nicht im Programm der Tiroler Kurzbahn-Meisterschaften der Schwimmer aufschien, suchten die Mannen des TWV Innsbruck im Vorfeld der Titelkämpfe beim Tiroler Schwimmverband um einen Rekordversuch an, dem stattgegeben wurde. Und prompt durfte gejubelt werden.

Im Kampf gegen die Uhr wuchsen Alexander Knabl, Bernhard Reitshammer, Andreas Senn und Florian Zimmermann in der Höttinger Au über sich hinaus und schlugen in nicht für möglich gehaltenen 7:26:77 Minuten an. Damit hatten die TWV-Herren nicht nur den Tiroler Rekord aus dem Jahr 1987 (7:35:20) ausgelöscht, sondern auch die österreichische Bestmarke des SC Austria Wien (7:33:11/aufgestellt am 27. Jänner 2007) regelrecht zertrümmert. „Mit solch einer Zeit haben wir in den kühnsten Träumen nicht gerechnet", stand den vier Rekordmännern die Sensation ins Gesicht geschrieben. Der zweite emotionale Höhepunkt an diesem Rekordtag war die Verabschiedung von Caro Reitshammer, die ihre Laufbahn beendete.

Die TWV-Jungs – eine blitzschnelle Staffel mit Rekordhunger.

Douglas „schmetterte" das Hypo-Team ins Halbfinale.

Hypo Tirol zog ins Halbfinale ein

Pflicht erfüllt, Aufstieg in das Halbfinale der österreichischen Meisterschaft souverän geschafft. Für das Hypo Tirol Volleyballteam war der TSV Hartberg kein echter Gradmesser, beim klaren 3:0-(19, 22, 17)-Erfolg in der USI-Halle waren die Gastgeber nie richtig gefordert worden und zogen ins Halbfinale ein. „Wir sind weitergekommen, ja, aber unsere Einstellung war nicht die richtige", übte Headcoach Stefan Chrtiansky leise Kritik an seinem Team, in dem diesmal Außenangreifer Martti Juhkami als Libero agiert hatte.

Herzlicher Abschied

Die Entscheidungen – gegen die Haie – waren längst schon gefallen, dennoch wollten sich die Innsbrucker gegen Lieblingsgegner KAC standesgemäß mit einem Sieg von ihren Fans verabschieden. Siddall und Co. gaben im letzten Saisonheimspiel tatsächlich alles, scheiterten aber an einem alten Problem. Und nach vielen vergebenen Chancen leuchtete ein 0:1 von der Anzeigetafel. Für den KAC war das sechste Saisonduell gegen die Haie ein gefühltes Alles-oder-nichts-Spiel. Im Wissen, dass bei einer Niederlage in Innsbruck die Play-off-Teilnahme möglicherweise vor dem letzten Spieltag in ganz weite Ferne rückt. Und die Kärntner reisten ja als gebrannte Kinder nach Tirol an: Schließlich hatte man vor dem 8:0-Heimsieg zum Start der Quali-Runde alle vier Partien im Grunddurchgang gegen den HCI verloren.

Doch alle Bemühungen der Gastgeber blieben fruchtlos, die Kärntner retteten den knappen Sieg über die Zeit. „Es war eine Defensivschlacht. Wenn man ins Play-off kommen will, muss man auch solche Siege feiern", gestand KAC-Verteidiger Thomas Pöck. Ein schwacher Trost für die Haie, die dennoch mit Applaus verabschiedet wurden, während Boss Hanschitz die durchwachsene Saison Revue passieren ließ. Natürlich war – der erneute – Platz elf nicht das erwartete Ergebnis, so ergab es einiges zu analysieren. Wie zum Beispiel, dass auch die dritte Saison seit der Rückkehr in die Erste Bank Eishockey Liga vor dem Viertelfinale ihr Ende gefunden hatte. Was war ausschlaggebend dafür? Die miserable Trefferquote der Stürmer, was bezeichnenderweise auch beim allerletzten Match in Bozen bei der 2:5-Niederlage auffiel, als mit Stefan Pittl und Dustin VanBallegooie nur zwei Verteidiger ins gegnerische Tor trafen.

Also sprach Hanschitz: Jeff Ulmer, mit 37 Lenzen erneut Topscorer im Haifischbecken, sowie die beiden Verteidiger Nick Ross und Dustin VanBallegooie werden bleiben, genauso wie der Schwede Andreas Valdix.

„Hexer" Adam Munro war nach zwei Spielzeiten Geschichte. Die Suche nach einem neuen, topfitten Torhüter, der möglicherweise 54 statt 40 starke Partien bestreiten wird können, hatte Priorität. „Vom Tiroler Weg wird man sich nicht verabschieden, auch wenn Pittl, Höller, Stern und Huber den Verein verlassen werden. Dass einige Eigengewächse mehr Einsatzzeiten verdient hätten, steht zur Diskussion, wie auch der nicht immer erfüllte Auftrag an den Trainer, konstant mit vier Linien spielen zu lassen, um alle zu verbessern. Da gibt es zukünftig Nachholbedarf", so Hanschitz. Möglich, dass auf Zeit gesehen Talente, die auswärts spielten (David und Philipp Lindner, Daniel Jakubitzka, Dario Winkler sowie Marcel und Samuel Witting), zurückkehren könnten. „Viele andere Teams kaufen im Gegensatz zu uns nur ihre Mannschaften zusammen", hält Hanschitz fest. Womit der Faktor Geld ins Spiel kam. In gutem Einvernehmen mit Stadt, Land und Hauptsponsor wollte Hanschitz das Budget (2,6 Millionen Euro brutto für den Gesamtverein) halten. „Wir haben die billigsten Legionäre

Für Florian Stern ging die Haie-Zeit zu Ende.

der österreichischen Klubs. Natürlich könnte es immer besser sein, aber dafür braucht man auch mehr Geld." Einheimische Cracks werden auch in Zukunft doppelgleisig (Job und Arbeit) fahren müssen, ein kompletter Vollprofi-Betrieb scheint augenblicklich schwer möglich. Und die Zukunft? „In den Top vier werden wir mit unserem Budget nie mitspielen. Unser Ziel ist es jedoch mittelfristig, regelmäßig in den Play-offs zu spielen", malte sich Hanschitz durchaus optimistisch die Zukunft aus. Am Chefsessel bei den Haien klebe er nicht dauerhaft fest: „Vielleicht kommt in zwei Jahren ein radikaler Schnitt im Team und im Vorstand. Auch meine Zeit wird zu Ende gehen. Ich kann ja nicht mein Leben lang Funktionär sein."

Kitzbühel im Wechselbad

Beim ersten Blick auf das Ankündigungsplakat schien es, als wäre die Zeit stehen geblieben. Tatsächlich waren einander Zell am See und Kitzbühel zum letzten Mal im Jahr 1995 in einem Play-off gegenübergestanden. Im März 2015 gab's ein würdiges Revival, wenngleich – aus Kitzbüheler Sicht – mit einem unglücklichen Ende. 4:6 musste sich die Tiroler nach dramatischem Spielverlauf im ersten Viertelfinale geschlagen geben. Ein Match, in dem Triumph und Niederlage nur Sekundenbruchteile auseinanderlagen. „Zu Beginn waren die Zeller klar besser", konstatierte Hans Exenberger, sportlicher Leiter der „Adler". So ging es aus Kitzbüheler Sicht auch mit 0:2 und 1:3 in die Drittelpausen. Dramatisch wurde dann das letzte Drittel: Innerhalb von nur acht Minuten trafen die Adler dreimal und lagen auf einmal in Führung. „Wir haben uns stark zurückgekämpft und gezeigt, dass wir ihnen wehtun können", sagte Exenberger.

Es ging aber noch weiter: Zell nahm den Goalie vom Eis und schaffte 1:58 Minuten vor dem Spielende den Ausgleich: „Wir haben den Puck nicht weggebracht, dann passiert so etwas." Die Eisbären hatten endgültig Oberwasser: Nach dem 5:4 in der 59. Minute war das Empty Net Goal zum 6:4 nur noch Makulatur.

Den Adlern wurden im Finish die Flügel gestutzt.

Doch die Kitzbüheler wollten Revanche, mussten sich allerdings im ersten Heimspiel nach unglücklichem Verlauf mit 5:4 nach Verlängerung geschlagen geben. Und wollten die routinierteren Zeller auch im dritten Aufeinandertreffen siegreich bleiben, mussten die Gamsstädter – um den vorzeitigen Urlaub zu vermeiden – unbedingt Game vier für sich entscheiden. Es blieb beim „Wollen".

Während sich die Salzburger einmal mehr als sehr effizient vor dem KEC-Tor erwiesen, vermochten die Gastgeber nicht einmal ein 5:3-Powerplay zu nützen, am Ende kam's knüppeldick für die Adler, die mit wehenden Fahnen untergingen und das Match mit 2:8 und die Viertelfinalserie mit 0:4 verloren. Aber die Enttäuschung im Adlerhorst hielt sich in Grenzen: „Das war unser erstes Jahr", so Exenberger, „wir haben viel gelernt."

Toller Erfolg für Tirols Turnerinnen-Riege: Bei den Meisterschaften in Linz holten Hanna Grosch, Jasmin Mader, Jessica Stabinger, Christina Meixner und Mara Glabonjat den österreichischen Staatsmeisterschaftstitel.

Ganghofer lockte 1.800 Langläufer

Der Ganghoferlauf bleibt ein Zugpferd. 1.800 Langläufer waren bei der 45. Auflage des Rennens in Leutasch dabei – 180 davon ließen es sich nicht nehmen und bewältigten den extralangen Klassiker über 50 Kilometer. Den Tagessieg über die Marathondistanz sicherte sich Martin Sutter in 2:05:18:5 Stunden, bei den Damen war Petra Tanner (2:43:46:8) die Schnellste.

Über die 42 Kilometer Skating holten sich der Russe Valentin Devyatyarov (1:44:25:3) sowie Sigrid Mutscheller aus Deutschland (1:51:41:7) den Sieg.

Hatte in Astana allen Grund, fröhlich zu sein: Vanessa Bittner.

Bittner trumpfte als WM-Achte auf

Vanessa Bittner, wer sonst? Die junge Innsbruckerin demonstrierte auch bei den Sprintweltmeisterschaften im Eisschnelllauf ihre große Klasse. Vanessa beendete die zweitägigen Titelkämpfe im kasachischen Astana auf dem achten Platz. Die 19-Jährige, nach dem ersten Tag noch Zehnte, konnte sich mit Zeiten von 38:43 über 500 Meter sowie 1:16:40 über 1.000 Meter in der Gesamtwertung noch um zwei Plätze nach vorn schieben. „Wenn mir vor der Saison einer gesagt hätte, dass ich mein erstes Weltcup-Podium feiern würde, mich bei den Weltmeisterschaften immer unter den besten Zehn platziere und drei Goldmedaillen bei den Juniorenweltmeisterschaften hole – da hätte ich wohl nur gelacht", kommentierte die Tirolerin ihren Saisonabschluss. Nächster Programmpunkt? Die Matura! Auch Nationalteamtrainer Hannes Wolf zeigte sich begeistert: „Vanessa war echt sensationell. Man hat ihr die Anstrengungen der letzten Wochen nur abseits der Bahn angemerkt. Auf dem Eis ist sie wirklich in ihrem Element." Gold und Silber gingen an die US-Amerikanerinnen Brittany Bowe und Heather Richardson, Bronze eroberte Karolína Erbanová. Bittner hatte als Achtplatzierte einen Rückstand von nur 1:10 Sekunden auf die Dritte. Insgesamt erzielte die Tirolerin 153,730 Punkte und stellte damit einen österreichischen Rekord auf. Sie verbesserte damit die schon 16 Jahre alte Marke von Emese Hunyady.

Inzing knapp vor Arzl

Dass die Tiroler Meisterschaften im Ringen ausgerechnet in der Hochburg Inzing ausgetragen wurden, war bestimmt kein Nachteil für Gastl und Co., die auch tatsächlich ihre Vormachtstellung im griechisch-römischen Stil untermauern konnten. Aber das Gesamtergebnis fiel knapper aus als erwartet. Neben den drei Titeln für Inzing durch Wolfgang Norz (bis 59 Kilogramm), Michael Wagner (bis 85 Kilogramm) und Daniel Gastl (bis 98 Kilogramm) überraschte der AC Vollkraft mit zwei Tiroler Meistern (Daniel Anzengruber, Armin Schober). Auch der AC Hötting gab mit Stephan Margic ein kräftiges Lebenszeichen von sich. Das hatten die Inzinger sich bestimmt ganz anders vorgestellt.

Tirols Spitzenringer lieferten einander spannende Duelle bei den Titelkämpfen.

Ein stolzer Präsident Werner Margreiter mit seinen Schützlingen vom Tiroler Skiverband.

Tirols Talente kürten ihre Meister

Starker Schneefall und Nebel hätten sich fast als Spielverderber erwiesen, aber Tirols Skihoffnungen ließen sich davon nicht beeindrucken. Bei den Alpinen Schülermeisterschaften am Venet in Zams gab es nämlich dennoch tolle Leistungen, vor allem Lisa Hörhager (Mayrhofen) und Lukas Singer aus Schwaz sorgten mit ihren Doppelsiegen im Slalom bzw. Super-G für die große Show. Tirols Skiverbandspräsident Werner Margreiter lobte Pisten sowie reibungslose Organisation durch den SV Zams und freute sich über die Leistungen. „Im Slalom top, im Speed-Bereich gibt es Nachholbedarf", so seine Analyse.

Rekord brachte noch kein Finale

Ziel erreicht, Ziel verfehlt – für Kira Grünberg endete die Hallen-Europameisterschaft in Prag mit einem Wechselbad der Gefühle. Das Positive vorneweg: „Ich bin natürlich sehr froh, dass ich den Rekord gebrochen habe", meinte Kira, nachdem sie in der Stabhochsprung-Qualifikation die 4,45 Meter meistern konnte. Damit hatte sich die 21-jährige Tirolerin den nächsten österreichischen Rekord geholt, die 4,44 Meter, die 2001 Doris Auer in die Halle gezaubert hatte, waren nunmehr Geschichte. Leider reichte diese Leistung nicht für die Teilnahme am Finale, 4,55 Meter wären dafür nötig gewesen – das schaffte Grünberg nicht mehr. Auch weil sie sich bei einem Sturz vorher schmerzhafte Prellungen zugezogen hatte. Am Ende wurde es Rang 15, die besten acht hatten das Finale erreicht.

Ruprecht glänzte in Baku mit Rang drei

Als Ouvertüre für die ersten „European Games" wurde in Baku ein hochklassig besetztes Einladungsturnier der Rhythmischen Sportgymnastinnen ausgetragen. Mit dabei, und zwar mit einer tollen Vorstellung, war auch die Tirolerin Nicol Ruprecht. Sie überzeuge in der Konkurrenz mit dem Band, wo sie als Dritte nur hauchdünn von der siegreichen Lokalmatadorin Durunda und Weltmeisterin Kudryavtseva aus Russland geschlagen wurde. Dazu holte Ruprecht drei weitere vierte Plätze.

Kira sprang neuen Rekord, verpasste in der „Goldenen Stadt" aber den Kampf um Medaillen.

Nicol – eine wahre Augenweide.

Wattens gelang Titelverteidigung

Feste muss man feiern, wie sie fallen – und wie das geht, wissen die Wattener Pinguine ganz genau. Denn mit einem 4:3-Triumph nach Verlängerung holten Marc Schönberger und Co. im entscheidenden fünften Spiel gegen die Kufsteiner Drachen den bereits dritten Eishockey-Eliteliga-Titel in Folge. Verständlich, dass danach gefeiert wurde, wie in den Jahren zavor – gelernt ist eben gelernt. Doch gegen zwei Uhr war Schluss mit lustig. Zu später Stunde sprengte die Polizei die Wattener Meisterfeier im Zelt neben dem Alpenstadion. „Aber ganz friedlich", wie Wattens-Obmann Roman Tauber lachend betonte. Die Party hatten sich die Pinguine aber auch redlich verdient. „Die Jungs sind ein Wahnsinn. Das musst du erst einmal schaffen. Schließlich reden wir hier von der höchsten Amateurliga in Tirol und Vorarlberg", war Tauber voll des Lobes. „Wir sind körperlich super beieinander gewesen und haben jetzt im Finale den absoluten Siegeswillen gezeigt." Auf dem Weg zum Titel-Hattrick musste die Mannschaft von Trainer Martin Bouz ja auch einige Rückschläge einstecken. Mit Julian Jagersbacher und Oliver Dallapozza fehlten zwei Stützen fast die komplette Saison über verletzungsbedingt. „Da sind wir gut drübergekommen", meinte Tauber, der „niemanden aus dem Kollektiv herausheben" wollte

Beim unterlegenen Finalisten nahm man die niederlage locker: „Wir haben genau so gefeiert, als ob wir Meister geworden wären", schmunzelte Obmann Gerhard Wilhelm. Es gab auch genug Grund, Stolz zu demonstrieren. „Unser Ziel war das Play-off. Jetzt sind wir Vizemeister und das mit einem Altersschnitt von 23,5 und einheimischen Spielern."

Auch vom Gegner gab's Lob: „Kufstein war ein toller und fairer Gegner in einer sensationellen Finalserie", zot Tauber den Hut. Tatsächlich bekamen die 1.200 Fans (!) in Wattens gutes Eishockey geboten. Und im Fan-Duell durften sich die lauteren Kufsteiner dann doch noch über einen Sieg freue ...

Die Tore für den frischgebackenen Meister erzielten Marc und Florian Schönberger sowie zweimal Valentin Schennach, der auch das Goldtor in der Verlängerung erzielte. Für die Drachen hatten Herbert Steiner (zweimal) und Patrick Vaschauner getroffen.

Am Ende einer dramatischen Eliteliga-Finalserie jubelten erneut die Wattener.

Die VC-Mädels rockten die Steiermark.

Daniel Gastl (in Rot) ließ seinen Gegnern keine Chance.

Fotos: GEPA (li.), Draxl (re.)

VC Tirol überrumpelte Graz

Mit zwei so nicht erwarteten Paukenschlägen starteten die beiden Tiroler Volleyball-Damenteams in die Viertelfinalserien. Die VCT-Damen zwangen dabei auswärts den bisher unbesiegten UVC Graz in die Knie, die TI wiederum siegte bei Linz-Steg. Zunächst schien die Aufgabe vor allem für den VCT wie eine „Missionlimpossible"? Aber Von wegen. Tirol siegte klar mit 3:0 (18, 19, 21). Den seit 16 Spielen unbesiegten Grazerinnen fügten die Innsbruckerinnen just zum richtigen Zeitpunkt die erste Niederlage zu. „Durch unsere Spielanalyse haben wir festgestellt, dass die Steirer-Mädels Schwächen bei schnellen Spielzügen haben. Das haben wir perfekt ausgenützt", meinte eine euphorisierte VC-Tirol-Obfrau Therese Achamer, die von einer „kompakten Teamleistung" schwärmte. „Wir sind mit Linz auf Augenhöhe", hatte dagegen TI-Volley-Trainer Marco Angelini im Vorfeld gemeint. Und er sollte Recht behalten. Am Ende setzte sich seine Mannschaft in Linz knapp mit 3:2 durch (21, 22, –24, –13, 12). Die ersten zwei Sätze gehörten der TI, dann schalteten aber die Gastgeberinnen einen Gang höher und gewannen die Sätze drei und vier. Im entscheidenden fünften Durchgang behielt die Turnerschaft aber die Nerven.

Daniel Gastl war der Beste unter den Besten

Reich dekoriert wie schon lange nicht mehr kehrten die Tiroler Ringer von den Staatsmeisterschaften im griechisch-römischen Stil aus Wals zurück. Mit Daniel Gastl (Inzing, bis 98 Kilogramm), Michael Wagner (Inzing, bis 80 Kilogramm) und Stefan Steigl (Hötting, bis 71 Kilogramm) holten die Tiroler gleich drei Titel, einen zweiten Platz gab es für Daniel Posch (Inzing, bis 130 Kilogramm). Arzl sicherte sich mit Armin Schober und Klaus Riederer zweimal Bronze.

„Seit ich dabei bin, kann ich mich nicht an so erfolgreiche Meisterschaften erinnern", freute sich der Inzinger Daniel Gastl, der zum technisch besten Ringer des Turniers gewählt wurde und damit aus der Masse der 65 Sportler hervorstach. „Wenn man bei acht Gewichtsklassen noch einmal ausgezeichnet wird, ist das natürlich eine Ehre", sagte der 21-Jährige. Er hatte alle Gegner durch technische Überlegenheit besiegt.

Aus Tiroler Sicht erfreulich ist zudem Neuzugang Stefan Steigl, der von Götzis über den Arlberg nach Tirol wechselte. Der 20-Jährige war bei den Meisterschaften die „Geheimwaffe" von Hötting-Obmann Franz Pitschmann und gab mit dem Titel gleich seine Visitenkarte ab. „Er war früher in Götzis, ist nach Unstimmigkeiten aber zum Tiroler Verband gewechselt", wusste Gastl. „Für Tirol ist er eine absolute Bereicherung!"

Janine Weber schrieb Geschichte

Angefangen hatte Janine Weber wie die meisten Eishockey-Kids im Raum Innsbruck. 1996 kam die inzwischen 23-Jährige in der Eislaufschule des HC Innsbruck erstmals in Kontakt mit dem Sport, der sie nun berühmt machte. Zumindest in Boston. Denn dort schoss die Tirolerin die Boston Blades zum Titel in der nordamerikanischen Frauen-Eishockey-Liga CWHL (Canadian Women's Hockey League). Die österreichische Nationalspielerin erzielte im Finale den Siegestreffer zum

Ein Tiroler Eishockey-Export erzielte das Goldene Tor.

In Písek hamsterten die Tiroler viel Edelmetall.

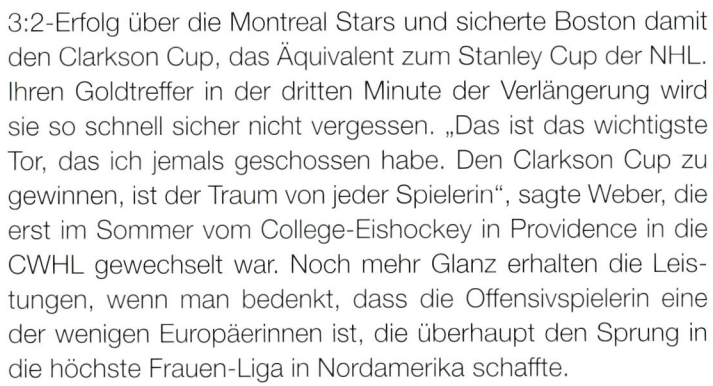

3:2-Erfolg über die Montreal Stars und sicherte Boston damit den Clarkson Cup, das Äquivalent zum Stanley Cup der NHL. Ihren Goldtreffer in der dritten Minute der Verlängerung wird sie so schnell sicher nicht vergessen. „Das ist das wichtigste Tor, das ich jemals geschossen habe. Den Clarkson Cup zu gewinnen, ist der Traum von jeder Spielerin", sagte Weber, die erst im Sommer vom College-Eishockey in Providence in die CWHL gewechselt war. Noch mehr Glanz erhalten die Leistungen, wenn man bedenkt, dass die Offensivspielerin eine der wenigen Europäerinnen ist, die überhaupt den Sprung in die höchste Frauen-Liga in Nordamerika schaffte.

Dabei war Webers Weg an die Spitze des Dameneishockeys keineswegs vorgezeichnet. Nach der Eislaufschule spielte Weber für Zirl, die Red Angels Innsbruck bzw. erneut den HCI. „Mit 15 habe ich mich entschlossen, nach Salzburg zu gehen, um in der DEBL (Anm.: erste österreichische Damen-Liga) spielen zu können", erzählte Weber. Das Studium führte sie dann nach Wien, wo sie für die Sabres auf Torjagd ging. Das machte sie so gut, dass sie ein Stipendium am Providence College erhielt. Nach einem Jahr in der College-Mannschaft folgte im Sommer der Sprung nach Boston. Der Rest ist Geschichte. Und in Innsbruck rieben sich nun sicher einige die Augen, als sie sahen, wie weit die kleine Janine gekommen war.

Stocksportler mit Medaillen belohnt

Auf Tirols Stocksportler ist Verlass. Bei der Europameisterschaft in tschechischen Písek räumte vor allem Christopher Schwaiger vom SC Breitenwang gewaltig ab. Gold und Silber brachte der Mann aus dem Außerfern nach Hause mit. Zuerst hatte der Tiroler im Team-Zielbewerb gemeinsam mit Thomas Fuchs, Franz Roth und Bernd Fischer die Goldmedaille gewonnen, einen Tag später legte er mit Silber im Einzel noch eine Medaille nach. Auch der Unterländer Matthias Taxacher durfte sich freuen. Im Mannschaftsspiel der Herren sicherte er sich gemeinsam mit Michael Brantner, Christian Hobl, Andreas Kaufmann und Felix Wilding die Silbermedaille.

Daniela flog zur großen Kristallkugel

Nur kurz war bei Daniela Iraschko-Stolz die Faust zu sehen, als sie durch den Schanzenauslauf am legendären Holmenkollen in Oslo fuhr. Gleich darauf rümpfte die Wahl-Tirolerin die Nase. Verständlich, denn der Gesamtweltcup-Sieg war damit ja endgültig fixiert, nur über Rang fünf (Sprünge auf 125 Meter und

Verdienter Lohn nach überragender Saison: Daniela ist Weltcup-Siegerin.

123 Meter) beim Weltcup-Finale und einen Beinahe-Sturz im ersten Durchgang war sie nicht begeistert. Aber der Ärger hielt nicht lange – das Betreuerteam rund um Absamer Cheftrainer Andreas Felder gratulierte abwechselnd. Und da realisierte die 31-Jährige, was sie in diesem Winter vollbracht hatte. Erstmals Gesamtweltcup-Siegerin – und das bei nur 13 Bewerben. „Das war eine riesige Aufregung, aber am Ende hatte ich meine Siebensachen beisammen", sagte Iraschko-Stolz und blickte ein wenig ungläubig in den Nachthimmel.

Aber wo es eine Siegerin gibt, muss es auch eine Verliererin geben. Die war aber gar nicht so leicht auszumachen. Denn Sara Takanashi strahlte, weil sie zum zweiten Mal am Holmenkollen gewonnen hatte. Im Gesamtweltcup musste sich die 18 Jahre junge und 1,52 Meter kleine Asiatin jedoch geschlagen geben. Und das, obwohl sie mit sechs Saisonsiegen einen mehr als Iraschko-Stolz zu Buche stehen hatte.

Für Ernst Vettori, den sportlichen Leiter für Sprunglauf und Nordische Kombination, war die Leistung der Österreicherin über den Winter gesehen „grandios". Auch eine Stunde nach Bewerbsende (und bei fast angenehmen sechs Grad Außentemperatur) stand der Tiroler mit seiner Athletin noch im Stadion. „Wir haben alle eine Mordsgaudi! Sie hat sich den Titel verdient, weil sie schon so lange auf höchstem Niveau dabei ist", lobte Vettori, der das Springen mit feuchten Händen verfolgt hatte. Zusätzlich durfte Österreich auch über den Sieg im Nationencup jubeln. Um 332 Punkte verwies das ÖSV-Quartett Japan auf Rang zwei. Vettori: „Das hätten wir uns im Sommer nicht erwartet. Jetzt haben wir gewonnen."

Fünf Medaillen für Tirols Judoka

Gewicht ist nicht alles, dürfte sich Bernadette Graf gedacht haben, als sie ihre Finalgegnerin bei den Staatsmeisterschaften in Klagenfurt begrüßte. Immerhin 20 Kilogramm mehr brachte

Kathrin Unterwurzacher (in Blau) war stets Chefin auf der Matte.

Daniela Rainer auf die Waage. Aber die Tulferin löste diese Aufgabe (über 78 Kilogramm) bravourös und ließ Daniela Rainer nicht den Funken einer Chance. „Ich bin erleichtert. Solche Gegnerinnen darf man nicht unterschätzen", sagte Graf. Ebenfalls in Form präsentierte sich Kathrin Unterwurzacher (bis 70 Kilogramm), die souverän in den Endkampf einzog, um dort U-21-Athletin Michaela Polleres deren Grenzen aufzuzeigen. Medaillen für Tirol holten weiters die Osttirolerinnen Elisabeth Waldner-Wenzel und Christina Raffler mit Silber bzw. Bronze sowie der Wattener Florian Lindner, der das mannschaftlich starke Ergebnis mit Silber abrundete.

TI im Halbfinale: „Das war eine schöne Geschichte"

„Jawohl", jubelte Michael Falkner, Manager der TI-Teamgeist-Volleyballerinnen. Denn mit einem 3:0-Sieg gegen die Favoriten aus Linz-Steg, dem zweiten Erfolg nach dem 3:2, qualifizierten sich seine Mädels für das Halbfinale des Bundesliga-Meister-Play-offs. „Das war eine schöne Geschichte", fand der Obmann nur lobende Worte. Vor allem, weil die

Monika Chrtianska – Topscorerin der TI-Truppe.

von Trainer Marco Angelini bestens eingestellten TI-Damen trotz Zehn-Punkte-Rückstands im zweiten Satz nicht locker gelassen hatten. Monika Chrtianska, mit 20 Punkten Topscorerin, sei regelrecht explodiert, schwärmte Falkner. In der Bilanz des 25:15, 27:25, 25:13-Erfolgs spielten auch Rachel Gerling mit 15 und Eva Meindl mit zehn Punkten herausragende Rollen.

Biathleten blieben medaillenlos

Das hatte es auch schon lange nicht mehr gegeben – von den insgesamt 33 Medaillen, die bei der Biathlon-WM im finnischen Kontiolahti vergeben wurden, ging keine einzige an Österreich. Die letzte Chance dafür hatten Simon Eder und Dominik Landertinger im Massenstart der Herren vergeben, in dem sich der Slowene Jakov Fak den Sieg sicherte. Dabei hatte es zwischendurch glänzend für Simon Eder ausgesehen: Der Salzburger hatte eine Strafrunde nach dem ersten Schießen weggesteckt und lief in einem Quartett vorne weg. Beim letzten Schießstand versagten dem 32-jährigen Schnellschützen aber im Stehendanschlag die Nerven: Zwei Fahrkarten

Bei der WM verfehlten Österreichs Biathleten alle ihre Ziele.

bedeuteten in dem engen Rennen das Ende aller Träume von der ersten Einzelmedaille für Eder, der natürlich enttäuscht war: „Mir hat die Frische im Kopf gefehlt. Beim Schießen ist es mir nicht so leicht von der Hand gegangen. Sehr schade, weil ich gute Beine hatte." Am Ende wurde der Salzburger 19., Dominik Landertinger gar nur 24. Für den Hochfilzener, der als 30. gerade in das Starterfeld gerutscht war, lief es vom ersten Schießen an nicht. Insgesamt drei Fehler waren zu viel: „Schade, aber ich muss mir nichts vorwerfen, ich habe alles probiert." Jakov Fak zeigte indes eine Demonstration seiner Stärke: Der Slowene distanzierte mit einem unwiderstehlichen Antritt auf dem selektiven Anstieg mit dem nicht nur sprichwörtlichen Namen „Mauer" seine Konkurrenten und lief zum Sieg. Ondřej Moravec kam nicht mehr heran und wurde Zweiter, Tarjei Bø holte seine dritte Bronzemedaille bei der WM. Für Routinier Ole Einar Bjørndalen reichte eine am Schießplatz fehlerlose Leistung nur zu Platz vier. Bei den Damen holte sich Walj Semerenko den Sieg. Die Ukrainerin setzte sich vor Franziska Preuß aus Deutschland und Karin Oberhofer aus Südtirol durch und blieb ebenso fehlerlos wie Lisa Theresa Hauser. Die 21-Jährige aus Reith bei Kitzbühel erlief Platz 14 und überraschte sich selbst mit dem zweitbesten WM-Damen-Ergebnis der ÖSV-Geschichte: „Das hab' ich gar nicht gewusst, mit Statistiken kenn' ich mich nicht so gut aus." Mehr Freude machte ihr die fehlerlose Leistung beim Schießen: „Viermal null ist etwas Besonderes."

Hypo Tirol international

In der Champions League war dem Hypo-Tirol-Team der Aufstieg nicht geglückt, dafür dominierten die Schützlinge von Hannes Kronthaler die Finalrunde der MEVZA nach Belieben. Hypo Tirol war auf heimischen Hallenböden ein Meister in allem, was mit den Begriffen einseitig zusammenfällt. Das war bereits seit Jahren Realität – und nunmehr mit dem dritten Titel in der Mitteleuropäischen Volleyball-Liga um einen weiteren Klasse-Beweis reicher.

Mit konstant gutem Spiel in Block, Angriff und Service feierten die Tiroler im Finale jedenfalls einen ungefährdeten 3:0-Erfolg gegen den härtesten Rivalen Aich/Dob. Was ein packendes Endspiel sein sollte, wirkte mehr wie eine Trainingspartie. Nach dem starken ersten Satz mit 25:16 zeigten die Gastgeber keine Schwächen, gaben weiter die Marschrichtung vor. Auch Satz zwei wanderte nach einem raschen Vorsprung und einem 25:19 fast wie eine Kopie des ersten Durchgangs auf die Anzeigetafel. Der dritte Satz (25:17) war die Draufgabe einer soliden Leistung.

Es war der dritte MEVZA-Titel der Tiroler nach 2009 und 2012 – und wirkte zugleich wie Balsam auf den Wunden, die Ende Jänner dieses Jahres aufgerissen worden waren. Das große Ziel des Aufstiegs ins Champions-League-Play-off war verpasst worden – eine Aufgabe, der zu Beginn der Saison so gut wie alles untergeordnet worden war. Der Frust war groß – die

Aller guten Dinge sind drei: Venno und Co. jubelten über den dritten MEVZA-Titel.

Genugtuung nun dafür umso größer, hatte man mit Königsklassen-Mitbewerber Aich/Dob seinen Erzrivalen zu Hause gelinde gesagt alt aussehen lassen. „Wir haben von Beginn an ein sehr gutes und konstantes Spiel gezeigt und verdient den MEVZA-Titel geholt. Ein Kompliment an die Mannschaft, die voll motiviert und konzentriert keine Frage über den Sieger aufkommen hat lassen", meinte Headcoach Stefan Chrtiansky.

In Graz war Endstation

Der Traum vom AVL-Halbfinale dauerte für die Mädels des VC Tirol genau 81 Minuten. So lange benötigte Graz im alles entscheidenden dritten Spiel für die erfolgreiche Revanche und für den 3:0-Sieg, der den Steirermädels den Aufstieg sicherte. Für die Tirolerinnen blieben also – nach sensationellem Beginn im Play-off – nur die Partien um die Plätze fünf bis acht.

Das böse Erwachen für den VC Tirol kam im dritten Spiel.

Handball Tirol feierte den Viertelfinaleinzug

Die leidigen Diskussionen über Klassenerhalt und Viertelfinaleinzug gehörten mit einem Schlag der Vergangenheit an, denn: Mit einem 32:27-Heimsieg über Bärnbach-Köflach schafften die Schwazer sicher den Einzug in die Runde der besten acht Teams der Handball Liga Austria. Und das bereits zwei Runden vor dem Ende der Zwischenrunde. „Hut ab vor der gesamten Mannschaft mit Spielern und Trainern. Es war in den vergangenen Wochen und Monaten viel Unruhe da – ein Riesenkompliment, wie das Team das gelöst hat. Sie haben Herz, Hirn und Charakter gezeigt", atmete Sportchef Thomas Lintner in der Schwazer Osthalle tief durch. „Absolut zufrieden" war Lintner bei der sehr gut besuchten Doppelveranstaltung auch mit der Leistung der jungen Bundesliga-Truppe von HIT, obwohl sie sich gegen Hollabrunn mit 22:24 knapp beugen musste.

TI zähmte die „Wildkatzen"

„Wir waren die Dompteure der Wildkatzen", jubelte Michael Falkner, Obmann der TI-Teamgeist-Volley nach dem klaren 3:0-Halbfinalerfolg (23, 18, 20) über Klagenfurt, mit dem die Tirolerinnen in der Best-of-Three-Serie der AVL ausgeglichen hatten. Anders als bei der 2:3-Auswärtsniederlage machten diesmal die Innsbruckerinnen in der USI-Halle in 76 Minuten kurzen Prozess mit den Wildkatzen. Die Gründe hierfür lagen zum einen am stark verbesserten Service, zum anderen an der Verletzung der Gäste-Angreiferin Lisa-Christina Schmerlaib, die schon vor der Partie passen musste. „Das hat sie in ihren Möglichkeiten eingeschränkt", erklärte Falkner, der wieder einmal auf ein starkes Kollektiv bauen konnte. Dennoch stachen die US-Amerikanerin Rachel Gerling mit 14 Punkten und Mittelblockerin Lisa Vogler (acht Punkte) hervor.

Nur schade, dass es letztlich nicht reichte, denn in der alles entscheidenden Partie in Klagenfurt musste die TI sich dann nach hartem Kampf mit 3:2 geschlagen geben.

Bärnbach (in Rot) war kein Stolperstein für die Schwazer Handballer.

Rachel Gerling (li.) führte die TI ins dritte Spiel, doch am Ende jubelte Klagenfurt.

Fotos: R. Mühlanger (li.), A. Rottensteiner (re.)

Lang®

Das Beste für jeden Bau

Rohstoffabbau in Terfens/Vomperbach

Ing. Hans Lang GmbH • Terfens/Tirol • www.langbau.at

APRIL

Die Hoffnung kehrt zurück

Im Abstiegskampf der Sky Go Erste Liga gelang dem FC Wacker ausgerechnet gegen Titelanwärter LASK mit dem verdienten 2:0 der lange Zeit erhoffte Befreiungsschlag. Es war der erste Sieg in der Ära von Klaus Schmidt. „Wacker, Wacker, Wacker …", hallte es nach 45 Minuten endlich wieder einmal von der Nordtribüne. „Wir wollen den LASK sehen", war seitens der schwer enttäuschten Gäste-Fans aus dem Süden zu hören. „Hurra, wir leben noch", war die Nachricht dazwischen für alle, die es noch mit den Schwarzgrünen und somit in gewisser Weise auch mit einer (halbwegs) positiven Zukunft des Tiroler Fußballs hielten. Auch mit nur einer nominellen Spitze – Coach Klaus Schmidt setzte auf den wieder genesenen und spritzigen Alex Gründler – ließ sich aus dem Mittelfeld mehr Torgefahr erzeugen als in allen anderen bisherigen fünf Frühjahrsspielen. Da hatte der sieglose FC Wacker ja nur einmal getroffen. Der Zug zum Tor war aber von Beginn an zu erkennen und in Minute 34 war es dann endlich so weit – mit einem befreienden Urschrei sprintete Jürgen Säumel zur Eckfahne, um über die 1:0-Führung zu jubeln. Der Routinier hatte nach einem Hauser-Schuss eingenetzt. Keine zwei Minuten später legte Jamnig mit seinem ersten Zweitliga-Treffer per Kopf nach einem Freistoß von Säumel das 2:0 nach. Die Weichen für den ersten Liga-Erfolg seit 7. November 2014 (2:0 gegen Horn) waren gestellt.

Zwischen Pflicht und Kür

Vor der Saison hatte man im Lager der Swarco Raiders davon gesprochen, sich weniger auf die heimische Liga (Shuan Fatah: „Die AFL ist unattraktiv"), dafür mehr auf die neu konzipierte „Battle4Tirol" sowie die Big6 konzentrieren zu wollen. Ergo kam die 23:42-Niederlage gegen die Danube Dragons gar nicht einmal so überraschend. Damit kassierten die Raiders nicht nur die erste Niederlage gegen die Donaustädter seit 2010, gemeinsam mit der Auftaktpleite gegen die Vikings bedeutete das den schlechtesten Saisonstart seit 2006. Alles halb so wild, wenn es nach Headcoach Shuan Fatah geht: „Der Spielverlauf war etwas unglücklich, aber es war ein munteres Spielchen. Ich bin nicht unzufrieden mit der Leistung." In einem Match, das von vielen Fehlern auf beiden Seiten geprägt war, zeigte Rückkehrer und Quarterback Kyle Callahan (über ein Jahr Pause) in einem stark verjüngten Tiroler Team noch die beste Leistung: „Kyle hat fehlerfrei gespielt." Mit der Niederlage gegen den Champ von 2010 habe man im Vorhinein bereits bewusst kalkuliert: „Natürlich kann man verlieren, wenn man mit der Jugend antritt. So realistisch muss man sein." Geschont wurden also einige Stars für die Premiere in der neu gegründeten Battle4Tirol-Serie. 3.000 Fans waren ins Tivoli gekommen, um das Spiel gegen die Scorpions aus Stuttgart zu sehen. Und das trotz Osterfest und nur fünf Grad Außentemperatur. Dafür entschädigte der 34:9-(6:3)-Triumph

Endlich durften Innsbrucks Kicker wieder einmal einen Sieg feiern.

Nicht einmal Aprilwetter vermochte die Raiders bei der Doppelschicht zu stoppen ...

gegen die Schwaben vollends. Fatah schickte dabei, im Gegensatz zur AFL-Niederlage gegen die Danube Dragons, die erste Garde rund um Quarterback Sean Shelton aufs Feld. Damit untermauerten die Raiders ihr Vorhaben, heuer ihren Fokus klar auf die beiden internationalen Bewerbe (Battle4 Tirol, Big6x) auszurichten – eine Reaktion auf die fehlende Entwicklung in der heimischen Liga, bei der vor fünf Jahren noch acht Mannschaften am Start waren.

Meister HYPO mit Auftaktsieg

Nach 75 Minuten durften die Fans in der USI-Halle von einem lockeren Auftaktsieg im ersten Finalduell gegen Dauerrivale Aich/Dob ausgehen, ehe sich die Gastgeber einen unnötigen Einbruch leisteten. Und damit kurzfristig für Spannung sorgten. Doch in der entscheidenden Phase legten Tirols Volleyballer wieder „einen Zahn zu" und feierten letztlich einen hart umkämpften, aber verdienten 3:1-Erfolg. In der Startformation hatte Hypo-Headcoach Stefan Chrtiansky gleich drei Brasilianer aufgeboten: Neben Libero Provenzano De Deus und Routinier Douglas Da Silva (Block) bekam auch Gabriel Soares Pessoa seine Chance. Der 21-jährige Außenangreifer lieferte, wie seine Teamkollegen, in den ersten beiden Sätzen eine nahezu fehlerlose Leistung.

Doch mit der 2:0-Führung schlichen sich bei den Tirolern auf einmal unnötige Servicefehler ein und zugleich wurde die Kompromisslosigkeit am Netz stetig weniger. Der Spielfaden riss, die Leichtigkeit war dahin. Der Puls von Coach Chrtiansky stieg – am Ende bejubelten die Gäste aus Kärnten den verdienten Satzgewinn (25:22). Und auf einmal wankten die favorisierten Innsbrucker. Headcoach Chrtiansky reagierte, brachte nach Koraimann (3. Satz) auch US-Legionär Hein (Block) – es entwickelte sich ein nervenaufreibender Schlagabtausch, die Führung wechselte im Minutentakt. Bei 27:27 erreichten die Emotionen in der Halle ihren Höhepunkt, ehe ein Hypo-Blockball den ersten Matchball bescherte. Sekunden später lagen sich die Dunkelblauen triumphierend in den Armen.

Den (unnötigen) Nervenkrimi kommentierte Manager Kronthaler folgendermaßen: „Wir haben uns das Leben selbst schwer gemacht."

Finalstart mit Anlaufschwierigkeiten, aber Happyend.

Fotos: GEPA

Wacker gab die rote Laterne ab

Der Erfolg gegen den LASK war für den FC Wacker wohl so etwas wie eine Initialzündung gewesen und weil nur wenige Tage später den Innsbruckern in Horn ein 1:0 gelang, konnten sich die Schwarzgrünen vom letzten Tabellenplatz etwas absetzen. O-Ton: „Ob Horn unser Lieblingsgegner ist, zählt überhaupt nicht. Wir müssen uns alles erkämpfen." Von vergangenen Erfolgen kann man sich eben nichts kaufen, aber das wusste man beim Innsbrucker Traditionsverein ja ohnehin nur allzu gut. Die Gastgeber begannen sehr stark, aber die besseren Chancen verzeichneten die Tiroler. Dennoch dauerte es zur schwarzgrünen Führung bis zur 62. Minute. Säumel spielte einen Traumpass aus der eigenen Hälfte, Alex Gründler war nicht mehr aufzuhalten und schob den Ball ins Netz – die erlösende Führung. Nach dem 1:0 zogen sich die Gäste zurück, lauerten immer wieder auf Konter. Ein solcher kam zwar nicht mehr, doch die Wacker-Defensivmauer überstand mit etwas Glück auch die letzten kritischen Situationen in Form von Horner Standardsituationen. Fazit? Wacker hatte nun drei Spiele in Serie keinen Gegentreffer kassiert und war Neunter. Die rote Laterne hing in Hartberg.

Kapitän Hauser gab die Marschrichtung vor.

Als der Schmäh noch zählte …

Bei den Tiroler Fußballtigern, die den Aufstieg des FC Wacker Innsbruck von Beginn an – also ab den 1960er Jahren – verfolgen, beginnen heute noch die Augen zu leuchten, wenn die Rede auf die Stars der damaligen Zeit kommt. Auf Buffy Ettmayer zum Beispiel, auf Zeki Senekowitsch, Zwickl Rettensteiner, Joschi Obert und Eigi Eigenstiller, um nur einige zu nennen. Oder auf das Sturmtrio Wolny, Siber, Redl, das die Konkurrenz fürchtete wie der Teufel das Weihwasser. Einer dieses Trios – der Franzl Wolny, feierte in diesen Apriltagen 2015 seinen 75er. Ein echter Wiener, der in Innsbruck zum Kicker

Ein echter Wiener in Tirol: Franz Wolny (stehend, Dritter von rechts), gefeiert von den Tiroler Fußballfans. Die Wacker-Mannschaft mit (hintere Reihe von links) Trainer Barić, Kriess, Eschelmüller, Eigenstiller, Wolny, Binder, Werner; (vorne von links): Francescin, Ettmayer, Rettensteiner, Obert und Jara.

mit Kultstatus avancierte. Mit ihm hatten die Trainer Branko Elsner (bis zum Winter 1970) und Otto Barić den ersten Titel nach Tirol geholt, und da gibt es G'schichterln, denen zufolge wegen Franz Branko weißgraue Haare bekommen habe oder der redegewaltige Otto manchmal schmähstad geworden sei. Wie auch immer: Der Jubilar war Hauptdarsteller einer Mannschaft gewesen, die 1970 mit dem Gewinn des ÖFB-Cups die goldenen 1970er des Wacker Innsbruck eingeleitet und danach im Spitzenorchester des heimischen Fußballs die erste Geige gespielt hatte. Man ließ die damals hochkarätigen Salzburger, die Rapidler, die Wiener Austrianer nach den eigenen Noten tanzen. Franz Wolny war ein „Wiener Kind" des Straßenfußballs; einer, der am Spielfeld von seinen Tricks und seiner Schlitzohrigkeit lebte – und in den Nächten von seinem Schmäh. Einer, der als launischer Trickser zuweilen die Geduld der Fans strapazierte, um sie mit fußballerischen Leckerbissen postwendend dafür zu entschädigen. Bei den gegnerischen Verteidigern war er gefürchtet: Für ihn galt auch am Rasenviereck das Gesetz der Straße: Tust du mir weh, tu' ich dir weh. Aber Franz war nicht nur ein exzellenter Techniker, sondern in seiner Dynamik auch ein Stürmer modernen Zuschnitts. Er war robust. So, dass er auch durchwachte Nächte kaschieren konnte. Geheim waren seine nächtlichen Eskapaden nicht – aber einen wie ihn hätte der Fußballfan damals nie verpetzt. Womöglich hätte ihm ein soliderer Lebenswandel eine größere Karriere eingebracht. Bereits 1962 hatte er sein Debüt im Nationalteam (gegen Italien mit Trapattoni) gefeiert, 1963/64 war er mit Rapid Meister geworden, dann gewann er mit Innsbruck drei Titel. Und er hatte als Trainer ebenfalls eine passable Karriere hingelegt. Sein letztes Meisterschaftsspiel hatte er mit Klagenfurt am 19. März 1975 gegen die Admira gespielt. An seiner Seite damals jener Franz Hasil, mit dem er 1963 mit Rapid Meister geworden war. Womöglich hätte er auch eine derart große Karriere machen können wie Hasil. Aber das Leben war zu schön ... Heute schiebt der ehemalige Cafetier eine ruhige Kugel am Golfplatz, schaut ab und zu im Tivoli vorbei und kommt ins Schmunzeln, wenn sich Freunde an die „guate alte Zeit" erinnern.

Squasher holten Titel nach Tirol

18 lange Jahre Warten waren genug – endlich schnappten Tirols Squasher zu. Bei den Meisterschaften in Salzburg eroberte das Squash-Team Tirol dank einer ausgezeichneten Leistung den Bundesliga-Titel. Zuletzt war dies einer Tiroler Mannschaft im Jahre 1997, und zwar dem SV Reutte, gelungen. Dabei hatte sich heuer die Spielgemeinschaft schon mit Rang zwei hinter Serienmeister Wiener Neudorf abgefunden. Aber just im Halbfinale mussten die Neudorfer auf ihren Legionär Grégory Gaultier, offiziell die Nummer drei der Welt, verzichten und unterlagen Gastgeber Salzburg. Womit Tirol im Endspiel klarer Favorit war und dieser Rolle auch gerecht

Erstmals seit 18 Jahren gewann das Tiroler Squasher-Team die Goldmedaille.

wurde. Bei den Damen setzte sich SAS Wien durch, vor dem 1. TSV Innsbruck und auf Rang vier platzierte sich der Raiffeisen Squash Club Telfs.

Bullen stürmten zum Titel

Während für die Innsbrucker Haie die EBEL-Meisterschaft ja schon nach dem Grunddurchgang und 54 Spielen beendet war, luden die Roten Bullen im April zur Meisterfeier. Zum sechsten Mal holten sich die Salzburger den österreichischen Meistertitel. Das Team von Trainer Daniel Ratushny gewann quasi im Schnelldurchgang, mit dem 4:3 bei den Vienna

Mit einem Sweep (vier Siege in Serie) holten die Red Bulls gegen Wien den Eishockeytitel.

Capitals war die Finalserie (Best-of-Seven) entschieden. Die Salzburger durften in der mit 7.000 Zuschauern ausverkauften Halle der Capitals beide Pokale für den Meistertitel und die EBEL-Krone in die Höhe stemmen. Im Vorjahr hatten sie aufgrund des gegen Bozen verlorenen Endspiels noch mit nur einem Pokal vorliebnehmen müssen. Die nach dem Trainerwechsel zu Jim Boni überraschend ins Endspiel gekommenen Capitals mussten hingegen weiter auf ihren zweiten Titel nach 2005 warten. Zu überlegen waren die auch schon im Halbfinale gegen den KAC 4:0 siegreichen „Bullen".

Leere Drohungen aus Kärnten

Zumindest eine Frage konnte bereits 24 Stunden vor dem ersten Aufschlag zum dritten Finalduell beantwortet werden: Die Volleyballer von Aich/Dob waren sehr wohl nach Innsbruck gereist. Es blieb bei der (leeren) Drohung von Sportdirektor Martin Micheu, der aufgrund der Schiedsrichterbesetzung mit der Tirolerin Elisabeth Erlacher auf einen Antritt verzichten wollte. Weniger bis gar keine Aufregung herrschte am Parkett – das Hypo Tirol Volleyballteam erspielte sich mit dem ungefährdeten zweiten 3:0-Sieg hintereinander den ersten Matchball.

Der Vizemeister aus Kärnten konnte einem schon fast leidtun. Egal, was Aich/Dob versuchte, Hypo Tirol musste im ersten Durchgang zu keinem Zeitpunkt bis an seine Grenzen gehen. Das änderte sich auch im zweiten Satz nicht. Der siebenfache AVL-Meister spielte wie aus einem Guss – bis zur 17:11-Führung. Da ließen die Mannen von Headcoach Stefan Chrtiansky erstmals ein wenig nach und schon schrumpfte der Vorsprung bis auf 17:16. Ein paar kurze Anweisungen des Slowaken reichten jedoch aus und seine Volleyballer besannen sich wieder auf das Wesentliche.

Kurz nach 21 Uhr verwertete man den zweiten Satzball zum 25:20. Nur wenige zweifelten jetzt noch am Sieg der Innsbrucker. Aich/Dob warf zwar erneut alles in die Waagschale, es reichte jedoch nicht einmal für einem Satzgewinn. Nach 76 gespielten Minuten hieß es: Matchball Hypo. Sekunden später bedeutete das 25:18 den deutlichen Sieg.

Gegen das druckvolle Hypo-Spiel wussten die Kärntner kein Rezept.

20 Jahre Weltcup sind genug: Christoph Bieler stellte die Kombi-Latten in den Keller.

Christoph Bielers Rücktritt

Erst hatte sein langjähriger Weggefährte Mario Stecher seinen Rücktritt bekannt gegeben, im April folgte dessen Team- und Zimmerkollege Christoph Bieler (37), der seine Karriere als Nordischer Kombinierer beendete. Der Tiroler trat nach 20 Jahren im Weltcup zurück. „Nach der WM in Falun sind mir erste Gedanken gekommen, ob es nicht doch langsam Zeit ist, Abschied vom Spitzensport zu nehmen. Und ich habe immer gewusst, sobald ich über ein Karriereende nachzudenken anfange, ist der Zeitpunkt gekommen", erklärte der Absamer. Bieler wird sich vorerst verstärkt seinem Sportmanagement-Studium widmen, könnte sich eine Rückkehr in den Österreichischen Skiverband als Trainer aber durchaus vorstellen. Der 37-Jährige war Mitglied des von Felix Gottwald und Mario Stecher angeführten großen ÖSV-Kombinierer-Teams. Der Tiroler gewann neben Olympia- und WM-Gold zweimal Olympia-Bronze (2002 und 2014 jeweils mit dem Team) sowie WM-Bronze 2005, ebenfalls mit dem Team. Zudem feierte er sechs Einzelsiege im Weltcup.

Mit Bieler ist nun der Letzte aus dem Gold-Quartett von 2006, dem auch Michael Gruber angehörte, zurückgetreten. „Es gab in der Vergangenheit nur wenige Sportler, die die Nordische Kombination in Österreich so geprägt haben wie Christoph. Er kämpfte über Jahre konstant in der Weltspitze mit und konnte dabei beachtliche Erfolge erzielen, was ihn zu einem Vorbild für Nachwuchssportler machte", würdigte ihn ÖSV-Sportdirektor Hans Pum. Der sportliche Leiter Ernst Vettori sagte: „Ich gratuliere Bieles herzlich zu seiner tollen Karriere. Bis zum Schluss zeigte er Leistungen auf Weltklasseniveau und war einer unserer konstantesten Sportler."

Wattens traf volle Härte des Fußballs

WSG-Sportmanager Stefan Köck war nach dem Schlusspfiff weiß wie eine Wand. Der Last-minute-Treffer der Salzburger Austria aus einem Weitschuss, der in dieser Form als sogenannter zweiter Ball eigentlich gar nicht mehr zustande hätte kommen dürfen, fuhr nicht nur ihm durch Mark und Bein. Während die Salzburger Fans in Minute 93 nach dem womöglich Titel entscheidenden Ausgleichstreffer kurz das Feld zum Jubeln stürmten, froren der ambitionierten Wattener Fußballfamilie rund um die engagierte Präsidentin Diana Langes-Swarovski die Gesichtszüge ein. Oder wie Köck vielsagend meinte: „Bis zur 93. Minute war es ein perfekter Tag."

Der Westliga-Gipfel hatte mit Fan-Choreografien auf beiden Seiten vor ausverkauftem Haus, 3.000 Zuschauern und viel Prominenz in buntem Stil begonnen. Nach der verdienten Wattener Führung zur Halbzeit kam auch nach dem Wechsel nie das Gefühl auf, dass sich die kompakten Wattener die Butter noch vom Brot nehmen lassen würden. Núñez war knapp am 2:0 dran, der für ihn eingewechselte Rene Prantl hätte den Sack nach Gebauer-Zuspiel in Minute 80 völlig alleine vor Goalie Ebner zumachen müssen. Er tat es nicht. Und so stellte sich in der fünfminütigen Nachspielzeit eben jener Moment ein, in dem die couragierten Wattener die volle Härte des Fußballs traf.

„Wir hätten alles klar machen müssen. So ist das natürlich brutal bitter", konstatierte Torschütze Benni Pranter. Nachsatz bezüglich des Titelkampfs: „Aufgegeben wird ein Brief." Auch die Enttäuschung bei Coach Thommy Silberberger war „riesig": „Wir sind an fehlender Cleverness gescheitert, haben davor sehr viel richtig gemacht. Mehr Chancen bekommt man gegen den Tabellenführer nicht." Im violetten Jubelmeer – Austria-Coach Andersen: „Dieses Remis nehmen wir gerne mit" – musste sich Wattens erst wieder einmal fangen. Sechs Punkte fehlten acht Runden vor Schluss. Schwer zu glauben, dass sich der Titel und Direktaufstieg nach dieser bitteren Pille noch irgendwie ausgehen würden …

Fassungslos mussten die Wattener Kicker das Ende der Titelträume zur Kenntnis nehmen …

Fotos: Zangerl (o.), GEPA (u.)

Wie hatte doch der unvergessene Rudi Nierlich einst so treffend nach einem seiner vielen Siege „philosophiert"? Wenn's lafft, dann lafft's. Genau! Und plötzlich reichte der FC Wacker Innsbruck nach drei eher bescheidenen Unentschieden drei Siege gegen höher eingestuft Teams nach. Wie zum Beispiel gegen den LASK, Horn und nun eben gegen Tabellenführer Mattersburg. Wobei vor allem die zweite Halbzeit gegen die Burgenländer phasenweise nach richtig gutem Fußball ausgesehen hatte. „Natürlich tut das gut, aber wir haben uns das in den letzten Wochen alles gemeinsam erarbeitet – taktisch, spielerisch und körperlich", sagte Kapitän Alex Hauser, der neben Sebastian Siller in der starken Innenverteidigung für die vierte Defensiv-Null in Serie stand: „Meine Neben- und Vorderleute haben es mir leicht gemacht. Wir waren sehr kompakt."
„Alle, die gegen Mattersburg auf dem Platz gestanden sind, verdienen sich ein großes Lob", meinte Trainer Schmidt. Vor allem die wieder genesenen Alex Gründler sowie Danijel Mićić und Thomas Bergmann brachten nach der Länderspielpause viel frischen Schwung. „Wir glauben zu 100 Prozent an den Klassenerhalt", schweißte der Wacker-Trainer sein Team weiter zusammen. „Wir wissen, dass wir weiter Gas geben müssen und sind voll fokussiert", so der Kapitän.

Hypo Tirol feierte Meistertitel

Wieder einmal knallten die Sektkorken beim Hypo Tirol Volleyballteam – wieder einmal in der Ferne. Am Ende einer siegreichen Saison in der Austrian Volley League (AVL) und einem glatten 4:0 in der „Best of Seven"-Serie kam der Meister erneut aus Tirol. Das abschließende 3:0 (22, 20, 11) war eine meisterliche Draufgabe für die Mannen von Coach Stefan Chrtiansky, die sich mit starkem Spiel gegen die Herausforderer Aich/Dob durchsetzten und im 15. Finalspiel den achten Titel holten. „Ich kann mein Kompliment nur an die ganze Mannschaft weitergeben. Sie haben sehr gute Leistungen gezeigt", meinte Manager Hannes Kronthaler, der dennoch mit einem wehmütigen Auge auf das große, verpasste Ziel, den Aufstieg in die Champions League, zurückblickte.

Nach vier Spielen war der Spuk vorbei: Das Hypo-Team verteidigte den Titel erfolgreich und feierte in Kärnten.

Im Rausch durch den Nebel

Auch die 18. Auflage des Kult-Skirennens „Weißer Rausch" war ein Erlebnis der ganz speziellen Art – für 555 Aktive aus zwölf Nationen und für die Veranstalter. Denn zuerst machte eine Lawine im Steißbachtal eine Umleitung über die einstige Strecke über den legendären Kandahar-Hang erforderlich, dann gab es wenige Minuten vor dem Start neuerlich einen Schneerutsch auf der Valluga, der mit Pistengeräten planiert wurde. Zudem Nebel im Startbereich – aber mit 15 Minuten Verspätung wurde um 17:15 Uhr doch noch gestartet und im Ziel bei herrlichem Sonnenschein verfolgten 2.000 Zuseher den Ritt über die neun Kilometer lange Route via Video-Wall. Dass nach rund neun Minuten das Siegertrio der Herren aus Deutschland den Bewerb dominierte, überraschte auch Ehrengast Mario Stecher. Bei den Damen ließ sich Titelverteidigerin Angelika Kaufmann aus Lech den neuerlichen Sieg nicht nehmen.

Fortuna trug Schwarzgrün

„Never change a winning team." Zumindest soweit dies möglich war, wurde dieses Motto auch von Wacker-Coach Klaus Schmidt beherzigt. Und so kam der vierte Erfolg in Serie, diesmal bei der Lustenauer Austria, gar nicht überraschend. Natürlich war nicht zu übersehen, dass sich beide Mannschaften im Abstiegskampf befanden, Stoppfehler und Fehlpässe hatten Hochkonjunktur. In der 26. Minute schlug das Pendel dann aber auf die schwarzgrüne Seite aus. Nach einem Lustenauer Fehlpass war Flo Jamnig auf und davon, den Pass in den freien Raum nützte ausgerechnet Ex-Lustenauer Danijel Mićić zum Führungstreffer. Mit Fortdauer des Spiels verwalteten die Tiroler das Ergebnis, Schmidt brachte mit Ralph Spirk für René Renner einen weiteren Defensiven. Und der half mit, den vierten Sieg in Serie und das fünfte Spiel ohne Gegentor über die Zeit zu bringen.

Dem „Weißen Rausch" am Arlberg verfallen.

Wackers (in Grün) Bollwerk hielt auch in Lustenau.

Paris war für die Raiders auf alle Fälle eine Reise wert gewesen.

Raiders feierten in Paris einen klaren 47:14-Erfolg

Paris ist immer eine Reise wert – für Neugierige, für Verliebte und seit heuer auch für die Swarco Raiders. Zum Auftakt des Big6-Europacups gastierten die Tiroler in der französischen Hauptstadt und fertigten dabei das Pariser Team „Flash de la Courneuve" souverän mit 47:14 ab. Für die Raiders war dies ein wichtiger erster Sieg auf dem Weg zum angestrebten Europatitel.

Krimi mit Kommissar Juric

Trommelwirbel und Schlachtengesänge auf der Tribüne, dass fast die Ohren schmerzten. Knisternde Ruhe auf dem Spielfeld. Anfangs. Aber Patrik Juric brauchte nur wenige Spielzüge, um in die Gänge zu kommen. Im zweiten Viertelfinale der Handball Liga Austria wuchs der Schwazer Rückraumspieler gegen Bregenz über sich hinaus. 1,73 Meter und 21 Jahre: Mit diesen Daten und gepaart mit einer spritzigen Schnelligkeit brachte das Eigenbau-Gewächs der Schwazer die Vorarlberger zur Weißglut. Zu verschenken hatten beide Teams nichts, zu verlieren aber einiges. Nach 19 Minuten krachte es gehörig, ein Raunen ging durch die Osthalle. Juric und der Bregenzer Lucas Mayer waren bei einem Wurf aneinandergeraten, Mayer ging benommen zu Boden. Die Schwazer indes hatten nun Lunte gerochen, glichen nach Toren von Perovic und zweimal Juric zum 9:9 aus. Bregenz-Coach Robert Hedin runzelte die Stirn.

Die Ländle-Truppe, die Schwaz beim 28:27-Sieg noch auf die leichte Schulter genommen hatte, reagierte mit einem Time-out. Vor der Pause noch mal Dramatik: Ein Fliegerpass erreichte Anton Prakapenia, und der Weißrusse stellte quasi mit dem Ertönen der Sirene den 13:13-Pausenstand her. Bregenz, schon neunmal Meister, wankte. Nach der Pause brannte es lichterloh, ein ständiges Hin und Her. Ein Tanz auf der Rasierklinge. Aber Schwaz hatte Juric. Beweglich, mit Spielwitz, mit einem Auge für seine Mitspieler. Er hatte Zug zum Tor. Und er war sich nicht zu schade, seinen Körper in extremis einzusetzen. Ihm war es zu verdanken, dass Schwaz mit 29:28 siegte und in der Serie auf 1:1 stellte. „Ich habe es schon vor dem Spiel gewusst, dass wir gewinnen", sollte Juric später sagen. Sein Gesicht war verschwitzt und gezeichnet. Er hatte alles gegeben. Für die Knappenstädter war er Gold wert.

Juric ließ die Bregenzer schier verzweifeln ...

Fotos: GEPA

Sportlergala: „Genugtuung für viele Rückschläge"

Die ersten Tränen des Abends flossen in der Dogana heuer nicht bei Seriensieger Martin Falch (Ski Alpin, Triathlon), der sich zum bereits fünften Mal den Publikumspreis in der Kategorie „Behindertensportler des Jahres" sichern konnte. Es war Tirols Ski-Ass Eva-Maria Brem, die nach der berührenden Laudatio ihrer ehemaligen Zimmerkollegin Stefanie Köhle („Mit Eva habe ich viel geweint und viel gelacht, mit ihr kann man Pferde stehlen") sich die eine oder andere Träne aus den Augen wischen musste.

Für die aus Münster stammende ÖSV-Skifahrerin war das nach der starken Saison mit dem Weltmeistertitel (Team) als Sahnehäubchen die passende Draufgabe. Der von Johannes Maria Pittl entworfene „Viktor" würde irgendwo im eben umgebauten Wohnzimmer Platz finden, wie die 26-Jährige versprach.

Brem kommentierte ihren Freudentag mit schüchternen Worten: „Es ist wunderschön, eine solche Auszeichnung zu bekommen. Eine Genugtuung für all die Rückschläge." Das äußerte sich dann in Tränen, die sich die Zollbeamtin verstohlen aus den Augen wischte: „Es hat mich ganz schön erwischt."

Martin Falch mit dem „Viktor".

Eva-Maria Brem, Sportlerin des Jahres, mit Laudatorin Steffi Köhle.

Hannes Wolf – Trainer des Jahres.

Die vollbesetzte Dogana – ein würdiger Rahmen für die Tiroler Sportgala.

Fotos: Thomas Böhm

Andreas und Wolfi Linger als Strahlemänner nach der Ehrung.

Mario Matt mit seinem Laudator Manni Pranger.

Weniger Tränen, dafür mehr Schmäh gab es in der Kategorie Mannschaft. Da durften sich die bereits in Sportpension gegangenen Rodel-Brüder Andreas und Wolfgang Linger über die insgesamt dritte Trophäe (2010, 2013, 2014) freuen. Die Schiegl-Cousins ließen es sich nicht nehmen, den Absamer Brüdern ein paar nette Worte zu widmen: „Auch wenn wir nicht die großen Redner sind – die Lingers sind zwei super Burschen, aber vor allem zwei gute Freunde, die man sich nur wünschen kann."

Standing Ovations und nasse Augen gab es auch, als Box-Legende Rainer Salzburger mit dem Special Award für sein Lebenswerk geehrt wurde. Die Laudatio kam per Videobotschaft aus Wien, natürlich von niemandem Geringeren als dem rot-weiß-roten Box-Experten Sigi Bergmann. Und der sprach von einer Tiroler Legende, die mit Eleganz durch den Ring getänzelt war, die mit Intelligenz und Herzblut alles in ihren Sport investiert hat.

Cool wie schon im Vorjahr nahm der „Adler vom Arlberg", Mario Matt, seinen zweiten „Viktor" in Empfang. Fünf Wochen nach dem Rücktritt vom aktiven Skisport stand der 36-Jährige zum zweiten Mal bei der Publikumswahl zum beliebtesten Sportler Tirols auf dem obersten Podest. Sein Freund und ehemaliger Teamkollege Manfred Pranger sprach über Matt als einen stets positiv denkenden Sportler, der nie aus der Fassung zu bringen war, während er selbst am Renntag förmlich im Kreis gegangen sei. „Für die anderen Geschichten müssen wir uns aber privat treffen, weil die sind nichts für die Bühne."

Viele Jahre mit noch mehr Erfolgen waren vergangen, seit Kira Grünberg als Achtjährige in den Fernseher geblickt, Stabhochspringen gesehen und zu ihrem Papa Frithjof gesagt hatte: „Das will ich auch machen!" Nun, etwa 13 Jahre später, war der Wunsch für Tirols Aufsteigerin des Jahres 2014 zu einer mehr als angenehmen Realität geworden.

Die 21-Jährige aus Kematen zählte inzwischen zu den besten Leichtathleten ihrer Disziplin, schaffte im Vorjahr als EM-Achte in Zürich den ersten Finaleinzug und schraubte den 14 Jahre alten österreichischen Rekord auf 4,45 Meter hoch. Eine Leistung, die sie 2015 bei der Hallen-EM im tschechischen Prag (15.) bestätigte. Grünberg zählte auch als Sprinterin (Vizestaatsmeisterin 2015 über 60 Meter Hürden) zu den besten des Landes und wurde aufgrund ihrer Höhenflüge zu Österreichs Leichtathletin des Jahres gewählt.

Box-Legende Rainer Salzburger erhielt den Special Award.

Kira Grünberg (mit Trainer-Papa Frithjof) – geehrt als Aufsteigerin des Jahres.

Fotos: Thomas Böhm

Kapfenberg ließ die Serie reißen

So richtig ruhig schlafen würde der FC Wacker in diesem Frühjahr wohl kaum mehr, nicht einmal nach sieben Spielen ohne Niederlage. Verständlich, denn just, als man im schwarzgrünen Lager von einem Höhenflug zu träumen begann, rissen die Kapfenberger den FC aus eben diesem Traum. Nach dem 0:1 betrug der Polster auf die Abstiegsplätze plötzlich nur noch drei Punkte. Eines stand somit fest – Lieblingsgegner würde der Kapfenberg SV in dieser Saison nicht mehr werden. Mit der 0:1-Niederlage konnten die Innsbrucker auch im vierten Vergleich mit den Steirern (0:0, 0:3, 0:3) weder gewinnen noch ein Tor gegen die Russ-Truppe erzielen. Damit endete auch die Innsbrucker Erfolgsserie von sieben ungeschlagenen Spielen in Serie.

Schon in der neunten Minute war die 544 Minuten andauernde Torsperre von Pascal Grünwald beendet. Und wie schon beim letzten Aufeinandertreffen im Februar (0:3) war es ein Kapfenberger Standard, der den Innsbrucker Strafraum lichterloh brennen ließ: Eine Freistoßflanke von Spezialist Andreas Lasnik segelte an Freund und Feind vorbei. Grünwald lenkte den Ball an den Pfosten, gegen den Abstauber von David Witteveen war der Schlussmann dann aber auch machtlos. Die frühe Führung passte dem KSV perfekt ins Konzept. Die Steirer zogen sich zurück, verdichteten mit zwei Viererketten die Räume und hielten bis zum Schluss die Null.

Und wieder einmal war Kapfenberg der Spielverderber für enttäuschte Wacker-Kicker.

Marlies und Benni sind ein Paar

Ein Mann, ein Wort. „Im Frühjahr", pflegte Benjamin Raich seit vielen Jahren stets auf die Frage zu antworten, wann er denn seine Marlies zu ehelichen gedenke. Heuer – im Frühjahr – machte der Pitztaler sein Versprechen wahr und schloss mit seiner Salzburger Langzeitliebe den Bund fürs Leben. Er tat dies, wenig überraschend, still, heimlich und im engsten Familienkreis. Selbst der Ort blieb vorerst Geheimsache. Bekannt wurde lediglich, dass Marlies, die bereits zurückgetretene Slalom-Königin, den Nachnamen von Benjamin annahm. In einer Aussendung des Österreichischen Skiverbandes hieß es knapp: „Marlies und Benni bitten um Verständnis, dass sie zur Trauung keinerlei Interviews geben werden." Die kirchliche Hochzeit ließ sich nicht mehr geheim halten lassen, im Juni war es so weit, und zwar im Pitztal, wo die beiden vor einigen Jahren ihr Traumhaus verwirklichten.

Mit Erfolg weiter zu den US Open

Lang, lang ist's her – und fast genau nach 19 Jahren Pause gewann mit dem Tiroler Roman Bründl wieder einmal ein Österreicher die Königsklasse der Austrian Kickbox Classics.

Und sie grüßen als Brautpaar: Marlies und Benni Raich „trauten" sich.

Roman Bründl „zertrümmerte" seine Gegner.

Fotos: Privat (li.), GEPA (o. re.), Thomas Böhm (u. re.)

Natürlich mit dem wichtigen Heimvorteil im Rücken – in der bummvollen Innsbrucker Olympiahalle. Dabei war es schwierig, Athleten und Zuschauer auseinanderzuhalten. Weniger schwer war es, die Behauptung zu treffen, dass der Bewerb mit seinem rasanten Wachstum im wahrsten Sinne des Wortes an die Decke stieß. „Viel mehr geht nicht. Wir haben sogar einen Boxring abgebaut und mehr Matten hingelegt – sonst wären wir mit den Kämpfen um Mitternacht noch nicht fertig!", so Organisator Michael Kruckenhauser, der selbiges schon vor vier Jahren in der TIWAG Arena erzählt hatte – mit fast 600 Athleten weniger. Es dauerte einige Zeit, bis unter den Massen auch Roman Bründl gefunden werden konnte, wobei der 25-jährige Tiroler mit seinen 1,93 Metern eigentlich kaum zu übersehen war. In einer Ecke der Olympiahalle bereitete sich Bründl mit Schattenboxen auf seinen nächsten Kampf vor, dem Pointfighting (Punktekampf), wo er 2014 seine bisher stärkste Saison mit dem Europameistertitel krönte. Für ein Interview hatte er keine Zeit. Es gab ja noch etwas zu gewinnen, der Tag war noch nicht vorbei, auch wenn er einen Sieg gebracht hatte, der Österreichs Kickboxer laut mit der Zunge schnalzen ließ. Denn erstmals nach 19 Jahren holte ein heimischer Athlet bei den Austrian Classics den Sieg in der Königsklasse, dem Grand Champion, eine offene Klasse, bei der vom Riesen bis zum Leichtgewicht alle kämpfen. Der Triumph in der Heimat ist eine weitere Krönung seines Aufstiegs, seit er mit zehn Jahren mit dem Sport anfing. „Roman ist einer der ganz wenigen Athleten in Österreich, die selbstständig funktionieren. Ihm muss man nichts sagen, das ist seine Stärke", erklärte der frühere Nationaltrainer Juso Prosic. Und nachdem Bründl im Pointfighting auch noch den zweiten Sieg des Tages geholt hatte, ergänzte er: „Das Selbstvertrauen passt gut und ich vertraue auf meine eigene Stärke." Die Erfolge in Europa beflügeln, machen ihn zum Gejagten – und wecken die Lust auf neue Großtaten.

Osl und Markt in den Top Ten

Haiming hat sich in den letzten Jahren zu einem wahren Eldorado für den Mountainbike-Sport entwickelt, auch heuer versammelte sich ein Großteil der Weltklasse beim Forest-Cross-Bewerb auf der Ötztaler Höhe. Und dabei war für die internationale und nationale Konkurrenz klar, dass es bei diesem Rennen der „Horse Category", dem einzigen in Österreich, nur Staub zu schlucken geben würde. Denn sowohl bei den Damen als auch bei den Herren drückten die Favoriten Annika Langvad aus Dänemark und Jochen Vogel aus der Schweiz vom Start weg so mächtig auf das Tempo, dass das restliche Teilnehmerfeld nur mehr um die Plätze links und rechts neben dem Sieger auf dem Podest fahren konnten.
Für Lisi Osl reichte es nach toller Leistung zum vierten Platz – mit 4:11 Minuten Rückstand auf die bärenstarke Langvad. Ebenso überlegen hielt bei den Herren Jochen Vogel die Konkurrenz in Schach. Karl Markt holte nach verpatztem Start noch den sensationellen siebten Platz, sein Teamkollege Gregor Raggl im Haibike-Haiming-Team glänzte als 17. In seinem ersten Jahr als Elite-Fahrer.

Ein kräftiges Lebenszeichen von Lisi Osl: Vierte in Haiming.

Start verpatzt, aber tolles Finish für Karl Markt auf der Ötztaler Höhe.

Urlaub statt Halbfinale

„Wir haben zu viele Fehler gemacht!" Das war das bittere Resümee von Sportkoordinator Thomas Lintner nach dem Auftritt seiner Schwazer Handballer in der Arena Rieden-Vorkloster. Im Entscheidungsspiel um den Einzug ins Halbfinale der Handball Liga Austria (HLA) hatte Sparkasse Schwaz in Bregenz antreten müssen und mit 24:27 den Kürzeren gezogen. Ausgerechnet Patrik Juric, der mit seiner Glanzleistung in Schwaz die Tür zum Halbfinale erst aufgestoßen hatte, war mit einer muskulären Verhärtung angeschlagen. Aber auch diesmal sollten die meisten Angriffe über ihn laufen. Sechsmal traf der Schwazer Topscorer, zu oft fand er aber in Bregenz-Goalie Vladimir Božić seinen Meister.

„Bis zur 40. Minute haben wir mitgehalten, dann aber zu viele Fehler gemacht", sagte Routinier Drago Perovic, der kurz vor Spielende in ein Handgemenge verwickelt war. „Es war ein wichtiges Spiel", rechtfertigte sich der Routinier.

Insgesamt betrachtet konnten die drei Duelle zwischen Schwaz und Bregenz kaum ausgeglichener sein. Aber am Ende waren die Vorarlberger in ihren Angriffen gefährlicher, sie spielten einfach giftiger. Vor den Augen von Robert Weber, dem Vorarlberger Handball-Export in der deutschen Bundesliga (Magdeburg), zog der Rekordmeister ins Halbfinale ein. Für Schwaz indes ging es erstmal in den Urlaub – und in eine Umbruchphase. Für Spielertrainer Krešimir Maraković war es das letzte Spiel gewesen. „Unseren jungen Spielern gehört die Zukunft", sagte er. „Ich bin stolz, auch wenn wir verloren haben."

Die Vikings waren kein Stolperstein für die Raiders.

Der Schwazer Goalie konnte die Niederlage in Bregenz nicht verhindern.

30:17 – Raiders verteidigten die Heim-Festung Wattens

Nur ein Sieg aus drei Spielen? Das klingt nicht nach den Swarco Raiders Tirol. Zumindest nicht dann, wenn es um die Austrian Football League geht, sind die Innsbrucker doch seit Jahren die erste oder höchstens zweite Kraft in Österreich. Darum war es auch höchste Zeit, die heurige Bilanz aufzufetten – und was hätte da schöner sein können als der 30:17-Erfolg gegen den ewigen Rivalen, die Vienna Vikings, das Team, das die letzten drei Jahre im Finale vor den Raiders den AFL-Titel geholt hatte.

Die international orientierten Tiroler schafften damit die Revanche für die 21:26-Niederlage und kletterten mit zwei Siegen aus vier Partien auf den dritten Rang vor. Der Mann des Tages war einmal mehr Quarterback Sean Shelton. Der junge US-Amerikaner führte sein Team mit gekonnten Pässen in die Endzone und ließ die Wikinger-Abwehr alt aussehen. 18 seiner Pässe fanden für 233 Yards Abnehmer – für zwei Touchdowns, einen erlief er dazu selbst.

Partner von Blue Code

HYPO TIROL BANK
Unsere Landesbank.

BEZAHLEN
MIT BLUE CODE

- APP kostenlos downloaden
- im Hypo Onlinebanking freischalten
- mobil bezahlen

BLUE CODE

www.hypotirol.com

MAI

Mit einer Sondergenehmigung fuhr der Hypo-Meister-Express durch die Maria-Theresien-Straße – und zwar zu einer ganz speziellen Meisterfeier ...

Im Feierbus durch die Stadt

Den Titel hatten sie ja bereits im April geholt, auswärts, gefeiert wurde dann standesgemäß im Mai. Und zwar in Innsbruck. „Es ist ein großer Abend für uns alle", sagte Hypo-Manager Hannes Kronthaler und leitete mit diesen Worten die Meisterfeier des Tiroler Vorzeigeklubs im Austria Trend Hotel ein. Die abgelaufene Volleyball-Saison brachte nicht nur den achten österreichischen Meistertitel (ohne Niederlage), sondern auch den Pokal in der Mitteleuropäischen Liga (MEVZA). Kronthaler: „Wir sind sehr stolz auf euch." Als „Geschenk" gab's für das Hypo-Team eine Busfahrt von der Heimstätte (USI-Halle) durch die Maria-Theresien-Straße. Und zum Abschluss der Feierlichkeiten übergab dann auch noch Langzeit-Coach Stefan Chrtiansky das Trainer-Zepter offiziell an seinen bisherigen Co-Trainer und Ex-Kapitän Daniel Gavan. Der Slowake allerdings würde den Dunkelblauen als Sportdirektor erhalten bleiben und sollte mit seinen Verbindungen den Weg in die italienische Liga ebnen.

Wachablöse am Trainerstuhl: Daniel Gavan (links) folgt Stefan Chrtiansky.

Prestige-Siege nützten nichts

Im Normalfall kann der österreichische Sportfan ja nicht davon ausgehen, dass er im Eishockey zum Beispiel bei einer A-Gruppen-Weltmeisterschaft einen Erfolg über die Schweiz bejubeln darf. Bei den Titelkämpfen in Prag wurden gleich im Eröffnungsspiel der ÖEHV-Auswahl die Prognosen auf den Kopf gestellt. Anders formuliert: Österreich besiegte die Schweiz, 2013 Vizeweltmeister, mit 4:3 nach Penaltyschießen. Die Sensation war perfekt.

Dabei hatte man Schlimmes befürchten müssen, als es nach 74 Sekunden erstmals im Kasten von ÖEHV-Tormann Bernhard Starkbaum eingeschlagen hatte. Doch der frühe Nachmittag in der mit 13.953 Zusehern prächtig gefüllten O2-Arena in Prag sollte reichlich Wendungen und Überraschungen parat haben. Dreimal geriet die ÖEHV-Auswahl in Rückstand, dreimal konnte sie ausgleichen, um letztlich im Penaltyschießen sensationell mit 4:3 die Oberhand zu behalten. Tormann Starkbaum und Konstantin Komarek, der als einziger Schütze traf, hießen die österreichischen Helden in der finalen Entscheidung. „Das war beim Penalty genau mein Move, den ich schon in Salzburg ein paarmal probiert habe. Ich habe lange gewartet und bin geduldig geblieben, das war wichtig. Viel Platz war nicht mehr zwischen Stange und Schoner, aber es hat gereicht", frohlockte der Siegestorschütze. Und Michael Raffl, der einzige NHL-Legionär im WM-Aufgebot, sprach von einem überragenden Kollektiv. Und davon, „dass alles von harter Arbeit kommt und man sich irgendwie Glück auch erarbeiten kann". Eine Devise, die dann im zweiten Spiel nicht umgesetzt werden konnte. Gegen bärenstarke Schweden mussten sich die mit dem Tiroler Daniel Mitterdorfer aufmarschierten Österreicher nach starkem Beginn mit 6:1 geschlagen geben. Doch letztlich nützten all die guten Leistungen, zwei Siege gegen die Schweiz und Deutschland sowie fünf Punkte nichts – zum zweiten Mal hintereinander reiste Österreichs Eishockey-Nationalteam erhobenen Hauptes, aber mit einer Riesenenttäuschung im Gepäck von einer Weltmeisterschaft

Jubel nach Triumphen über die Erzrivalen Schweiz und Deutschland – und dennoch musste Österreichs Eishockeyteam absteigen ...

nach Hause. Wie schon 2013 hatten in Prag zwei Siege nicht für den Klassenerhalt gereicht. Für das jüngste rot-weiß-rote Team bei einer A-WM seit elf Jahren gab es dennoch viel Lob. „Unsere Mannschaft hätte sich den Verbleib in der A-Gruppe verdient, ohne Wenn und Aber. Es ist fast pervers, die Realität sieht leider anders aus", erklärte ÖEHV-Verbandspräsident Dieter Kalt: „Ich habe in den letzten Jahren noch nie eine so aufopfernd kämpfende Mannschaft wie unser Team gesehen.

Weltmeister Kanada demonstrierte in Prag eine andere Eishockey-Welt.

Lucas Auer musste DTM-Lehrgeld bezahlen …

Der Anfang war schwer

Mund abwischen und weitermachen. Das galt speziell für Lucas Auer nach seinem verpatzten Debüt im Deutschen Tourenwagen Masters in Hockenheim. Dabei war man nach seinem Ausfall versucht, die Was-wäre-wenn-Frage zu strapazieren. Nach einem missglückten Qualifying musste die Tiroler Motorsporthoffnung vom letzten Platz aus ins Rennen gehen. Der Kufsteiner ließ sich davon jedoch nicht beirren und kämpfte sich engagiert nach vorne. Eine Safety-Car-Phase machte Hoffnung auf mehr, ehe Martin Tomczyk (BMW) beim Anbremsen auf die Haarnadel-Kurve die Kontrolle verlor, Auers Teamkollege Gary Paffett abräumte und der 20-jährige Rookie dem BMW nicht mehr ausweichen konnte. Beide Mercedes mussten kurz darauf in die Garage abbiegen. Bitter, hatte sich der ehemalige Formel-3-Fahrer doch zwischenzeitlich bis auf Rang 14 vorgearbeitet. Der Unterländer nahm das Ganze nicht so tragisch, fasste unmittelbar nach dem Aus zusammen: „Es war ein bisschen schwierig. Meine Rennpace war jedoch gut und ich hatte bis zu meinem Ausfall viel Spaß. Ich habe mich Schritt für Schritt gesteigert. Schade, dass ich mein Debütrennen nicht beenden konnte."

Last-Minute-Niederlage

„Das ist eine schmerzhafte Niederlage für meine Jungs", sagte ein sichtlich geknickter Swarco-Raiders-Headcoach Shuan Fatah nach der 28:33-(28:20)-Heimpleite im Big6-Gruppenduell mit den Braunschweig Lions. Vor 3.800 Zuschauern hatten die Tiroler Footballer lange Zeit über das Geschehen diktiert, erst vier Minuten vor Spielende war dem deutschen Meister erstmals die Führung geglückt. Fatah: „Der Touchdown hätte nicht passieren dürfen." Im Gegenzug scheiterte Raiders-Runningback David Oku kurz vor der Endzone. Das fünfte Eurobowl-Finale war damit außer Reichweite gerückt – denn dass ausgerechnet diese Braunschweiger in Paris verlieren würden – mit so einem Football-Wunder rechneten nicht einmal Fantasten im Raiders-Lager.

Die Lions stoppten die Raiders vor dem Big6-Finale.

Fotos: Tim Upietz (o.), Markus Stieg (u.)

Endstation war schon in Buchen statt am Achensee ...

Fliesenleger mit Durchblick

Es war letztlich nicht nur die Gesetzeslage in Bayern (keine Zeitnehmung ohne Streckensperrung), sondern auch das Wetter hatte etwas dagegen, dass der Achensee-Radmarathon seinem Namen gerecht werden durfte und über 168 Kilometer rund um das Karwendel den Sieger bestimmen konnten. „Wegen dem Regen haben wir reagiert: In Buchen war das Rennen überhaupt fertig. Wir haben keine Einlauflisten", erklärte Marathon-Initiator Walter Egger im Start- und Zielbereich von Achenkirch.

Der Plan hätte vorgesehen, dass vor dem Grenzübertritt bei Kilometer 95,5 der Sieger bei der Bergfahrt gekürt wird. Das blieb gleich – nur mit der Änderung, dass die Teilnehmer das Rennen nicht mehr beenden mussten. „Ob der Sieger mit dem Auto weiterfährt oder ins Ziel kommt, ist dieses Mal egal. Wir wollten die ersten Damen und Herren im Ziel prämieren, aber das lassen wir aus. Und die Guten fahren sowieso immer weiter", schmunzelte Egger, der letztlich im Regen rund 280 Athleten auf die Strecke geschickt hatte und einen Großteil davon auch wieder am Achensee empfangen durfte. Dabei sei trotz Nässe alles glimpflich verlaufen.

Als schnellster Athlet bewältigte Christian Wildauer aus Schlitters die Strecke. „Ich bin froh, gewonnen zu haben. Ich fühle mich wohl, es ist nicht zu kalt", meinte der 45-Jährige, der lange 30 Sekunden Vorsprung auf die Konkurrenz hatte. Der Zillertaler gilt überdies als Experte für regennasse Rennen. Doch für den früheren Bundesliga-Fahrer des Union Raiffeisen Radteams Tirol war der Marathon eine Abwechslung zum Berufsalltag: Wildauer arbeitet als Fliesenleger und muss seine Radkilometer neben einer 40-Stunden-Arbeitswoche sammeln. Bei den Damen setzte sich die 25-jährige Medizinstudentin Annina Jenal aus Innsbruck durch, die nebenbei auch noch für ein einschlägiges Rennrad-Magazin schreibt.

Baseball mit Zukunft?

Die erfolgreiche Tiroler Baseball-Zeit ist nur noch ein Stück Vergangenheit. Mit Meistertiteln, Cup-Siegen oder Europacup-Erfolgen. Das alles spielte sich vor rund 15 Jahren ab. Heute sind nur noch die Kufstein Vikings in der zweiten österreichischen Baseballliga vertreten, die ihre Saison bei den Feldkirch Cardinals mit einem 7:8 (nach Verlängerung) und einem 2:12 fortsetzten. Eine Bestandsaufnahme, die mittelfristig wieder erfolgreicher werden könnte.

Kufstein Vikings, Schwaz Tigers oder Innsbruck Pioneers – das Interesse an der amerikanischen Volkssportart war Anfang 2000 groß wie nie in den Tiroler Bergen. Zusammen mit den Footballern der heutigen Swarco Raiders schien es fast so, als würde sich das Interesse nicht nur auf die traditionellen Sportarten wie Fußball, Eishockey oder Volleyball reduzieren. Doch irgendwann blieb die Entwicklung des US-Mannschaftssports stehen. Nicht plötzlich, sondern schleichend.

Und das Urgestein der Kufstein Vikings, Werner Harrasser, kennt die Ursachen dafür: „Die Footballer haben es geschafft, die Arbeit auf mehrere verschiedene Schultern zu verteilen. Bei uns ruhte alles auf den Schultern von vier Personen. Das war einfach zu wenig."

Von der goldenen Generation der Wikinger, die zwei Meistertitel (2002/04), einen Cup-Triumph (2003) oder den Europacup

(B-Klasse, 2002) gewinnen konnte, ist nicht viel geblieben. Die leidenschaftlichen Baseballer sind älter geworden, das Pendel schlug irgendwann mehr in Richtung Beruf oder privat.

Im Jahr 2015 stellen Harrasser und Co. noch das letzte verbliebene Aushängeschild dar. Die Tigers haben die Nachwuchsfrage verschlafen, sind nur noch in der Landesliga vertreten – die Pioniere aus der Landeshauptstadt stehen nur noch auf Hobby-Ebene am Schlagmal.

So trist die augenblickliche Lage auch wirken mag, ausgerechnet Harrasser gibt Grund zur Hoffnung. Denn sollte der Spatenstich für den neuen Baseball-Platz in Ebbs gelingen, erwartet sich der Kufsteiner einen möglichen neuen Aufschwung: „Weil wir in Sachen Nachwuchs das Fundament gelegt haben. Mit Nachwuchsmannschaften von der U 8 bis zur U 15", zeichnete Pitcher Harrasser ein optimistisches Zukunftsbild. Und davon soll mittelfristig das Aushängeschild, die Kampfmannschaft, profitieren. Als Vorbilder dienen erneut die Footballer der Raiders. Denn auch dorthin würden Menschenmassen pilgern, ohne genau das Regelwerk zu kennen. Laut Harrasser ginge es um den simplen Eventcharakter. Noch ist das alles Zukunftsmusik. Aktuell kämpfen die Vikings damit, den Verbleib in der zweiten Liga zu sichern. Dem wurde aktuell alles untergeordnet.

Kathrin – in Baku nicht zu stoppen …

Unterwurzacher jubelte über Grand-Slam-Coup

Fast auf den Tag genau ein Jahr nach dem bislang letzten Grand-Slam-Titel für Österreich durch Sabrina Filzmoser sicherte sich nunmehr die Tirolerin Kathrin Unterwurzacher (bis 63 Kilogramm) in Baku (AZE) den ersten Sieg ihrer Karriere

Als Harrasser noch Regie führte …

bei einem 500-Punkte-Turnier. Im Finale ging die Innsbruckerin gegen die Deutsche Martyna Trajdos dank eines Ippons für eine Beintechnik bereits nach eineinhalb Minuten als Siegerin von der Matte. Ihr bislang einziges Grand-Slam-Finale hatte die Heeressportlerin ebenfalls in Baku bestritten. Vor einem Jahr war sie dort noch Anne-Laure Bellard (FRA) unterlegen. „Umso schöner ist es, dass es diesmal geklappt hat. Ich freue mich riesig!", jubelt Unterwurzacher. Damit schob sich die 22-Jährige im Rennen um die Olympiaqualifikation für Rio punktemäßig an der Wienerin Hilde Drexler vorbei. Für Olympia 2016 darf ein Land nur eine Athletin pro Gewichtsklasse stellen. Für einen zweiten Podestplatz sorgte Bernadette Graf (bis 70 Kilogramm). Zwar verpasste die Tulferin im Halbfinale gegen die Britin Sally Conway wegen einer Passivitätsbestrafung den Finaleinzug, im Kampf um Bronze ließ sie aber nichts anbrennen: klarer Sieg gegen Linda Bolder (ISR). Nach einem ersten (Moskau 2013) sowie einem zweiten Platz (Abu Dhabi 2014) stand Graf damit erstmals als Dritte auf einem Grand-Slam-Stockerl.

Kalte Dusche für Tirol im Wasserball-Schlager

Schreiduelle am Beckenrand, versteinerte Mienen bei den Spielern und ein Schiedsrichtergespann, das sich am liebsten in der Kabine einschließen wollte. Beim Halbfinal-Rückspiel der Wasserball-Bundesliga zwischen WBC Tirol und ASV Graz kochten die Emotionen über. Der Grund: Serienmeister Innsbruck verlor mit 10:11, was zu Hause im Tivoli nur alle heiligen Zeiten vorkommt. „Das war wie ein Blitz aus heiterem Himmel", beschrieb Trainer Pavol Kováč den Moment, als Graz das Siegestor erzielte. Dem Treffer der Gäste zwölf Sekunden vor Schluss war ein strittiger Ausschluss eines Tirolers vorangegangen.

Im Duell mit den Steirern stand es nun 1:1, die Entscheidung um den Finaleinzug fiel in Graz. „Das war nicht geplant, eigentlich wollten wir den Sack zumachen", sagte Kováč, der im von Taktik geprägten Spiel die Chancenauswertung seines Teams bekrittelte. Zoltán Ádám war mit drei Treffern Tirols Topscorer. Der kubanische Neuzugang Yusnier Kindelan-Cuervo (zwei Tore) hatte noch Luft nach oben.

Sieberers Silber-Auftritt in Tirol

Sie sind immer noch so etwas wie Mangelware, die Herren in der österreichischen Aerobic-Szene. Und wer sich bei den österreichischen Meisterschaften in Brixlegg auf die Suche machte, der verlor sich mehr in einem Dschungel aus Damenbeinen. „Es gibt schon einige Herren in Österreich, die das machen. Aber von denen ist keiner da", erklärte Hubert Bruneder, Sportkoordinator des Verbandes und Schirmherr der Bewerbe. Was aber bei den Männern noch nicht einmal

Nicht einmal Yusnier Kindelan-Cuervo vermochte die Niederlage zu verhindern.

Michelle Sieberer trotzte ihrem verletzten Knöchel.

Tirols Export-Schlager für die deutsche Frauen-Bundesliga: Nicole Billa.

zur Randsportart aufgestiegen ist, schafft bei den Damen einen steten Aufschwung. Über 80 vor allem junge Frauen stellten sich den Titelkämpfen, darunter mit der Tirolerin Michelle Sieberer eine der erfolgreichsten der letzten Jahre. Die 20-jährige Sportstudentin aus Bad Häring trotzte dabei einer Knöchelverletzung und musste sich am Ende nur Weltmeisterin Lubi Gazov geschlagen geben. An Tirols Damen gingen am Ende insgesamt sechs Titel.

EM-Bronze für Osttiroler Lakata

Für den Osttiroler Europa- und Weltmeister Alban Lakata gab es endlich wieder einen Grund zum Feiern. Bei der Mountainbike-Marathon-EM im deutschen Singen holte der Lienzer den dritten Rang. Der 35-Jährige war vor allem im zweiten Teil des Rennens sehr stark und kam dank eines tollen Finish mit 2:05 Minuten Rückstand hinter Sieger Jaroslav Kulhavý aus Tschechien ins Ziel.

Das Siegertrio mit den Medaillen.

Tirolerin in deutscher Bundesliga

In der besten Fußballliga der Welt zu kicken, war immer schon der Traum von Nicole Billa gewesen. Seit Juli 2015 ist der Traum Realität geworden: Die 19-jährige Tirolerin wechselte in die deutsche Bundesliga zu Hoffenheim, sie unterschrieb einen Zweijahresvertrag. „Jetzt ist der perfekte Zeitpunkt", sagte die Angerbergerin. Die zehnfache ÖFB-Nationalspielerin kämpft nun in einer der besten Ligen der Welt um ihr Leiberl. „Ich will in Deutschland Fuß fassen, mich an das Tempo gewöhnen und Spaß haben", sagte sie. Wohl wissend, dass das Niveau um einiges höher ist als in Österreich. „Vor wie vielen Fans ich in Hoffenheim spielen werde, weiß ich nicht. Aber es werden mehr sein als in St. Pölten." Mit aktuell 22 Treffern ist die Stürmerin Führende der Torschützenliste, trug also das Ihrige zum ersten Meistertitel für Spratzern bei. Übrigens: Ihre ersten Sporen hatte sich Billa bei den Wacker-Damen verdient.

Ironman Steger nicht ganz zufrieden

Thomas Steger ist mit den Größen der Ironman-Szene auf Du und Du. Marino Vanhoenacker, sechsfacher Sieger in Klagenfurt, und Faris Al-Sultan, Hawaii-Sieger 2005, stehen an der Spitze. Der Tiroler folgte etwas darunter in der hochkarätigen Namensliste der Profi-Mannschaft Pewag Racing Team. Aber just im Halb-Ironman in Aix-en-Provence tauchte Steger schon als Neunter unter den Allerbesten auf. Ein Grund zum Jubeln? Mitnichten. „Nein, ich bin nicht zufrieden", befand der 23-Jährige selbstkritisch. Noch im Vorjahr hätte ihm ein solcher Platz Freude bereitet, jetzt weniger. „Ich wollte ganz vorne dabei sein", erklärte Steger.

Seit acht Monaten verzichtete der Jenbacher bereits bewusst auf Wettkämpfe, um seine Grundlagenform nach oben zu schrauben. Und just beim ersten Saison-Wettkampf in Frankreich sei er beim Schwimmen, seiner vermeintlich schwächsten Disziplin im Triathlon, gut drauf gewesen. Auf dem Rad habe Steger aber schnell gemerkt, dass an diesem Tag nicht viel gehen würde.

Über die Enttäuschung trösteten auch die zahlreichen Glückwünsche aus der Heimat nicht hinweg. Man könne nicht immer gewinnen, aber manchmal sei das eben enttäuschend. „Mehr als ein netter Ausflug war es leider nicht", sagte der österreichische U-23-Duathlonmeister, der sein Lehramtsstudium für den Sport auf Eis gelegt hatte. Allzu lange hielt sich die Niedergeschlagenheit aber dann doch nicht. Nicht zuletzt wegen der Ratschläge, die sich Steger immer wieder bei seinen Teamkollegen Vanhoenacker oder Al-Sultan holte. Steger solle sich Zeit geben, hätten die Asse ihm gesagt. Nur: Diese Tipps zu befolgen, fiel ihm schwer.

In den Top Ten – aber damit gab sich ein Steger nicht zufrieden.

Silber und Bronze bei der Heim-EM

13 Athleten waren mit dem Traum von einer Medaille in die Boulder-Europameisterschaft in Innsbruck am Marktplatz gestartet. Doch wer mehr wollte, der musste schnell erkennen, dass es an diesem frühlingshaften Tag nichts zu gewinnen gab. Zumindest wenn man einer der elf Kletterer war, die mit Staunen die Leistung der Sieger verfolgen mussten.

Jan Hojer und Juliane Wurm sorgten – wie schon beim Boulder-Weltcup 2013 – für einen deutschen Doppelsieg. Und das in beeindruckender Manier: Wurm war vor ihrem vierten und letzten Versuch so gut geklettert, dass sie bereits als Sie-

Fantastische Stimmung bei der Boulder-EM am Marktplatz, doch Jakob Schubert musste sich mit dem undankbaren vierten Platz trösten.

Für Anna glänzte bei der Heim-EM Silber wie Gold.

gerin feststand. Und das vor den Augen von über 5.000 Zuschauern, die sich abseits des überfüllten Marktplatzes bis auf die Straße hinaus drängten.

Am Ende war dann auch der Fall eingetreten, der in Innsbruck selten gilt: Beide Gewinner standen bereits vor dem letzten Versuch fest – und Österreichs Elite-Kletterer blieben bei ihrem Heimauftritt ohne Erfolg. Titelverteidigerin Anna Stöhr war fast so stark wie Wurm gestartet – doch an der letzten, zermürbenden Herausforderung war der EM-Traum der 27-jährigen Innsbruckerin verpufft.

Eine gewonnene Silbermedaille stand aber über der verpassten Goldenen. Stöhr: „Ich bin sehr zufrieden." Und stieg man dann ein Treppchen hinab auf dem Podest, dann galt dieser Grundsatz auch für Katharina Saurwein. Die Innsbruckerin krallte sich Bronze und sorgte für das zweite Tiroler Edelmetall. „Ein Traum, ich bin überglücklich", so Saurwein zum Karrierehöhepunkt.

Weniger Jubel blieb dem männlichen Helden des Abends: Lokalmatador Jakob Schubert. Der 24-jährige Tiroler hatte nach zwei Bouldern um den Sieg mitgekämpft, doch nach einer verpatzten dritten Station blieb dem Ausnahmekönner am Ende nur Rang vier.

Auch Lkw-Panne stoppte den 31. Stadtlauf nicht

2.877 Bewegungshungrige aus nicht minder imposanten 40 Nationen waren in die Innsbrucker Innenstadt gekommen, um sich mehr oder weniger ambitioniert die Beine zu vertreten. Keinem gelang dies rasanter als Thomas Roach. Der gebürtige Brite, Assistenzprofessor an der Innsbrucker Botanik und auf funktionelle Pflanzenbiologie spezialisiert, blühte im Asphalt-Dschungel regelrecht auf und wiederholte seinen Vorjahreserfolg beim 31. Innsbrucker Stadtlauf mehr als eindrucksvoll. In 30:44 Minuten verwies Roach den Bozner Khalid Jbari und Dietmar Rudigier aus Itter mit Respektabstand auf die Ehrenplätze. Weit spannender die Entscheidung bei den Damen: Kathrin Hanspeter (Lauffreunde Sarntal) sprintete nach 35:47 Minuten und damit drei Sekunden vor Susanne Mair aus Lienz über die Ziellinie und verteidigte damit ihren Sieg vom vergangenen Jahr ebenfalls erfolgreich.

Doch es waren nicht ausschließlich die Ersten, die sich als Sieger feiern lassen durften. 2.877 Teilnehmer, 2.877 Episoden, 2.877 Beweggründe zur Bewegung. Einige waren plakativ auf T-Shirts zu lesen. Die einen liefen „luftig und lässig", andere „gegen den Schweinehund" und wohl alle „für das Gefühl danach". Der jüngste Teilnehmer war gerade einmal sechs Monate alt und auf Papas Anschubkräfte angewiesen, der älteste hatte 80 Lenze auf seinem Buckel. Der neue Organisator Dieter Hofmann und sein Team durften jedenfalls zufrieden bilanzieren. Und Michael Wanivenhaus, der in den ver-

Eine Stadt in Bewegung: Fast 3.000 Läufer stürmten den Stadtlauf und die Innenstadt.

Fotos: GEPA (o.), Mario Webhofer (u.)

Am Ende weinte Hinterseer

Er lief und lief und lief. Lukas Hinterseer, der VW Käfer im Team des FC Ingolstadt, ließ sich im Heimspiel gegen Leipzig auch von Krämpfen nicht stoppen. Und als die Partie nach turbulentem Verlauf – 2:1-Sieg der Oberbayern nach 1:0-Rückstand – gewonnen war, als sich Ingolstadt zum 54. Aufsteiger in der Geschichte der Deutschen Bundesliga emporgeschwungen hatte, da brachen die Dämme. Zuerst bei den 15.000 Schanzer-Fans, die das Spielfeld stürmten und das Freibier auskosteten. Auch der steirische Trainer Ralph Hasenhüttl, der das Team 2013 auf einem Abstiegsplatz liegend übernommen hatte, war außer sich. Nur der Tiroler Stürmer Lukas Hinterseer ließ sich mit Gefühlsausbrüchen Zeit. Sein Ex-Trainer Roland Kirchler, den der Tiroler eingeladen hatte, beschrieb die Momente nach dem Abpfiff: „Lukas suchte seine Familie, das war ihm das Wichtigste." Seinem Opa Ernst, Slalom-Olympiasieger 1960 in Squaw Valley, überreichte er sein Trikot mit der Nummer 16. „Unglaublich, was uns da gelungen ist", freute sich der 24-Jährige. Und selbst bei diesen Worten wirkte er gefasst. Papa Guido und Mama Kerstin schloss er in die Arme, nur Freundin Victoria fand er zunächst nicht. Als die beiden endlich aufeinandertrafen, flossen schließlich Tränen.

Im Ziel wurde jeder wie ein Sieger gefeiert.

gangenen zwei Jahrzehnten dem welken Pflänzchen Stadtlauf zu neuer Blüte verholfen hatte, machte das, wofür er bislang selten Zeit fand: Er schnürte seine Laufschuhe – und genoss jeden Schritt.

Ein Hinterseer sorgte für Fußball-Schlagzeilen in der Deutschen Bundesliga.

Guido Hinterseer fiel im Moment des größten Erfolgs der beschwerliche Weg seines Sohnes nach oben ein: „Vor zwei Jahren spielte Lukas noch bei der Vienna, jetzt steht er in der Bundesliga." Also bei jener Vienna, der die Lizenz für die österreichische Bundesliga zuletzt verweigert worden war. Und jetzt ist Neo-Bundesligist Ingolstadt sein Arbeitgeber, der dank Hauptsponsor Audi auf durchaus soliden Beinen steht. Damals belief sich der Transferwert des Mittelstürmers auf 150.000 Euro, mittlerweile taxiert ihn die Plattform transfermarkt.de auf eine Million Euro.

Was nicht mehr viele wissen: Schon im September 2011, zwei Jahre vor dem Abenteuer Vienna, musste sich eben dieser Lukas Hinterseer einer Herzoperation unterziehen. Der Kitzbüheler hatte zuvor regelmäßig mit Rhythmusstörungen zu kämpfen gehabt. „Der Weg über einen Klub der zweiten deutschen Liga war der richtige", befand Lukas Hinterseer. Trainer Hasenhüttl setzte jedenfalls auf ihn: In 32 der 33 Saisonspiele war der Tiroler auf dem Platz, zusammen mit Stefan Lex war er der erfolgreichste Torschütze seines Teams (je neun Treffer). Historisch erscheint der Erfolg auch aus Tiroler Sicht: Seit dem Gastspiel des Inzingers Clemens Walch in Kaiserslautern, genau genommen seit dem 26. November 2011 (gegen Nürnberg), war kein Tiroler mehr in Deutschlands höchster Spielklasse im Einsatz. Doch wie sieht die Zukunft Lukas Hinterseers aus? „Er hat das Potenzial, sich auch weiter oben durchzusetzen", glaubte einer der Wegbereiter, Roland Kirchler.

Kováč: „So eine Niederlage kann ich nicht verdauen"

Pavol Kováč hatte mit seinen 64 Jahren schon viel erlebt, aber so etwas noch nicht. „Ich dachte, ich bin im falschen Film", wetterte der Langzeit-Coach des Wasserball Club Tirol, als er das Entscheidungsspiel im Bundesliga-Halbfinale gegen WBV-Graz Revue passieren ließ. Mit 10:11 (3:4, 2:2, 3:0, 2:5) musste sich der Serienmeister aus Tirol in der Steiermark geschlagen geben und stand damit erstmals seit neun Jahren nicht mehr im Finale. Das Ergebnis war wie ein Schlag in die Magengrube für Trainer Kováč. „So eine Niederlage kann ich nicht verdauen. Das braucht Zeit." Besonders Graz-Goalie Filip Popic brachte die Tiroler zur Verzweiflung, weil er unglaubliche fünf von sechs Penaltys parierte. Der These, dass die Tiroler Dominanz im Wasserball vorbei sein könnte, widersprach der gebürtige Slowake Kováč vehement. „Nein, auf keinen Fall!", sagte er und stimmte eine Brandrede an: „Wir müssen diese Niederlage abhaken, neue Kraft schöpfen und unser Gehirn reinigen. Wir gehören nicht auf Platz drei in der Bundesliga. Wir gehören ins Finale!"

Bier, Whiskey oder doch die Berge?

Irland dürfte ein gutes Pflaster für das Tirol Cycling Team sein: 2014 hatte Clemens Fankhauser die irische Rundfahrt „An Post Rás" gewonnen, heuer fuhr Kapitän Lukas Pöstlberger den Gesamtsieg ein. „Das ist ein ganz wichtiger Sieg für mich und das Team", strahlte der 23-Jährige. Einen Tag vor der Schlussetappe war der Oberösterreicher nach einem Sturz noch am Boden gelegen und die Erinnerungen an die Karpaten-Rundfahrt waren hochgekommen. Alexander Wachter

Als Pavol Kováč fast die Nerven verlor …

Tirols Radler fühlten sich in Irland besonders wohl.

Mit dem Goldenen Dachl fast auf Augenhöhe …

war damals mit dem Sieg vor Augen gestürzt und hatte sich einen Schlüsselbeinbruch zugezogen. Pöstlbergers vermeintlicher Schlüsselbeinbruch entpuppte sich hingegen als Prellung und der Vöcklabrucker brachte eine Minute Vorsprung ins Ziel. Team-Manager Thomas Pupp stieß tags darauf noch mit einem Cappuccino an. „Der Sieg in Irland gibt Selbstvertrauen. Das Team ist auch solchen Situationen gewachsen", sagte der Tiroler und sprach von einer ansteigenden Form. „Es war eine tolle Leistung – inklusive aller Betreuer. ‚Ride with passion' eben. Getreu unserem Slogan", lobte Pupp die Männer um Sebastian Schönberger.

Warum ausgerechnet in Irland erneut ein Sieg gelang? „Es liegt an Whiskey, Bier und an der Rockband U2", scherzte Pupp, um dann das seinem Team entgegenkommende Streckenprofil „ohne ganz große Berge" als einen Grund zu nennen. Man sei jetzt für mehr gerüstet, ergänzte der Manager.

Auf der Suche nach der Form

Ein wahres Feuerwerk an Spitzen-Leichtathletik konnte in Innsbruck im Rahmen der elften Internationalen Golden Roof Challenge bestaunt werden – dem Kick-off der Golden Fly Series! Das beste Starterfeld seit Bestehen dieser mittlerweile wohl renommiertesten In-City-Veranstaltung der Welt hielt alle Versprechen! Die spätere Siegerin, Ex-Weltmeisterin Fabiana Murer aus Brasilien, hatte ihre grüngelbe Trainingsjacke noch gar nicht ausgezogen, da war für Kira Grünberg der Abend schon gelaufen. Enttäuscht lehnte Österreichs beste Stabhochspringerin in der prächtig gefüllten Innsbrucker Altstadt an einer Stuhllehne und haderte mit ihrer Golden-Roof-Premiere. Hatte sie ihre Anfangshöhe von vier Metern im zweiten Versuch noch gemeistert, war bei 4,20 Metern Schluss. „Ich weiß auch nicht", zuckte die 21-jährige Kematerin mit den Achseln und ihre Augen füllten sich mit Tränen. „Es läuft noch nicht." Auf die Frage, wo es denn hapere, fand sie keine rechte Antwort: „Wenn ich das wüsste. Die Zahnrädchen greifen noch nicht so recht ineinander." Besser lief es für ihren ATSVI-Klubkollegen Lukas Wirth. Der 19-Jährige verbesserte seine Bestmarke um fünf Zentimeter auf 5,20 Meter. Mit dem Sieg hatte er freilich nichts zu tun. Der ging an den Portugiesen Edi Maia. Die weiteren Sieger: Radek Juška aus Tschechien und Alina Rotaru aus Rumänien jeweils im Weitsprung).

Kiras Pech bei ihrer Golden-Roof-Premiere.

Fotos: GEPA

Zwei Spiele, zwei Siege für die Raiders.

Siege für die Raiders

Den wichtigen Pflichtteil des Football-Großkampftages erfüllten die Kicker der Swarco Raiders mit Bravour. Bei den Graz Giants hatten sich die Innsbrucker auswärts mit 50:34 durchgesetzt und damit den zweiten Rang in der Austrian Football League gefestigt. Und in der selbst gegründeten Battle4Tirol-Liga siegten die Raiders zu Hause gegen Basel klar mit 47:7. Zwei Siege mit zwei unterschiedlichen Teams innerhalb weniger Stunden. Gegen Graz hatten sich die Raiders so präsentiert, wie es zu erwarten gewesen war. Und steuerten nun nach anfänglichen AFL-Problemen (zwei Niederlagen aus drei Spielen) und dem Europacup-Aus auch in Österreich mit drei Siegen in Folge wieder auf Kurs. In der Steiermark hatte das Spiel schnell Fahrt aufgenommen – und zwar zugunsten der Tiroler. Eine rasche Führung wurde zur Pause zu einem 23:21, ehe die Raiders dank Quarterback Kyle Callahan in Hälfte zwei davonzogen und das Spiel für sich entschieden.

In der Battle4Tirol waren die Schweizer Gäste für das Tiroler B-Team kein echter Gradmesser, das 47:7 war auch in dieser Deutlichkeit vollauf verdient.

Wackers Rettung – eine Krimi-Serie mit Happyend

Großmeister Alfred Hitchcock hätte das Drehbuch für die Frühjahrsmeisterschaft in der Sky Go Erste Liga wahrscheinlich nicht spannender schreiben können, Täter und Verdächtige und Opfer wechselten in diesem Wochenende für Wochenende stattfindenden Serien-Drama in bunter Reihenfolge ab, am Ende erwischte es Hartberg und Horn, der FAC und Innsbruck entkamen dem Abstieg in letzter Sekunde. Wobei vor allem die Fans in Tirol nach dem Schlusspfiff gegen Horn mehrmals tief durchatmeten, war doch im allerletzten Saisonspiel der befürchtete Kollateralschaden eines Durchmarschs in die Westliga verhindert worden – mit dem letztlich hoch verdienten 3:0-Heimsieg gegen Horn vor fast 14.000 Fans im Tivoli Stadion.

Es war so etwas wie der berühmte Tag X im Tivoli – es gab nur eine Devise: siegen oder fliegen. Die Innsbrucker stellten sich der auch mental großen Herausforderung in einem fast vollen Tivoli, von Angst keine Spur. „Wir werden uns nicht in die Hose machen", hatte Coach Klaus Schmidt ja versprochen. Der im November 2014 engagierte Steirer glühte an der Outlinie über Monate wie ein heißes Stromkabel. Und nach der frühen Führung – nach Gründler-Flanke traf Kapitän Alex Hauser volley mit rechts (1:0/3.) – schlug das Pendel gleich in die richtige Richtung aus. Ein Traumstart ins große Nervenspiel. Und von der Parallelpartie – St. Pölten führte gegen Hartberg rasch 2:0 – kamen auch gute Nachrichten.

Wacker zog sich in der Folge aber zu weit zurück, ergatterte wie so oft in dieser Saison zu wenig zweite Bälle und rückte zu wenig nach. Erst nach 30 Minuten nahmen auch die Haus-

Erst ein Punkt bei Liefering …

… und am Ende brachen im Tivoli nach dem Sieg gegen Horn alle Dämme, Fußball-Tirol feierte den Klassenerhalt des FC Wacker …

herren wieder Fahrt nach vorne auf. Routinier Jürgen Säumel bediente Florian Jamnig, den Aufsteiger des Jahres im Kader, ideal und der Ex-Wattener netzte trocken zum 2:0 (37.) ein. Zum Pausentee war alles vorzeitig geregelt.

Den vom Ex-Tirol-Torjäger „Gischi" Westerthaler betreuten Niederösterreichern ging im Finish die Luft aus, was Wacker nützte, um noch einen draufzusetzen. Nach einem abgefälschten Schuss des eingewechselten Armin Hamzic drückte Alex Gründler das Leder zum 3:0 (83.) über die Linie. Coach Klaus Schmidt sank an der Outline erleichtert in die Knie. Die Welle ging durchs Stadion, das Internet brach rund um Innsbruck völlig zusammen. Die Euphorie kannte keine Grenzen mehr. Natürlich stürmten die Fans aufs Feld, um die Helden des Abends zu feiern.

Die Spiele in den Maitagen – im Zeitraffer betrachtet – vermittelten ein Wellental der Gefühle. Ein überraschendes 1:1 bei der starken Bullen-Reserve, dem Liefering SV, ließ früh ein Pflänzchen der Hoffnung keimen. Nicht zuletzt auch, weil es im vierten Saisonduell mit Liefering der erste Punktgewinn war. Ein Punkt, der in der Endabrechnung noch Gold wert sein konnte.

Doch wer gedacht hatte, dass das 1:1 genügend Selbstvertrauen vermittelt hätte, um den FAC in die Schranken zu weisen, wurde enttäuscht. Der FC Wacker spielte mit dem Aufsteiger aus Wien zwar über weite Strecken wie der Vater mit dem Sohne. Was fehlte, war der entscheidende Treffer. Und nach dieser weiteren Nullnummer blieb die (vorzeitige) Rettung aus.

Diese erhoffte sich das schwarzgrüne Lager dann vom direkten Duell in Hartberg. Ein Sieg in der Steiermark hätte alles klar gemacht und lange, lange Zeit sahen die Innsbrucker auch tatsächlich wie die großen Gewinner dieser Runde aus. Genau bis zur 88. Minute führten Säumel und Co. mit 2:0, ehe die fünf Minuten des Schreckens von Hartberg anbrachen – mit zwei Kopfballtreffern (88., 93.) schafften die Steirer noch den Ausgleich.

Und jetzt kam, was alle befürchtet hatten – die Angst lähmte Wackers Beine, nicht einmal gegen St. Pölten fiel im Tivoli ein Tor. Und plötzlich trennten nur noch zwei Punkte die Innsbrucker von Platz neun und dem Abstieg. Fatal.

Dass ausgerechnet die Ladehemmung in Linz beim LASK behoben werden könnte, daran vermochte eigentlich niemand mehr zu glauben. Tatsächlich gelang den Tirolern zwar ein Treffer, aber Freude kam deswegen keine mehr auf, denn am Ende der 90 Minuten stand ein 3:1 für die Linzer auf der Anzeigetafel. Und damit war das Horrorszenario Wirklichkeit geworden – die Entscheidung im Abstiegskampf hatte sich auf das direkte Duell zwischen Wacker und Horn am letzten Spieltag reduziert.

Der Ausgang dieses Kapitels ist bekannt, vor 14.000 begeisterten Fans traf Wacker endlich ins Schwarze, der Klassenerhalt wurde im letzten Augenblick gerettet.

Raiffeisen Meine Bank

TXXXR!

**Sport braucht starke Partner.
Schwarz auf Gelb online nachzulesen:**

raiffeisen.foerdert.tirol

INNJ

Fast 2.000 Kickboxer belebten die ehrwürdige Olympiahalle.

Olympia-Quali – volle Halle

Die altehrwürdige Olympiahalle – einst Schauplatz großer Eishockeyschlachten, jetzt gastiert hier die Volleyball-Champions-League, gibt sich das Handball-Nationalteam ab und zu die Ehre oder die Kickboxer mit einem Teilnehmerrekord. Zuletzt waren es die Taekwondoka. Wie auch immer – die Austrian Open der Kampfsportler in Innsbruck sorgten heuer gleich für zwei Teilnehmer-Bestmarken. Dank der aktuellen Punktejagd für die Olympischen Spiele im nächsten Jahr in Rio kamen diesmal fast 2.000 Athleten zu den Taekwondo-Kämpfen. Im Vorjahr waren es rund 1.700 gewesen. „Damit sind wir eines der größten Turniere der Welt, wenn nicht sogar das größte!", freute sich Bundestrainer und Tirols Ex-Vize-Europameister Manuel Mark. Verhaltener war der 29-jährige Kirchdorfer jedoch, was die Bilanz seiner Schützlinge bei den Heimkämpfen anging. Die Olympia-Aspiranten rund um die beiden jungen Tiroler WM-Teilnehmer Enes Acikel und Eduard Frankford blieben hinter den Erwartungen. Der 19-jährige Acikel, vergangenes Jahr noch Dritter, kam in seiner Klasse unter 90 Teilnehmern auf den neunten Rang. Dennoch hielt Mark im Hinblick auf die Olympia-Quali die größten Stücke auf den WM-Premierenkämpfer: „Es fehlt nicht viel, er hat schon öfters gezeigt, was er kann. Jetzt muss er das nur noch bei den Top-Turnieren umsetzen." Außenseiterchancen hatte der erst 17-jährige Frankford. Für den Innsbrucker EM-Bronze-Gewinner Christoph Decker, der zuletzt nicht an der WM teilnehmen durfte, gingen die Austrian Open mit Rang fünf zu Ende.

Spannende Kämpfe ohne Tiroler Top-Platzierungen.

Von der Pazifikküste auf zu neuen Ufern

Ausgerechnet in der Einsamkeit Russlands, fern vom Alltagstrubel in der Heimat, wurde Nicole Hosp während ihres April-Urlaubes klar, dass Vail ihre letzte Weltmeisterschaft, Méribel ihr letztes Weltcup-Finale gewesen waren. Die Bichlbacherin trat zurück.
Nach über 14 Jahren im Ski-Weltcup und vielen Erfolgen hatte die 31-Jährige beim Heliskiing in Russland gemerkt, „dass Ski-

Fotos: Andreas Rottensteiner

Nach 14 Jahren fehlte Niki die große Motivation.

Anna gelang in Toronto die Revanche für Innsbruck.

fahren auch ohne Stangen wunderschön sein kann", lächelte Hosp, „dass es ein Leben nach dem Skisport gibt".
Anderthalb Monate später saß die frühere Gesamtweltcup-Siegerin im Gipfelrestaurant der Zugspitze. Ihre Stimme versagte, Tränen kullerten über die Wangen. Belagert von Journalisten, Wegbegleitern und Familie war von der Einsamkeit nichts mehr übrig. Dafür aber umso mehr von der Entscheidung.

„Ich beende meine Karriere so gesund und erfolgreich, wie ich sie begonnen habe", sagte Hosp und kämpfte mit der Trauer, die wie ein Kloß im Hals steckte. Sonst bekannt für ihre Nervenstärke, zerbrach bei Niki die gute Abschiedsvorbereitung und die aufgesetzte Lockerheit. Der Abschied fiel schwer. Aber er war in Stein gemeißelt: Hosp beendete ihre Profi-Laufbahn mit drei Weltmeistertiteln (zwei im Team) binnen zwölf Jahren, einer großen Kugel und zwölf Weltcup-Siegen. Der Grund für das Ende: die fehlende Motivation.

„Ich habe gemerkt, dass das Feuer nicht mehr da ist", ergänzte Hosp. „Den Druck und die Vorbereitung werde ich nicht vermissen. Dafür aber das Gefühl, das man beim Rennfahren hat. Wenn ich fahre und jeder Schwung passt."

Noch ist Hochzeit und alles andere aber Zukunftsmusik, wenngleich Niki und ihr Langzeitfreund Roland Schönegger offen über Nachwuchs nachdenken. Dem Skisport will Hosp erhalten bleiben. In welcher Funktion, ließ sie offen. Einen Trainerjob schloss sie erst einmal aus. „Ich will künftig nicht mehr so viel herumreisen", versicherte Hosp später bei Weißwurst und Breze. Ihre Tränen waren da bereits getrocknet.

Im Finale lief Stöhr einmal mehr zur Höchstform auf

Dritte in der Qualifikationsgruppe, Fünfte im Halbfinale, aber als es um die sprichwörtliche Wurst ging, da schwang sich Anna Stöhr wieder einmal in goldene Höhen auf. Nach EM-Silber in Innsbruck startete Tirols Boulder-Königin gleichsam standesgemäß in den Weltcup in Toronto, also siegreich. Mit drei Final-Tops in sechs Versuchen verwies die 27-Jährige ihre Dauerkonkurrentin Akiyo Noguchi aus Japan (drei Tops in sieben Versuchen) und die amtierende Welt- und Europameisterin Juliane Wurm aus Deutschland (zwei Tops in zwei Versuchen) auf die Ehrenränge. Starke Fünfte wurde Katharina Saurwein.

Fast konträr verlief der Wettkampf für Jakob Schubert. Der Innsbrucker war in der Qualifikation noch entfesselt geklettert, ehe im Halbfinale überraschend wie vorzeitig das Aus kam – Rang 13. Sein 21-jähriger Teamkollege Alfons Dornauer jubelte indes über seinen ersten Halbfinaleinzug und sammelte als 18. Weltcuppunkte.

Elfer-Krimi ging an die Reichenau

„Ich habe starke Nerven. Aber irgendwann ist es zu viel geworden." Reichenau-Trainer Flo Schwarz war nach dem 8:7-Kerschdorfer-Tirol-Cup-Finalsieg gegen den SVI fix und fertig. Beim Elfmeterschießen hatte sich der Ex-Profi sogar kurzerhand mit einer Zigarette neben die Trainerbank verabschiedet. Zum zweiten Mal nach 2002 krönten sich die Innsbrucker damit zum Tiroler Cupsieger. Es hatte ja schon gut begonnen: Dass die Reichenau auch in der Meisterschaft immer wieder den Erfolg mit langen Einwürfen suchte, hatte SVI-Trainer Hans Glabonjat seiner Truppe eigentlich mit auf den Weg gegeben. Trotzdem war es schon nach zwei Minuten passiert: Christian Bernardins Einwurf landete bei Alex Mader und der Riese musste nur noch Danke sagen. Ein denkbar schlechter Start für den SVI, der erstmals in der 110-jährigen Vereinsgeschichte im Tiroler Cupfinale stand. Der frühe Reichenauer Führungstreffer tat dem Spiel aber gut. Es ging hin und her, nach 13 Minuten schaffte der SVI den Ausgleich: Einen feinen Stanglpass von Michael Simic bugsierte Daniel

Die Reichenau krallte sich im Stadtderby den Kerschdofer-Cup.

Heissenberger mit seinem 32. Cuptreffer im 34. Spiel ins Netz. Ab diesem Zeitpunkt übernahmen auch die SVI-Fans, die mit zwei Bussen angereist waren, das Kommando auf der Tribüne. Am Spielfeld behielt es trotzdem die Reichenau, dennoch ging es mit einem 1:1 in die Pause. Nach Einkemmer-Vorarbeit traf der 20-jährige Djuric zur 2:1-Führung (57.). Doch die Antwort des SVI war eine beeindruckende: Mit einem direkt verwandelten Freistoß schaffte Heissenberger erneut den Ausgleich (65.). Danach passierte trotz SVI-Überlegenheit nicht mehr viel. Das Elfmeterschießen musste entscheiden. Mit dem besseren Ende für die Reichenau. Den 14. Elfmeter verwandelte Johannes Bichler zum 8:7-Sieg. Und Trainer Flo Schwarz durfte durchatmen.

Trotz Hautabschürfungen landete Steger am Podest

Abschürfungen auf der Schulter und am Becken. Aber ein wahrer Triathlet kennt keinen Schmerz! Trotz eines kapitalen Trainingssturzes mit dem Rad wenige Tage zuvor nahm Vorjahressieger Thomas Steger die Jubiläumsauflage des Grenzland-Triathlons in Kirchbichl in Angriff und ließ über die olympische Distanz kaum Schwächen erkennen. Der 23-jährige Jenbacher kam als Fünfter aus dem Wasser und zündete auf dem Rad den Turbo – er fuhr, als wäre er von diesem drei Tagen vorher nie hinuntergefallen. Der Lohn: Er ging als Erster auf die Laufstrecke, verfolgt von Franz Höfer und dem österreichischen Staatsmeister von 2014, Nikolaus Wihlidal. Bei brütender Hitze ging es zehn Kilometer um Kirchbichl

Grenzland-Triathlon: der Kampf im Wasser um die beste Ausgangsposition.

Fotos: Hans Osterauer (o.), Roland Mühlanger (u.)

Thomas Stegers Kampf wurde mit Silber belohnt.

Fankhauser als Erster auf der Hungerburg.

herum. Und auf den letzten Kilometern musste Steger dann doch noch Wihlidal ziehen lassen. Platz zwei war für den Tiroler dennoch ein willkommenes Pflaster, um seine immer noch schmerzenden Wunden zu versorgen. „Sensationell", lobte Tirols Triathlon-Präsident Julius Skamen. Steger hatte von den 430 Startern die aufregendste Geschichte zu bieten – und insgeheim wussten die Triathlon-Fans: Nach dem Trainingssturz hätte er eigentlich gar nicht starten dürfen. „Auf dem Rad hatte ich keine Probleme, aber beim Laufen waren die Schmerzen beträchtlich", sagte Steger. Tiroler Meister wurde Steger jedoch nicht – weil er für einen Kärntner Profiverein startete. Den Titel schnappte sich Albuin Schwarz vom Tri Team Telfs, der auf Rang fünf ins Ziel gekommen war.

Fankhauser dominierte auf der Hungerburg

Nur 3,5 Kilometer lang, dafür knackig steil: So lautet die Beschreibung des Hungerburg-Classics. Dem Radrennen mit Start in Hötting und Ziel auf der Hungerburg drückte diesmal der Zillertaler Clemens Fankhauser den Stempel auf: „Bei der 200-Meter-Marke habe ich den Sprint angezogen und klar gewonnen." Mit seiner Siegerzeit von 8:38:63 Minuten blieb er jedoch deutlich hinter der Rekordmarke des Zillertalers Harald Totschnig (7:59 Minuten) zurück. Sieger bei den Junioren wurde Mario Stock.

Happyend für die Damen des IEV

Mit einem deutlichen 7:0-Sieg gegen Linz schafften Iris Khanna und ihre Kolleginnen den Klassenerhalt in der ersten Tennis-Bundesliga. Auch eine Kategorie tiefer in der zweiten Bundesliga war die Filzkugel den Tirolern gnädig: Wörgl durfte trotz der 1:6-Niederlage in Graz die Klasse halten, auch dank ausgezeichneter Leistungen von Natasa Vukovic.

Mit Iris Khanna zum Klassenerhalt.

20 Piloten im Zillertal auf Goldflug

„Über den Wolken muss die Freiheit wohl grenzenlos sein" ist noch heute ein Ohrwurm und die Teilnehmer an den österreichischen Meisterschaften der Paragleiter in Mayrhofen können im wahrsten Sinne des Wortes ein Lied davon singen. Die Meistertitel im insgesamt 120 Athleten umfassenden Starterfeld gingen an die Favoriten. Nach 2007, 2010 und 2012 flog der Salzburger Alexander Schalber im Zillertal zur Goldmedaille und verwies Helmut Eichholzer sowie den Osttiroler Thomas Weingartner auf die Plätze zwei und drei. Schalber gewann auch die internationale Wertung. Bei den Damen gewann die Deutsche Ewa Korneluk-Guzy, bei den Newcomern der Tiroler Raphael Würtl.

Dem Kampf fehlte das Happyend

Die meisten der fast 5.000 Zuschauer hatten beim Handball-EM-Qualifikationsspiel zwischen Österreich und Spanien in der Innsbrucker Olympiahalle noch gar nicht richtig Platz genommen, da überschlugen sich am Parkett schon die Ereignisse. Zunächst vergab ÖHB-Routinier Robert Weber noch vom Siebenmeterpunkt, ehe der Torschützenkönig der deutschen Liga wenige Momente später gleich doppelt traf. Mitten in diese Anfangseuphorie musste Alexander Hermann humpelnd vom Feld. Ein Wellental der Emotionen für den rot-weiß-roten Anhang – die Uhr hatte zu dem Zeitpunkt noch keine vier Minuten angezeigt.

Auch der spanische Favorit wirkte von den Ereignissen und der harten Deckung der Österreicher zunächst überrascht. ÖHB-Teamchef Patrekur Johannesson hingegen zollte der Aggressivität seiner ersatzgeschwächten Mannen mit Applaus Respekt. Das war genau das richtige Mittel, um dem Weltmeister die Schneid abzukaufen und die Ausfälle von Kapitän Szilagyi, Torhüter Marinovic oder Max Hermann zu kompensieren.

Und trotzdem brauchten die Spanier nicht allzu lange, um sich vom Anfangsdruck der Gastgeber zu befreien und selbst für Akzente zu sorgen. Es entwickelte sich ein abwechslungsreiches Hin und Her. Das Tiroler Publikum dankte es den Akteuren mit Dauerapplaus und ohrenbetäubendem Lärm – eine elektrisierende Stimmung, die nicht nur einmal an die Heim-EM von 2010 erinnerte.

Erst nach einer Viertelstunde, Hermann war wieder zurück auf dem Feld, begann sich der spanische Doppel-Weltmeister einen Vorteil zu erkämpfen. Weber und Co. hatten in dieser Phase zu viele ungenützte Chancen und fabrizierten viele Ballverluste. Vor allem Flügelflitzer Santos fand da vor Spaniens Schlussmann Šterbik nicht zur gewohnten Form.

Die heimischen Handballer versuchten das mit großem Kämpferherz zu kompensieren, arbeiteten sich Schritt für Schritt zurück, während Torhüter Thomas Bauer mit guten Reflexen das Schlimmste verhinderte. Der 12:16-Rückstand zur Halbzeit schmerzte, der Hoffnung und der guten Stimmung auf den Rängen tat dies aber keinen Abbruch.

Dementsprechend engagiert und beherzt startete die Truppe von Teamchef Johannesson in die zweite Hälfte. Der Rückstand schwankte immer wieder zwischen zwei und vier Toren. Zehn Minuten vor dem Ende leuchtete ein 19:23-Rückstand von der Anzeigetafel, als Österreichs Santos mit einem Konter verkürzen konnte. Und als Goalie Bauer auch noch den Gegenzug der Iberer parierte, erreichte die Euphorie ihren vorläufigen Höhepunkt. Diese musste jedoch wenig später der Ernüchterung weichen: Ein Ballverlust, zwei spanische Angriffe – und schon war der Abstand auf fünf Tore angewachsen.

Davon erholte sich das Team nicht mehr. Nach der Schlusssirene musste man eine 24:30-Niederlage hinnehmen. Der Applaus von den Rängen war den rot-weiß-roten Akteuren trotzdem sicher.

Spaniens Handballer waren doch zu stark …

Die Rückkehr eines Gefallenen

Fast sieben Jahre hatte es nach seiner Dopingbeichte 2008 gedauert, doch nun dürfte Bernhard Kohl endgültig seinen Frieden mit dem Radsport geschlossen haben. Bei seiner Rückkehr auf die Straße triumphierte der inzwischen 33-Jährige die Dolomitenrundfahrt. Vor den Augen seiner beiden Kinder Raphael (1) und Mariella (4), die im Ziel warteten, als der klatschnasse Papa nach 233 Radkilometern und 5.234 Höhenmetern in Lienz einfuhr. Hinter ihm: weit und breit niemand. Vor ihm: die Ziellinie der Dolomitenrundfahrt. Und damit ein Sieg, der belegte: „Ich weiß noch, wie es geht."

Bernhard Kohl, Ex-Profi, Ex-Dopingsünder, gewann die mit fast 2.000 Teilnehmern gespickte zweite Auflage des Osttiroler Marathons. Der 33-Jährige hatte seinen beiden Tiroler Kontrahenten Daniel Rubisoier und Stefan Kirchmair sage

Vom Sünder zum großen Sieger.

und schreibe über 13 Minuten abgenommen. „Jeder, der sich für die Tour de France vorbereitet, sollte einmal hier fahren. Die Strecke hat alles, was man dafür braucht", streute Kohl Rosen. Zu schaffen machte ihm weniger die Konkurrenz als der strömende Regen, der während des Rennens einsetzte: „Wenn ich mich an die Profizeit erinnere, dann denke ich an die angenehmen und positiven Dinge. Nicht an so ein Wetter." Was jedoch die Erinnerungen der Rad-Welt an Kohls Zeiten angeht, so überwiegen weniger die positiven Dinge. 2008 war Kohl sensationell auf Gesamtrang drei der Tour de France gefahren und hatte die Bergwertung gewonnen, ehe kurz darauf der tiefe Fall folgte. Dem Gerolsteiner-Profi wurde die Verwendung des Dopingmittels EPO nachgewiesen, Kohl selbst legte unter Tränen ein Geständnis ab und verschwand 2009 endgültig von der Bildfläche. Bid zum Triumph in Lienz.

Fußballteam am Ziel aller Träume

Wir waren auf einem guten Weg zur EM nach Frankreich? Eine Behauptung, die so nicht mehr ganz stimmte. Korrekt musste es seit dem sensationellen 1:0-Sieg in Moskau heißen: Das ÖFB-Team ist in Frankreich angekommen. So etwas geht. Und so sah es selbst der gemeinhin zurückhaltende ÖFB-Boss: „Wir haben den TGV nach Frankreich in Bewegung gesetzt", sagte Leo Windtner nach dem bedeutungsvollen 1:0. Für den entscheidenden Schritt hatte der Koller-Elf in Moskau eine starke erste Hälfte gereicht. Nach dem Wiederanpfiff allerdings auch die Gunst von Fortuna und das Können von Torhüter Robert Almer. Er war der stille, der heimliche Held der Partie in Moskau.

Nichts hatte in der ersten Hälfte darauf hingedeutet, dass es für den neuen Austria-Wien-Schlussmann so kommen würde. Unterbeschäftigt war er da gewesen, weil eine genau nach Kollers Fahrplan arbeitende rot-weiß-rote Mannschaft die Russen in einer aggressiv-druckvollen Startoffensive sozusagen in ihre Einzelteile zerlegt hatte.

Österreich war Herr im Haus in der mit 35.000 Fans nicht ausverkauften Otkrytije Arena, die Russen ein Chaoshaufen. Schon die vierte Minute hatte eine richtungsweisende Symptomatik, als Oleg Iwanow nach einer Junuzović-Flanke per Kopf den eigenen Schlussmann zu einer Glanzleistung zwang. So ging es weiter. Dann die 32. Minute: Was der überragende Junuzović vorbereitet hatte, vollendete Stürmer-Phänomen Marc Janko per Fallrückzieher. Ein Supertor. Sein 21. Treffer

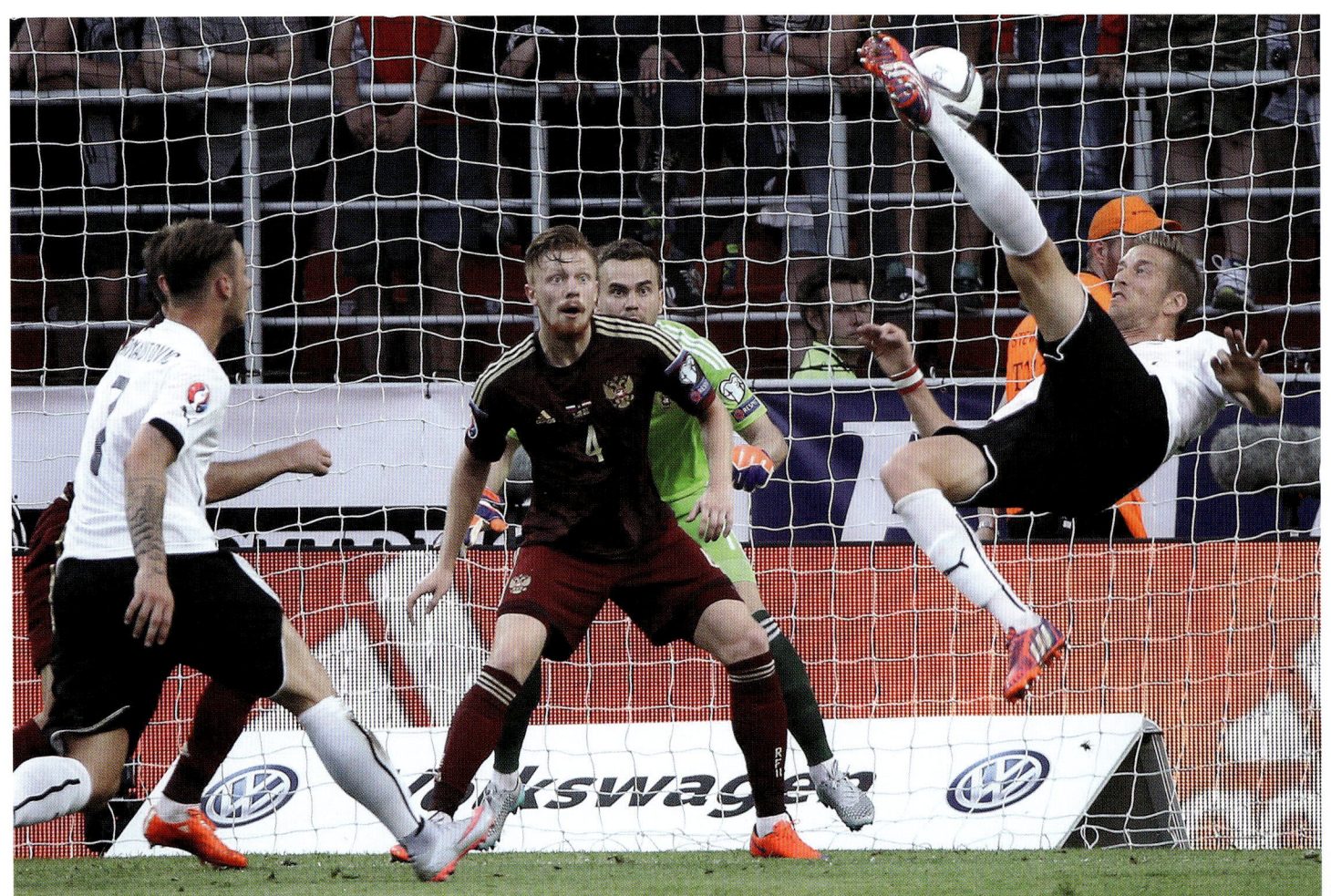

Marc Jankos Zaubertor in Moskau ebnete den Weg zur EM in Frankreich.

im 46. Länderspiel. Und dieses 1:0 war hoch verdient und die beste Werbung für einen Torgaranten. Russlands italienischer Teamchef Capello war zu diesem Zeitpunkt kurzfristig aus der Coaching-Zone verschwunden. War er schon auf der Suche nach dem berühmten Mauseloch, um sich vertschüssen zu können? „Es ist kein Zufall, dass Österreich Tabellenführer ist, leider sind unsere Spieler nicht an so ein Tempo gewöhnt. In der russischen Liga wird langsamer gespielt, auf europäischem Niveau geht es anders zu", sollte der Trainerfuchs später anerkennend von sich geben.

Was er in der Pause seinen Jungs sagte, blieb geheim. Jedenfalls kehrten sie wie verwandelt aufs Feld zurück: aggressiv, technisch stark, mit Zug zum Tor. Plötzlich war das ÖFB-Team in vielen Zweikämpfen den berühmten Tick zu spät. Allein am eingewechselten 19-jährigen Lok-Moskau-Talent Miranchuk konnte die veränderte Spielkonstellation nicht gelegen haben. Lag es an der Angst der Rot-weiß-roten vor dem entscheidenden Sieg? Man weiß es nicht. Es gibt unentschlüsselbare Mysterien im Kicken. Die Österreicher waren plötzlich das, was Russland vor der Pause war – überfordert. Bis auf Almer. Der hielt in der 53., in der 55. und in der 57. Minute. Das Angriffsfeuer der Russen hatte sich längst zu einem Flächenbrand im Strafraum entwickelt. Die Russen griffen an – Österreich konterte. Eine Achterbahn der Gefühle, bis das Ziel aller Träume definitiv feststand.

Blaues Auge für Lukas Neurauter

Obwohl er sich in den beiden Staatsmeisterschaftsläufen in Rietz zweimal dem Oberösterreicher Pascal Rauchenecker (22) geschlagen geben musste, konnte der Tiroler Motocrosser Lukas Neurauter die Führung in der Gesamtwertung behaupten. Und wusste am Ende der dramatischen Rennen vor 3.000 Zuschauern nicht so recht, ob er lachen oder weinen sollte. Die Lippen fest aufeinandergepresst, stand er auf dem Podest, rechts neben dem zweifachen Laufsieger Pascal

Motocrosser sorgten für Riesenspektakel in Rietz.

Foto: Toni Zangerl

Rauchenecker. Sein Team- und Markenkollege vom Cofain-KTM-Team hatte ihm nämlich auf seiner Hausstrecke in Rietz jeweils im Finish nur den Auspuff gezeigt. Und damit war „Lukis" Traum, vor heimischen Fans gewinnen zu können, wieder einmal ausgeträumt. „Nächstes Jahr wieder – aber dann ganz oben", schmunzelte er letztlich doch noch halbwegs versöhnt. Schließlich konnte er seine Führung in der Gesamtwertung der österreichischen Meisterschaft in der Klasse MX Open mit fünf Zählern in die nächsten Läufe retten. Und nach einigen Momenten der Besinnung meinte er ins Mikro: „Danke an alle Leute. Es ist ein Wahnsinn, vor so vielen Fans zu fahren, man hört die Anfeuerungsrufe echt gut." Sagte es, nahm einen Schluck und war mit sich und der Motocross-Welt im Reinen. Das war übrigens auch der Rietzer Manuel Perkhofer vom Kini KTM Juniorteam. In der Klasse MX2 hatte er sich wie sein Vorbild Neurauter den zweiten Platz hinter dem Steirer Michael Kratzer gesichert. Nach seiner Verletzung zu Saisonbeginn war Perkhofer glücklich: „Ich hätte mir nicht gedacht, dass es schon so toll läuft. Der zweite Platz und die Punkte in der ÖM-Wertung sind echt ein Wahnsinn."

Blumen für Oma Denifl und die Freundin …

Denifls Solofahrt in der Heimat

Der erste Blumenstrauß war für Oma Mathilde, die Freundin erhielt den zweiten. Eine salomonische Lösung, die Stefan Denifl nicht zuletzt deshalb überhaupt nicht schwerfiel, weil der Tiroler Rad-Profi nach seinem Husarenritt auf den Rettenbachferner ja einiges zu verschenken hatte. Konkret: Zunächst war Denifl nach der fünften Etappe der Tour de Suisse als aktivster Fahrer ausgezeichnet worden, den zweiten Blumenstrauß hatte er für die erfolgreiche Verteidigung des Bergtrikots der Tour de Suisse erhalten. Doch der Reihe nach, denn zum Verteilen von Geschenken war der 27-jährige Fulpmer erst im Ziel aufgelegt. Davor hatte niemand etwas umsonst erhalten, schon gar nicht die Konkurrenz, die auf dem 237,2 Kilometer langen Teilstück – der längsten Tour-de-Suisse-Etappe seit 1995 – lange Zeit nur dank Funkdurchsage wusste, wo Denifl gerade war. Nach dem Start in der Unterterzen war der IAM-Fahrer mit Teamkollege Matthias Brändle losgefahren, fuhr einen Vorsprung von fast zehn Minuten auf das Feld heraus und entschied die erste schwierige Bergwertung auf der

Denifls einsame Fahrt auf den Rettenbachferner wurde mit dem Bergkönig der Tour de Suisse belohnt.

Bielerhöhe für sich. Danach, so der ursprüngliche Plan, würde ohnehin das Feld aufschließen. Irren ist menschlich, denn da kam einfach niemand, und so fuhr Denifl Kilometer um Kilometer dem zähen, 13 Kilometer und rund 1.300 Höhenmeter langen Königsstück der heurigen Tour de Suisse entgegen. Einer nach dem anderen aus der zwischenzeitlich aufgebauten Spitzengruppe fiel zurück – ehe etwa elf Kilometer vor dem Ziel nur mehr einer da war: Stefan Denifl. Und der rackerte und rackerte alleine, ohne Hilfe, dem höchsten Ziel der Tour-de-Suisse-Geschichte entgegen, während sein Vorsprung von anfangs fünf Minuten langsam wie in einer Sanduhr dahinrieselte. Erst wenige Meter vor der Bergwertung wurde Denifl vom späteren Sieger Thibault Pinault aus Frankreich eingeholt, schnappte sich aber dennoch Rang zwei und ergatterte im Etappenziel schließlich den neunten Platz. Damit waren ihm das Bergtrikot und einer seiner größten Erfolge kaum mehr zu nehmen.

„Das war ein richtiges geiles Gefühl! So eine Leistung zu zeigen und das dann auch noch in Tirol! Ich bin jetzt endlich wieder auf dem Niveau von früher", meinte Denifl. Bis Mai hatte er neun Monate wegen einer Knieverletzung pausieren müssen, nun stieg er zum Star seiner Tiroler Heimetappe auf. Im Ziel war Denifl kraftlos zusammengebrochen. Er hatte alles gegeben. „Ich kenne die Gletscherstraße gut und habe am Ende einfach nur noch versucht, meinen Rhythmus zu halten, als ich alleine den Berg rauffuhr. Aber am Ende konnte ich nicht mehr mithalten", ergänzte Denifl, der vor allem seinem Schweizer Team dankte, das ihn in der schweren Zeit ohne Ergebnisse unterstützt hatte. Nun konnte er einen Teil davon zurückgeben – auch seiner Familie, die ihn wie Oma Mathilde ebenfalls immer unterstützt hatte. Und dafür gab es nicht nur einen Blumenstrauß, sondern es wurden auch Rosen gestreut. Denifl: „Oma ist einfach die Coolste!"

Das große Fest der Formel 1 in Österreich mit Rosbergs Triumphfahrt.

Das Spielberg des Nico Rosberg

Irgendwie hatten es alle geahnt: Spielberg blieb die Spielwiese des Nico Rosberg. Und tatsächlich deklassierte der deutsche Vizeweltmeister den britischen Titelverteidiger Lewis Hamilton und vermittelte damit der aktuellen WM-Saison neue Würze.
„Guter Job, Lewis", sagte Tirols Motorsportlegende Gerhard Berger bei den Siegerinterviews irrtümlich und klopfte Sieger Nico Rosberg auf die Schulter. Der nahm die Sache mit Humor: „Ich bin Nico, aber egal." Und Berger gab später mit Augenzwinkern zu Protokoll: „Ich habe Nico und Lewis einfach verwechselt, weil die beiden sich so ähnlich sehen." Rosberg machte das nichts aus, der Mercedes-Pilot feierte den zweiten Österreich-Sieg en suite – der bedeutete zugleich den dritten Saisonerfolg. Teamrivale Lewis Hamilton war noch vor dem Brasilianer Felipe Massa (Williams) auf Rang zwei gelandet.
Der Schlüssel für die Wiederholung des Vorjahrerfolgs war in einem perfekten Start von Rosberg zu finden. Den verschlief der aktuelle Weltmeister und bekam später noch eine Fünf-Sekunden-Strafe, weil er bei der Boxenausfahrt mit zwei Reifen die Sperrlinie überfahren hatte. Der Anfang vom Ende für den Briten. Der Doppelweltmeister gab sich als fairer Verlierer und gratulierte: „Nico hat einen super Job gemacht. Beim Start hatte ich ein Problem, das war nicht optimal. Das ist etwas, was wir sicher beheben müssen."
Nichts beheben möchte der Österreich-Sieger. Der sprang nach seinem Triumph überschwänglich in die Arme seiner Mechaniker und meinte breit grinsend: „Zehn Punkte Rückstand sind praktisch gar nichts. Ab jetzt mache ich das einfach immer so." Und konnte sich einen Seitenhieb Richtung Hamilton nicht sparen: „Schön, dass er es mir heute nicht so schwer gemacht hat."
Sein Motorsportchef, Toto Wolff, der aufgrund seiner Vergangenheit stets eine emotionale Bindung zu dem Ring hat, zeigte sich überglücklich und warnte: „Die WM ist vollkommen offen. Ich würde mir noch keinen Kopf machen, wie das am Ende ausgeht." Vor rund 20 Jahren hatte der Wiener während seiner aktiven Motorsportkarriere als Fahrlehrer in Spielberg gearbeitet – darum ist für ihn ein silberner Doppelsieg „auch doppelt so schön".

Nicol Ruprecht begeisterte die Jury bei den Europaspielen in Baku.

Das glänzte noch mehr als Gold

Baku und die Europaspiele – für Tirols Athleten stets eine Reise wert und quasi ein goldener Boden. Denn nur wenige Tage nach der Bronzemedaille durch Sportschützin Olivia Hofmann gab es für Tirol die nächsten Spitzenplätze bei den European Games in Aserbaidschan. Den Anfang machte die Wörglerin Nicol Ruprecht, die im Keulen-Finale der Rhythmischen Gymnastik Rang sechs eroberte. Alleine der Finaleinzug war ein Riesenerfolg für die 22-Jährige. Der Sieg an den Keulen ging an die russische Favoritin Jana Kudrjawzewa mit 19,200 Punkten. „Ich hätte mir vorher nie träumen lassen, hier überhaupt ins Finale zu kommen – und dann noch ohne Fehler. Ich bin wirklich sehr zufrieden", meinte Ruprecht, die mit 17,250 Punkten den letzten Finalplatz belegte. „Für mich glänzt dieses Finale mehr als jede Goldmedaille zuvor!"

Und dann kam der goldene Sprung von Kira Grünberg. Die 21-Jährige Kematerin hatte im Stabhochsprung im Zuge des Teambewerbs 4,35 Meter gemeistert, sich damit nicht nur den Sieg, sondern zugleich als erste Gradmesserin den Europa-Spiele-Rekord geholt.

Olivia Hotmann biss nicht auf Granit, sondern in ihre Bronzemedaille.

Abkupfern bei Abräumern

Oft kann es im Sport Gold wert sein, nicht alles zu verraten, sei es Taktik oder Strategie, ein paar Geheimnisse zu horten. Wie gut es ist, vor allem als Welt- und Europameister Geheimnisse zu haben, wurde in Seefeld ersichtlich. Denn nicht einmal bei den Bundesländer-Mannschaftsmeisterschaften zeigte das Voltigier-Erfolgsduo Jasmin Lindner und Lukas Wacha seine neue Pas-de-deux-Kür. Die Kür, mit der sie im August in Aachen zur EM-Titelverteidigung auf Wallach Bram turnen wollten.

Ihre Klasse gewannen die Vorzeige-Voltigierer der VG Pill TU Schwaz auch mit der WM-Gold-Kür von 2014 und in ihren damaligen Tiger-Outfits. Kleidungsstücke, die sie selbst kreierten. Kleidungsstücke, die offensichtlich nachgeahmt wurden. Die Anzüge des Salzburger Pas-de-deux-Paars Evelyn Freund und Stefanie Millinger, das sich mit dem zweiten Platz ebenfalls für die EM qualifizierte, hatten sichtlich Ähnlichkeit mit Lindners Trikot. Auch der brüllende Löwe im Musikstück kam so manchem der über 500 Zuschauer und 260 Teilnehmer in der Reithalle bekannt vor. Lindner und Wacha meinten dazu nur: „Jetzt ist verständlich, warum wir unsere neue Kür samt Trikots erst bei der EM oder kurz davor erstmals zeigen werden." Wacha schaffte es zudem, sich für die Einzel-Entscheidung in Deutschland zu qualifizieren. Dagegen scheiterte der Nachwuchs vom RC Seefeld knapp an der Nominierung für die Titelkämpfe in den Niederlanden. Obwohl die Mannschaft die Junioren-Gruppen-Kategorie vor dem VG Club 43 gewann, erhielt das Team aus Niederösterreich den Vorzug. Dass die Seefelderinnen mit Longenführerin Martina Seyrling darüber etwas enttäuscht waren, daraus machten sie allerdings kein Geheimnis.

Christine – Schlag für Schlag näher an die Spitze.

Wolf hatte wieder den richtigen Biss

So ein Top-Platz hatte Christine Wolf bisher noch gefehlt – in Amsterdam jedenfalls landete die 26-jährige Innsbruckerin nach drei starken Runden auf Platz vier und erreichte damit eine neue Karriere-Bestleistung. Auf das Podest und

Perfekte Generalprobe dank großer Geheimniskrämerei.

Rang zwei des 250.000-Dollar-Turniers fehlte gerade mal ein Schlag. Ärger gab es deswegen keinen. Im Gegenteil: „Diese Woche war echt super! Ich hab' vom Tee bis zum Green echt solide gespielt", meinte Wolf. Diese solide Leistung kam nicht von ungefähr: Bereits in den Vorwochen hatte sie auf der LET-Qualifikationstour mit Rang drei und fünf aufgezeigt. Die Saison nahm damit endlich – nach einem mäßigen Beginn – Fahrt auf. Warum das gelang, war Christine schnell klar: „Ich hab' die Wochen davor mit Trainer Steve Waltman trainiert, und da konnten wir einiges in die richtige Richtung lenken.

Mayr und Osl glänzten auf Rang drei

Das immer Höher, Schneller, Weiter musste speziell für die achte Auflage des Hillclimb-Bewerbes in Brixen im Thale um ein Adjektiv erweitert werden: Mehr! Gleich 437 Starter – das bedeutete einen neuen Teilnehmerrekord – waren bei der achten Auflage am Start. Und mitten drin statt nur dabei die beiden Tiroler Lisi Osl und Michael Mayr, die als beste Österreicher jeweils auf Rang drei fuhren. Der australische Cross-Country-Fahrer Daniel McConnell triumphierte bei den Herren – Mayr konnte zwar von Beginn an mithalten, am Ende musste er sich aber dem britischen Vorjahressieger Grant Ferguson (2.) und McConnell beugen: „Ich hatte mir einen Infekt eingefangen, deshalb ist mir zum Schluss ein wenig die Luft ausgegangen." Bei den Damen musste sich Osl nur der Neuseeländerin Kate Fluker und der Australierin Rebecca Henderson geschlagen geben.

Stefanie Palm: „Das ist eine andere Welt"

Als FC-Bayern-Star Thomas Müller im VIP-Zelt um Autogramme gebeten wurde, fuhr Stefanie Palm gerade in ihrem Auto vom Schindlhof in Fritzens. Die Walchseerin hatte einen Turnier-Ruhetag, Arbeit blieb trotzdem genug für die 32-Jährige. Schimmelwallach Royal Happiness füttern, waschen und Sattelzeug putzen für den nächsten Auftritt standen auf dem Programm. In der Trostrunde des Grand Prix wollte sie schließlich weiter Erfahrung in der Großen Tour sammeln, um in Zukunft sich auch für den anvisierten Grand Prix Special zu qualifizieren. Bei ihrem ersten Anlauf in der Großen Tour beim Manfred Swarovski Gedächtnis Turnier war der Überraschungssiegerin von 2013, damals in der Kleinen Tour, heuer

Teilnehmerrekord bei Hillclimb in Brixen im Thale.

Foto: Erwin Haiden

Schindlhof-Gastgeber Klaus Haim mit Melanie Binder und Mirjam Weichselbraun.

Graf holte eine Medaille und wurde stürmisch gefeiert.

dieses Ziel verwehrt geblieben. „Das ist eine andere Welt", erklärte Palm. In der Großen Tour fingen die Pferde unter dem Reiter bei den Lektionen Piaffe und Passage zu tanzen an, wie es Österreichs beste Dressurreiterin Victoria Max-Theurer anschaulich beschrieb. Zudem reihen sich die schwersten Lektionen in kurzer Zeit aneinander. „Bei Piaffe und Passage trennt sich die Spreu vom Weizen, das Pferd muss ein Talent dafür haben", erklärte Palm und zog durch den Besuch von Weltmeister Müller einen Vergleich mit dem Fußball: „In den Spitzenklubs schaffen es auch nur Spieler mit Begabung, sich durchzusetzen." Dass ihr elfjähriger „Happy", wie sie ihn liebevoll ruft, Talent hätte, davon ist die Amateurreiterin überzeugt. „Wir brauchen ein bisschen mehr Routine, müssen die Lektionen verfeinern", sagte sie und fügte noch schnell hinzu: „Und ich muss einfach geduldig bleiben."

Graf zum Dritten

Dreimal bei der Judo-Europameisterschaft dabei, dreimal mit einer Medaille abgezogen, dreimal Bronze in der Tasche: So erfolgreich liest sich die Erfolgsbilanz der Tulferin Bernadette Graf nach ihrem EM-Einsatz in Baku. Die 23-jährige Athletin hatte sich im Kampf um die Bronzemedaille gegen die ungarische Junioren-Europameisterin Szabina Gercsak durchgesetzt. Es war nach 2013 in Budapest und 2014 in Montpellier Grafs dritte EM-Bronzene. „Ein schöneres Geburtstagsgeschenk kann ich mir nicht machen!" „Das war eine unglaubliche Leistung von Bernadette. Sie hat ihre dritte EM-Medaille in Folge geholt, das freut uns alle sehr", meinte Martin Scherwitzl, der als Trainer und Präsident des Judozentrums Innsbruck von zu Hause aus mitgefiebert hatte. In der Vorrunde der EM, die im Rahmen der ersten Europaspiele ausgetragen worden waren, hatte die Heeresleistungssportlerin nach einem Freilos mit der zweifachen WM-Dritten Anett Breitenbach ebenfalls eine Ungarin besiegt. Nach dem Viertelfinal-Erfolg gegen die Polin Katarzyna Kłys scheiterte Graf an ihrer Angstgegnerin: Zum sechsten Mal im sechsten Duell unterlag Tirols Judo-Ass der Deutschen Laura Vargas-Koch. Nichts mit einer Medaille wurde es für die angeschlagene Innsbruckerin Kathrin Unterwurzacher. Die 23-jährige Trainings- und Teamkollegin von Graf musste ihrer körperlichen Verfassung Tribut zollen und unterlag der späteren Europameisterin Martyna Trajdos im Viertelfinale. Am Ende blieb Rang sieben.

Der Hochenwarter-Hattrick

Wenn es irgendwann einmal eine Wahl zum Mister KitzAlp-Bike geben würde – Uwe Hochenwarter hätte wohl die besten Karten. Mit seinem Sieg bei der 20. Auflage des Marathons (90 Kilometer, 3.800 Höhenmeter) in 4:30:56 Stunden fixierte der Kärntner nämlich den Disziplinen-Hattrick: 2012 war er im

Strahlten bei Kaiserwetter und dem KitzAlpBike-Jubiläum: Kirchberger mit Paul Steindl (4. v. r.).

Fotos: Dalia Föger (o. li.), GEPA (o. re.), Erwin Haiden (u.)

Ein imposantes Bild: der Gipfelsturm beim KitzAlpBike.

Cross Country ganz oben auf dem Stockerl gestanden, 2013 hatte er den Bergsprint in Brixen für sich entschieden. Auf Platz zwei landete diesmal der Kufsteiner Michael Mayer. Bei den Damen gewann Angelika Tatzreiter, die Medium-Plus-Distanz sicherte sich Lokalmatador Dominik Salcher aus Hopfgarten. In Abwesenheit von Titelverteidiger Daniel Rubisoier feierte Nauders derweil einen neuen Sieger bei der 15. Auflage des Race Across the Alps. Robert Petzold (26), Geophysik-Student aus Dresden, überraschte bei einem der härtesten Eintagesrennen der Alpen – 540 Kilometer, neun Pässe und 13.600 Höhenmeter – auch alle Experten. In 21:39 Stunden hatte er die Langdistanz bewältigt, dabei jedoch die Rekordzeit (21:26 Stunden) von Reto Schoch aus dem Jahr 2011 um 13 Minuten verpasst.

Raiders klauten Gästen den Sieg erst im letzten Viertel

Am Ende zählt halt doch nur der Sieg, egal, wie und wann dieser zustande gekommen sein mag. Die Innsbrucker setzten sich dank eines starken letzten Viertels in ihrer „Festung" Wattens (heuer ungeschlagen) gegen die Black Panthers Prag mit 33:27 durch und feierten damit den sechsten Sieg in Folge. Nach zwei Auftaktniederlagen stand damit der zweite Platz in der Tabelle fest, eine perfekte Ausgangsposition für die Play-offs. Dabei hatte der Football-Tag in Wattens vor 1.132 Zuschauern alles andere als erfolgversprechend begonnen. Bereits zur Halbzeit waren die Raiders mit 6:20 zurückgelegen, nach dem dritten Viertel deutete beim 12:27 viel auf eine Niederlage hin. Doch dann machten die Tiroler alles richtig: Der Mann des Spieles, der erst 18-jährige Sandro Platzgummer, lief zu zwei seiner insgesamt vier Touchdowns und brachte die Raiders damit auf 25:27 heran. Der siegbringende Touchdown gelang Quarterback Sean Shelton, den letzten Prager Versuch beendete Florian Hueter. „Das war ein wirklich irres Spiel. Viele hatten uns zur Halbzeit, spätestens aber nach drei Vierteln, abgeschrieben, doch wir geben niemals auf", meinte Raiders-Headcoach Shuan Fatah.

Die Raiders erkämpften noch den zweiten Tabellenplatz.

Fotos: Erwin Haiden (o.), Markus Stieg (u.)

WM-Gold für Alban Lakata

Kurzes Überlegen, dann stimmte Mountainbiker Alban Lakata zu. Ja, dieser Marathon-Weltmeistertitel in Gröden, über 87 Kilometer, über 4.700 Höhenmeter, ist der Höhepunkt seiner langen und erfolgreichen Karriere. „Das ist mein größter Erfolg", bestätigte der Lienzer – und wenn das einer zwei Tage nach seinem 36. Geburtstag sagt, nach fast 15 Jahren im Profi-Geschäft, dann hat das Gewicht.

Der Grund für Lakatas überschwängliche Freude war die Beschaffenheit der Strecke in Südtirol in den Dolomiten. Anders als bei seinem ersten WM-Gold 2010 (Lakata: „Eine Strecke mit ein paar Wellen") ging es im Grödnertal ans Eingemachte: rau, hart, herausfordernd. Das Nonplusultra für einen Marathon-Fahrer. „Mit diesem Sieg habe ich gezeigt, dass 2010 keine Eintagsfliege war. Und ich habe bewiesen, dass ich auf einer sehr anspruchsvollen Strecke Gold holen kann. Deshalb ist das ein wichtiger Sieg für mich", ergänzte Lakata. Dass es nach WM-Silber 2014 dieses Mal zum Triumph reichen würde, zeichnete sich schon nach wenigen Kilometern ab: Lakata, der sich selbst als Spätstarter bezeichnet, fasste sich gleich beim ersten Anstieg zum Grödner Joch ein Herz, distanzierte dort die Konkurrenz um einige Sekunden – und von diesem Augenblick an waren die Solofahrt und der Titel quasi „besiegelt".

Keiner aus der Verfolgergruppe würde Lakata mehr gefährden, der bärenstarke Osttiroler fuhr in 4:24:46:0 Stunden ins Ziel. Sein langjähriger Schweizer Freund und Rivale Christoph Sauser erreichte erst über zwei Minuten später das Ziel. „Ich hatte meine Wattzahlen immer im Auge und wusste, wie ich fahren muss. Das war eine Superleistung. Und endlich lief alles ohne Defekt ab", ergänzte Lakata.

Was nun die Ziele des nunmehrigen Doppelweltmeisters angingen, wagte er nach dem erfüllten Traum sogleich beim nächsten anzusetzen. „Ich wollte schon immer bei Olympia dabei sein", erzählte Lakata. Der Marathon ist aber nicht olympisch, Cross Country keine Option – und deshalb gilt das Augenmerk den Straßenradrennen. Besser gesagt: dem Einzelzeitfahren bei Olympia 2020, als dann 41-Jähriger. „Die Zeitfahrer sind ja eh etwas älter", schmunzelte Lakata, der sich über die österreichischen Meisterschaften qualifizieren will. Zumindest irgendwann einmal.

Alban gelang in Gröden der „große Wurf" – die WM-Goldmedaille im Marathon.

Souverän, elegant, erfolgreich: Vici Max-Theurer beim Sieg im 21. Manfred-Swarovski-Gedächtnisturnier.

Vici Max-Theurer wagte und gewann

Evelyn Haim-Swarovski hatte sich einen besonderen Platz ausgesucht, um die letzten Momente ihres 21. Manfred Swarovski Gedächtnis Turniers zu genießen. Sie stand mit ihrem Pferd abseits des Dressurvierecks auf einem Hügel und jubelte Victoria Max-Theurer zu, die unter dem tosenden Applaus von 6.000 Zuschauern ihre Siegerehrungsrunde auf Hengst Augustin drehte. „Einmal in Ruhe alles beobachten", sagte Evelyn. Als Gastgeberin am Schindlhof in Fritzens sei der Heimvorteil ganz klar ein Heimnachteil: „Ich kann mich zu wenig auf meine Ritte konzentrieren, die Organisation geht vor." So blieb nur der 14. Platz in der Grand Prix Musikkür übrig, nach einem „fürchterlichen Auftritt", wie sie selbst meinte; und natürlich der Siegerin Max-Theurer von Weitem ihre Gratulation zuzurufen. Die Oberösterreicherin blühte im Jubel der Menge sichtlich auf. Für Österreichs Nummer eins war das Dressurturnier schließlich alles andere als einfach. 302 Tage hatte sie ihr Paradepferd in keinem internationalen Wettkampf vorgestellt. Nach dem Erfolg bei der WM 2014 in Frankreich mit dem sechsten Platz gönnte sie dem geliebten Vierbeiner diese lange Pause. Eine Pause, die sich lohnen sollte. Schließlich verwies sie an beiden Tagen die starke internationale Konkurrenz auf die Plätze. In der Grand-Prix-Qualifikation für die Kür waren das der Engländer Michael Eilberg und die Deutsche Isabell Werth, am zweiten Tag dasselbe Duo in umgekehrter Reihenfolge. „Ich bin unglaublich beeindruckt, wie sich Augustin präsentiert hat", betonte die 29-Jährige und war froh, sich gegen diese Konkurrenz mit dem 15-Jährigen ins Viereck „gewagt zu haben". Ein gutes Omen für die verbleibende Saison. „Wenn es so rennt, freut es mich umso mehr." Werth, die erfolgreichste Dressurreiterin der Welt, zollte dieser Leistung Respekt. „Ich kann sehr gut mit dem zweiten Platz leben. Es ist keine Schande, hinter Vici und Augustin platziert zu sein", sagte die 45-Jährige, die mit El Santo nicht ihr bestes Pferd Bella Rose in Fritzens präsentierte. Danach packte die Deutsche schnell ihre Sachen zusammen, bedankte sich bei den Hausherren für das traumhafte Turnier, stieg in den Flieger und genoss die letzten Blicke auf Tirol aus der Vogelperspektive.

Pedale treten und Zungen schnalzen

Kaiserwetter über dem Reschenpass und neue Sieger beim 22. Dreiländergiro – das ließ die rund 3.000 Teilnehmer in Nauders gleichsam mit der Zunge schnalzen. Sofern manche physisch überhaupt dazu noch in der Lage waren. Denn: „So ein perfektes Ambiente war in den 22 Jahren noch nie zu erleben", zog Tirols Radsportstimme Othmar Peer sein persönliches Resümee. Und er muss es schließlich wissen, sorgte er doch als Moderator mit seinen Liveberichten von der Strecke für Hautnah-Feeling im Start-Zielbereich, wo sich sein Kollege Martin Böckle verbal ins Zeug legte.

Punkt 6:30 Uhr hatte Nauders-Bürgermeister Robert Mair per Pistole die 3.000 Giro-Teilnehmer zum Frühsport auf jene zwei Strecken „gejagt", die sich nach dem Stilfserjoch teilten: Giro A über 168 Kilometer über den Ofenpass bzw. Giro B über 120 Kilometer durch das Münstertal. Und weder da noch dort schenkten sich die Damen und Herren etwas.

Am Ende wurden neue Sieger gefeiert. Auf der Strecke A siegte Patrick Hagenaars aus Kirchberg vor Martin Ludwiczek aus Brixlegg und Rick Vanderoep (NED) sowie Janine Meyer

Die Besten von 3.000 ließen sich in Nauders feiern.

vor Karin Straßacker und Silke Keinath (alle Deutschland). Auf der kürzeren Strecke B gewann Martin Fritz aus Innsbruck vor Andreas Miller (Deutschland) und dem Ötztaler Johannes Fiegel, während bei den Damen die Südtirolerin Maria Ilmer vor den beiden Tirolerinnen Kathrin Arnold und Christina Willy-Kraxner erfolgreich war.

Historischer Doppelsieg

Viel hatte sich der Tiroler Triathlonverband für die Heim-Staatsmeisterschaft in Kitzbühel vorgenommen. Und manches, wie die organisatorische Umsetzung, war auch durchaus planbar. Das galt allerdings nicht für die sportliche Komponente, auf diesem Gebiet waren die Tiroler seit den Tagen von Olympiasiegerin Kate Allen (2003, 2005) und ihrer Weggefährtin Eva Maria Dollinger (2010) ohne Titel. Diesmal wurde die Zeitrechnung wieder auf null gestellt, zwei jungen Tiroler Sportlern gebührte die Ehre. Die 22-jährige Theresa Moser söhnte sich mit ihrer wenig erfolgreichen Kitzbühel-Vergangenheit und mit der jüngsten sportlichen Niederlage in Baku (European Games/Aufgabe) aus: Gold! „Ich wollte beim Schwimmen einen kleinen Vorsprung haben, diese Taktik ging auf", freute sich die Abfaltersbacherin.

Ein wenig anders stellte sich die Situation für den Pfaffenhofner Luis Knabl dar. Der 23-Jährige steckte mitten in seiner Wettkampfvorbereitung im Hinblick auf die Qualifikation für Olympia 2016 (Rio de Janeiro/BRA), deshalb galt den Staatsmeisterschaften in Kitzbühel nicht sein Hauptaugenmerk.

„Es war ein Nebenprodukt, das soll aber nicht überheblich klingen." Er habe von seinem Trainer bei einer harten Woche samt 35-Stunden-Programm keine Schonung erfahren, deshalb „lief die ÖM irgendwie mit". Gold freute den Goldmedaillengewinner der Olympischen Jugendspiele 2012 deshalb besonders. Statistisches Detail: Es war das erste Herren-Gold für Tirol seit 1995 (Markus Schnitzer).

Luis Knabl auf seinen letzten Metern in Kitzbühel.

Auer belohnte sich mit Punkten

Fünf Rennen hatte es gedauert, im sechsten klappte es endlich: Lucas Auer fuhr auf dem Norisring mit dem neunten Platz sein bisher bestes Ergebnis in der DTM und auch die ersten Punkte ein. Mit Platz fünf hatte der Kufsteiner zuvor bereits im Qualifying aufhorchen lassen. Der 20-Jährige legte dann auch im Rennen einen Bombenstart hin und hielt in der Spitzengruppe gut mit. Nachdem Auer während der Boxenstopp-Phase sogar die ersten Führungskilometer seiner noch jungen DTM-Karriere sammeln konnte, fiel er nach einem verpatzten Boxenstopp inklusive einer Fünf-Sekunden-Strafe für eine fehlerhafte Startaufstellung auf Platz zwölf zurück.

Der Neffe von Ex-Formel-1-Pilot Gerhard Berger bewies aber Kampfgeist: Der Mercedes-Youngster überholte noch drei Gegner und eroberte in der letzten Runde sogar Platz neun. Als erster von drei DTM-Neulingen sammelte Auer so die ersten (zwei) Punkte: „Ich freue mich sehr über dieses Ergebnis, jetzt bin ich endlich in der DTM angekommen. Vor einem so großen Publikum im Rennen um vordere Platzierungen kämpfen zu können, hat unheimlichen Spaß gemacht."

Theresa Moser mit dem Startsprung in den Schwarzsee.

Der Berger-Neffe bewies Talent und Kampfgeist.

Die Meisterparade des Tiroler Fußballs

Foto: TT/Julia Hammerle

1. Klasse West: SV Aldrans

Als eines der heimstärksten Teams zeichnete sich der SV Aldrans aus und schaffte nicht zuletzt deshalb auch verdient den Titel in der 1. Klasse West. Mit 37 Punkten von 39 möglichen Zählern aus 13 Heimspielen demonstrierten die Aldranser sehr eindrucksvoll, dass es für Besucher auf ihrer Heim-Anlage für die Gegner aber auch schon gar nichts zu gewinnen gab.

Foto: SV Fritzens

1. Klasse Ost: SV Fritzens

„Wir waren konditionell, spielerisch und läuferisch einfach allen anderen Teams in der Liga überlegen", weiß Fritzens-Trainer Hans-Peter Miltscheff. Was mit 116 Toren eindrucksvoll untermauert wurde. Das Gesamtpaket zwischen routinierten und jungen Spielern habe den Ausschlag gegeben: „Auch die Kameradschaft zeichnet uns aus."

Foto: Zangerl

2. Klasse West: FC Lechaschau

Der Aufstieg in die 1. Klasse sei das Ergebnis einer langen konstruktiven Arbeit gewesen, wie Lechaschau-Trainer Bernhard Mantl meinte. „Wir legen viel Wert auf ein flaches, schnelles Spiel in den freien Raum. Außerdem ist das Team ein Kollektiv. Kamerdschaft und Zusammenhalt machten uns stark. Wichtig war auch der sportliche Leiter Christian Bartel."

Foto: Mühlanger

2. Klasse Ost: FC Kitzbühel II

„Unsere größte Stärke ist unser ausgeglichener Kader und dass ein Großteil der Zweier in der Kampfmannschaft mittrainieren durfte", zog Kitzbühel-II-Trainer Jürgen Kremer ein mehr als zufriedenes Resümee. „Wir spielen schnell und ballsicher. Außerdem hatten wir die beste Offensive (103 Treffer) und die beste Defensive (24 Gegentore) der Liga."

Foto: TT/Julia Hammerle

Landesliga West: SV Telfs

„Grundsätzlich ist das Team aus dem Vorjahr (Vizemeister 2013/14) zusammengeblieben. Und wir haben uns punktuell verstärkt. Jeder Einzelne hat sich noch einmal gesteigert und wir wollten diesen Titel unbedingt", kennt Coach Werner Rott die Gründe, warum der SV Telfs am legendären Emat nach dreijähriger Abwesenheit ab Sommer wieder in der UPC Tirol Liga tanzt.

Foto: Mühlanger

Landesliga Ost: SV Wörgl

„Die Geschlossenheit der Mannschaft, der Zusammenhalt und natürlich auch die individuelle Klasse waren ausschlaggebend für Titel und Durchmarsch", schloss Meistermacher Denis Husic einen souveränen Titelgewinn ab. Der vormalige Zweitligist aus dem Unterland kehrt nach sechs Jahren wieder in die UPC Tirol Liga zurück: „Darauf freuen wir uns jetzt riesig."

Bezirksliga West: FC Natters

„Die Breite des Kaders war sicher ein großer Faktor für den Titel, ebenso wie die Erfahrung meines spielenden Co-Trainers Jörg Pfister (ehemals Regionalliga, Anm.) sowie 33 Treffer von Andreas Bacher", fasste Trainer Heinz Peter Finster den Wiederaufstieg in die Gebietsliga in Worte. Finster gibt das Kommando jetzt an den neuen Trainer Jürgen Soraperra ab.

Foto: Christine Trojer

Bezirksliga Ost: SK Fieberbrunn

„Die unheimliche Kameradschaft und der Trainingsfleiß haben uns ausgezeichnet", kam der souveräne Titelgewinn für Meistermacher Manfred Hochrainer nicht von ungefähr. Viele seiner emsigen Spieler machten über 100 Einheiten mit, obwohl sie u. a. über 100 Kilometer weit anreisen mussten. Das Hoch in Fieberbrunn veranlasste den „Hochi", eine Saison anzuhängen.

Foto: Mühlanger

Gebietsliga West: Prutz/Serfaus

Mit einem 3:0-Sieg in Tarrenz fixierte Prutz/Serfaus den Meistertitel. Einmal mehr war die Abwehr ein Bollwerk – in 26 Spielen ließ die Formation um Torhüter Dominic Sandbichler nur 19 Gegentore zu. „Unser Motto: Die Offensive gewinnt das Spiel, die Defensive macht den Meister", erklärte Trainer Alex Jäger. Für die Landesliga sollen zwei Verstärkungen kommen und die Jungen forciert werden.

Foto: Zangerl

Gebietsliga Ost: SC Kirchberg

„Wir waren über die ganze Saison konstant stark, das beweisen unsere 20 Siege. Die beste Mannschaft ist verdient Meister geworden", schloss Trainer Thomas Gruber, der Ende Juni noch die Prüfung zur UEFA-A-Lizenz absolvierte, den Kreis. Der Trainer bleibt beim Gang in die Landesliga ebenso an Bord wie Urgestein Harry Vcelar.

Foto: Osterauer

UPC Tirol Liga: SVG Reichenau

Auch auf der Fennerkaserne jubelt es sich bestens: Die SVG Reichenau durfte sich über den Titelgewinn in der UPC Tirol Liga freuen. Und das obwohl die Innsbrucker das ganze Frühjahr ohne einen eigenen Sportplatz auskommen mussten.

Foto: Böhm

Damenmeister: SSV Neustift

Kontinuierliches, hartes Training und der Zusammenhalt in der Mannschaft zeichnete den Frauen-Tiroler-Liga-Meister aus Neustift aus, weiß Trainer Günter Hofer. „Wir waren über die ganze Saison am konstantesten und haben uns auf die verschiedenen Gegner auch immer verschieden eingestellt. Die Entwicklung ist sehr positiv."

Foto: Zangerl

Hochspannung
BY CASINOS AUSTRIA

Rot oder Schwarz? Deine Glückszahl oder meine? Die Kugel rollt, die Spannung steigt, die Welt rundherum steht still – das ist Hochspannung by Casinos Austria beim Roulette. Täglich in einem der 12 Casinos in Österreich.

In den Casinos Innsbruck, Kitzbühel und Seefeld.

Serviceline: +43 (0)1 534 40 50 casinos.at facebook.com/casinosat

CASINOS AUSTRIA
Das Erlebnis.

Verbraucherinfos auf spiele-mit-verantwortung.at und in allen Casinos

JULY

Kjetil Jansrud und Josef Burger von den Bergbahnen.

Jansrud – auf einer Gondel verewigt

„Weihnachten und Ostern gibt es überall, aber bei uns gibt es auch noch die Gondelübergabe an die Hahnenkammsieger", erklärte KSC-Präsident Michael Huber in seiner launigen Ansprache anlässlich des alljährlichen Fixpunktes im Kitzbüheler Hahnenkamm-Sommerkalender. Hintergrund: Jeder Sieger beim Hahnenkammrennen in Kitzbühel darf sich auf seine eigene Gondel an der Hahnenkammbahn freuen. Nun wurde dem Norweger Kjetil Jansrud diese Ehre erstmals zuteil und auch Dominik Paris erhielt eine derartige Widmung – der hatte sich allerdings schon im Vorjahr auf einer Gondel verewigen können. „Jedes Mal, wenn man zur Streif rauffährt, denkt man sich: So eine Gondel will ich auch. Ich bin sehr glücklich, nun auch eine Gondel zu haben", sagte Jansrud, der sogar mit seinen Eltern und einigen Fans angereist war.

Gold und Bronze: Tirols Judokas waren die Nummer eins

Mag schon sein, dass die Frage provokant klingt, aber unberechtigt erscheint sie auf keinen Fall: Was wäre Österreich ohne Tirol? Im Judo jedenfalls ohne Medaille! Denn zwei Tirolerinnen sorgten beim Grand Prix in der Mongolei für heimische Top-Platzierungen. 6.660 Kilometer Luftlinie fern der Heimat feierte Bernadette Graf (bis 70 Kilogramm) in Ulan Bator ihren zweiten Grand-Prix-Sieg – und das trotz noch nicht verheilter Bänderverletzung. Kathrin Unterwurzacher (bis 63 Kilogramm) erreichte Platz drei, hinterließ in der kargen Landschaft Asiens also ebenfalls Spuren. Ganz zur Freude von Nationaltrainer Marko Spittka, der von einer „großartigen Leistung" sprach. Ohne die Stockerlplätze der beiden 23-jährigen Tirolerinnen könnte er das Ergebnis aus österreichischer Sicht nicht so erfreulich deuten: Die Wienerin Hilde Drexler erkämpfte zwar Rang fünf, verfehlte aber das Podest erneut. Sabrina Filzmoser, mit 35 Jahren im Spätherbst ihrer Karriere, kam nicht über Platz fünf hinaus. Bei den Herren präsentierte sich Österreich schon seit längerer Zeit zu inkonstant für ein Abo auf Spitzenplätze. Aber was machte das Duo Graf/Unterwurzacher so erfolgreich? „Das ist ganz einfach", sagte Tirols Judo-Präsident Martin Scherwitzl. „Die beiden sind ein Team, harmonieren sehr gut. Es gab nie Konflikte." Auch die Zusammenarbeit mit dem Nationaltrainer funktioniere hervorragend. Ruhe ist im Judo-Verband keine Selbstverständlichkeit, Tirol ist in dieser Hinsicht eine Insel der Seligen. Und die Arbeit trug Früchte. „Super glücklich", beschrieben Graf und Unterwurzacher unisono ihre Gefühlslage nach ihren Auftritten in Ulan Bator. Beide freuten sich auf zu Hause, zwei Wochen Wettkampfpause und wichtige Punkte für die Olympia-Qualifikation. Denn die Sommerspiele in Rio waren nur mehr 13 Monate entfernt …

Bernadette Graf ließ sich feiern.

Tiroler flogen zu vier Medaillen

Als Medaillenhamster erwiesen sich die Tiroler Teilnehmer an den österreichischen Staatsmeisterschaften im Streckensegelflug im steirischen Niederöblarn. Aurel Hallbrucker von der Innsbrucker Segelflieger Vereinigung/ISV flog in der Standardklasse zu einem souveränen Start-Ziel-Sieg, während sich ISV-Klubkollege David Richter-Trummer in der Clubklasse nur dem in Italien lebenden Auslandstiroler Peter Hartmann geschlagen geben musste. Bernhard Leitner (ISV) belegte in der 18-Meter-Klasse ebenfalls Platz zwei, Michael Rass (Fliegerclub St. Johann) komplettierte das Tiroler Medaillenset mit einer Bronzemedaille.

Eine Dame im Adlerhorst

Es war viel los am Eislaufplatz am Wiener Heumarkt. Wie immer in der kalten Jahreszeit. Unter den Massen, die hier an einem Wintertag vor 19 Jahren beim Publikumslauf ihre Runden absolvierten, befand sich auch ein Mädchen namens Theresa Hornich. Doch der Fünfjährigen war das Rundenlaufen zu fad, sie nahm ihre Mama an der Hand und zeigt auf eine abgesperrte Eisfläche, wo gerade eine Eishockeymannschaft trainierte. „Das will ich auch machen", erklärte die kleine Theresa fordernd.

Inzwischen war Theresa Hornich den Kinder-Schlittschuhen längst entwachsen. Das Feuer der Eishockey-Leidenschaft loderte aber stärker denn je in der 24-Jährigen – und führte die aktuelle österreichische Nationaltorhüterin nun nach Tirol. „Theri", wie Hornich gerufen wird, sollte den Kader des Inter-National-Ligisten EC Kitzbühel verstärken. Und damit in einem Männerteam spielen, und zwar in der zweithöchsten österreichischen Spielklasse.

Zuletzt hatte sich Hornich ihre Sporen bei den Wiener Wölfen, einem Herrenteam der dritthöchsten Spielklasse, verdient. „Ich will mich weiterentwickeln. Und natürlich will ich auch spielen. Aber wir sind drei Torhüter – und die Entscheidung trifft der Trainer", stellte Hornich klar, dass sie sich als vollwertiges Kadermitglied sah.

Das betonte auch Hans Exenberger, Sportlicher Leiter der Kitzbüheler Adler: „Theri ist Nationaltorhüterin und hat fünf Jahre Männereishockey in Wien gespielt. Wir trauen ihr die Inter-National-League zu."

Außerdem schlugen die Gamsstädter mit der Verpflichtung der Wienerin auch zwei Fliegen mit einer Klappe. Schließlich wird sich die Besitzerin der A-Lizenz, die auch eine Ausbildung als Mentaltrainerin und Trainingstherapeutin vorweisen kann, um die Torhüter in allen Altersklassen kümmern. „Ich habe schon vor sechs Jahren als Trainerin begonnen, war auch bei den Vienna Capitals für die Nachwuchs-Goalies zuständig. Das macht mir Spaß", erzählte Hornich, die nun als erste Frau in der zweithöchsten österreichischen Eishockey-Liga auflaufen und damit Eishockey-Geschichte schreiben könnte. „Das ist nicht mein Hauptziel. Aber es wäre ein netter Nebeneffekt", grinste die Wienerin, die übrigens nicht alleine dasteht. Auch Lustenau setzt mit Vanessa Berger in der kommenden Saison auf eine Torhüterin im Kader. Beide sind mit einer Sonderspielgenehmigung ausgestattet.

Hornich, die früher parallel für Damen- und Herrenteams gespielt hatte, traf nun nur noch im Nationalteam auf das eigene Geschlecht. „Wenn man einmal beim Herren-Eishockey war, will man nicht mehr zu den Damen zurück", betonte sie. „Bei den Damen ist es ein bisschen eine andere Sportart. Schon allein aus körperlichen Gründen." Deshalb sei es auch nur als Torhüterin möglich, bei den Männern zu reüssieren. Sonderbehandlung (bis auf eine eigene Dusche) wollte sie keine: „Ein Trainer von mir hat einmal gesagt: ,Eine Eishockey-Kabine bleibt eine Eishockey-Kabine, ob mit oder ohne Frau.'"

Theresa Hornich „fing" Pucks für Kitzbühel und das Nationalteam.

Manche Damen mochten's heiß

Nein, nein, da war weder ein Bild von Marilyn Monroe noch ein Videoclip zu sehen – und dennoch erinnerte vieles an „Manche mögen's heiß", den berühmten Film mit der verstorbenen Hollywood-Diva in der Hauptrolle. Und an „Hitzefrei" hatte natürlich auch niemand gedacht. Da gab's höchstens die Überlegung, sich nach dem Match in der nahen Ache abzukühlen. Und weil auch in den Durchführungsbestimmungen kein Hitzelimit festgelegt ist, ging's auf der Kramsacher Länd zum Finale der Tiroler Damen-Liga auf die Tenniscourts – ausgestattet mit nassen Handtüchern, Trinkflaschen und Sonnenschutz. „Ihr müsst viel trinken", empfahl Oberschiedsrichter Edgar Kühhas. Kramsach gegen Schwaz: der Kampf um den Landestitel im Tiroler Damen-Tennis. Eine Hitzeschlacht bei 35 Grad im Schatten. Dennoch: Vom ersten Service an ging es ordentlich zur Sache. Lange Ballwechsel, kämpferische Qualitäten und Tennis auf beachtlichem Niveau prägten das Endspiel. Ein Finale, das Schwaz nach einer 4:1-Führung nach den Einzelpartien vorzeitig für sich entscheiden konnte. Nicht unverdient, das Ergebnis fiel aber zu hoch aus. „Lässige

Meisterschaft gewonnen – da gingen die Schwazer Tennis-Mädels in die Luft.

Begegnungen", lobte Kramsachs Mannschaftsführerin Christina Madersbacher den Einsatz und die spielerische Qualität ihres Teams. „Leider haben wir unser Ziel, einen zweiten Einzelpunkt zu erobern, nicht erreicht."

Eine Rundfahrt zum Vergessen

Das drohende Gewitter verschonte zwar den Tross der Tour d'Autriche und den Villacher Hausberg, Dobratsch, aber für finstere Wolken war bei der Österreich-Radrundfahrt dennoch gesorgt. Sie kündigten ebenfalls ein Gewitter an, aber eines der tiefen Enttäuschung, und das braute sich direkt über dem Kopf jenes Fahrers zusammen, der mit hängendem Haupt als Zwölfter die Ziellinie der fünften Etappe überquert hatte – Stefan Denifl, das Tiroler Rad-Ass. Der ursprünglich große Favorit der 67. Ö-Tour.

„Das war's, dieser Zug ist abgefahren", blieb dem 27-jährigen Fulpmer nur wenige Minuten nach der Zieleinfahrt als bittere Erkenntnis in Bezug auf den Gesamtsieg. Der Frust quoll aus jeder Silbe heraus. Der Mut des großen Sieganwärters schien verloren. Zumindest kurzzeitig. „Ich bin sehr enttäuscht, ja. Mein Ziel ist es nicht, bei der Ö-Tour unter die besten acht oder zehn zu kommen. Das Knie hielt zwar gut durch, aber es fehlte einfach ein bisschen etwas", meinte der Kapitän des Schweizer IAM-Cycling-Teams.

Denifl hatte bereits auf der ersten fordernden Bergetappe 1:01 Minuten Rückstand auf den Spanier Víctor de la Parte González (Team Vorarlberg) aufgerissen. In der Gesamtwertung waren es insgesamt 1:03 Minuten, die auf Rang eins fehlten. Kein Grund, den Kopf in den Sand zu stecken, wie Denifl später nach der ersten Enttäuschung meinte. „Mit etwas Abstand betrachtet, war es eine solide Leistung", zeigte er Ehrgeiz, ergänzte dann aber um jenen Satz, der als entscheidender für die Königsetappe galt. „Das Horn liegt mit normal nicht so gut."

Dies klang fast prophetisch aus dem Mund des Stubaiers und – leider – sollte er auch recht behalten. Wegen Víctor de la Parte González. Wie von einer Tarantel gestochen war der 29-jährige Spanier auf dem letzten der 164,7 Kilometer ins Blickfeld der Zuschauer und die finalen Meter hochgefahren, brachte 1:18 Minuten Vorsprung ins Ziel. Der Rest des Feldes schien bei der Premieren-Kombination von Großglockner und Horn in einer eigenen Liga zu fahren. Darunter auch der Tiroler Stefan Denifl, der mit den Ambitionen des Gesamtsieges in die Tour gestartet war. Sein Urteil nach insgesamt sieben Etappen inklusive Prolog: „Härtetest leider nicht bestanden."

Eine faszinierende Kulisse – dafür hatten die Teilnehmer an der Rundfahrt allerdings keinen Blick übrig ...

„Ich hatte nicht die Form für den Gesamtsieg. Aber es war eine lässige Rundfahrt, jetzt versuche ich zu genießen. Wir sind ja in Tirol", meinte der abgekämpfte 27-jährige Fulpmer, der als Zehnter mit 2:24 Minuten Rückstand ins Ziel kam. Als Gesamt-Zehnter lag er 3:34 Minuten zurück. Ohne Hoffnung auf den großen Umschwung auf der – zugegebenermaßen – schwierigen Abschlussetappe.

Davor noch triumphierte ausgerechnet in Innsbruck mit Lukas Pöstlberger ein Fahrer des Tirol Cycling Teams. „Es ist der größte Erfolg meiner Karriere", schnaufte der 23-jährige Oberösterreicher. „Acht Kilometer vor dem Ziel war ich plötzlich alleine unterwegs. Und ich wusste, dass ich jetzt wegfahren muss." Ganze 13 Sekunden Vorsprung rettete Pöstlberger auf der Flachetappe über 124,7 Kilometer ins Finish. Eine Bestätigung für die Stärke des Rückkehrers, der sich im April 2014 bei einer U-23-Rundfahrt das Becken gebrochen hatte. Nach seinem Sieg bei der Irland-Rundfahrt setzte er das nächste Ausrufezeichen, das ihm ebenso wie Ex-Tirol-Team-Kollege Gregor Mühlberger bald den Sprung zu einem großen Team ermöglichen soll. „Lukas hat sich das voll verdient! Er ist der aktivste Fahrer der ganzen Rundfahrt", streute Ex-Tour-Sieger Thomas Rohregger Rosen.

Der große Angriff am Abschlusstag der Rundfahrt war schnell verebbt: Vor der Kulisse der Bregenzer Festspielbühne schnappte sich wie erwartet der Spanier Víctor de la Parte González den Gesamtsieg. Der Mann in Rosa, der Tiroler Stefan Denifl, blieb als bester Österreicher im Klassement – und vor der gut gefüllten Seepromenade gehörten die Schlussworte dem Tour-Direktor Wolfgang Weiss: „Ihr seid großartig. Wir sehen uns im nächsten Jahr."

Der aktuelle Streckenplan, der durch alle Bundesländer führte, wurde von vielen begeistert aufgenommen. „Es ist sehr gut, dass die schwierigen Etappen am Ende sind", schwärmte Rohregger. Und das soll auch so bleiben: Das Finale wird auch in Zukunft wie diesmal bergige und schwierige Teilstücke vorsehen. „Bei mir gibt es keine Champagnerfahrten", erklärte Weiss, der keine sonst übliche Flachetappe zum Ausklang will. Das heißt de facto: Der alpinere Westen bleibt Zielort, Bregenz ist auch für 2016 ein großer Abschlusskandidat. Zudem rückte auch vermehrt Tirol in den Mittelpunkt. Vielleicht sogar mit Innsbruck oder einem Finaltag am berüchtigten Kitzbüheler Horn? Weiss: „Wieso nicht einmal mit einer Bergankunft in Tirol aufhören? Ein, zwei Etappenorte fehlen mir noch, ansonsten steht das Konzept." Am Ende spielen aber Sponsorengeld und -wünsche die Musik.

So jubelt ein Ö-Tour-Sieger: Víctor de la Parte.

Fotos: GEPA (o.), EXPA/Reinhard Eisenbauer (u.)

Für St. Anton blieb nach der WM-Entscheidung für Saalbach nur ein wehmütiger Blick zurück ins Jahr 2001.

„Unser Konzept war besser"

Rein mathematisch betrachtet schien die Arlberger Bewerbung für die Alpine Ski-WM im Duell um den innerösterreichischen Zuschlag klar im Vorteil. Dem von Tirol und Vorarlberg unterstützten Projekt waren aufgrund der Mitgliederzahl der Landesverbände 39 Prozent der Stimmen gewiss, eine einfache Mehrheit hätte bei der Präsidentenkonferenz in Innsbruck bereits ausgereicht. Aber angetrieben vom Salzburger Verbandsoberhaupt Bartl Gensbichler hatte sich eine Allianz für Saalbach formiert, der bis auf Wien alle Bundesländer angehörten. Nur ÖSV-Präsident Peter Schröcksnadel wollte sich im Vorfeld auf keinen Kandidaten festlegen – der 73-Jährige definierte sich als „Beobachter". 56:44 Prozent hieß es am Ende aus Sicht der Pinzgauer, die schon im Jahr 1991 als WM-Gastgeber auftraten. Sie sollen nun für Österreich neuerlich eine Alpine Skiweltmeisterschaft an Land ziehen. 2021 wird das nicht der Fall sein, da scheint Cortina d'Ampezzo nicht zu schlagen zu sein. Auch 2023 (Courchevel) und 2025 (Crans-Montana) wartet starke Konkurrenz. Peter Mall, der die Arlberger Bewerbung koordinierte, war diese Spekulation egal – er konnte seine Enttäuschung nach der Wahl-Niederlage nicht verhehlen. Auch Unverständnis war seinen Worten zu entnehmen. Auf Basis des vom ÖSV erstellten Kriterienkatalogs hätte man sich den Zuschlag erwartet: „Unser Konzept war das bessere, wir hatten konkrete Finanzierungsgarantien. Das hatte Saalbach nicht, von dort gab es keine Zahlen." Ins gleiche Horn stieß auch Tirols Landeshauptmann-Stellvertreter Josef Geisler: „St. Anton wäre aus meiner Sicht der bessere Kandidat, weil der Arlberg ein besseres Renommee hat. Saalbach mag vielleicht national der bessere Kandidat sein, aber international wäre St. Anton die bessere Aktie."

Raiders mit 48:46 im Finale

Im Halbfinale schafften die Swarco Raiders mit einem wahren Zittersieg den Aufstieg, hatten das Heimspiel gegen die Prague Black Panthers knapp mit 48:46 gewonnen – obwohl sie nach dem dritten Drittel bereits mit 42:17 geführt hatten. Doch im Endspiel zeigten die Tiroler ihre wahre Klasse, fegten ihren Erzfeind Vienna Vikings mit einem unglaublichen 38:0-Triumph förmlich vom Platz des Wörthersee Stadions in Klagenfurt. Dort war die letzte Minute des Spiels noch gar nicht angebrochen, als Lee Rowland am Spielfeldrand schon die traditionelle Siegerdusche über sich ergehen lassen musste. Den Offensiv-Koordinator der Swarco Raiders kostete die Bierdusche allerdings nur ein müdes Lächeln. Eine verständliche Reaktion, denn zu diesem Zeitpunkt war im Klagenfurter Stadion für seine Footballer schon längst alles entschieden.

Jubelnde Raiders ließen den Vikings im Finale keine Chance.

Und das am Ende mit einer kaum vorhersehbaren Klarheit: 38:0! Das muss man sich erst einmal auf der Zunge zergehen lassen. Mit diesem bisher höchsten Finalerfolg schnappten sich die Tiroler den Meistertitel in der Austrian Football League (AFL). Für die Raiders war es der erste Titel nach 2011 und nach drei knappen Endspielniederlagen gegen die Wiener. Jetzt gelang die Revanche – und das war ganz nach dem Geschmack von Headcoach Shuan Fatah. „Wir wollten uns den Respekt verdienen und das haben wir geschafft. Wenn es ein Stehaufmännchen gibt, dann sind wir das. Das sind Kämpfer auf dem Feld!", ließ der deutsche Erfolgstrainer seinen Emotionen gewohnt wortstark freien Lauf.

Ausschlaggebend im besten Raiders-Saisonspiel war die schlechteste Saisonleistung der Wikinger mit vielen Passfehlern. Die Raiders machten nach der verpassten Eurobowl im wichtigsten Spiel der Saison indes nichts falsch: Gleich zu Beginn fing Julian Ebner einen Pass von Quarterback Sean Shelton zum ersten Touchdown.

Nach einer Unterbrechung wegen eines Gewitters folgten in Hälfte zwei Blitz und Donner vonseiten der Raiders. Tirols Jungstar Sandro Platzgummer machte den Anfang, ehe der überragende Legionär Fabien-André Gärtner für einen lupenreinen Touchdown-Hattrick sorgte und den Kantersieg damit besiegelte.

Ein schwacher Trost

Auch mit (Kombinations-)EM-Gold um den Hals blieb Jakob Schubert ein Enttäuschter. Zu tief saß der Stachel von der verpassten Vorstieg-Medaille. Der Weltmeister von 2013 war im dramatischen EM-Finale vor 15.000 begeisterten Kletterfans hinter seinen Möglichkeiten geblieben und musste sich mit Rang sechs zufriedengeben. „Es wäre mehr möglich gewesen", versicherte der Innsbrucker, der mit der Finalroute von Beginn an zu kämpfen hatte. „Ich bin nie so richtig reingekommen und habe dann einen Zwischengriff falsch eingeschätzt. Ärgerlich, wenn man sein Potenzial nicht abruft."

Dass der 23-jährige Innsbrucker immerhin die Kombinationswertung aus Bouldern (Platz vier im Mai in Innsbruck), Speed und Vorstieg gewann, war „nur ein schwacher Trost", wie er meinte. Versöhnlicher Nachsatz: „Immerhin waren Adam (Ondra) und ich die Einzigen, die sowohl im Bouldern als auch im Vorstieg im EM-Finale waren. Darauf kann man schon auch stolz sein."

Stolz und restlos zufrieden war hingegen Jessica Pilz. Nicht nur, dass sich die 18-jährige Niederösterreicherin bei ihrem ersten Finalauftritt bei einem Großereignis gleich Vorstieg-Bronze holte, durfte auch sie über Kombinationsgold jubeln. „Das hätte ich mir nicht erträumen lassen", frohlockte Pilz,

Österreichs Meister im American Football, die Swarco Raiders, im Konfettiregen.

Jakob Schubert holte sich die Kombi-Wertung.

wohlwissend, dass ihr die Zukunft gehört. Das sah auch Schubert so: „Sie hat alles, was eine Große mitbringen muss. Schon beeindruckend, wie Jessica geklettert ist und auch in den entscheidenden Momenten cool geblieben ist."

Vom Kindergarten zum Heer

So etwas nennt man eine neue Herausforderung oder: Tirols erfolgreiche Armbrust-Schützin Franziska Peer hat das Waffenlager gewechselt. Ab sofort hat die 28-jährige mit dem Kleinkaliber die Olympischen Spiele in Rio im Visier. Gewechselt wurde nicht nur die Waffe, auch das Umfeld ist ein völlig anderes geworden. Basteln, Singen und Erziehen sind vorbei, seit Herbst 2014 steht Kindergärtnerin Franziska Peer als Heeressportlerin habt Acht. „Es fühlt sich gut an, richtig gut", sagte die Wörglerin. Ihr Leben veränderte sich mit Eintritt ins Bundesheer jedenfalls schlagartig. Die Doppelbelastung durch Beruf und Sport fiel von einem Tag auf den anderen von ihr ab. „Die Reisen zu Wettkämpfen und Lehrgängen, das tägliche Training – das alles lässt sich mit einem Job kaum vereinen", beschrieb die 28-Jährige die Situation. Sie hätte jetzt die Zeit, auch auf Kleinigkeiten zu achten, und könne sich besser auf das Training an ihrem Heimatstand in Angerberg mit Trainer Markus Bichler konzentrieren.

Wie einst „ihre" Schützlinge im städtischen Kindergarten in Wörgl hat aber auch Peer noch einiges zu lernen: Die vierfache Weltmeisterin und fünffache Europameisterin im Armbrustschießen wechselte auch ihr Spezialgebiet. Nun zielt sie mit dem Luftdruck- und Kleinkalibergewehr auf Ringe. Wegen der fünf Ringe. Armbrustschießen ist im Gegensatz zu den anderen Gattungen nicht olympisch.

Ihre neuen Waffen weiß Peer längst gut einzusetzen. Der Unterschied sei grundsätzlich nicht groß, die Zielvisierung etwa die gleiche, der Bolzen der Armbrust fliege aber langsamer. „Das heißt, ein Fehler wirkt sich deutlicher aus", erzählte die Schützin der Gilde in Angerberg. Den deutlichsten Unterschied erkannte sie in der Dichte: „Zuletzt im Weltcup waren

Fesch und zielsicher auch in der KK-Disziplin: Franziska Peer.

es 140 Starter aus 86 Nationen – so viele sind bei Armbrust-Bewerben nicht dabei."

Umso schwieriger erscheint es, ihr Ziel, die olympischen Ringe, anzuvisieren. „Für mich kommt Rio schon etwas zu früh, aber mal schauen. Zuletzt habe ich doch einen großen Sprung gemacht. Mit einer guten Tagesverfassung und etwas Glück …", sagte Tirols Sportlerin des Jahres 2011.

TWV-Quartett in Rekordlaune

Tirols Paradeschwimmer ließen bei den Staatsmeisterschaften in Linz einen Landesrekord auf den nächsten folgen und zu guter Letzt fixierte die 4-x-100-m-Freistilstaffel des Tiroler Wassersportvereins Innsbruck (TWV) mit Alexander Knabl, Bernhard Reitshammer, Andreas Senn und Florian Zimmermann in 3:25:43 Minuten eine neue österreichische Bestmarke. Startschwimmer Knabl sorgte in diesem Rennen in 50:91 Sekunden auch noch für einen neuen Landesrekord – so wie zuvor über die 200-m-Freistilstrecke (Bronze/1:52:52). Balsam auf die Seele von Trainer Wolf Grünzweig, dessen Musterschüler Bernhard Reitshammer sich zuvor in einem eindrucksvollen 100-m-Rücken-Solo vor den Augen von Markus Rogan in 56:76 Sekunden (Tiroler Rekord) sein zweites Gold abgeholt hatte. Herausragend war auch das Abschneiden der erst 14-jährigen Caroline Hechenbichler. Das Söller Ausnahmetalent, das inzwischen ins Leistungszentrum nach Linz übersiedelt ist, glänzte über 50 Meter und 200 Meter Schmetterling jeweils mit Silber. Emma Gschwentner (SC IKB) schließlich durfte sich über 100 Meter Rücken über Bronze freuen.

Viel gewollt, wenig erreicht

Mehr gebrochen als geknickt trat Dominic Thiem vor das Mikrofon und starrte konsterniert große Löcher in die Luft, als alles vorbei war. „Es tut extrem weh, das ist klar. Die Enttäuschung ist jetzt riesig", wiederholte Österreichs Tennis-Jungstar den Satz, den er schon nach dem ersten Wettkampftag, nach seiner ersten Niederlage, von sich gegeben hatte. Nur dieses Mal hatte der Satz viel mehr Gewicht. Denn Thiems glatte Drei-Satz-Niederlage mit 4:6, 6:7, 3:6 gegen Robin Haase besiegelte die endgültige Pleite in der Europa-Afrika-Zone des Davis Cups. Es war alles bereits gelaufen, noch ehe das angekündigte Gewitter auftauchte – und ehe Andreas Haider-Maurer um die Entscheidung hätte spielen können.

Drei Tage Tennis in Kitzbühel, eine Premiere: Fünf Partien lagen hinter Österreichs Team, die letztlich in eine 2:3-Abfuhr mündeten, die bitter schmerzte, weil sie den Verbleib in der Europa-Afrika-Zone 1 bedeutete. Ändern wird sich an der

Diese Goldmedaille schmeckt den Tiroler Rekordschwimmern.

Eine schmerzhafte Landung auf dem Sandboden der Tennis-Realität gab es für Österreichs Davis-Cup-Team in Kitzbühel.

Ausgangslage nichts: Der Fahrstuhl zurück in die Weltgruppe (zuletzt 2013) steckt bis frühestens 2017 fest, nächstes Jahr wird wie heuer im März die erste Runde gespielt, im Juli dann die zweite und im September das Play-off. Vielleicht sogar wieder in Kitzbühel, denn die Gamsstadt hat sich mit einem großen Ausrufezeichen als Spielort für kommende Aufgaben empfohlen. Offiziell kamen an allen Tagen rund 9.000 Zuschauer, von denen wiederum ein großer Teil aus den Niederlanden stammte. Das rund 300.000 Euro schwere Budget war gut angelegt, in Zukunft soll Kitzbühel neben den Generali Open noch mehr hochklassiges Tennis in Form des Davis Cups sehen. „Die Gäste waren zufrieden. Das macht Lust auf mehr", sagte Clubpräsident Herbert Günther.

100 Punkte für Olympia

Eigentlich sind Bernadette Graf und Kathrin Unterwurzacher unzertrennlich. Eigentlich. Denn dieses eine Mal visierten die beiden Top-Judokas aus Tirol unterschiedliche Ziele an. Die Tulferin Graf musste „alleine" zum Grand Slam im russischen Tjumen, weil ihre Trainingspartnerin Unterwurzacher von Nationaltrainer Marko Spittka eine Wettkampfpause verordnet bekam. „Das ist schon ungewohnt, ohne Kathrin unterwegs zu sein", sagte Graf. Normalerweise teilen sich die beiden Sportlerinnen alles – außer der Zahnbürste.
Aber in Russland fand sich Graf auch solo, allerdings inmitten des Nationalteams, gut zurecht: Sie kämpfte sich beim top besetzten Grand Slam bis ins Finale vor. Gegen Alena Iprokopenko siegte die 23-Jährige mit einem Ippon, im Kampf um Bronze indes unterlag sie Szaundra Diedrich nach einem Würgegriff. „Schade, eine Medaille wäre irre gewesen", meinte ihr Trainer Martin Scherwitzl. Aber auch Rang fünf hatte sich rentiert – als Belohnung gab es 100 Punkte für die Olympia-Qualifikation.

Kathrin nützte die verordnete Wettkampfpause zur Erholung in den Tiroler Bergen.

Schubert wieder im Konzert der Großen

8.000 Fans im Rücken können entzücken. Oder verunsichern. „Das macht einen schon etwas nervös", gestand Kletter-Ass Jakob Schubert nach dem Vorstieg-Weltcup in Briançon. Wie ein Rockstar sich in der Menge baden – „das muss ich nicht unbedingt haben". Der Innsbrucker mit legerem Schildkapperl klettert lieber hoch hinaus – in Frankreich als einer von nur drei Athleten auf der Qualifikationsroute sogar bis ans Top. Im Finale passierte dann ein kleiner Ausrutscher. „Mir ist die linke Hand weggerutscht. Ein blöder Fehler", sagte der 24-Jährige. Ein Fehler, der Schubert bereits bei der EM in Chamonix unterlaufen war. Damals verpasste er als Fünfter das Podest. Diesmal hielt er Platz drei aber fest in der Hand. Den Sieg schnappte sich Gautier Supper aus Frankreich. „Es wäre ein bisschen mehr drin gewesen", meinte Schubert in einer ersten Reaktion. Dann atmete er durch, ließ den Wettkampf kurz Revue passieren. Das Positive überwiege, es sei immerhin der erste Stockerlplatz der Saison: „Das hat mir wieder Selbstvertrauen gegeben." Anders ausgedrückt: Nach der bitteren EM-Erfahrung schloss der Tiroler in Briançon mit Frankreich Frieden. Der Frust wich Begeisterung: „Es war ein extrem lässiger Event, trotz allem ein geiles Gefühl, vor so einem Riesenpublikum zu klettern."

Dreifachsieg über 100 m Kraul

Tirols Schwimm-Talente zeigten bei den österreichischen Meisterschaften eine Leistung mit Seltenheitswert. Über 100 Meter Freistil krallte sich Alexander Knabl vor Bernhard Reitshammer (beide TWV) und Robin Grünberger (SC Innsbruck) die Goldmedaille und führte damit einen Tiroler Dreifachsieg an. Knabl knackte dabei in 50:72 Sekunden den Tiroler Rekord. Der Absamer Reitshammer krönte sein starkes Wochenende neben Silber mit der nächsten Goldmedaille über 50 Meter Brust, einst eine Paradestrecke seiner inzwischen zurückgetretenen Schwester Caroline. Die TWV-Staffel schwamm über 4-x-100-m-Lagen ebenfalls zu Gold, wurde aber später disqualifiziert.

Jubelten über Platz eins und zwei: Reitshammer und Knabl.

Vanessa im Goldrausch

Die Augen versteckte sie hinter einer coolen Sonnenbrille, die Haare waren zum adretten Zopf geflochten. Der Rennanzug erstrahlte in Österreichs Landesfarben. Ein attraktives Bild von Vanessa Bittner, aufgenommen kurz vor dem Start zu ihrem ersten Bewerb bei der Speedskate-EM in Wörgl, dem Rennen über 300 Meter. Fast logisch, dass die fesche Tirolerin in 25:973 Sekunden die Goldmedaille holte. „Ich bin überglücklich, dass ich gleich am ersten Tag zuschlagen konnte", sagte die erst 20-Jährige, die im Juniorenbereich bereits etliche Titel einheimsen konnte, in der allgemeinen Klasse war es eine Premiere. „Dass es gleich im ersten Rennen gereicht hat, macht mich stolz und nimmt den Druck nicht nur von mir, sondern vom ganzen Team."

Das sollte sich positiv auswirken. Zweites Rennen, zweiter Triumph. Nach der Machtdemonstration über 300 Meter fuhr Vanessa über 500 Meter bereits die zweite Goldmedaille ein. Nach dem Start im Finallauf war die 20-Jährige zwar kurz auf die zweite Position abgerutscht, aber dann beschleunigte der Bittner-Express auf Höchstgeschwindigkeit. „Es gibt nur ein Gas: Vollgas! Ich bin sehr glücklich", jubelte die Tirolerin im Ziel.

Vanessa mit ihrer Medaillensammlung.

Verständlich, denn letztlich klappte es in Wörgl auch im dritten Rennen: Bittner schnappte sich dort die dritte Goldmedaille. Eine volle Ausbeute, nachdem sie zu Beginn noch das Motto ausgegeben hatte, dass eine Medaille zu Hause schön wäre. „Ich habe mir nicht gedacht, dass es so gut läuft, vor allem, weil ich heuer mit der Matura so viel zu tun hatte", sagte Bittner – und jedes Mal, wenn von sechs Goldenen bei drei ausstehenden Starts die Rede war, dann begann sie zu lächeln. „Na ja, jetzt schauen wir mal, wie es läuft."

Eines vorneweg – es lief weiterhin ausgezeichnet und zwar alles in Richtung Gold-Festival für Vanessa. Denn sie siegte und siegte und siegte – egal zu welcher Uhrzeit: Da die Wetterfrösche ein ordentliches Donnerwetter vorausgesagt hatten, gingen die Veranstalter der Speedskate-EM in Innsbruck auf Nummer sicher und werteten die Qualifikationsläufe kurzerhand als entscheidende Zeitläufe. Und einmal mehr war Vanessa Bittner nicht zu stoppen. Nach ihren drei Bahn-Titeln in Wörgl triumphierte die Innsbruckerin auf dem Straßenkurs bei der Olympiaworld im 200-m-Sprint. Dabei erwischte die 20-jährige Hausherrin einmal mehr keinen optimalen Start, setzte dann bei der Schlüsselstelle alles auf eine Karte – und diese stach. „Ich habe gewusst, dass ich bei der einzigen Kurve volles Risiko nehmen muss, und das hat sich ausgezahlt. Langsam wird mir meine Serie selbst unheimlich." Und weil siegen gar so schön ist, holte sich Bittner im fünften Bewerb (500 Meter) gleich das fünfte Gold ab – eine unglaubliche, eine sensationelle Ausbeute.

Der Schuh drückte Wacker noch immer

Wie heißt es doch so treffend: Aller Anfang ist schwer! Beim FC Wacker Innsbruck bewahrheitete sich diese Erkenntnis bereits zum Auftakt der neuen Meisterschaft gegen Kapfenberg mit einem eher bitteren Beigeschmack. Ohne Mittelfeldstrategen Danijel Mićić fehlten die zündenden Ideen, der Angstgegner aus der Obersteiermark (drei Siege über Wacker in der vergangenen Saison) wirkte in der Anfangsphase rund um seinen neuen spanischen Star Sergi Arimany Pruenca gefährlicher. Als Wackers Neuer an vorderster Front, Thomas Pichlmann, mit zwei Kopfbällen und einem abgeblockten Schuss sein Ankommen am Tivoli signalisierte, besserte sich die Lage mit mehr Kontrolle im Mittelfeld etwas, allein der erfolgreiche Abschluss fehlte. Der Wacker-Elf fiel 56 Tage nach dem lebensrettenden 3:0-Heimsieg über Horn im ersten Match der neuen Saison nicht alles leicht, zuweilen einiges sogar schwer. Wer Monate um den Klassenerhalt kämpft, wird nicht alleine aufgrund einer guten Vorbereitung sofort um ein, zwei Klassen besser. Dennoch kam Wacker quasi zu einem Matchball. Den hatte Pichlmann elf Minuten vor Schluss nach Riemann-Flanke, doch KSV-Goalie Christoph Nicht rettete mit einer Glanztat. Das erste Tor gegen Kapfenberg nach vier torlosen Spielen (0:1, 0:3, 0:3, 0:0) in der Vorsaison wollte einfach nicht gelingen, es blieb beim insgesamt doch enttäuschenden Auftakt-0:0.

Triumph im Happel-Stadion

Na, wer sagt's denn – es geht ja doch: Der FC Wacker kann auch gewinnen! Bereits in der zweiten Runde der Sky Go Erste Liga feierten die Innsbrucker mit dem 5:1-Kantersieg gegen den Floridsdorfer AC auswärts den ersten Saisonerfolg. Lang, lang ist's her: Am 20. April 2002 hatte der damalige FC Tirol mit einem 1:0-Sieg im Wiener Ernst-Happel-Stadion beim SK Rapid den dritten Meistertitel in Folge fixiert. Einen Neustart in der dritten Liga, drei Aufstiege und zwei Abstiege später kehrte der FC Wacker in diesem Juli ins ehrwürdige Happel-Oval zurück. Das Ambiente knapp 13 Jahre später strahlte natürlich weit weniger Glanz aus: Gerade einmal 1.700 Zuschauer verirrten sich in die 50.865 Zuschauer fassende Arena. Die knapp 100 mitgereisten Wacker-Fans mussten ihr Dasein im gähnend leeren Stadion gar im dritten (!) Oberrang fristen. Auf das torlose Auftakt-Remis gegen Kapfenberg hatte Trainer Klaus Schmidt mit drei Änderungen reagiert: Für den verletzten Alex Hauser feierte Alexander Riemann sein Startelf-Debüt, René Renner ersetzte Flo Jamnig und trotz drohender Hüftoperation biss im Zentrum Danijel Mićić die Zähne zusammen – und der FC Wacker siegte am Ende in dieser Höhe auch völlig verdient.

Zweiter Sieg brachte Geld

Dass ein Sieg in Ischgl bei der Ironbike-Classic etwas Besonderes ist, erfuhr Roel Paulissen aus Belgien schon im Jahr 2004. Damals hatte er das erste Mal triumphiert. Das Kunststück gelang ihm nun bei der 21. Auflage des Rennens ein zweites Mal, und zwar in beeindruckendem Stil. Die Freude

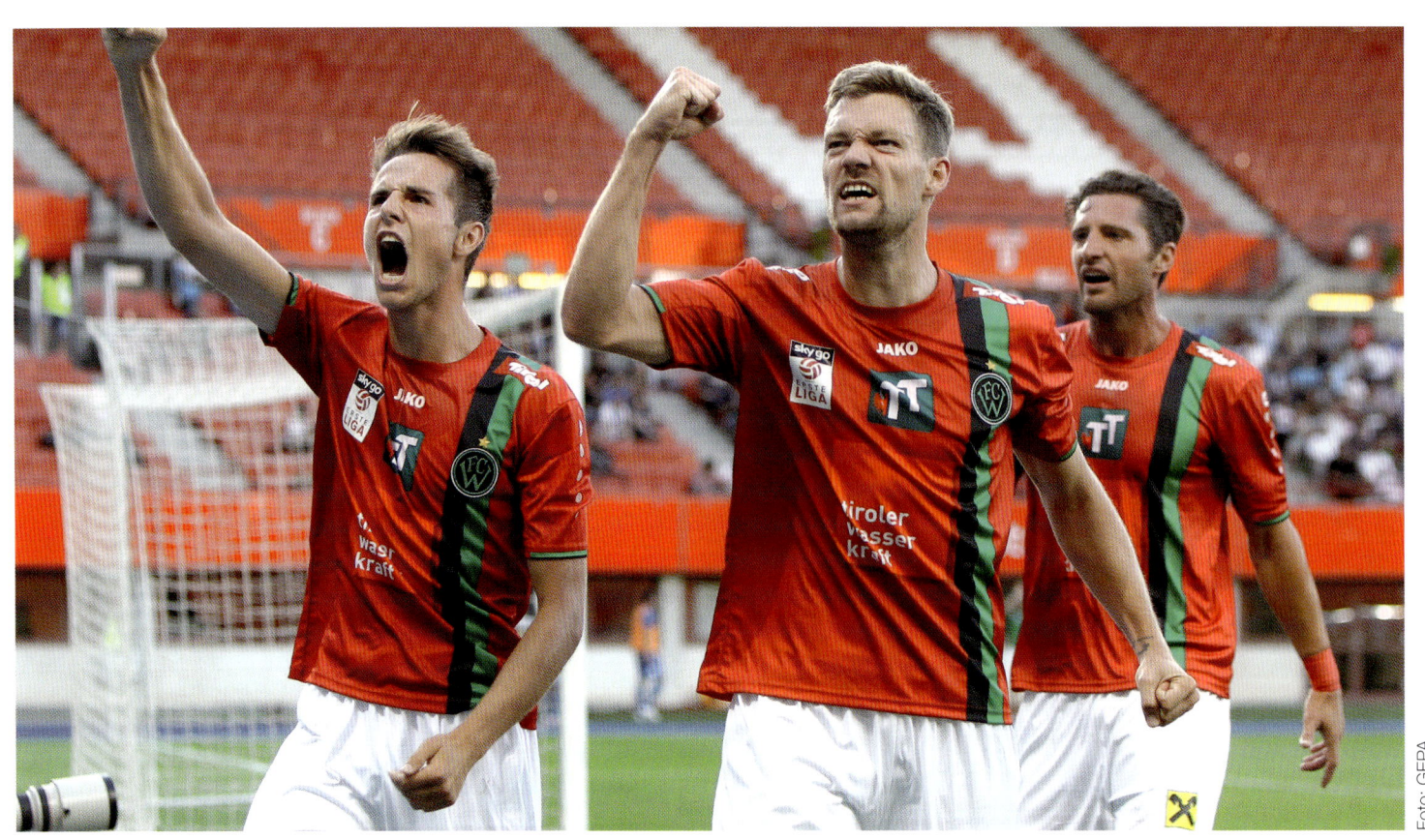

Die Siegerfaust im Happel-Stadion: Wacker gewann gegen den FAC.

über den Sieg war gleich groß, aber die Siegesprämie viel höher als vor elf Jahren: 3.000 Euro verdiente er in exakt 3:55 Stunden bei seinem überlegenen Ritt über Idjoch, Greitspitze und Samnaun über heuer „nur" exakt 75 Kilometer, weil die Strecke am Zeblasjoch nach Hagelschlag in der Nacht zuvor ein wenig verändert wurde. In Abwesenheit von Titelverteidiger Urs Huber aus der Schweiz und Alban Lakata, dem Lokalmatadoren, lieferte Paulissen eine sensationelle Leistung ab. Pech hatte der Tiroler Daniel Rubisoier, den ein Reifenschaden am Idjoch in führender Position zurückwarf. Bei den Damen feierte Milena Landtwing (Schweiz) in 4:57:21 Stunden ihren ersten Sieg.

Gold mit dem Team und ein Weltrekord

Das hat fast schon Tradition – bei Großereignissen ist auf Österreichs Schützen immer Verlass. Motto: großes Kaliber, großer Erfolg. So auch bei der Europameisterschaft im slowenischen Marburg. Im Mannschaftsbewerb liegend traf das Trio mit dem Osttiroler Klaus Gstinig, dem Salzburger Gernot Rumpler und Stefan Raser genau ins Schwarze, durfte sich dabei aber nicht nur über Gold freuen, sondern auch über den Weltrekord von Raser. Der Oberösterreicher hatte mit 600 von 600 Ringen den erstmals im Jahre 1990 von Harald Stenvaag aus Norwegen erzielten Weltrekord eingestellt. Zum Feiern blieb den Goldschützen jedoch keine Zeit, denn da warteten im Anschluss noch einige Aufgaben, die jedoch ebenfalls bravourös gemeistert wurden. Insgesamt durfte der

Paulissen kassierte erneut …

Sportschützenbund mit einer Ausbeute von einer Goldenen, zwei Silbernen, drei Bronzenen und dem insgesamt vierten Quotenplatz für die Olympischen Spiele mehr als zufrieden bilanzieren.

Österreichs Schützen mit dem Tiroler Gstinig holten Medaillen und Quotenplätze.

Bianca war auch von Verletzungen und Schmerzen nicht zu stoppen ...

Am Sand – aber Zass hielt durch

Lange hatte es gedauert, ehe Sara Montagnolli in den Beachvolleyball-Stadien ihre Nachfolgerin beobachten durfte; doch dann kam Bianca. Die Westendorferin Bianca Zass war jedenfalls die einzige Tirolerin bei der Europameisterschaft in Klagenfurt. Dank Riesenehrgeiz und verbissenem Kampfgeist – allen Hindernissen zum Trotz. Stationen eines Leidensweges. Die untypische Handbewegung nach dem Aufstehen ist automatisiert: Mit einer Hand stützt sich Bianca am Waschbeckenrand ab, in der anderen hält sie die Zahnbürste und putzt sich die Zähne. Ohne ihre helfende Hand könnte sich die Westendorferin nicht einmal den Mund ausspülen: „Weil ich mich nicht so weit runterbeugen kann." Ein Gleitwirbel im Lendenwirbelbereich macht der 30-Jährigen seit nunmehr 14 Jahren das Leben schwer. Allerdings nicht nur dieser. Zass muss mittlerweile achtgeben, welcher Arm ihre Stütze ist. Denn auch ihre rechte Schulter wirkt ab und zu durch ein Impingement-Syndrom (Einklemmen der Sehne) zerbrechlich. Jammern kommt jedoch nicht in Frage. Zass beißt lieber die Zähne zusammen. Immer wiederkehrende Knieprobleme erwähnte die Partnerin von Valerie Teufl nur in einem Nebensatz, bevor sie ansetzte, von ihrer Freude an diesem Sport zu schwärmen. Die Teilnahme an den Europameisterschaften in Klagenfurt war dabei mit eingeschlossen. Die vorhersehbare 0:2-Auftaktniederlage gegen die starken deutschen Damen Karla Borger und Britta Büthe konnte diese nicht trüben: „Wir sind so froh, überhaupt in Klagenfurt dabei zu sein. Wir waren überrascht, so gut mitgehalten zu haben", betonte die einzige Tirolerin bei den Titelkämpfen in Kärnten. So hakte sie in ihrer rationalen Art die Partie in der Kategorie „Reinkommen, ein Gefühl bekommen" ab. Nach dem ersten Saisonturnier im Mai musste sie aufgrund verstärkter Schulterprobleme ihre täglichen Physiotherapie-Einheiten erhöhen und spielte im Saisonverlauf gehandicapt. Die Erfolge blieben aus. Kaum war sie wieder fit, riss ihrer Partnerin Teufl beim Satellite-Turnier in Vaduz eine Sehne im Ellbogen. Daraufhin war die 28-jährige Oberösterreicherin zu einer zweiwöchigen Pause gezwungen. Die Generalprobe für die EM, das Grand-Slam-Turnier in Yokohama, fiel ins Wasser, auf Sand gab Teufl erst knapp vor Kärnten ihr Comeback. Mit dem Sieg in Oberösterreich und einer Packung Schmerztabletten in der Tasche reiste das Duo nach Klagenfurt. „Diese Saison spielen wir einfach eingeschränkt", erklärte Zass. Mit großen Erfolge kalkulierte sie in dieser Sand-Saison nicht mehr. Die Resultate bis zu diesem Zeitpunkt (keine einzige Qualifikation für Pool-Runden bei internationalen Turnieren) ließen keine anderen Rechenspiele zu. Daraus resultierte, dass es finanziell enger wurde für das Team. Zumal bei Zass ab Oktober das Bundesheer als Unterstützer wegfallen wird. Aufhören war für Bianca aber trotz finanzieller Einbußen und körperlicher Einschränkungen keine Option. „Ich werde mir einen Bürojob suchen", betonte die Tirolerin: „Ohne Geld keine Musik." Ihr Ziel lautete schließlich, auch bei internationalen Turnieren ihre Spiel-Noten in Hauptrunden einbringen zu können. So wie einige Beach-Kollegen im Winter mit Spielen in der Halle Geld zu verdienen, kam der ehemaligen TI-Bundesliga-Spielerin nicht in den Sinn. Schließlich wusste sie, dass die dort herrschenden härteren Belastungen für den Körper alleine durch die spezielle Bodenbeschaffenheit ihr das Zähneputzen noch weiter erschweren würden.

Drama um Kira

Es war ein ganz normaler Trainingstag, der von einer Sekunde zur anderen alles veränderte, und zwar auf eine dramatische Art und Weise. Ein Tag, der hoffnungsvoll begonnen hatte und auf dem OP-Tisch endete. Mit der Schreckensdiagnose Querschnitt, gelähmt von der Halswirbelsäule abwärts: Das zukünftige Leben der Kira Grünberg im Rollstuhl.
Nach einem Bänderriss im Sprunggelenk hatte Kira zuletzt auf ihr Comeback hingearbeitet, für das Leichtathletik-Mee-

Die Familie als starker Rückhalt für Kira.

Dunkle Wolken am Himmel – symbolisch für den Tag, an dem sich Kira Grünbergs Leben dramatisch veränderte.

ting in Linz waren das Comeback und das Olympia-Limit von 4,50 Meter im Stabhochsprung vorgesehen. Plötzlich war das alles nebensächlich.

Ausgerechnet beim ersten Sprung des Trainings in der Innsbrucker WUB-Halle, einem Routinesatz mit acht Schritten Anlauf, verlor die hoffnungsvolle „Leichtathletin des Jahres 2014" die Balance. Kurz nach dem Abheben begannen die Schwierigkeiten: Grünbergs Rotationsbewegung passte nicht, sie verdrehte sich in der Luft, wollte noch auf der Matte landen und stürzte schließlich mit dem Kopf voraus in das für den Stab vorgesehene Einstichloch. So schilderte es auch Vater und Trainer Frithjof.

Dass Grünbergs Welt künftig eine andere sein dürfte, ahnte auch Tirols Leichtathletikpräsident Reinhard Kessler bereits nach den ersten Meldungen. Ohne Vorwissen hatte sich das Verbandsoberhaupt gerade noch mit der Verlängerung des Mietvertrags mit der WUB-Halle befasst, dann fiel er aus allen Wolken: „In der Leichtathletik denkst du, da passiert nichts, aber mit so was rechnet niemand. Ich wünsche Kira alle Stärke, die sie in dieser schwierigen Situation braucht."

Zwei EM-Medaillen und ein Sieg mit gebrochener Nase

Verbandspräsident Julius Skamen fand genau die richtige Bezeichnung für seine Athleten: „Wie die Piraten." Tatsächlich war kein See vor den Tiroler Triathleten sicher. Bei der Cross-Triathlon-Europameisterschaft am Schluchsee in Deutschland holte Carina Wasle (Wave Tri Team Wörgl) die Bronzemedaille. „Nur elf Sekunden hatten auf Silber gefehlt, aber bei der EM zählen die Medaillen und das habe ich geschafft", jubelte die Kundlerin. Nach 1,5 Kilometer Schwimmen und 30 Kilometer Mountainbiken musste sie sich im Laufbewerb über zehn Kilometer erst im Zielsprint geschlagen geben. Ebenfalls am Schluchsee war Behindertensportler Martin Falch (Raika Tri Telfs) eine Klasse für sich und eroberte EM-Gold. Über einen ganz besonderen Sieg durfte sich Thomas Steger freuen. Der Tiroler kürte sich bei der Triathlon-Staatsmeisterschaft in Obertrum am See in Salzburg zum Staatsmeister – und das trotz gebrochener Nase. Der Jenbacher hatte sich die Woche zuvor bei einem Triathlon-Event verletzt, aber ließ sich von einem Start nicht abbringen. „Einzig beim Schwimmen musste ich aufpassen", sagte er und bewies trotzdem quasi ein goldenes Näschen …

Thomas Steger jubelte nach seinem Staatsmeistertitel.

Hinter jedem Sieger steht ein starker Partner.

GENERALI Kitzbühel open

GENERALI

AUGUST

Der LASK erwies sich für Wacker im Tivoli Stadion als Spielverderber.

Vom Kellerkind zum Tabellenführer

Unentschieden, Sieg, Niederlage – die Bilanz des FC Wacker Innsbruck las sich nach den ersten drei Runden der Sky-Go-Meisterschaft ziemlich ausgeglichen. Dabei hatte man vor allem im zweiten Heimspiel so sehr auf den ersten Saisonsieg gehofft, immerhin war der Titelfavorit LASK im Tivoli angetreten. Doch TT-Redakteur Alex Gruber traf mit seiner Analyse genau ins Schwarze, als er schrieb: Zwei schwere Fehler waren letztlich einer zu viel. Also mussten sich die Innsbrucker im Spitzenspiel der Liga den Linzern vor immerhin 4.300 Fans knapp mit 1:2 geschlagen geben. Die Oberösterreicher wirkten zwar überlegen, für die Führung der Gäste musste aber Unterstützung durch die Hausherren her: Goalie Julian Weiskopf, ansonsten zumeist verlässlicher Grünwald-Vertreter, schoss Gartler an und der Ball landete quer vor den Beinen von Kerhe, der nur einschieben musste (0:1). Das war Fehler Nummer eins. Manchmal – und auch wenn es nicht danach aussieht – geht es im Fußball ganz schnell: Ein langer Einwurf landete am langen Pfosten bei Neuerwerbung Alexander Riemann, der nur vier Minuten später ausgleichen konnte. Die flotte Partie ließ zumindest in Sachen Tempo und Zweikampfverhalten kaum Wünsche offen. Das Genick brach den Gastgebern letztlich eine Standardsituation: Bei einem Kerhe-Eckball wurde völlig auf LASK-Joker Nikola Dovedan vergessen, der in Minute 73 völlig freistehend am langen Eck einnicken konnte. Wacker wehrte sich zwar leidenschaftlich, kam nach Gründler-Flanke und Säumel-Pass zu zwei guten Ausgleichschancen für Riemann, das 2:2 wollte aber nicht mehr gelingen.

Dafür läuft's auswärts um einiges besser für die Tiroler: Ausgerechnet gegen die hoch eingeschätzte Elf in St. Pölten setzten sich die Schwarzgrünen verdient mit 3:0 durch. Wobei der als Torjäger geholte Thomas Pichlmann seinem Ruf voll gerecht wurde und einen Doppelpack schnürte. Zwei Auswärtsspiele, sechs Punkte, Torverhältnis 8:1 – da sollte doch auch vor den heimischen Fans einmal etwas gelingen. Gehofft, getan – für dieses Vorhaben kamen die Jungbullen des FC Liefering gerade recht. Nach drei Niederlagen und nur einem Remis in der Vorsaison spielte der FC Wacker diesmal mit den Salzburgern über weite Strecken wie der Vater mit dem Sohne. „Wir legen viel Laufarbeit an den Tag, doppeln gut, das müssen wir durchziehen", zeigte sich nach 45 Minuten auch Wackers designierter General Manager Alfred Hörtnagl über den Auftritt erfreut. „Wir sind zu weit auseinander", monierte indes Salzburg-Sportchef Christoph Freund bezüglich des FC Liefering auf der Tribüne. Wie auch immer: Thomas Pichlmann traf nach seinen beiden Toren von St. Pölten diesmal gleich dreimal, das 1:0 hatte Hamzic erzielt. Selbst der Ehrentreffer änderte nichts mehr daran – Wacker war nach fünf Runden

Der Schein trog – für Liefering gab es an Wacker kein Vorbeikommen.

Auch in St. Pölten demonstrierten die Innsbrucker ihre Auswärtsstärke.

Tiroler Jubeltraube in Rot nach dem hart erkämpften Derbysieg gegen Austria Salzburg.

Tabellenführer. Mit 13 erzielten Treffern. Das waren gleich viele wie in allen 16 Frühjahrspartien zusammen. Die einstigen Kellerkinder standen plötzlich an der Sonne. Ein Genuss!

Da tauchte fast zwangsläufig folgende Frage auf: Würde es in dieser Tonart weitergehen? Die Antwort: eigentlich ja. Es wurde gegen Lustenau zwar nicht so spektakulär gespielt wie zuletzt, aber immerhin gewonnen. Der FC Wacker besiegte den SC Austria Lustenau im Tivoli mit 1:0 und verteidigte vorerst einmal vor dem brisanten Duell mit SV Austria Salzburg die hart erkämpfte Tabellenführung. Und vor dem mit großer Spannung erwarteten Westderby war nur eines unklar: Wo darf gespielt werden? Die Antwort kam spät und war im Grunde eine Bankrotterklärung für den österreichischen Fußball: Salzburg und Innsbruck, die in den guten Jahren bis zu 15.000 Fans pro Partie angelockt hatten, mussten ein Geisterspiel bestreiten. In Schwanenstadt. Das große Getöse rund um die zunächst erfolgte Absage und die spätere Entscheidung für ein Geisterspiel verhallte jedoch in der Idylle des Stadions Vor der Au in Schwanenstadt. Auch weil 400 bis 500 Polizisten einen riesigen Sicherheitsring rund um die Stadtgemeinde gezogen hatten.

Das Spiel selbst hatte mit aggressiv pressenden Salzburgern begonnen und die Anfangsphase gehörte der Austria. Nach zehn Minuten folgte der verdiente Lohn: Einen Eckball von Ex-Wacker-Kicker Ernst Öbster köpfelte Sebastian Zirnitzer zur 1:0-Führung ins Netz. Es dauerte insgesamt rund 20 Minuten, bis die Innsbrucker im Spiel waren, dann wurde es aber gleich gefährlich: Über Pichlmann kam der Ball aber zu Alex Riemann, der das Leder humorlos unter die Latte knallte.

Sportlich erwischte der Wacker den besseren Start in die zweite Halbzeit und wurde auch belohnt: Nach idealem Jamnig-Assist traf Riemann zum zweiten Mal (52.). Drei Minuten später legten die Tiroler gegen konsternierte Salzburger erneut nach: Nach einer schönen Hölzl-Flanke war Pichlmann mit dem Kopf zur Stelle – 3:1 (55.). Die „Violetten" ließen die Köpfe hängen und der Wacker hatte Blut geleckt. Mit einem Traumschlenzer aus 20 Metern besorgte Florian Jamnig schließlich das 4:1 (59.) – mit drei Toren innerhalb von sieben Minuten hatte der FC Wacker den Salzburgern endgültig den Nerv gezogen. Doch plötzlich waren die Salzburger wieder am Drücker – ein Doppelschlag von Kaufmann (65.) und Grubeck (67.) ließ den Wacker zittern. Aber nur bis Zirnitzer nach Foul an Hauser mit Rot vom Platz gestellt wurde (78.). Die Tiroler brachten das 4:3 über die Distanz und blieben damit auch in der Länderspielpause Tabellenführer.

Großartige Kulisse für ein großartiges Turnier: die Generali Open mit Perspektiven.

Der Traum von einer großen Zukunft

Die Bilanz, die Präsident Herbert Günther nach einer Woche Generali Open bestens gelaunt ziehen durfte, war gleichsam die Basis des immer konkreter werdenden Traumes von einer großen Zukunft. Oder anders formuliert: Nach der diesjährigen Veranstaltung mit fast 40.000 Gästen wagte Kitzbühels Tennis-Turnier neue Pläne. Mit ausschlaggebend dafür waren gutes Wetter, drei österreichische Erfolge zum Auftakt und dank Tennis-Jungstar Dominic Thiem eine erneute Rekordkulisse nach 2010. Also verrieten die Organisatoren gerne neue Projekte. Wie jenes hinsichtlich des angedachten Umbaus. „Der Grand Stand war voll", lautete der wohl am meisten verwendete Satz von Turnierdirektor Alex Antonitsch. Der zweitgrößte Platz des Areals war tatsächlich meistens voll besetzt, selbst Österreichs Gerald Melzer musste als Lokalmatador dort spielen. So soll es auch sein: ausweichen auf Nebenplätze wegen großem Erfolg. Angesichts der fast 40.000 Zuschauer daher auch die berechtigte Frage: Wie sieht es mit einem Umbau aus? „Es gibt Pläne. Wir wollen alles mehr in Richtung Centercourt verlegen", meinte der Präsident des Kitzbüheler Klubs. Es klang nach Großumbau, nach Millionenprojekt. Doch konkrete Projekte gebe es nicht. Jedoch wolle man alles besprechen – ebenso wie bei der Sanierung des 1992 erbauten Stadions. „Jetzt ist das Turnier so weit, dass wir solche Dinge ernsthaft diskutieren können", sprach sogar Bürgermeister Klaus Winkler von einer neuen Ära. Der heurige Erfolg bestätigte jedenfalls, dass Kitzbühel als ATP-Standort interessant bleibt. Für Spieler wie für Sponsoren. Und jedes Jahr ist der Aufstieg in die „doppelt so attraktive" 500-Punkte-Klasse der World Tour (derzeit 250) ein Ziel. Antonitsch: „Derzeit ändert sich nichts. 2018 wird der ATP-Kalender überarbeitet." Für den Aufstieg bräuchte es die Lizenz eines anderen Turniers. Hauptsponsor Generali bleibt so oder so an Bord.

Dass Dominic Thiem im Halbfinale gegen den Deutschen Philipp Kohlschreiber, den späteren Turniersieger, ziemlich

Philipp Kohlschreiber – ein würdiger Sieger in Kitzbühel.

Fotos: GEPA

klar verloren hatte, tat der Freude über ein spektakuläres Turnier keinen Abbruch. Die über 6.000 Zuschauer hatten zwar eine einseitige Partie zu sehen bekommen, doch Thiems Kampfgeist im zweiten Satz war beeindruckend. Davor hatte der dreifache ATP-Sieger Fehler um Fehler fabriziert, war im ersten Durchgang sang- und klanglos untergegangen. Vor allem seine an sich beeindruckende Longline-Rückhand war ein Beleg für das, was Bresnik folgendermaßen beschrieb: Thiem war müde. Die erhoffte Besserung nach den Spielen gegen Landsmann Andreas Haider-Maurer und Albert Montañés blieb aus. Das Programm der vergangenen Wochen mit Davis Cup, zwei Turniertiteln (und zehn Siegen in Folge) sowie den langen Autoreisen nach den Finalspielen hatten Spuren hinterlassen. Thiems Erfolge füllten zwar das Kitzbüheler Stadion, doch sie brachten ein Problem mit sich, das sich schon im Olympia-Jahr 2016 auswirken könnte. Je besser Thiem war, desto weniger Interesse bestand aufgrund der nötigen Zähler in der Weltrangliste an 250-Punkte-Turnieren wie Kitzbühel. Ansonsten drohte Absturz statt Aufstieg. Bresnik: „Kitzbühel taugt Dominic extrem. Aber es ist Harakiri, ein 250-er zu spielen und nächste Woche auf einem anderen Kontinent bei einem Masters weiterzumachen. Wenn er 45. der Welt ist, dann spielt er. Wenn er Top 20 ist, dann eher nicht."

Herbert Günther „Strahlemann": Der KTC-Präsident hatte allen Grund zu lachen.

Gesamtsieg für Fankhauser

Das war ein Triumph auf ganzer Linie: Der Zillertaler Clemens Fankhauser vom Hrinkow-Advarics-Team beherrschte die Rumänien-Rad-Rundfahrt quasi nach Belieben und feierte mit dem Gesamtsieg den wohl bisher größten Erfolg seiner Karriere. Der 29-jährige Finkenberger räumte groß ab, schnappte sich neben dem Gelben auch noch das Grüne Trikot des besten Punktefahrers und das gepunktete Shirt des stärksten Bergathleten. „Das Team hat besonders auf der Abschlussetappe tolle Arbeit geleistet. Alle sind cool geblieben und haben sich nicht aus der Ruhe bringen lassen", so Fankhauser. Am Abschlusstag waren gleich zwei Etappen zu bewältigen. Am Vormittag stand das 6,4 Kilometer lange Bergzeitfahren an, abends wartete eine kurze Etappe mit 123 Kilometern auf einem Rundkurs. Bereits im Zeitfahren konnte der ehemalige Tirol-Cycling-Team-Kapitän mit dem zweiten Rang weiter Luft nach vorn gewinnen, im abendlichen Schlussstück ließ sein Team nichts mehr anbrennen.

GC Innsbruck-Igls erstklassig

Verständlicher Riesenjubel im Golfclub Innsbruck-Igls, denn nach sieben Jahren Pause gelang dem Team um Kapitän Clemens Rainer bei den österreichischen Mannschaftsmeisterschaften in Murhof der Aufstieg in die höchste Spielklasse.

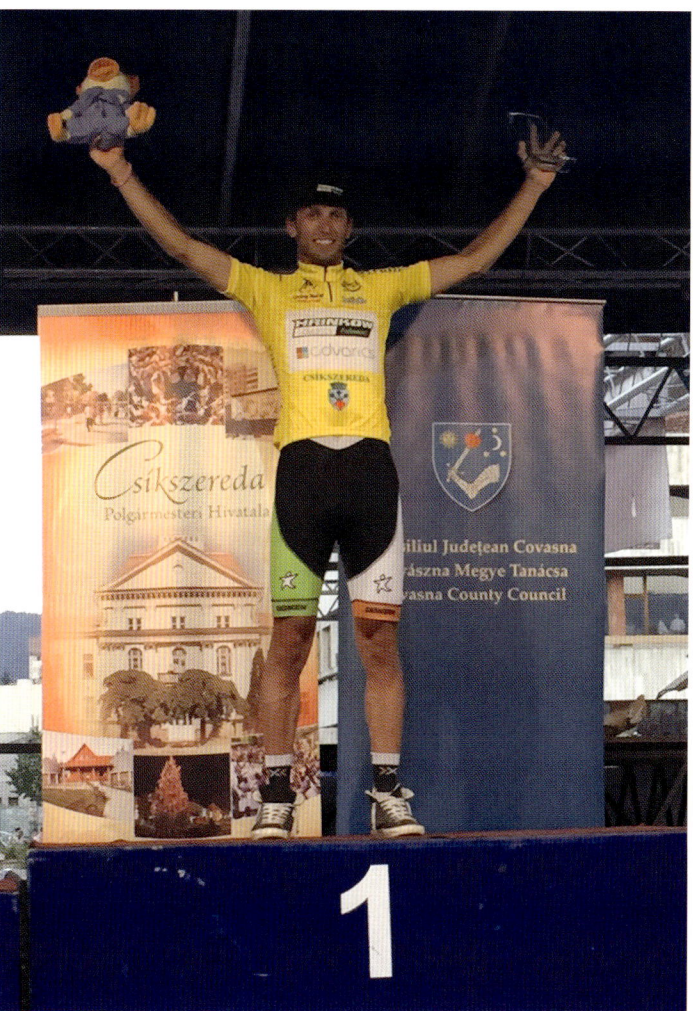

So sehen Sieger aus: Fankhauser nach dem Triumph in Rumänien.

Michi Raggl und seine „Himmelsstürmer" vom GC Innsbruck-Igls.

Aus dem jungen Team (Durchschnittsalter 22 Jahre) ragte der 15-jährige Maximilian Steinlechner heraus, der nicht nur alle seine Partien gewann, sondern auch am Auftakttag für ein Hole-in-one sorgte. Insgesamt waren 112 Teams im Einsatz. Die Titel gingen an Föhrenwald (Herren) und Himberg (Damen).

Trotz verrenkter Schulter zum EM-Titel geschossen

Irgendwann während der Europameisterschaften hatte das Handy seinen Geist aufgegeben, doch das hatte Bogenschütze Karl Reinalter nur am Rande beschäftigt. Immerhin hatte er sich während der fünf Wettkampftage kontinuierlich gesteigert und am Schlusstag seinen lang ersehnten Erfolg, den Sieg bei der EM auf Feldscheiben mit seinem Compoundbogen, finalisiert. „Ich habe in den vergangenen fünf Europameisterschaften von jeder Farbe eine Medaille gemacht. Erst Silber, dann Bronze, jetzt Gold – das Set ist komplett", jubelte der 51-Jährige, der das Goldstück im Finale ergatterte. Dabei drohte dem Tiroler vom HSV Absam just am letzten von fünf Tagen, die Medaille abhandenzukommen, weil er sich 13 Runden vor Schluss die Schulter verrenkt hatte. Die ersten Tage hatte er die 28 Scheiben in den Wäldern Schwedens hervorragend getroffen, am dritten Tag sogar den bestehenden Weltrekord von 560 Punkten eingestellt. Doch Reinalter biss die Zähne zusammen, wenn er den Bogen spannte, und traf schlussendlich mit 2.736 Punkten zum Titel. Danach gönnte sich der Tiroler mit Gattin Anita ein paar Tage Urlaub in Schweden – ganz ohne nerviges Handyklingeln.

„Angst haben wir vor niemandem"

Man muss sich die Zeitspanne zwischen dem bis heuer vorerst letzten Bundesligatreffer eines Tirolers und dem Siegestor von Lukas Hinterseer in Mainz einmal durchrechnen. 6.166 Tage oder fast 17 Jahre dauerte es, bis sich nach Christoph Westerthaler wieder ein Tiroler in die Torschützenliste der Deutschen Bundesliga eintrug. Hinterseers Treffer zum Sieg Ingolstadts in Mainz hatte also historischen Charakter. So ganz gewöhnt hatten sich die deutschen Medien noch nicht an den Namen Lukas Hinterseer. Vor dem Spiel taufte ihn Pay-TV-Sender Sky „Florian", die Deutsche Presse-Agentur schien

Karl Reinalter nahm Maß und traf genau ins Schwarze.

Lukas Hinterseer – ein Kitzbüheler sorgte in der Deutschen Bundesliga für Schlagzeilen.

ohne den Verweis auf Onkel Hansi kaum auszukommen. Das werde sich ändern, versprach der Goldtorschütze. Mit seinem Schlenzer ins lange Eck hatte der 24-jährige Kitzbüheler zumindest einen Anfang gemacht.

Schubert Vierter

Stavanger war für den Jakob Schubert wohl keine Reise wert gewesen – statt des angepeilten ersten Saisonsieges im Vorstiegs-Weltcup reichte es für den regierenden Gesamtweltcup-Sieger „lediglich" zu Rang vier. Der 24-jährige Innsbrucker Kletterer verpasste damit nicht nur das Stockerl, sondern verlor auch Boden auf den Gesamtführenden Gautier Supper aus Frankreich, der in Norwegen im vierten Bewerb seinen zweiten Sieg feierte. „Natürlich bin ich enttäuscht, dass ich es nicht auf das Podest geschafft habe", meinte Schubert, der vor Stavanger Dritter im Gesamtweltcup gewesen war. Doch von einem vorzeitigen Aufgeben wollte der Weltmeister von 2012 nichts hören: „Es ist noch nicht vorbei. Es gibt ein Streichresultat, bei mir ist das ein sechster Platz, es sind drei Wettkämpfe ausständig – und die liegen mir sehr gut."

Jakob verfehlte in Norwegen das Podest nur ganz knapp.

Der Glanz des Goldes

„Wir sind einfach nur glücklich", schnauften der 28-jährige Lukas Wacha und Jasmin Lindner im Duett. Und dafür hatten sie auch allen Grund: 0,128 Punkte Vorsprung auf Rang zwei entsprechen der klassischen Hundertstelsekunde im Rennsport. Schuld daran war das neue Programm, das so bombastisch und atemberaubend war, dass am Anfang sogar den Athleten selbst der Atem wegblieb. Die 20-jährige Jasmin Lindner sollte vom Boden direkt in den Handstand auf dem Pferd übergehen. Doch der Akt, eines der Highlights, misslang – Wacha/Lindner, routiniertes Duo seit 2008, machten weiter. Und sie machten den Fehler mehr als wett, holten in Aachen den EM-Titel im Voltigieren. Der sehr kritischen Jury hatten die beiden Reiter zum Saisonhöhepunkt ihre Kür zu Carl Orffs Carmina Burana („O Fortuna") als Weltneuheit präsentiert. Und am Ende hieß es wie schon 2013: Wacha/Lindner waren Europameister im Pas de Deux. „Diese Goldmedaille ist eine große Leistung, vor allem nach dem Fehler. Wir haben die Kür seit dem Herbst hunderttausendmal trainiert und einstudiert. So etwas dauert den ganzen Winter", freute sich Trainer Klaus Haidacher. Besonderes Lob bekam auch das Pferd, der bereits 14-jährige Bram. Wer da nun an Rücktrittsgerüchte wie kurz zuvor beim Starhengst Totilas (15) dachte, wurde sofort eines Besseren belehrt. Haidacher: „Der macht sicher noch weiter, bis er 18 ist. Ein anderer Teilnehmer hat sogar ein 23-jähriges Pferd." Viel Zeit also, um eine weitere Kür bis zum Umfallen einzuüben. Und um nach je zweimal WM-Gold und EM-Gold für weitere glänzende Erfolge zu sorgen.

Gold als verdienter Lohn für harte Arbeit.

Nico und Niko – völlig entspannt nach Platz zwei beim Interview in Rio.

Delle-Karth und Resch Zweite

So etwas nennt man eine gelungene Olympia-Generalprobe: Mit Rang zwei gelang dem Innsbrucker Nico Delle-Karth und seinem Kärntner Segel-Kollegen Niko Resch in Rio die richtige Einstimmung auf die Olympischen Spiele 2016. In diesem Testevent vor der brasilianischen Küste waren die Olympia-Vierten von 2012 nur fünf Punkte hinter den Neuseeländern Peter Burling und Blair Tuke zurückgeblieben und schnappten sich damit Silber. Beeindruckend war trotz des fehlenden Regatta-Sieges die Konstanz des österreichischen Duos: In zehn Wettfahrten fuhren Delle-Karth/Resch viermal auf Rang zwei und blieben in allen neun Wertungsresultaten (ein Streicher) zumindest unter den besten sieben. „Wir sind gut weggekommen, haben dann aber einen kleinen Fehler gemacht und standen ziemlich unter Druck. Wie bereits während der gesamten Serie haben wir auch zum Schluss die richtigen Antworten gefunden", erklärte Delle-Karth.

Radweltpokal in St. Johann

Es war wie immer ein Riesenspektakel gewesen, dieser Start zur nunmehr bereits 47. Auflage des Radweltpokals in St. Johann. Mit dem Kitzbüheler Horn als Kulisse im Hintergrund hatten die ersten Teilnehmer in den Klassen der Masters-Fahrer zwischen 45 und 64 Jahren den Kampf gegen die Uhr aufgenommen. Auf der Strecke nach Kössen und wieder zurück nach St. Johann standen außerdem neben den „UCI World Cycling Tour Qualifier"-Bewerben erstmals auch die Rennen zur „Hobby-Rennrad-WM" auf dem Programm. Dabei kürte sich Alessandro Sampani zum Premieren-Weltmeister. Der Ita-

Wie immer im August: St. Johann stand ganz im Zeichen des Radrennsports.

liener feierte mit 20 Sekunden Vorsprung auf den Brasilianer Ubirajara Macedo Lahud eher souverän seinen Tagessieg und den Titel.

Steger musste aufgeben

Thomas Steger hatte schon vor dem Start im 22 Grad kühlen Walchsee prophezeit, dass es für ihn bei der sechsten Challenge Walchsee-Kaiserwinkl nicht viel zu holen geben würde. Tatsächlich zwang den 23-Jährigen eine heftige Magenverstimmung letztlich zur Aufgabe. „Ich habe mich nach dem Schwimmen und mehrmals auf der Radstrecke übergeben", sagte der Jenbacher. Nach zwei von vier Laufrunden war es für ihn vorbei. Woher die Magenprobleme so plötzlich gekommen waren, dafür hatte er keine Erklärung. Die Auswirkungen waren aber fatal: „Ich konnte keine Nahrung aufnehmen, da ist mir die Kraft ausgegangen. Bei einem Vier-Stunden-Rennen braucht man Kohlenhydrate."

Der Rückschlag passte zur verkorksten Saison: Wenige Wochen zuvor hatte sich Steger bei der Triathlon-Staatsmeisterschaft einen Nasenbeinbruch zugezogen – er siegte trotzdem. Auch in Walchsee wolle er bald wieder jubeln. „Am besten bei der Heim-EM im kommenden Jahr!"

Andreas Giglmayr landete auf Rang zwei, so richtig Freude wollte beim Salzburger aber nicht aufkommen. Zwei Tage vor dem Rennen war sein Wettkampf-Fahrrad gestohlen worden. „Eine richtige Hiobsbotschaft", meinte der Salzburger. „Es hilft scheinbar nur, das Rad im Keller einzusperren", so Thomas Steger. Oder dem Dieb davonzufahren wie Sieger Giulio Molinari aus Italien.

Giulio Molinari wurde mit dem Siegerbusserl belohnt.

Fotos: ofp (o.), Getty Images for Challenge Triathlons (u.)

Hussl segelte bei Junioren-WM zu Gold

So etwas nennt man einen standesgemäßen Abschied aus der Juniorenklasse. Bei ihrer letzten Weltmeisterschaft glänzten der Tiroler David Hussl und sein Vorarlberger Steuermann Benjamin Bildstein mit Gold. Das 49er-Duo zeigte vor allem am Finaltag im deutschen Flensburg noch einmal so richtig auf und schob sich von Platz zwei in der Gesamtwertung ganz nach vorne. Ein zweiter Platz im Medal Race reichte zur ersten Junioren-WM-Goldmedaille. „Unsere direkten Konkurrenten auf den Sieg waren weit hinter uns, also sind wir locker ins Ziel gefahren", erklärte David Hussl aus Terfens. Für den 23-Jährigen war es der bisher größte Erfolg seiner Segel-Karriere. 2013 war Hussl WM-Zweiter, 2014 Dritter geworden.

Mit dem WM-Titel im Gepäck von den Junioren in die allgemeine Klasse.

Graf blieb der Lichtblick in Österreichs Judo-Team

Die Frage musste einfach erlaubt sein: War das Glas nun halb leer oder halb voll? Nach dem fünften Platz von Bernadette Graf bei der Judo-WM in Astana stand jedenfalls fest:

Bernadette Graf – voll konzentriert und beste Österreicherin in Astana.

Österreich wird ohne Medaille aus der kasachischen Steppe zurückkehren. Die Tulferin (bis 70 Kilogramm) hätte für die erste WM-Medaille seit 2010 (Bronze von Filzmoser) sorgen können, scheiterte im entscheidenden Kampf um den dritten Rang aber haarscharf. Sie unterlag der dreifachen Weltmeisterin und Titelverteidigerin Yuri Alvear. „Im Moment überwiegt die Enttäuschung, dass sich die erste WM-Medaille nicht ausgegangen ist", sagte Graf, die sich im ersten Kampf am Knie verletzt hatte, danach aber trotzdem Vollgas gegeben hatte. Niedergeschlagen brauchte die Tirolerin nicht sein – im Gegenteil: Rang fünf war ihr bislang bestes WM-Resultat. Und sie war Österreichs beste Athletin bei der WM, nachdem die Oberösterreicherin Sabrina Filzmoser (bis 57 Kilogramm) und die Innsbruckerin Kathrin Unterwurzacher (bis 63 Kilogramm) jeweils im Achtelfinale ausgeschieden waren.

Der Weg zu den Olympischen Spielen in Rio de Janeiro schien für Graf geebnet, sagte ihr langjähriger Trainer Martin Scherwitzl: „Die Qualifikation hat sie jetzt so gut wie fix." Der fünfte Platz (180 Punkte für Olympia) sei „ein Lichtblick für Österreich und eine Bombenleistung. Mit ein bisschen Glück wäre mehr möglich gewesen." Schmerzhaft sei die Halbfinalniederlage gegen Maria Bernabeu gewesen. Die Innsbruckerin Kathrin Unterwurzacher, die nach einem Unachtsamkeitsfehler bereits im Achtelfinale ausgeschieden war, steuerte nach wie vor auf Olympia-Kurs. „Sie ärgerte sich sehr, aber jetzt geht es ihr schon besser." Aus Tiroler Sicht war das Glas jedenfalls halb voll – dank der Leistung von Bernadette Graf.

Für Kathrin Unterwurzacher war im Achtelfinale Endstation.

Team-Gold für Tirol mit der Feuerpistole

Auf der „eigenen" Anlage trifft es sich anscheinend doch etwas leichter. Die österreichischen Meisterschaften mit der Feuerpistole in Innsbruck-Arzl verliefen aus Tiroler Sicht jedenfalls sehr erfreulich: Erst hatten im Mannschaftsbewerb „50 Meter Freie Pistole" die Gastgeber mit Rudi Sailer, Mario Jofen und Günter Liegl die Goldmedaille geholt, während im Einzelbewerb Mario Jofen Rang drei eroberte. Bei den Junioren durfte sich Lukas Schiestl über Bronze freuen und auch auf den 25-Meter-Anlagen zeigten sich die Tiroler Schützen sehr treffsicher: Sowohl in der Klasse Senioren 1 durch Josef Laiminger wie auch in der Mannschaft (Herbert Sailer, Stefan Mallaun, Günter Liegl) gab es Bronze. Sebastian Nössing (Senioren 2) schnappte sich mit neun Ringen Vorsprung Einzel-Gold sowie Silber im Team. Sieglinde Losch (Senioren 1) überzeugte mit Bronze.

Das goldene Trio Sailer, Jofen und Liegl.

Ein gebrochener Fuß und viele furchtlose Helden

Fast alle Zuschauer drängten über den Hungerburg-Parkplatz zum rund 500 Meter entfernten und spektakulären Downhill-Zielsprung an der Nordkette. Nur einer konnte der Menge nicht folgen – Leopold Köllner. Der 22-Jährige saß alleine mitten auf dem Parkplatz mit hochgelagertem Fuß, das Gesicht schmerzverzerrt. „Ich habe mir den Fuß gebrochen", erklärte der Niederösterreicher. Er war bei der Generalprobe zum Nordkette Downhill mit dem linken Fuß hängengeblieben und „dann knackte es ziemlich laut", beschrieb der traurige junge Mann sein Missgeschick. Großes Pech also, obwohl sich der – nach eigener Aussage – Semi-Profi speziell für diesen atemberaubenden Event in der Tiroler Landeshauptstadt einen Monat lang vorbereitet hatte. „Die 4,2 Kilometer lange Strecke ist anders – sehr eng und nicht flüssig zum Fahren. Dazu kommen noch die 1.000 Höhenmeter. Na ja, jetzt sitze ich hier und kann nicht mitfahren", sagte Köllner wehmütig. Aber nicht einmal die Schmerzen konnten verhindern, dass er vor Ort seine Kollegen anfeuerte. Wie Österreichs Downhill-Ass Markus Pekoll.

Die „wilde Jagd" hoch über Innsbruck mit einem faszinierenden Blick vom „Kurzen Tal", den die Teilnehmer wohl nicht so sehr genießen konnten.

Der Schladminger rollte wenig später unter dem Applaus Köllners ins Ziel. Pekoll wurde Fünfter, einen Platz hinter Benedikt Purner. Der Innsbrucker beendete mit dem vierten Platz das Rennen als bester Tiroler, das der kolumbianische Profi Marcelo Gutiérrez für sich entscheiden konnte. Alles unter den kritischen Blicken Köllners, der auch den sechs am Start stehenden Frauen größten Respekt zollte. Da triumphierte auf der verkürzten Strecke die Australierin Tracey Hannah vor Elke Rabeder und Simone Wechselberger aus Kolsass.

Hart umkämpfter Auftaktsieg

Das war ein Liga-Start nach Maß für die Schwazer Handballer. Aber der 28:27-Auftaktsieg von Sparkasse Schwaz Handball Tirol in der Handball Liga Austria (HLA) gegen Bärnbach/Köflach war hart umkämpft. Und er war absolut notwendig gewesen, denn in den nächsten beiden Runden kamen mit den Fivers und Hard zwei ganz schwere Brocken. Weißrussland-Legionär Anton Prakapenia legte mit zwei Toren in den ersten fünf Minuten stark los, aber die Gäste aus der Steiermark hielten frech dagegen. Obwohl Schwaz phasenweise mit vier Toren in Führung gelegen war, blieb die Partie bis zum Schluss völlig offen. Dramatik pur in der äußerst schnell geführten Partie. Erst die beiden Topscorer Patrik Juric und Anton Prakapenia (jeweils sechs Treffer) fixierten mit ihren Toren den Sieg. „Wir haben um jeden Ball geackert", sagte Juric. „Ich bin zufrieden, die Mannschaft hat sich aufgeopfert und gezeigt, wie heiß sie ist", meinte auch Schwaz-Coach Raúl Alonso, der vollen Einsatz gefordert hatte. Für die Zuschauer in der Osthalle war die Partie wie ein nervenaufreibender Krimi gewesen. Wäre es nach Alonso gegangen, hätte es auch weniger spannend zugehen können. „Wir hätten den Sack früher zumachen müssen."

Die Schwazer Handballer starteten erfolgreich in die Saison.

Beim Sieger kullerten die Tränen

Beim Sieger-Interview kullerten Tränen über die Wangen von Enrico Zen: „Schade, dass Roberto nicht hier ist." Der 29-Jährige aus Bassano del Grappa erinnerte an seinen Schwager, den zweifachen Ötzi-Sieger, dessen Helfer er in der Vergangenheit gewesen war. Der Ausschluss des positiv auf EPO-Doping Getesteten hatte Spuren hinterlassen. Angelegt hatte der italienische Sieger das Rennen jedenfalls sehr clever, quasi schrittweise hantelte sich der Ex-Profi von den Zwischenrängen 257 (Oetz), 32 (Brenner), fünf (Jaufen) und drei (St. Leonhard) an die Spitze des Feldes. Am Jaufenpass sah zunächst Zens Landsmann Christian Barchi wie der sichere Sieger aus, ehe das Timmelsjoch die Selektion vornahm. Und dennoch feierten am Ende alle Teilnehmer – der Tiroler Daniel Rubisoier, der sich an seinem 33. Geburtstag als Siebenter selbst das größte Geschenk gemacht hatte. Oder Ex-Profi Jan Ullrich, der mit 7:59:32:8 Stunden (Platz 112) knapp unter den magischen acht Stunden geblieben war. Die Schweizerin Laila Orenos wiederum hatte in 7:46:50 Stunden den Streckenrekord der Damen geknackt, auf den Plätzen zwei und drei kamen mit Nadja Prieling (Kitzbühel) und Daniela Pintarelli (Landeck) zwei Tirolerinnen ins Ziel. Ski-Ass Benni Raich war außer Konkurrenz ins Kühtai geradelt, um dort seinen Schwager Mario Stecher anzufeuern. Der Ex-Kombinierer verblüffte als 100. der Gesamtwertung (7:56:32:5 Stunden) und gewann damit auch die Wintersportler-Wertung vor Ex-Springer Andi Goldberger (8:50:25:3 Stunden) und Ex-Biathlet Christoph Sumann (9:05:27:8 Stunden).

Die Einsatzkräfte registrierten zwar einige Stürze, diese gingen jedoch glimpflich aus. Auch die große Hitze forderte die Helfer, immerhin erreichten von 4.298 Startern aus über 40 Nationen knapp 4.000 das Ziel.

Daniela Pintarelli landete auf dem Podest.

Der Ötztaler Radmarathon – Jahr für Jahr eine Herausforderung der besonderen Art.

#EUROphorie 2016

Unsere EM-Stars – jede Woche live.

Erleben Sie unsere erfolgreichen Nationalspieler in den Top-Ligen Europas.
Natürlich live und in HD.

Infos auf sky.at/fussball oder im Fachhandel.

SEPTEMBER

Daniel Federspiel – der Augenblick, als alle Dämme brachen.

Traum wurde Wirklichkeit

Jahrelang hatte Daniel Federspiel seinem großen Ziel – nämlich einmal Weltmeister zu werden – alles untergeordnet. Es schien, als ob dem 28-jährigen Imster nichts mehr galt als dieser eine Traum, dieses letzte Mosaikstück einer großen Mountainbike-Karriere im Eliminator. Verständlich, dass dann, als heuer endlich der Traum Realität geworden war, bei Federspiel alle Dämme brachen.

Im Ziel des Skigebiets Vallnord in Andorra ließ sich der neue Weltmeister zu Boden sinken. Befreit von der großen Last, flossen Tränen, minutenlang rang Federspiel um Worte. „Es ist unglaublich! Darauf habe ich drei Jahre hingearbeitet. Das war der letzte Titel, der mir noch gefehlt hat", stöhnte er ins Mikrofon des Veranstalters. Erst mit einigem Abstand, nach der Dopingkontrolle, reüssierte Daniel mit einem Schmunzeln: „Sonst passiert mir so etwas nicht, dass ich im Ziel weine. Aber es war ein Riesenstein, der mir vom Herzen gefallen ist. Es war in diesem Jahr alles auf dieses eine Rennen ausgerichtet. Und die Erleichterung war dann einfach so riesengroß."

Dabei hatte es nach WM-Bronze 2012 und -Silber 2013 für den Hausmeister zunächst nicht nach Erfolg ausgesehen. Nach einem sicheren Achtel- und Viertelfinale war Federspiel im Halbfinale an einem Fehlstart beteiligt gewesen. Böse Erinnerungen an die EM im Juli wurden wach, als der zweifache Europameister wegen demselben Delikt disqualifiziert wurde. Dieses Mal ging alles gut – der Start wurde wiederholt. Doch Federspiel war verunsichert, kam als Letzter aus der ersten Kurve. Erst nach einem fulminanten Zielsprint stand die vierte WM-Finalteilnahme fest. Und im Showdown machte der Tiroler dann alles perfekt: Vom Start weg führte er das Feld an und holte sich das lange ersehnte WM-Gold.

Abschied nach 91 Minuten

Vor dem Aufwärmen und während des Matches hatte der Wahl-Tiroler Andreas Haider-Maurer Tabletten gegen die höllischen Knieschmerzen genommen. Anderswo hätte der Aldranser gar nicht gespielt, aber das Erlebnis, bei den US Open im größten Tennisstadion der Welt bei Flutlicht gegen die Nummer eins

Gut gekämpft, aber gegen Đoković (links) war Andreas chancenlos.

Fotos: Armin Küstenbrück (o.), Geoff Burke (u.)

der Welt spielen zu dürfen, hätte er sich nie und nimmer nehmen lassen. „Du kommst dir nicht wie in einem Stadion vor, eher wie im Theater. Überwältigend."

Die Hoffnung, mehr als nur eine Statistenrolle gegen den großen Novak Đoković spielen zu können, dauerte nur acht Games lang, da hielt Haider-Maurer auch bei langen Rallyes gut mit, da servierte er noch relativ unbeschwert, ehe sich das Spiel mit dem Aufschlagverlust zum 4:5 in die „Djoker"-Einbahn bewegte. „Dabei wäre anfangs mehr drinnen gewesen", resümierte ein zwar schmerzgeplagter, aber letztlich nicht enttäuschter Haider-Maurer, der gerne in ein Tiebreak gekommen wäre.

Nach 91 Minuten war es für ihn mit 4:6, 1:6, 2:6 zu Ende, nicht aber für den Serben: In einer offensichtlich abgekarteten Show stürmte ein Fan in einem „I love NY"-T-Shirt auf ihn zu, packte ein zweites aus, um es dem 28-Jährigen überzustülpen. Gemeinsam legten sie dann zum Gaudium der Zuschauer ein Mitternachtstänzchen aufs Arthur-Ashe-Parkett. Da befand sich Haider-Maurer bereits in den Katakomben unterwegs zur Dusche und zur obligaten Pressekonferenz zur Geisterstunde. Abgesehen von den 70.000 Dollar (zehnmal so viel wie beim jüngsten Challenger-Sieg in Deutschland) nahm Haider-Maurer wichtige Erfahrungen mit, bedauerte aber, „dass ich mit dem Knieproblem nicht alles hab' geben können. Anfangs hab' ich noch mitgehalten, aber dann nicht mehr gewusst, was ich machen, wie ich spielen soll, als er auf alles eine bessere Antwort gehabt hat. Er ist eben die Nummer eins!"

Nichts zu holen für Tirol

Das war, vereinfacht ausgedrückt, kein Wochenende für die Tiroler Handballteams. Schwaz verlor bei den favorisierten Fivers, Innsbruck gegen Trofaiach. Dass die Trauben für die ersatzgeschwächten Schwazer hoch hängen würden, war klar, dann aber hielten die Tiroler lange Zeit gut mit. Auch weil Torhüter Aliaksei Kishou einen überragenden Tag erwischte. Schlussendlich setzte sich beim 27:21-Erfolg die individuelle Qualität der Wiener (Žiūra, Bilyk, Wöss) aber doch klar durch. „Natürlich will ich jedes Spiel gewinnen. Aber eigentlich war ich mit der Leistung zufrieden – trotz der Niederlage", meinte Trainer Raúl Alonso. Und eine Klasse tiefer, in der Bundesliga, setzte es zum Meisterschaftsstart für medalp Innsbruck eine 27:30-Niederlage gegen Trofaiach.

Regen bremste die Achensee-Läufer

Wer schon einmal den Achensee umrundet hat, der weiß: Sonnenschein beeinträchtigt die Leistungsbereitschaft weniger als schlechtes Wetter. Für einige der 1.200 Teilnehmer, die sich in diesem Jahr der Herausforderung über 23,2 teils unwegsame Kilometer stellten, waren die Witterungsverhältnisse tatsächlich eine der größten Hürden auf dem Weg ins Ziel. Und möglicherweise auch für die drei Kenianer, die den Sieg beim Klassiker unter sich ausmachten: „Wenn die Bedingungen besser gewesen wären, dann wäre der Rekord in Gefahr gewesen", befand Organisator Sepp Hechenberger vom Laufteam Achensee, dessen Helfer neuerlich für einen reibungslosen Ablauf sorgten. Die Siegerzeit von 1:17:04 Stunden spiegelte nicht die tatsächliche Leistung des Siegers Hillary-Kiptum Kimaiyo wider, angesichts von Regen und Gegenwind war bei der 16. Auflage des Rennens die Rekordzeit (1:15:11 Stunden) aber nie in Gefahr gewesen. Bei den Damen war Kimaiyos Landsfrau Esther Wanjiru Macharia nicht zu schlagen.

Schwaz-Trainer Alonso war trotz Niederlage zufrieden.

Wärmefolien statt Lorbeerkranz für das Siegertrio am Achensee.

4:1 – nun war der Deckel drauf

Unglaublich, sensationell, fantastisch! Es gab gar nicht genug an Superlativen, mit denen das vor allem in dieser Höhe unerwartete 4:1 (2:0) über Schweden und damit die endgültige Qualifikation für die Fußball-EM in Frankreich abgefeiert werden konnte. Fest steht: Es war ein glorreicher Abend in Stockholm gewesen! Hubert Winklbauer, Zeitzeuge des österreichischen Stockholm-Sieges, jubelte – es war vollbracht. Das ÖFB-Team schrieb Geschichte, war EM-Teilnehmer in Frankreich! Das war ohnehin schon seit dem 1:0-Auswärtssieg im Juni gegen Russland überaus wahrscheinlich und nach dem 1:0 gegen Moldawien so gut wie fix gewesen. Aber das Ticket just in Solna zu lösen, dort, wo der Koller-Truppe 2013 ein 1:2-Flop gegen die Gastgeber die Chance auf die WM in Brasilien vermasselt hatte, war eines jener Wunschkonzerte, zu denen Coach Koller wohl wieder einmal perfekt den Takt(ik)-Stock geschwungen hatte. Dass Sprechchöre im Stadion – 48.000 Zuschauer, davon 2.500 Österreicher – einem Trainer gelten, hat Seltenheitswert. Aber Kollers Truppe hatte von Beginn an alles richtig gemacht, und zwar gegen stürmisch beginnende Schweden. Und wie sich diese bemüht hatten! Zweikampfstark, aggressiv, lauffreudig, angriffslustig. Kapierten sie endlich, woran es ihnen in dieser EM-Qualifikation so oft gemangelt hatte? Es sah ganz danach aus! Aber bevor es wirklich gefährlich werden konnte, wählte das ÖFB-Team die optimale Variante, um sich zurück ins Spiel zu bringen. Nämlich mit einem Tor. Und das ging so: Junuzović dribbelte sich nach einem Einwurf in den Strafraum und wurde von einem ungestüm attackierenden Källström zu Fall gebracht. Der Schiri pfiff, zeigte auf den Elfer. Dort richtete sich Alaba das Leder und netzt so was von kaltblütig zur 1:0-Führung ein. So einfach kann es gehen. Ach ja, Ibrahimović, neunfacher Fußballer

Monsieur Marcel Koller durfte sich auf ein Frühstück in Frankreich freuen.

des Jahres in Schweden, spielte doch. Beweglich, präsent, adaptierungsfähig in jeder Spielkonstellation. Als er in der 25. Minute einen 25-Meter-Freistoß knapp neben das Tor ballerte, waren die Schweden trotz ihrer abermals vergurkten Anfangsphase am Drücker – und die Österreicher defensiver beschäftigt, als ihnen lieb sein konnte. Rückzugsfußball, irgendwie. Als das 1:1 eine Frage der Zeit schien, stand es 2:0. Und das nur, weil die oft so diffizile Sache Fußball so einfach sein kann: Fuchs-Einwurf, Janko-Verlängerung per Kopf dorthin, wo Harnik stand. Der Stuttgarter, der 2013 hier bereits zum 1:0 getroffen hatte, nickte aus kurzer Distanz ein. Das war Minimalistenfußball österreichischer Prägung. Die Schweden – die auf dem Rasen wie jene auf der Tribüne – verharrten auch nach dem Wiederanpfiff in Schockstarre. Viel verkrampftes Bemühen, viel in Ibrahimović investierte Hoffnung. Irgendwer musste die Schmach ja abwehren. Aber Österreichs Defensive, so selbstbewusst wie clever, hatte den schwedischen

Frankreich, wir kommen – Österreichs Spieler jubelten nach dem Triumph in Schweden und der erfolgreichen EM-Qualifikation.

Superstar längst im Griff und auf dem Rasenviereck den Gastgebern längst die Rolle der unglücklich Bemühten zugeteilt. Und wenn die Schweden dann doch zu einer Top-Chance kamen, zeigte Robert Almer, dass die rot-weiß-rote Suche nach einem ganz Großen seines Faches beendet war. Dafür schwelgte Österreich bald in Glückseligkeit. Marc Jankos 3:0 (76.), Martin Harniks 4:0 (88.) – da konnte auch das 1:4 durch Ibrahimović die Jubellaune nicht trüben. Und Kapitän Christian Fuchs jubelte: „Es ist einfach super!"

„Es war eine coole Sache"

Nach über 14 Rennstunden, 46.000 Toren und 830 Rennkilometern in 19 Weltcup-Jahren setzte Benni Raich nun endgültig zum finalen Schwung an. Der 37-jährige Pitztaler erklärte in Wien sein Karriereende, zeigte sich demütig: „Ich bin dankbar für das, was mir der Skisport gab." Die Pressekonferenz in Wien, seinen finalen Auftritt als aktiver Sportler, verglich Benni Raich mit einem Weltcup: „Je näher der Zeitpunkt der Bekanntgabe meines Rücktritts kam, umso ruhiger wurde ich. Es war sozusagen mein letztes Rennen." Der Pitztaler wirkte dann vor den zahlreichen Medienvertretern auch resolut, als er seine Rücktrittsmeldung verlas. Doch irgendwann geriet der 37-Jährige doch ins Schwanken, seine Stimme pendelte zwischen Emotion und Selbstbeherrschung wie bei einem Rhythmusfehler im Slalom. Aber wie gewohnt fing sich Benni Raich wieder und kam souverän ins Ziel. Oder ans Ende. „Ich habe probiert, das kontrollierter zu machen, ganz ist es mir nicht gelungen", gestand Raich.

Auch dem Gesicht von Raichs sportlichem Ziehvater, ÖSV-Präsident Peter Schröcksnadel, war zwischenzeitlich ein Anflug von Rührung zu entnehmen. Unüblich gefühlvoll bedankte sich der 74-Jährige dann nicht nur beim Sportler, sondern auch beim Menschen Benni Raich. „Du bist charakterlich ein ganz Großer."

Die Schwangerschaft seiner Frau Marlies, ergänzte der 14-fache Medaillengewinner, sei nicht der Grund für den Rücktritt gewesen. „Es fehlte mir etwas das Ziel", hieß es über den Grund der Entscheidung. Gedrängt habe ihn niemand zum Rücktritt, das hielt auch sein Umfeld fest. „Ich finde es gut, dass er aufhört. Ich fände es aber auch gut, wenn er weitergefahren wäre", sagte Marlies, die vor einem Jahr noch an derselben Stelle gesessen war und ihren Rücktritt bekannt gegeben hatte.

Die Zukunft will Benni Raich genauso angehen wie die Ski-Karriere: „Der Sport lehrt dich vieles: ein Ziel zu formulieren, dranbleiben, das kann im Leben nicht schaden." Er habe einige Ideen, zunächst aber wolle er sich eine Auszeit genehmigen, reflektieren. „Seit ich zehn Jahre alt war, war ich immer mit Vollgas unterwegs. Das habe ich vielleicht nie so ganz gespürt, weil es mir so gefallen hat."

Er lebe nun in der Gegenwart: Die Arbeit mit Sponsoren und Weiterbildung stünden im Vordergrund. Aber auch seinem Vater Alois wolle er künftig unter die Arme greifen. Raich spielte auf das gleichnamige Immobilien-Unternehmen an, das unter anderem für ein Mietprojekt in Imst verantwortlich zeichnet.

Herbe 27:38-Niederlage für die Schwazer Handballer

Nichts war es also geworden mit der angekündigten Überraschung für Sparkasse Schwaz Handball Tirol. Im dritten Spiel der Handball Liga Austria mussten sich die Tiroler dem Seriemeister Hard zu Hause mit 27:38 geschlagen geben und kassierten damit die zweite Saisonniederlage. Bester Werfer bei den Schwazern war Damir Djukic mit sieben Treffern. Bei der Heimmannschaft lief zudem Andreas Lassner auf, der vor über einem Jahr zurückgetreten war und nur aufgrund der Verletzungssorgen ein Kurz-Comeback gab. Sein Lohn: viel Spielzeit von der ersten Minute an – und ein Treffer. Im Spiel selbst hatten die Schwazer nur wenig zu melden. Bereits

Benni Raich sagte nach 19 Jahren Weltcup „Servus", Peter Schröcksnadel wirkte gerührt …

Die sieben Treffer von Djukic waren gegen Hard zu wenig.

Fotos: GEPA (li.), Andreas Rottensteiner (re.)

Der Paragleiter im „Landeanflug" auf das mit Tausenden Zuschauern voll besetzte Dolomitenstadion.

zur Halbzeit waren die Vorarlberger 21:11 vorangelegen und mussten die Partie nur mehr nach Hause spielen. „Wir hatten viel zu viel Respekt vor den Hardern. Das ganze Videostudium war nach ein paar Minuten für die Katz'. Aber wir sind eine junge Truppe", meinte Trainer Raúl Alonso. Und auch Lassner stimmte ihm zu: „Dass ich spielen konnte, ist schön. Aber das Ergebnis ist weniger schön", meinte der 30-Jährige, der aber für das Gastspiel in Leoben eine aggressivere Schwazer Truppe versprach. Tatsächlich gelang den Tirolern in der Obersteiermark die Rehabilitation: Die Gastgeber wurden mit 28:26 besiegt. Da störte nicht einmal die lange Heimfahrt, und als die Spieler gegen halb vier Uhr früh erschöpft aus dem Bus kletterten, hatten fast alle ein Lächeln im Gesicht. „Ich hab' mir das Video angesehen, die Mannschaft hat sich hervorragend geschlagen", lobte auch Coach Alonso. Speziell die Youngsters Manuel Schmid, Manuel Hechenblaikner und Thomas Kandolf wuchsen über sich hinaus, Goalie Aliaksei Kishov machte eine Vielzahl an gegnerischen Chancen zunichte. Es war der erste Auswärtssieg für die Tiroler in dieser HLA-Saison – und der gelang zudem ohne drei Stammspieler.

Steinharte Kerle im Dolomitengewand

Das Dolomitenstadion als Hotspot für die Zuschauer hielt, was es versprochen hatte. Dicht gedrängt verfolgten die Fans das Geschehen, als die Paragleiter beim Dolomitenmann vom hochgelegenen Kühbodentörl Richtung Lienz flogen und im Vierkampf die Mountainbiker auf die Strecke schickten. Tausende waren ins Stadion gekommen, um das Spektakel zu verfolgen. Laut Veranstalter waren es 45.000, die den schönen Herbsttag entlang der Strecke verbrachten und die rund 450 Athleten anfeuerten. Und am Ende durften alle einen Sieg der Favoriten bejubeln. Denn Rang eins ging an das Quartett rund um Petro Mamu, Paragleiter Lorenz Peer, Weltklasse-Mountainbiker Kristian Hynek und Kajak-Schlusspilot Manuel Filzwieser, der im Zentrum von Lienz als Sieger einen kleinen Luftsprung ins Ziel machte. Der Kärntner hatte auch allen Grund zum Jubeln: Er war derjenige, der seinem Team auf der letzten der vier Etappen den Sieg und damit ein Preisgeld von 7.500 Euro bescherte. „Ein gewaltiges Gefühl, hier zu gewinnen! Man wünscht sich ja immer, in der Lage zu sein, seinem Team den Sieg zu bringen", meinte Filzwieser, der als Zweiter gestartet war und sich so weit an die Spitze setzen konnte,

Das große Finale: die Fahrt mit dem Kajak durch die Drau.

Fotos: Red Bull (o.), Mirjah Geh (u.)

dass er am Ende fast zwei Minuten Vorsprung ins Ziele retten konnte. Den Grundstein für den Erfolg hatte aber bereits Mamu gelegt. Auf der Zwölf-Kilometer-Stecke mit rund 1.800 Höhenmetern lief der Läufer aus Eritrea in 1:20:03 Stunden einen Streckenrekord. Im Ziel folgte Harald Hudetz auf Rang zwei und bescherte damit dem Red-Bull-Team einen Podestplatz. Sein Teamkollege, der Lienzer Lokalmatador Alban Lakata, war kurz zuvor beim Mountainbiken als Achter unter seinen Erwartungen geblieben. Unter den 112 Teams kam das Promi-Team von Wings for Life mit Ex-Skispringer Andreas Goldberger, Snowboarder Benjamin Karl, Paragleiter Wendelin Ortner und Marcel-Hirscher-Ersatz Marcel Bloder auf Rang 46.

Zum Auftakt kreisten geduldige Haie Laibach mit Erfolg ein

„Wenn wir mit einem Tor gewinnen, dann ist es perfekt", hatte Haie-Coach Christer Olsson vor der Abfahrt nach Slowenien zum ersten Match der neuen Saison gesagt. „Wir waren sehr solide und hätten sogar noch höher gewinnen können", meinte er zufrieden nach dem Spiel. „Man muss gegen Laibach geduldig sein und das sind wir geblieben", lobte der Schwede sein diszipliniertes Kollektiv, das über weite Strecken ganz klar den Ton angegeben hatte. Und wenn's – speziell im letzten Drittel – einmal ein bisschen brenzliger wurde, war Andy Chiodo auf dem Posten. Den „Dosenöffner" lieferte David Schuller, der im Powerplay (1:0/27.) den ersten Innsbruck-Treffer der neuen Saison markierte. Den Deckel drauf machte in der Schlussminute dann mit dem Amerikaner Nick Schaus, der ins leere slowenische Tor traf, ebenfalls eine Neuerwerbung.

„Bei Fehérvár wird's sicher schwerer", machten sich Olsson und die Haie-Crew bald nach dem Schlusspfiff keine Illusionen. Und tatsächlich mussten sich die Tiroler in Ungarn geschlagen geben, aber Olsson sah das Ergebnis sogar positiv: „In Unterzahl brachten wir eine tolle Leistung." Dass man sich allerdings ständig mit weniger Spielern auf dem Eis bewegte, wollte der Schwede nicht einzig der Undiszipliniertheit seiner Akteure anlasten: „Was der Schiedsrichter teilweise ablieferte, war unglaublich." Die Regelauslegung, so ließ sich das interpretieren, erinnerte wenig an das körperbetonte Hockey. 10:18 Minuten, so lautete am Ende das Verhältnis der Strafminuten zwischen Heim- und Auswärtsmannschaft. Etwas ausgeglichener die Torschussstatistik: 32:26. Im Offensivspiel indes erinnerten die Haie weniger an die Szenen, die sie beim 2:0 in Laibach ausgezeichnet hatten. Ein wenig klemmte der Abzug – und ein wenig hatte das auch mit Unkonzentriertheiten zu tun. Vielleicht war den Haien am Ende ein wenig die Kraft ausgegangen, denn von entspannter Vorbereitung konnte an diesem Wochenende keine Rede sein: Erst um drei Uhr morgens waren die Haie am Spielort in Ungarn eingetroffen, um nach einer kurzen Nachtruhe schon die Spielvorbereitung zu eröffnen.

TI-Damen glänzten auch im Kleid

Kleid und High Heels statt Volleyballdress und Hallenschuhe: Die Volleyball-Damen der TI-Volley Innsbruck fanden sich im Rahmen der Sponsor-Auslosung im Casino Innsbruck ein. Neuer Namenssponsor ist die Firma Panorama Bauprojekt. Als Glücksfeen fungierten die Spielerinnen des Klubs, der in der kommenden Saison TI-Panorama-Bauprojekt-Volley heißen wird.

Überzeugte gleich zum Auftakt mit einem Shoot-out: HCI-Goalie Chiodo.

Die TI-Mädels machten nicht nur auf dem Volleyballparkett eine gute Figur, sondern auch im „kleinen Schwarzen".

Tirols erfolgreiche Golfer gewannen den Ryder Cup gegen Südtirol.

Für die Haie war ein Dave Liffiton bei Székesfehérvár zu wenig …

Gastgeber drehten den Spieß um

Dreimal hintereinander hatten die Golfer aus Südtirol den prestigeträchtigen Ryder Cup, der zwischen den Teams dies- und jenseits des Brenners ausgetragen wird, für sich entscheiden können. In Kitzbühel gelang den Nordtirolern nun endlich die Trendwende. Auf der 18-Loch-Anlage des GC Kitzbühel/Kaps nahm das von Steve Waltman betreute Team aus Nord- und Osttirol grimmige Revanche und gewann die fünfte Auflage des Cups mit 12:7,5 Punkten. Dabei war es nach dem ersten Tag noch 4:4 gestanden, nichts hatte auf den letztlich doch klaren Erfolg hingewiesen. Besonders erfreulich war dabei die Tatsache, dass die Waltman-Truppe neun U-20-Akteure im zwölfköpfigen Aufgebot hatte. Hoffnungsträger wie Florian Payr, Maximilian Steinlechner oder Daniel Schlauer mauserten sich zu Mannschaftsstützen. Der nächste Ländervergleich steigt 2017 in Eppan.

Ernüchterung statt Aufbruchstimmung

Drei Punkte aus den ersten beiden Auswärtspartien – damit konnten die Haie gut leben. Für die Heimpremiere gegen den Lieblingsgegner der letzten Saison, den KAC, standen die Zeichen daher auf Heimspektakel und Sieg. Doch erstens kommt es anders, zweitens … und am Ende der 60 enttäuschenden Minuten stand bei der Heimpremiere der mit vielen Ex-Kärntnern aufmarschierten Innsbrucker ein 3:6 auf der Anzeigetafel. Frustrierend. „Schwamm drüber", hatte Hallensprecher Dieter Monz nach dem ersten Drittel (0:3) noch gemeint, wenngleich nicht zu übersehen war, dass der KAC die Haie bis auf die Anfangsminuten – ein Schaus-Kracher landete an der Stange (8.) – an der langen Leine spazieren führte. Thomas Koch (9./im zweiten Versuch), Steven Strong (11./verdeckter Handgelenksschuss) und Jamie Lundmark nutzten sogar in Kärntner Unterzahl (16.) die Freiräume aus. Ein KAC-Treffer (Setzinger/13.) wurde sogar noch aberkannt. Die einzig schöne Szene der Haie hatte es bereits vor dem Spiel gegeben: Mit Florian Stern (513 Spiele für Innsbruck) und Stefan Pittl (398) wurden zwei nimmermüde Routiniers gebührend verabschiedet, die beiden Verteidiger hätten bei diesem Match mit Sicherheit noch helfen gekonnt. Der Ausfall von Andreas Valdix (Adduktorenzerrung) wog bei den Hausherren schwer, das kleine Psychospiel beim ersten Wechsel – HCI-Coach Christer Olsson schickte zum Bully mit Tyler Spurgeon, Tyler Scofield und David Schuller gleich drei Ex-KAC-Cracks aufs Eis – verpuffte. Es war ein Lehrspiel. Das änderte sich auch im zweiten Drittel nicht, wenngleich mit Lammers ein weiterer Ex-KAC-Crack nach Hahn-Zuspiel auf 1:3 (23.) verkürzen konnte und Jeff Ulmer mit einem Penalty (33.) sogar das 2:3 (Goalie Tuokkola hielt) besorgen hätte können. Vielmehr war bei zahllosen Klagenfurter Großchancen das 1:4 durch die vierte Angriffsreihe des KAC folgerichtig.

„Konfuzius", schüttelte HCI-Präsident Christian Kaltschmid nach 40 Minuten und angesichts eines ziemlich konfusen Auftritts im ersten Saisonheimspiel enttäuscht den Kopf. „Ernüchternd, das muss aufgearbeitet werden", meldete sich auch HCI-Obmann Günther Hanschitz im Schlussabschnitt zu Wort, nachdem die Gastgeber auch noch in einen Konter zum 1:5 gelaufen waren. Nach einem (unerwarteten) Doppelschlag durch Schuller (51.) und Jeff Ulmer (53.) sah das Ganze zumindest auf der Anzeigetafel etwas versöhnlicher aus. Das finale 3:6 war schmeichelhaft.

Harte Kämpfe beim ersten Tiroler Box-Cup

Der Tiroler Box-Cup in der Innsbrucker Leitgebhalle erlebte seine Premiere. „Wir wollen die Jungen wieder zum Boxen bringen", sagte Organisator Hansjörg Weitenbacher. Im Ring indes wehte für die Tiroler ein rauer Wind: Manuel Schwarzl

Comeback der Boxer in der Leitgebhalle mit oft harten Kämpfen.

(BC Unterberger) verlor gegen den bayerischen Vize-Meister Sebastian Speckamp (TSV Peißenberg) klar mit 0:3. Einige Tiroler wie der Unterländer René Thaler (BC Unterberger) durften indes über einen Sieg jubeln.

Adler zeigten dem Meister ihre Krallen

Was für ein Start! „Ich konnte es selbst kaum glauben", jubelte Hans Exenberger, sportlicher Leiter bei den Kitzbüheler Adlern, nach dem 3:2-(0:0, 2:1, 1:1)-Auftaktsieg in der Inter-National League. Immerhin gastierte mit Titelverteidiger Lustenau (Patrick Machreich, Martin Oraze, Dustin Wood …) keine No-Name-Truppe in der Gamsstadt. Nachdem Scott Barney die Vorarlberger in Führung geschossen hatte (27.), drehten Peter Lenes (30., 35.) und Filip Orsagh (53.) die Partie. Lustenau schaffte durch Toni Saarinen nur noch den Anschluss (58.). „Wir sind eine Mannschaft, haben keine Stars", verriet Exenberger das Erfolgsgeheimnis der Kitzbüheler Truppe, die im zweiten Jahr in der INL mit einer guten Rolle in den Play-offs spekulierte.

Die richtige Antwort der Haie

Es war doch einiges an Kritik, die den Haien nach der bitteren Heimniederlage gegen den KAC um die Ohren geflogen war. Doch die Innsbrucker gaben beim bereits dritten Auswärtsspiel in der vierten Runde in Graz eine deutliche Antwort, fertigten die 99ers mit 2:1 ab. Von Beginn an hatte sich ein ausgeglichenes Spiel entwickelt – sowohl Andy Chiodo im Haie-Tor als auch sein Grazer Gegenüber Sebastian Dahm waren voll gefordert. Für den ersten Jubelschrei sorgte dann der Innsbrucker Tyler Scofield. Eine Grazer Unachtsamkeit hatte Daniel Frischmann zum idealen Pass genützt, der Kanadier musste die Scheibe nur noch einschieben. Weil sich Schlussmann Chiodo in Höchstform präsentierte, ging's mit der knappen Führung in die erste Drittelpause. Im zweiten Abschnitt ließ der HCI nach 30 Minuten eine neue Qualität

Die Kitzbüheler Adler feierten zum Auftakt einen Sensationssieg über Titelverteidiger Lustenau.

Fotos: Vanessa Weingartner (o.), GEPA (u.)

Den Graz 99ers nützte gegen Innsbruck nicht einmal die Dress im Trachten-Look.

aufblitzen: In einem stark aufgezogenen Überzahlspiel gelang Derek Hahn das 2:0 (30.). Der Spielmacher war nach einem Lammers-Lattenschuss genau am richtigen Quadratzentimeter der Eisfläche positioniert. Es war allerdings eine seiner letzten Aktionen. Der Kanadier bekam einen Puck an den Rücken und musste in die Klinik. Dort gab's zum Glück Entwarnung – keine Brüche. Die Steirer antworteten mit wütenden Angriffen: Mehr als der Anschlusstreffer von Patrick White (37.) gelang ihnen aber nicht.

Zwei Punkte für die Haie-Moral

Der HCI feierte nach Verlängerung und einer verrückten Schlussphase dank starker Defensivleistung einen 4:3-(1:1, 1:0, 1:2, 1:0)-Sieg bei den Villacher Adlern und überzeugte trotz der hochkarätigen Ausfälle (Derek Hahn, Andreas Valdix). Beide Teams brauchten einige Zeit, um Betriebstemperatur zu erreichen. Nach einer ausgeglichenen Anfangsphase gingen die Gastgeber in der 15. Minuten in Führung: Weil Haie-Keeper Chiodo patzte, hatte Žiga Pance leichtes Spiel, um zur Villacher Führung einzuschießen. Doch Jeff Ulmer antwortete weitere zwei Zeigerumdrehungen später mit dem 1:1.

Der zweite Abschnitt begann mit optisch überlegenen Kärntnern. Spätestens im Innsbrucker Verteidigungsdrittel war aber Schluss mit lustig. In der 28. Minute vergab Spurgeon die große Chance auf die Haie-Führung. Doch aufgeschoben ist nicht aufgehoben, in Unterzahl (!) gelang den Innsbruckern schließlich der Führungstreffer: Nick Schaus knallte die Scheibe unter die Latte (33.). Und wenn die Villacher doch einmal gefährlich wurden, war in dieser Phase immer ein Innsbrucker Schläger oder Körper dazwischen – Abwehrarbeit auf hohem Niveau.

Im Schlussdrittel besorgte John Lammers das 3:1 (42.) für die Haie. Der 2:3-Anschlusstreffer (53.) von Santorelli schien zu spät bekommen, bevor McBride die Villacher bei einer doppelten Überzahl doch noch in die Verlängerung schoss. In der Folge kassierten Schaus (2+2) und Liffiton (Spieldauer) Strafen

Jubelnde Haie beglückwünschten Goalie Chiodo nach seiner Prachtleistung in Villach.

Fotos: GEPA

– doch als in der Verlängerung keiner mehr einen Pfifferling auf die Haie gesetzt hätte, kam Spurgeon in Unterzahl zu einem Konter und traf – Wahnsinn!

Baumann siegte nachträglich

„Wir haben das Beste aus dem Auto herausgeholt, das war Balsam für uns, nachdem es zuvor nicht so gelaufen ist", sagte Dominik Baumann (BMW) nach seinem Sieg im zweiten ADAC-GT-Masters-Rennen im niederländischen Zandvoort. Eigentlich hatte der Rumer, der am Vortag auf Rang zehn gelandet war, nur als Zweiter die Zielflagge gesehen. Eine nachträgliche Zeitstrafe für den Sieger spülte den Tiroler Motorsportler aber auf das oberste Podest. Mit den damit verbundenen Punkten schoben sich der BMW-Pilot und sein deutscher Partner Jens Klingmann auch in der Gesamtwertung auf den zweiten Platz nach vorne und holten weiter auf die Führenden auf. Für den zweiten Tiroler im Feld, Clemens Schmid, war das Wochenende dagegen nach eigenem Bekunden „zum Vergessen". Der Bentley-Pilot aus Gries am Brenner wurde wie schon im ersten Rennen von einem Audi abgeräumt, Rang 13 konnte am Ende nicht über die Enttäuschung hinweghelfen: „Ich bin verärgert, aber so ist der Motorsport halt."

Unverhofft kommt nicht so oft, aber Dominik Baumann freute sich dennoch.

Mit Vollkraft zum Derbysieg

Zum Auftakt der 2. Bundesliga der Ringer gewann der AC Vollkraft das Tiroler Derby gegen den RSC Inzing II mit 29:26. Alexander Kolpakov setzt sich gegen Dario Habel (Inzing) durch. Die KG Hötting/Hatting mit Michael Unterwurzacher (gegen Philipp Häusle) verlor derweil gegen den KSV Götzis II mit 19:39.

Tiroler Ringer-Derbys lassen an Spannung nie etwas zu wünschen übrig – wie auch im Duell Vollkraft gegen Inzing II.

Zur Belohnung ein Duell mit dem Darts-Weltmeister

Darts und Innsbruck – das funktioniert. Die Premiere jedenfalls hatte Tausende Tiroler Fans in die Olympiahalle gelockt. Dementsprechend ausgelassen und gut war auch die Stimmung. Und das, obwohl Österreichs Nummer eins, Mensur Suljović, bereits in Runde eins die Segel streichen musste. Dafür glänzte mit dem Wiener Rowby-John Rodriguez der zweite rot-weiß-rote Lokalmatador. Der 21-Jährige zog am Finaltag mit einem 6:4-Erfolg über Mervyn King ins Viertelfinale ein und belohnte sich mit einem Duell gegen den derzeit besten Darts-Spieler, Michael van Gerwen aus Holland. Das niederländische Aushängeschild hatte bis zur Runde der letzten acht keine großen Probleme an der Scheibe – weder der Belgier Ronny Huybrechts (6:3) noch Landsmann Raymond van Barneveld (6:1), hatten den Weltmeister von 2014 toppen können.

Darts: Auch in Innsbruck lockten die Szene-Stars Tausende Fans in die Halle.

Europaregion hatte Fußball im Blut

Zumindest bei der Tiroler Fußball-Prominenz schlug die Premiere des Kerschdorfer EUREGIO Cups voll ein. Egal ob Stefan Köck, Thomas Silberberger (beide WSG Wattens), Roland Kirchler (TFV-Fußballkoordinator), Stefan Marasek (FC Kufstein) oder Martin Hofbauer (SC Schwaz): Alle zeigten sich als interessierte Beobachter des Turniers auf der Haller Lend beeindruckt. Und sie sahen einen Überraschungssieger aus Südtirol: Der SCD St. Georgen besiegte im Finale den favorisierten A.C. Trento mit 1:0. Den Goldtreffer erzielte Thomas Albanese per Elfmeter. Dabei war der italienische Sechstligist aus dem Trentino eigentlich die bessere Mannschaft gewesen. Mit Einsatz und viel Leidenschaft schaffte St. Georgen trotzdem das Husarenstück. Einen Platz auf dem Stockerl sicherte sich auch der Nordtiroler Vertreter SVG Reichenau. Die Innsbrucker setzten sich durch einen Treffer von Manuel Waldy im Spiel um Platz drei 1:0 gegen Rapid Lienz (Osttirol) durch. Für Reichenau-Coach Florian Schwarz war die Premiere des Cup-Bewerbs „prinzipiell eine lässige Sache. Wirtschaftlich und politisch ist die Europaregion sicher wichtig." Dass der Termin Mitte September durchaus diskussionswürdig sei, hatte ja auch der Tiroler Verbandspräsident Josef Geisler schon im Vorfeld bestätigt. Trotzdem war der Zillertaler – einer der Väter des Kerschdorfer EUREGIO Cups – mit der Premiere durchaus zufrieden. „Es ist alles top organisiert. Ich hätte mir nur ein bisschen mehr Zuschauer gewünscht." 300 waren es am Finaltag. „Aber die Veranstaltung muss natürlich wachsen", wusste Geisler. „Ich bin neugierig, wie es kommende Saison in einer anderen Region aussehen wird." Politische Symbolkraft hatte bereits dieser erste Cup in Hall allemal. Schon am Eröffnungstag hatten die drei Landeshauptleute Ugo Rossi (Trentino), Günther Platter (Tirol) und Arno Kompatscher (Südtirol) einen gemeinsamen Ehrenanstoß vorgenommen.

Die Kicker aus St. Georgen freuten sich über den Premierensieg beim EUREGIO-Cup.

Außergewöhnlich normal

Was soll sich einer schon wünschen, der mit „der Liebe meines Lebens" seit 54 Jahren verheiratet ist und von seinen beiden Söhnen als „bester Vater der Welt" verehrt wird? „Dass ich noch ein paar Jahre so genießen kann", sagte Mathias „Hias" Leitner. Selbst zu seinem 80. Geburtstag hatte sich der Jubilar etwas Jungenhaftes bewahrt. In jedem Fall die seltene Gnade, ganz normal und doch so außergewöhnlich rüberzukommen, schrieb Max Ischia in der TT. Dass Leitner seinen Achtziger ohne viel Trara beging, verwunderte nicht. Zumal am Jubeltag der Kitzbüheler Skiclub (KSC) ohnedies stilecht ins legendäre Hahnenkamm-Starthaus lud, um einen ihrer Größten hochleben zu lassen.

Leitner ist ein Kind des Zweiten Weltkrieges, geboren am 22. September 1935. Der Vater kehrte erst 1947 aus der

Der Hias mit seinem schelmischen Lächeln, wie ihn die Skiwelt kennt.

Kriegsgefangenschaft zurück. Da war der Bursch bereits zwölf und hatte nur eines im Sinn: Skifahrer zu werden und die Welt zu bereisen. Mit viel Talent und nicht weniger Beharrlichkeit reihte er sich in die Liste der klingenden Namen des Kitzbüheler Wunderteams ein. Gemeinsam mit Toni Sailer, Christian Pravda, Anderl Molterer, Ernst Hinterseer und Fritz Huber prägte er eine goldene Ära, die er persönlich 1960 mit Slalom-Olympia-Silber (hinter Hinterseer) krönte. Die Amateurlaufbahn ging mit einer Seitenbandzerrung und einem enttäuschenden 21. Slalom-Platz bei Heim-Olympia 1964 in Innsbruck zu Ende. Umso erfolgreicher war seine anschließende Profi-Zeit in den USA mit drei WM-Titeln von 1966 bis 1968. Nach der Rückkehr in die Heimat 1972 läutete Leitner im Tiroler Skiverband (TSV) eine Ära ein, die bis heute ihresgleichen sucht. 27 Jahre lang führte er die besten Tiroler Talente an die ÖSV-Kader heran. Harti Weirather und Leonhard Stock hießen seine ersten Schützlinge, Mario Matt und Benni Raich zählten neben Mario Scheiber zu den Letzten, die durch seine Schule gingen. Dazwischen waren es Herrschaften wie Günther Mader, Peter Rzehak, Bernhard Gstrein, Christoph Gruber oder Damen wie Sigrid Wolf, Lisi Kirchler, Sabine Ginther und Kathrin Gutensohn. Robert Trenkwalder, der in den 1980ern TSV-Sportreferent gewesen war, erinnerte sich voller Respekt: „Der Hias hatte die Gabe, natürlich und offen auf die Jugendlichen zuzugehen. Er war vom ersten bis zum letzten Tag ein Vollbluttrainer, der für den Skisport gebrannt hat. Erst später konnte ich einordnen, welch besondere Zusammenarbeit das war."

Benjamin Raich erinnerte sich nur zu gut an einen Riesentorlauf in der Krakauebene: „Ich hatte eine Nummer über 100 und der einzige Schnee, der zu sehen war, war neben der Ideallinie. Der Hias hat dann nur gemeint: ‚Benni, wenn du am Boden Weiß siehst, bist du falsch.'"

Weit bedrohlicher nahm sich für Manfred Pranger im Rückspiegel betrachtet eine FIS-Abfahrt in Zauchensee aus. „Wieder hatte es einen Läufer zerlegt, zum dritten Mal wurde ein Hubschrauber geordert. Ich stand noch am Start und die Worte von Hias werde ich nie vergessen: ‚Mandi, hamma die Blutgruppen am Helm stehen?'" Wenig später sollte Pranger im Netz zappeln …

Dass sich der Gschnitzer heute Slalom-Weltmeister nennen kann, hat er auch Leitner zu verdanken: „Ich war schon 18 und hatte nicht genügend Ergebnisse für den ÖSV. Also hat mich der Hias noch ein Jahr lang beim TSV mittrainieren lassen." Selbstredend hatte Pranger mit seinem Ex-Coach auf dessen Achtziger angestoßen. So wie viele andere Schützlinge und Weggefährten auch. Der Geburtstag selbst gehörte aber ganz den Leitners. Mit Gattin Eva, den Söhnen Christian und Wolfgang sowie den Enkeln Julia, Patrick und Matthias wurde zuerst bei Kaffee und Kuchen, später bei Fondue und einem guten Glaserl zusammengesessen. Und wohl auch in Erinnerungen geschwelgt. Ganz unaufgeregt – ganz normal halt.

Onkel Gerhard begeistert: „Pole war wahnsinnig wichtig"

Ein nicht näher erläuterter technischer Defekt war ausschlaggebend dafür gewesen, dass Lucas Auer in Oschersleben mit seinem rosafarbenen Mercedes in einem Reifenstapel landete. Die Frage, wie denn der Kufsteiner diesen Unfall wegstecken würde, lag auf der Hand. Die Antwort von Lucas war gleichsam sensationell wie erstaunlich. Und erinnerte ein wenig an die jungen wilden Jahre seines Onkels, Gerhard Berger. Der 21-jährige Kufsteiner jedenfalls stieg ins Cockpit und jubelte am Norisring über seine erste Poleposition in der DTM. „Das ist einfach fantastisch und immer noch schwer für mich zu realisieren. Ehrlich gesagt: Meine Runde war gar nicht so hundertprozentig, aber trotzdem hat es gereicht", strahlte der Blondschopf über seine persönliche Sternstunde. Im anschließenden Rennen verspielte er allerdings bereits am Start eine mögliche Podestplatzierung, stellte aber schließlich als Sechster immerhin seine beste Saisonplatzierung ein.

Für seinen Onkel, die Formel-1-Allzeitgröße Gerhard Berger, war es „höchste Zeit" für diesen Befreiungsschlag. Berger

Lucas Auer oder: der „rosarote Mercedes-Panther".

selbst sah weder Qualifying noch Rennen, weilte er doch zur selben Zeit bei der Formel 1 in Suzuka. Die Freude über den Erfolg seines Neffen war der Motorsport-Ikone aber anzuhören. „Sensationell, gerade diese Poleposition war wahnsinnig wichtig für den Lucas. Ein klares Lebenszeichen und die richtige Antwort auf so manchen Tiefschlag." Das Wichtigste für Berger: „Lucas hat gesehen, dass er verdammt schnell sein kann. Und wenn du das einmal zeigen konntest, spricht nichts dagegen, dass du es wieder tust."

Felix Gall schrieb Geschichte

„Es wollte einfach keiner fahren", schüttelte Felix Gall den Kopf. „Das Tempo war nicht hoch und keiner wollte das Ruder übernehmen. Da habe ich mir gedacht, ich probier' es." Eine Entscheidung, die dem Tiroler den WM-Titel im Straßenrennen der Junioren einbrachte. Und eine, die den 17-jährigen Nußdorfer Radsport-Geschichte schreiben ließ: Als erster Österreicher gewann er in Richmond (USA) Gold bei einer Rad-Weltmeisterschaft. In der letzten der zwölf Runden hatte der Youngster bei strömendem Regen attackiert und gewonnen. „Jeder hat sich belauert und ich habe alles auf eine Karte gesetzt", erzählte der Osttiroler. „Ich hab's probiert, kam über die Hügel und hatte einen Vorsprung – auch wenn es nur ein paar Zentimeter waren – ins Ziel gebracht. Das Rennen hätte nicht viel länger sein dürfen." Nach dem Zieleinlauf, der Siegerehrung und vielen Interviews dämmerte es Gall langsam, was er gerade geschafft hatte: „Die Siegerehrung war ein unbeschreibliches Gefühl. Ich war so angespannt und konnte nicht einmal ordentlich lachen. Aber schön langsam geht es wieder." Die Art und Weise, wie er den WM-Titel herausfuhr, beeindruckte auch die Tiroler Rad-Prominenz. „Er erinnert mich vom Fahrertyp her stark an Georg Totschnig", meinte beispielsweise ORF-Experte Thomas Rohregger. Dass der Ex-Triathlet diesen sensationellen Erfolg auch noch in seinem ersten Junioren-Jahr schaffte, ließ das Gold noch ein bisschen heller glänzen. „Das überstrahlt alles", jubilierte der österreichische Verbandspräsident Otto Flum. Und auch Nationaltrainer Jure Pavlič jubelte. „Felix Gall hatte weder Glück noch Pech – er ist ein superstarker Fahrer und hat das gezeigt, was er kann."

Ein Osttiroler mischte die Radsportwelt auf.

Der Ex-Innsbrucker Kainmüller führte Linz zum Sieg über Schwaz.

Schwazer Aufholjagd blieb in Linz unbelohnt

Einmal hü, dann wieder hott – der Meisterschaftsverlauf bescherte den Schwazer Handballern ein permanentes Wechselbad der Gefühle. In der fünften Runde der HLA (Handball Liga Austria) setzte es daher zur Abwechslung wieder einmal eine Niederlage, eine durchaus vermeidbare allerdings.
Beim 24:28 in Linz waren die Tiroler stets einem Rückstand hinterhergelaufen, die Entscheidung war bereits vor der Pause gefallen, das 11:18 nach 30 Minuten war einfach nicht mehr zu egalisieren gewesen. Ohne den kranken Andreas Lassner und die verletzten Alexander Wanitschek (stand nur pro forma im Spielbericht) und Balthasar Huber war der personelle Aderlass einfach zu groß gewesen. Daran konnte auch die starke Aufholjagd der Tiroler im zweiten Durchgang nichts mehr ändern.

Bei den Haien bissen zwei Tiroler

Alles, nur keine Show wollte Coach Christer Olsson gegen Dornbirn sehen. Im ersten Saisonheimspiel waren die Haie mit zu viel Offensivdrang beim 3:6 gegen Rekordmeister KAC nicht nur einmal ins offene Messer gelaufen. „If you do the small things right, big things can happen", lautete das Credo, das Olsson – 1995 seines Zeichens zum besten Verteidiger einer Weltmeisterschaft geehrt – vorgab. Wer die kleinen Dinge richtig macht, kann große Dinge vollbringen. Zuerst also die Arbeit, dann das Spiel. Die Haie kamen der Ansage des schwedischen Headcoachs im disziplinierten Kollektiv nach, hielten die Vorarlberger größtenteils vom eigenen Kasten fern. Derek Hahn (Bluterguss in der Lunge) stand wieder auf dem Eis, dafür musste Tyler Scofield (Oberkörperverletzung) frühzeitig runter. Bei Andreas Valdix (Adduktorenverletzung) war das Risiko noch zu groß gewesen. Die Haie konnten ja auch auf Tiroler Arbeitsbienen bauen, die seit Jahren ihren Einsatz in den Dienst der Mannschaft stellten. Und zwei dieser emsigen Angreifer belohnten sich in Form des ersten Saisontors selbst: Kapitän Patti Mössmer verwertete nach einem Schuller-Schuss und VanBallegooie-Chance den zweiten Abpraller in Überzahl volley zur 1:0-Führung (8.). Und Benni Schennach, der für Scofield in Reihe zwei vorrückte, krönte seine Einzelleistung mit der Vorentscheidung zum 2:0 (23.). Wenn von Dornbirn etwas kam, war HCI-Keeper Andy Chiodo auf dem Posten. Servus-TV-Experte Claus Dalpiaz brachte es auf den Punkt: „Eine starke Defensivleistung ist der Grundstein für die Dominanz der Haie." Damit war nach zwei Dritteln aber nicht alles gesagt. Die Show kam doch noch ins Spiel: Denn wie Derek Hahn John Lammers das 3:0 (40.) mit äußerst feiner Klinge kredenzte, war aller Ehren wert. Wie gern hätte Matt Siddall – vier Treffer in den ersten fünf Spielen für Dornbirn – den HCI-Verantwortlichen gezeigt, dass er für eine weitere Saison gut genug gewesen wäre – er scheiterte zu Beginn des Schlussabschnitts aber an Chiodo (43.). Die Gäste ließen auch in emotionaler Hinsicht wenig erkennen, um das Ruder im Derby noch einmal herumreißen zu können. Nach einem Blackout von Chiodo verkürzte Petrik aber auf 1:3 (53.), danach brannte doch noch einige Male der Hut. 36 Sekunden vor Schluss verkürzte Dornbirn sogar aufs 2:3, die Haie retteten sich aber über die Zeit.

Glänzte als Torschütze gegen Dornbirn: Haie-Kapitän Patti Mössmer.

Daniel Gastl ließ gegen Söding nichts „anbrennen".

Trotz Sieg getrübte Stimmung beim WBC Tirol.

Inzinger Ringer starteten souverän

Die Inzinger konnten es auch ohne ihre Legionäre! Zum Auftakt der ersten Ringer-Bundesliga feierte der RSC Inzing einen 47:10-Heimsieg gegen KSV Söding. „Wir haben alle Inzinger Ringer zusammengekratzt, dafür ist uns alles aufgegangen", jubelte Trainer Thomas Krug, dessen Team auch von zwei Ausfällen (verletzt bzw. disqualifiziert wegen Überschreitung des Gewichts) bei den Steirern profitierte. Die Tiroler WM-Starter Michael Wagner (bis 80 Kilogramm) und Daniel Gastl (bis 98 Kilogramm) siegten sowohl im Frei- als auch im griechisch-römischen Stil. „Da muss schon ein Ausnahmeathlet kommen, um die beiden zu schlagen", meinte Krug, der auch die Leistung von Nachwuchsringer Lukas Trenkwalder (Sieg Freistil) hervorhob.

WBC Tirol bangte um Pauli

Eigentlich konnten Tirols Wasserballer nach dem gelungenen Saisonstart jubeln – aber die Freude war getrübt. Die Karriere von Stürmer und Trainersohn Pauli Kovač hing am seidenen Faden. Der 22-Jährige musste sich einer Hüftoperation unterziehen, das stand nach einer MRT-Untersuchung fest. Das bedeutete: Ausfall für die komplette Saison. Die OP konnte sogar das Karriereende des Leistungsträgers zur Folge haben. „Es ist eine riesige Lücke, die sich auftut", sagte WBC-Tirol-Kapitän Christophe Koroknai. Denn Kovač, ein Zwei-Meter-Hüne mit über 100 Kilogramm, könne man nicht so einfach ersetzen – weder beim WBC Tirol noch im österreichischen Nationalteam. Als Sofortmaßnahme mussten die Tiroler ihre Taktik ändern. Johannes Gratzl oder der Kubaner Yusnier Kindelan-Cuervo sollten künftig die Position des „Centers" einnehmen. Zumindest zum Start klappte dieses Unterfangen: WBC Tirol feierte Siege gegen IWV Wien (18:9) und ASV Wien (20:12).

Rumer holten sich den Titel

Rums Gewichtheber jubelten und die Freude war verständlich, denn die Tiroler krönten sich zum Nationalliga-Meister in Österreichs zweithöchster Gewichtheber-Liga. „Mit einem Platz unter den besten drei haben wir spekuliert, mit dem Titel aber nicht", freute sich Trainer Werner Uran: „Jetzt kämpfen wir auch noch um den Aufstieg in die Bundesliga."

Rums Gewichtheber gewannen die Nationalliga.

„Im Team ist Siegen am schönsten"

„Europameister!!!", schrieb Robert Gardos auf Facebook – und er schrie damit mit einem einzigen Wort seine ganze Freude in die digitale Medienwelt hinaus. Viel mehr gab es auch nicht mehr zu sagen. Europameister, das ist das, was von der Tischtennis-Europameisterschaft im russischen Jekaterinburg in Erinnerung bleiben wird. Es war der Titel, mit dem sich Österreichs Tischtennisspieler erstmals in die Geschichte der Team-Wettkämpfe einschrieben. Und geschafft wurde das ausgerechnet mit einem Prestige-Erfolg von 3:2 gegen den großen Favoriten, gegen Deutschland. „Im Team ist Siegen am schönsten", sagte Gardos später, als er im Teambus Richtung gemeinsamer Feier abfuhr und bewies, dass es zum historischen Triumph doch mehr zu sagen gab als nur ein einziges Wort. „An diesem Erfolg waren so viele Menschen beteiligt, vom Physio bis zum Trainer. Wir haben das zusammen geschafft", ergänzte der 36-jährige Wahl-Zirler. Und dass ohne dieses Zusammenwirken im Team-Bewerb gar nichts läuft, hatten die Tischtennis-Asse in einem spannenden Ping-Pong demonstriert. Es ging rauf, es ging runter. Der dramaturgische Bogen wurde weit gespannt – aber er brach nicht. Österreichs Team hielt durch, es überstand die über vier Stunden andauernde Nervenschlacht und wurde mit einem 3:2-Sieg belohnt. Zuerst drehte der Wahl-Tiroler Robert Gardos einen 0:2-Satzrückstand noch zu einem 3:2-Erfolg. Dann verlor Stefan Fegerl, dann gewann Daniel Habesohn – und dann verlor Gardos seine erste Partie in der K.-o.-Phase nach fünf Erfolgen. Er hatte den Sieg bereits auf dem Schläger, nun oblag es aber der Nummer zwei im Team, dem 26-jährigen Fegerl, den Deckel zuzumachen. Und der meisterte das mit Bravour. Kontrahent Patrick Baum verkam beim 3:0 immer mehr zur Trainingswand. „Wir waren sehr gut eingestellt auf den Gegner. Wir haben alle gut gespielt, haben unsere Chancen genutzt", wollte Fegerl aber nichts von der Rolle des Matchwinners wissen. Und auch den größten Erfolg seiner Karriere hing Fegerl nicht an die große Glocke: „Wir hatten ja schon den Finaleinzug geschafft, waren Außenseiter gegen die Deutschen. Da war es nicht schwierig, in diese Partie zu gehen. Ich hatte nichts zu verlieren. Ich konnte nur mehr gewinnen."

Weniger pragmatisch zeigte sich da Gardos, der vor zehn Jahren im Team-EM-Finale nach einer 2:0-Führung noch mit 2:3 unterlegen war. Vor allem nachdem ihm heuer fast dasselbe Szenario wie 2005 gedroht hatte, hatten die Deutschen doch einen Rückstand bereits wieder in ein 2:2 verwandelt. „Für das ganze Land zu gewinnen, ist etwas ganz anderes als nur

Augenblicke nach dem großen Triumph: Robert Gardos freute sich über EM-Gold mit der Mannschaft.

für sich selbst. Ich kann mit meiner Leistung ganz zufrieden sein, habe gegen Baum im ersten Spiel immer besser in die Partie gefunden", meinte Gardos. Erster Gratulant nach seinem zweiten Europameistertitel nach 2012 (damals im Doppel mit Habesohn) war die Familie mit Ehefrau Pamela, Mama Agnes und Papa Peter, dem vierjährigen Sohn Alejandro und der wenige Wochen alten Tochter Alicia. Die fieberten in Zirl am Fernseher mit. Und am Ende waren sie von Tirol aus die Glücksbringer in der Halle in Russland. Für ihren Robert. Für ihren Europameister.

Nach Boston eroberte Weber nun auch den „Big Apple"

Zuerst war sich Janine Weber nicht ganz sicher, als die Hockey Hall of Fame nach ihrem goldenen Treffer im Finale der kanadischen Frauen-Eishockey-Liga vorstellig wurde. Das weltberühmte Eishockey-Museum, das Stücke von Legenden wie Wayne Gretzky oder Mario Lemieux sein Eigen nennt, wollte den Schläger der Tirolerin ausstellen. Das Problem? Sie hatte zu diesem Zeitpunkt lediglich zwei Stück. Inzwischen hatte sich der Wind aber gedreht. Und wie! Im Sommer wurde die neue amerikanische Profiliga National Women's Hockey League (NWHL) aus der Taufe gehoben. Vier Teams (Boston Pride, Buffalo Beauts, Connecticut Whale und New York Riveters) traten dort um den Titel an. Und mittendrin statt nur dabei war die Tirolerin Janine Weber. Denn die New York Riveters verpflichteten als allererste Spielerin die 24-jährige Legionärin, Weber war damit die erste Eishockey-Profispielerin Österreichs. „Das ist eine coole Geschichte, die ich sicher irgendwann meinen Enkeln erzählen werde. Aber am meisten freut mich, dass ich beim Start der NWHL am Eis stehen darf", wurde Weber auf der Vereinshomepage zitiert. Wie viel Weber, die die Sommermonate zuletzt in der Heimat verbracht hatte, als Profispielerin verdienen würde, wollte sie nicht verraten. Das Durchschnittsgehalt der 18 Spielerinnen in New York betrug aber 13.400 Euro pro Saison. Abschied nehmen musste die Innsbruckerin, deren Weg über den HCI, Zirl, die Red Angels, Salzburg und die Sabres Wien nach Übersee geführt hatte, aber nicht nur von ihrem Ex-Klub Boston Blades. Dort arbeitete Weber neben dem Eishockey als Lehrerin an einer Schule für Kinder mit Entwicklungsstörungen. Das war seit Ende Juli passé, denn Weber war nun von Beruf Eishockeyspielerin. „Es war schwer, sich von den Schülern zu verabschieden", gestand die ÖEHV-Nationalspielerin. „Aber sie sind alle stolz auf mich. Und wenn wir in Boston spielen, werden sie hoffentlich in die Halle kommen." Weber wusste, dass sie den Karrieresprung vor allem einem Treffer zu verdanken hatte: Am 7. März ging es im Finale der kanadischen Liga um den Clarkson Cup, Weber und die Boston Blades standen damals den Montreal Stars gegenüber. Nach regulärer Spielzeit stand es 2:2, bevor der Tirolerin in der 63. Minute der Treffer zum Triumph gelang. „Das war sicher ein entscheidender Moment. Aber auch die Entscheidung, überhaupt in die USA zu gehen, war wichtig." Und auch die Hall of Fame hatte den gewünschten Schläger mittlerweile bekommen. Inzwischen hatte sich nämlich ein Ausrüster bei Weber gemeldet und dieser würde ihr regelmäßig Schläger zusenden. So wie es sich für eine Profi-Spielerin eben gehört.

Tivoli war wieder der Ort großer Gefühle

30 Minuten etwas schleppend, dafür 60 Minuten ganz stark: Wackers Wille versetzte wieder Berge. Mit einem 4:2-Heimsieg über Austria Klagenfurt wurde die Tabellenführung in der Ersten Liga verteidigt.

Der überraschend starke Saisonstart des FC Wacker Innsbruck in der Sky Go Erste Liga entfachte in Tirol eine neue Lust auf Fußball. Aber jedem im schwarzgrünen Lager war auch klar, dass Innsbruck ab sofort von allen „gejagt" werden würde, dass Pichlmann und Co. in jeder Partie 110 Prozent Leidenschaft abrufen mussten, um die Spitze zu verteidigen – wie das Spiel gegen Aufsteiger Austria Klagenfurt bestätigte. Nach nur 17 Minuten waren die Kärntner durch Manuel Wallner in Führung gegangen, erst Pichlmann traf mit einem Elfmeter in der Nachspielzeit der ersten Halbzeit zum Ausgleich. Die zweite Hälfte begannen beide Teams mit offenem Visier, den ersten Hochkaräter servierte der bei einem Abschlag einmal mehr zu zögerliche Weiskopf den Gästen: Der Pressball mit Eler landete aber an der Stange, Wacker-Kapitän Alex Hauser kam erst per Kopf zu einer Gelegenheit, um es nur wenig später besser zu machen: Eine Jamnig-Flanke drückte er am langen Eck volley zur 2:1-Führung über die Linie. Das Publikum hatte die Hausherren längst eingeklatscht. Und der Aufsteiger tat den Innsbruckern den Gefallen, weiter hochzustehen und große Räume freizugeben. Doch ein Missverständnis

Janine sorgte in New York auf dem Eis für Furore.

zwischen Sebastian Siller und Weiskopf brachte Klagenfurt das 2:2 (73.), nur 90 Sekunden später schlug Wacker aber zurück: Den perfekt getimten Hauser-Stanglpass vollendete Pichlmann zum 3:2 (75.) am langen Eck. Beide Teams boten „Spaßfußball", das Tivoli präsentierte sich wieder als Ort größerer (Fußball-)Gefühle. Freitags Schlusspunkt zum 4:2 nach Zuckerpass von Hamzic war die Krönung auf den Wahnsinnslauf, der bei der Begegnung mit Bundesliga-Absteiger Wiener Neustadt seine Fortsetzung fand. „Ja, liebe Fans, jetzt kann's nur besser werden." Schon nach einer Minute blieb dem Wiener Neustädter Stadionsprecher nur noch der Galgenhumor. Denn der FC Wacker hatte einen Blitzstart hingelegt – direkt nach dem Anstoß war der durchgebrochene Gründler im Strafraum gelegt worden, den Elfmeter nach 20 Sekunden (!) Spielzeit verwandelte Pichlmann eiskalt zum 1:0. Dann übernahmen die Gastgeber das Kommando und die Innsbrucker hatten Glück, dass Mustafa Yavuz nach 38 Minuten aus kurzer Distanz verzog. Doch damit war das schwarzgrüne Glück aufgebraucht: Kurz vor der Halbzeit ließen die Innsbrucker dem mit Abstand gefährlichsten Wiener Neustädter zu viel Raum – Takougnadi bestrafte das mit einem wunderschönen Schlenzer zum 1:1-Halbzeitstand. Der zweite Durchgang begann mit einer Schrecksekunde: Innenverteidiger Christian Deutschmann musste minutenlang ärztlich behandelt werden, kam aber mit Turban aufs Feld zurück. Und das, obwohl die medizinische Abteilung ihm eigentlich davon abgeraten hatte. Und als sich alle mit einem Unentschieden abgefunden hatten, schlug die große Stunde von „Mr. Turban" Christian Deutschmann. Der Steirer köpfelte nach einer Eckball-Serie in der 93. Minute zum 2:1 ein.

Dann ein Sieg für die Moral vor dem schweren Gang ins Franz-Fekete-Stadion nach Kapfenberg. Gegen die Steirer hatte der FC Wacker fünf Spiele lang nicht mehr getroffen – doch alle Serien enden einmal. Auch wenn der Start holprig verlief und die Gastgeber nach einer Viertelstunde in Führung gingen. Trainer Klaus Schmidt stellte im Anschluss fest: „Es scheint so, dass wir den Rückstand brauchen. Dann wachen wir auf." Die Innsbrucker waren plötzlich am Drücker. Erst scheiterte Hauser an Goalie Nicht (25.), doch nur eine Minute später steckte der lange ignorierte Rosenbichler offensichtlich all seinen angestauten Frust in ein Solo, bei dem er drei Kapfenberger stehen ließ. Seinen Querpass nützte Thomas Pichlmann zum Ausgleich. Wohl aus Abseitsposition, aber das war egal. Damit hatte der FC Wacker nach 476 Minuten Torsperre wieder gegen die Falken getroffen. Kapfenberg versuchte in der Folge, den Schwung der Anfangsminuten wiederzubeleben. Vergeblich. Auch weil die Schmidt-Truppe das Spiel in den Griff bekommen hatte. Und kurz vor der Halbzeit war's wie zuletzt in Wiener Neustadt erneut ein Eckball, der die Führung bedeutete: Einen Jamnig-Corner verlängerte Freitag aufs lange Eck, wo Sebastian Siller nur noch Danke sagen musste (44.). Doch das war's noch nicht alles gewesen in Halbzeit eins. Denn Kapfenberg schenkte den Innsbruckern in der Nachspielzeit sogar noch das 3:1. In der 84. Minute machte Flo Jamnig mit einem Flachschuss zum 4:1 dann aber alles klar. Würde die Serie von sieben Siegen hintereinander halten, lautete nach dem Erfolg von Kapfenberg die Frage, zumal mit dem FAC das wohl schwächste Team im Tivoli erwartet wurde. Leider nein – denn die Wiener, die sich geschickt verteidigten, trafen aus einem der wenigen Konter knapp vor der Pause zum überraschenden 1:0 und hielten dieses Vorsprung bis Minute 71, als dem eingewechselten Michael Augustin just bei seinem Liga-Debüt der verdiente Ausgleich gelang. Beim 1:1 blieb es dann auch.

Sehen Sie es sportlich!

Sehen Sie Ihre liebsten Sportsendungen wann und wo Sie wollen: Mit UPC TV, Horizon Go und UPC Mobile.

bis zu **55 HD** Programme

0800 700 767 oder upc.at

More power. More joy.

upc

OKTOBER

Es lief weiter wie am Schnürchen

Bestätigt hat es bis dato noch niemand, aber es wäre durchaus denkbar, dass der Spruch des legendären Rudi Nierlich groß gedruckt in der Kabine des FC Wacker hängt: „Wenn's lafft, dann lafft's!" Und getreu dieser „Weisheit" eilten die Innsbrucker Kicker von Sieg zu Sieg. Wie zum Beispiel beim LASK in Linz. 1:0 gewannen die Tiroler und bauten damit den Vorsprung in der Tabelle auf sechs Punkte aus. Es war zwar kein brillantes Spiel der Schwarzgrünen gewesen, aber ein sehr effektives. Und am Ende zählen eben die Punkte und kein Schönheitspreis. Das Spiel erinnerte nämlich bis zur 45. Minute ein wenig an die zur selben Zeit laufende Rugby-Weltmeisterschaft, denn hoch wurden die Bälle aus dem und in den Wacker-Strafraum gestoßen. Wenn einer Energieanfälle – oder Einfälle – hatte, dann am ehesten Alexander Riemann. Das roch dann aber mehr nach Entlastung als nach koordiniertem Angriff.

Doch dann brach die 45. Minute an und auch Alex Gründler überkam ein Energieanfall. Der reichte für einen Sprint in den Strafraum, wo der Unterländer plötzlich in sich zusammenfiel. Elfmeter, Thomas Pichlmann verwandelte trocken zum 0:1. Ein Foul? Das vielleicht, auch Gründler wollte etwas in dieser Art bemerkt haben: „Ich spüre was, das bringt mich aus den Gleichgewicht und ich gehe zu Boden", meinte er zur Halbzeit kryptisch. Im Strafraum? Das eher nicht, wie das dritte Zeitlupenstudium ergab. Aber Schiedsrichter Harald Lechners Augen ist das Ganze weniger anzulasten, möglicherweise aber dem Wacker-Status als Tabellenführer. Der war zuvor aber nicht wie jenes Team aufgetreten, das die Sky Go Erste Liga dominierte. Doch irgendwie kommt immer alles zurück – und wenn der Schiedsrichter in Linz einen fragwürdigen Elfmeter für die Innsbrucker gepfiffen hatte, der das Spiel entschied, so war es im Tivoli eine fragwürdige Rote Karte gegen Siller, die St. Pölten auf die Siegerstraße führte.

Es war kalt im Tivoli, die Temperaturen erinnerten weit mehr an einen Wintereinbruch als an Spätherbst. Den Wacker-Fans wurde aber gleich warm ums Herz. Denn es dauerte genau 22 Sekunden bis zur ersten Top-Chance: Mittelfeldmotor Christoph Freitag – er biss ebenso die Zähne zusammen wie die angeschlagenen Pascal Grünwald, Andreas Hölzl und Alex Hauser – servierte Alex Gründler die Kugel, dessen abgefälschter Schuss aber in St.-Pölten-Goalie Riegler seinen Meister fand. Die Aufregung nahm dann allerdings im Minutentakt ab, die Niederösterreicher fanden etwas besser ins ausgeglichene Spiel. Die erste Gelegenheit nach dem Wechsel hatte St. Pölten erneut durch Segovia (53.), der drei Minuten später mit feinem Pass auch die Gästeführung durch Manuel Hartl (0:1/56.) vorbereitete. Genau vor diesem Duo hatte Wacker-Coach Klaus Schmidt vor dem Match eindringlich gewarnt. Dass die

Liefering wurde im Herbst 2015 zum Lieblingsgegner des FC Wacker.

Schwarzgrünen in dieser Saison über eine unglaubliche Moral und auch ein Plus an Klasse verfügten, bestätigte sich beim Ausgleich: Innenverteidiger Sebastian Siller brachte als rechter Flügel einen Pass in den Rücken der Abwehr, den Alexander Riemann nach kurzem Haken in technischer Perfektion im langen Eck (1:1/65.) unterbrachte. Dann griff Schiedsrichter Sebastian Gishamer entscheidend in die Partie ein, schickte Siller nach angeblichem Torraub an Segovia mit Rot (69.) unter die Dusche und den dafür verhängten Freistoß aus 18 Metern schoss Michael Ambichl zu allem Überdruss auch noch zum 1:2 in die Maschen. Nach schwerem Hölzl-Fehler machte Segovia, auffälligster Akteur am Platz, mit feinem Heber das 1:3 und den Auswärtssieg der Niederösterreicher perfekt.

Wie heißt es doch so treffend? Einmal der Gigl, dann wieder der Gogl! Und so entschied der FC Wacker das Spiel bei Liefering durch ein Elfmetertor in der Nachspielzeit mit 1:0 für sich. Es war der siebente Sieg im ebensovielten Auswärtsspiel. Eine tolle Bilanz. Errungen durch einen Elfmeter, den – wie schon in Linz – Gründler herausgeholt hatte und den Freitag in der 92. Minute eiskalt verwandelte. Und eine Woche später sah es lange Zeit so aus, als ob der FC Wacker seine fast schon

Eher unerwartet kamen die Wacker-Kicker im Tivoli gegen St. Pölten ins Straucheln und verloren mit 1:3.

unheimliche Auswärtsserie auch im „Ländle" bei Lustenau fortsetzen könnte. Bis zur 59. Minute führten die Innsbrucker durch ein Traumtor von Alex Riemann mit 1:0, um sich die Butter doch noch vom Brot nehmen zu lassen. Insgesamt war der Dreier dank des 2:1 für die Vorarlberger aber kein unverdienter – das sah auch Sebastian Siller so, der nach Rotsperre in die Wacker-Innenverteidigung zurückgekehrt war: „Wenn man das ganze Spiel betrachtet, hat Lustenau verdient gewonnen." Man sei einfach nicht kompakt genug gewesen und habe nie wirklich Zugriff auf die Lustenauer (vor allem auf die flinken Außen Da Silva und Dossou) bekommen. „Wir waren nicht gut genug, den Vorsprung über die Zeit zu bringen", analysierte Trainer Klaus Schmidt gewohnt nüchtern.

Und auch im ÖFB-Cup mussten sich die Innsbrucker geschlagen geben – da gelang dem LASK im Tivoli Stadion mit einem 2:0 die Revanche für die Meisterschaftspleite.

Erste Rückschläge auf dem Weg Richtung Olympia

Der Blick auf die Judo-Weltrangliste offenbarte ein „Luxusproblem": Bernadette Graf (Rang drei, bis 70 Kilogramm) und Kathrin Unterwurzacher (Rang vier, bis 63 Kilogramm) waren (noch) immer in der Weltspitze zu Hause. Ein Top-14-Platz hätte für die Olympia-Qualifikation gereicht. Aber: Beide Tirolerinnen mussten einen Dämpfer einstecken.

Kathrin Unterwurzacher konnte sich im Grand Prix von Taschkent quasi ins gemachte Nest legen: Die Innsbruckerin war als Nummer eins gesetzt. Doch das Out im ersten Kampf (nach einem Freilos) gegen die Türkin Busra Katipoglu kam einer schallenden Ohrfeige gleich. Trainer Martin Scherwitzl, der in Innsbruck geblieben war, wirkte ratlos: „Ich habe Kathrin noch nicht erreicht, sie ist schwer enttäuscht." Der Auftritt der 23-Jährigen, die sich als Kampfmaschine einen Namen

Bernadette Graf mit Trainingsmethoden der etwas anderen Art ...

gmacht hatte, sei „katastrophal" gewesen. „Sie wirkte müde und hatte wohl eine Verkühlung", meinte der Coach.

Ihre direkte Konkurrentin auf einen Olympiaplatz punktete indes voll: Für die Wienerin Hilde Drexler war erst im Finale gegen Edwige Gwend (ITA) Endstation. Verkehrte Welt und bitter für Unterwurzacher. „Kathrin ist normal dort, wo jetzt Hilde steht", sagt Scherwitzl.

Zwar blühte Bernadette Graf keine Konkurrenz aus Österreich, an Wettkämpfe war zu dieser Zeit aber gar nicht erst zu denken. Die Tulferin musste sich nach einem bei der WM erlittenen Kreuzbandeinriss schonen. „Aber ich trainiere viel in der Kraftkammer", betonte die dreifache EM-Bronzene Graf. Scherwitzl: „Besser jetzt ein Rückschlag als knapp vor dem Olympia-Start."

Der KAC war effizienter

Eine der Binsenweisheiten im Eishockey lautet: Auf der Strafbank gewinnt man kein Spiel. Schon gar nicht in der Fremde. Das war den Haien natürlich auch schon vor dem Match bei Rekordmeister KAC klar gewesen. Dennoch mussten die Innsbrucker im ersten Drittel oft in die Box – zu oft. Den Anfang machte David Schuller, der zurück an alter Wirkungsstätte (14 Jahre beim KAC) nach einem Check gegen Strong schon nach zehn Sekunden vom Eis musste.

Coach Christer Olsson hatte vor Goalie Andy Chiodo mit Schuller, John Lammers und Tyler Spurgeon alle fitten Ex-KAC-Cracks in die Starting Six beordert. Eine lautstarke Begrüßung seitens der Klagenfurt-Fans folgte. Danach waren die alten Bekannten, mit Ausnahme von Chiodo, der einiges zu tun hatte, speziell in der Vorwärtsbewegung kaum noch zu sehen. Es gab zu wenig Entlastung. Nur ein Konter von Jeff Ulmer während der Schuller-Strafe in Unterzahl hätte für die HCI-Führung sorgen können, er schoss aber vorbei. Die Tore machte dann folgerichtig der KAC durch Jamie Lundmark (12.) und Martin Schumnig (16./PP) – beim 0:2 saß übrigens Nicholas Ross auf der Strafbank.

Ob's eine Standpauke seitens des Trainers gegeben hatte? Die Haie kamen zu Beginn des zweiten Drittels in jedem Fall verbessert aus der Kabine, sahen sich nach weiteren Strafen (Liffiton, Schaus) aber bald wieder mit Unterzahlsituationen konfrontiert. Die wurden allesamt überstanden. Und auf einmal ging John Lammers ein Licht auf: Nach 35 Minuten zog der Kanadier nach einem Klagenfurter Wechselfehler auf und

Jung-Hai Saringer im Abwehrkampf gegen KAC-Stürmer Ganahl.

Foto: GEPA

davon und ließ KAC-Goalie Bernd Brückler beim Anschlusstreffer keine Chance.

Weil der KAC zu viele Chancen ausließ, blieben die Haie im Spiel. Spurgeon und Lammers hatten die Hand am Ausgleich, zwei Powerplays für die Innsbrucker stellten sich ein. Das Tor blieb aus, stattdessen machten die Klagenfurter durch Hundertpfund (3:1) den Sack zu.

Eine Halle, zwei klare Sieger – Tiroler Erfolg auf allen Linien

Das war wieder einmal einer der – leider – seltenen Festtage für den Tiroler Handballsport in der Schwazer Osthalle gewesen. Zuerst hatte Bundesligist Innsbruck gegen Hollabrunn gewonnen, dann siegte in der HLA Schwaz gegen West Wien. Viel war zuletzt nicht rund gelaufen in der Schwazer Osthalle. Der personelle Aderlass durch Verletzungen hatte Coach Raúl Alonso in den vergangenen Tagen und Wochen so manchen Stoßseufzer entlockt. Das war plötzlich alles vergessen: Gegen West Wien feierten die Tiroler einen 38:32-(19:17)-Erfolg. Auch, weil mit Patrik Juric und Alex Wanitschek zwei angeschlagene Stützen auf die Zähne gebissen hatten. „Offensiv waren wir heute 54 Minuten stark", lobte Trainer Raúl Alonso. Einen Schockmoment gab's eben in dieser angesprochenen 54. Minute: West-Wien-Talent Philipp Seitz krachte mit dem Kopf auf den Hallenboden, musste 20 Minuten lang behandelt werden und wurde schließlich vom Notarzt in die Klinik gebracht. „Es war ganz schwer, die Spannung hochzuhalten", berichtete Alonso. Doch die Schwazer brachten den Sieg über die Zeit. „Insgesamt war es eine ordentliche Leistung, auch wenn ich mir defensiv mehr erwartet hätte."

Schon zwei Stunden zuvor hatten die Bundesliga-Handballer von medalp Innsbruck die Schwazer Osthalle mit ihrem zweiten Saisonsieg zum Kochen gebracht. Gegen Hollabrunn feierten die Innsbrucker einen 28:20-(11:7)-Erfolg. Dabei zeigte die junge Innsbrucker Mannschaft angeführt von einer starken Deckung und dem überragenden Schlussmann Thomas Heiss eine beeindruckende Konstanz: Nicht ein Mal geriet die Truppe von Trainer Harald Winkler in den 60 Minuten Spielzeit in Rückstand.

Zehn Schauplätze

Wenn Österreichs beste Turner ihre Meister ermitteln, wird die Wahl zur Qual – insgesamt zehn Schauplätze zugleich bieten sich dem Zuschauer in nur einer Halle an – diesmal in der Innsbrucker Sporthalle Hötting West. Für Tirols beste Dame Jasmin Mader gab es vor rund 600 Fans allerdings nicht den echten Heimvorteil. „Die österreichischen Meisterschaften sind einfach nicht mein Wettkampf – das war in den letzten

Ein Erfolgsgarant im HIT-Team: Goalie Thomas Heiss.

Jahren schon so", jammerte die 22-Jährige nach Patzern am Balken und Boden enttäuscht. Bronze hinter Lisa Ecker aus Oberösterreich und Elisa Hämmerle aus Vorarlberg war nur ein schwacher Trost. Für Maders Trainingskollegen Fabian Leimlehner lief hingegen alles „rund". Mit persönlichem Rekord gewann der Wahl-Innsbrucker seinen ersten ÖM-Mehrkampf seit 2011 – trotz härtester Konkurrenz seit Jahren, darunter auch seine Trainingspartner Vinzenz Höck und Matthias Schwab.

Bei den Damen war die WM-Entsendung von sechs Turnerinnen bereits vor der ÖM entschieden. Mit dabei auch die Kramsacherin Jasmin Mader, die sich nach verpatztem Mehrkampf

Mit dem Heimvorteil zum Mehrkampfmeister: der Wahl-Innsbrucker Fabian Leimlehner.

Jasmin Mader haderte auch diesmal mit fehlendem Wettkampfglück, aber Bronze war ein schöner Trost.

noch Stufenbarren-Gold sicherte. Für die anderen Tirolerinnen war die frühe Fixierung aber ärgerlich. Sowohl Christina Meixner, Zweite am Balken, als auch Hanna Grosch blieben im Mehrkampf vor zwei Nominierten und nur knapp hinter einer weiteren. „Schade, wir wären gut für einen Teameinsatz", sagte Grosch.

Auer gewann IVC-Armbrust-Cup

Auf Tirols Armbrustschützen ist immer Verlass. Beim 20. Internationalen Vereinscup (IVC) in Innsbruck setzten sich die Tiroler vor allem über die Zehn-Meter-Distanz souverän durch. Katharina Auer von der SG Roppen gewann die Einzelwertung, auch im Teambewerb waren die Auer-Mädels und Greiderer nicht zu schlagen. Über die 30-Meter-Distanz war Sonja Strillinger von der SG Angerberg die Beste.

Der nächste Dämpfer in der Fremde

Nur 48 Stunden nach der Niederlage beim KAC waren die Haie auf Punktebeute in Dornbirn unterwegs, doch nach einer Blitzführung durch Ulmer (3. Minute) kam es für die Tiroler knüppeldick. Zu viele Strafen und zu wenig genützte Chancen gaben am Ende den Ausschlag für die Vorarlberger. Der Ausgleich durch Dornbirns Kyle Greentree (11.) wirkte gleichsam wie eine Initialzündung für die Gastgeber, die von da an das Spielheft an sich rissen. Chris D'Alvise (16.) vor und D'Aversa (27./Powerplay) bescherten den Vorarlbergern nach der Drittelpause einen beruhigenden Vorsprung. Vor allem, weil die Haie sich bei ihren Powerplays bisslos zeigten und die vorgefundenen Chancen leichtfertig vergaben: Ulmer traf das leere Tor nicht und Valdix scheiterte ebenso. Und so kam es, wie es kommen musste: Im Schlussabschnitt fiel den Tirolern nicht mehr viel ein. Livingston (48.) und Zagrapan (52.) sorgten für die endgültige Entscheidung.

Erst ein Lächeln für den Fotografen und dann traf Katharina ins Schwarze …

In Dornbirn gab es für die Haie nichts zu gewinnen.

Fotos: Vanessa Weingartener (o.), IVC (u. li.), GEPA (u. re.)

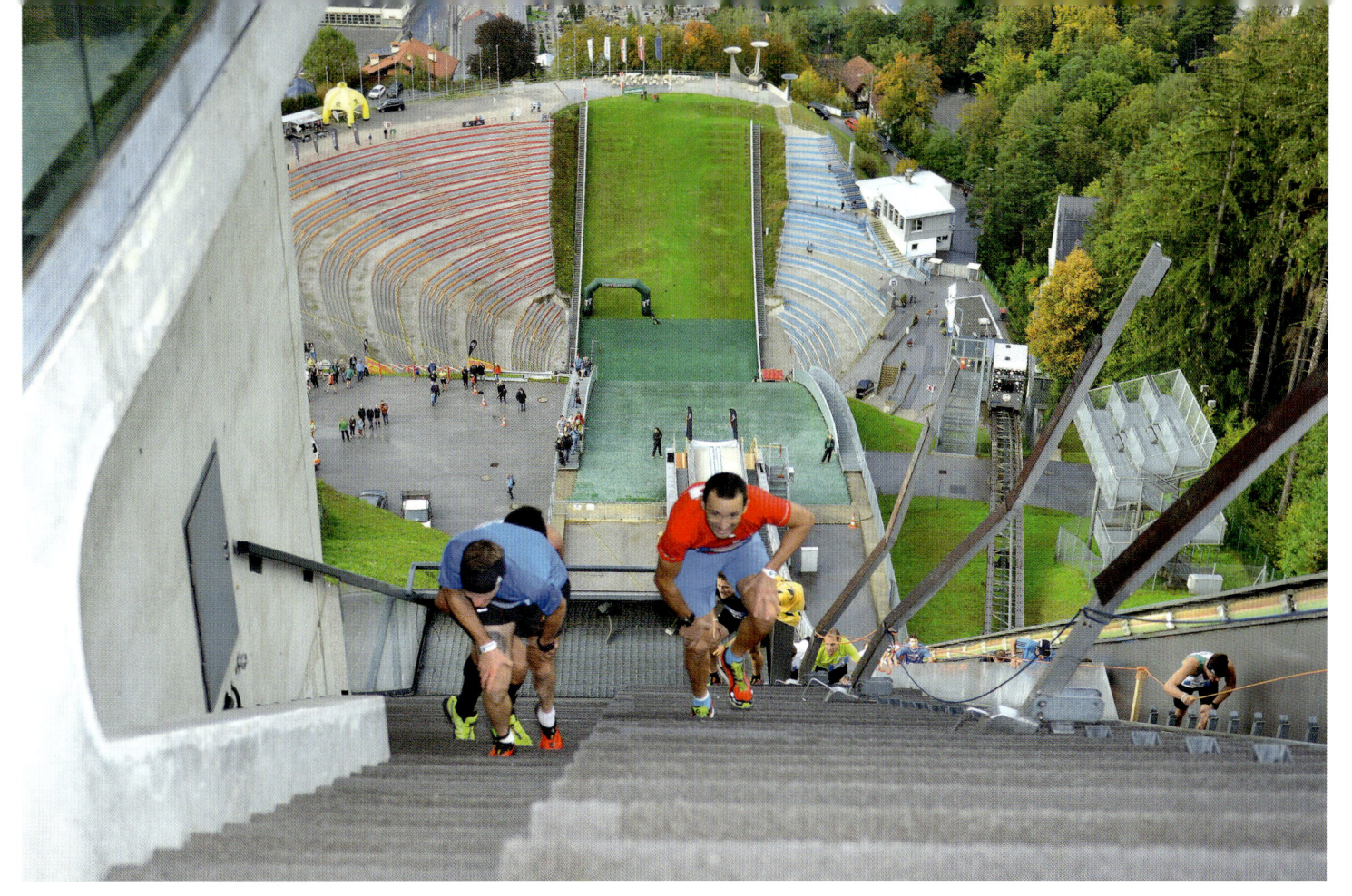

„Servus die Wadln" – beim Sprint auf den Bergisel-Turm war Kondition gefragt.

Im Sprint auf den Bergisel

Unter dem Motto „Öfter einmal etwas Neues" nahmen rund 100 Athleten bei wechselnden Bedingungen zwischen Regen und Sonne den ersten AirRun auf die Bergisel-Skisprungschanze in Angriff. Die besten Athleten qualifizierten sich nach den Vorläufen für die drei Hauptläufe, die im 15-Minuten-Takt gestartet wurden. Im 600 Meter langen Sprint vom Auslauf über die Treppen bis zur Terrasse des Turms (138 Höhenmeter) setzte sich am Ende der Deutsche Fabian Alraun in 4:30:4 Minuten durch. Zweiter wurde der Südtiroler David Thoni, Rang drei ging an den Österreicher Georg Eggert. Schnellste Dame bei der Bergisel-Premiere war die Russin Liudmila Uzick vom SK Rückenwind.

Geschenk für das Geburtstagskind

„Wir wussten schon vor dem Rennstart, dass es sehr schwer für uns werden würde", gab sich Dominik Baumann, Tirols GT-Masters-Vertreter, nach dem dritten Platz im letzten Saisonrennen keineswegs geknickt. Am Ende hatten dem Rumer 13 Zähler auf den Sieg in der Gesamtwertung gefehlt – die gewonnene Wertung für sein BMW Sports Trophy Team Schubert entschädigte jedoch ein wenig: „Das tut gut. Wir haben noch einige Jahre vor uns, alles in allem war es doch eine super Saison." Ausgerechnet an seinem Geburtstag („Für mich sind Geburtstage nichts Besonderes. Wir stoßen darauf kurz an und gut ist es.") fehlte ihm das nötige Glück. Dem Mercedes-Duo Luca Ludwig und Sebastian Asch reichte am Ende ein fünfter Rang für den Gesamtsieg. Für den Deutschen Asch war es nach 2012 der zweite Gesamterfolg in der GT Masters. Das hatte zuvor noch kein anderer Pilot geschafft: „Das ist Wahnsinn, vor allem zweimal mit dem gleichen Fahrzeug. Ich bin stolz!"

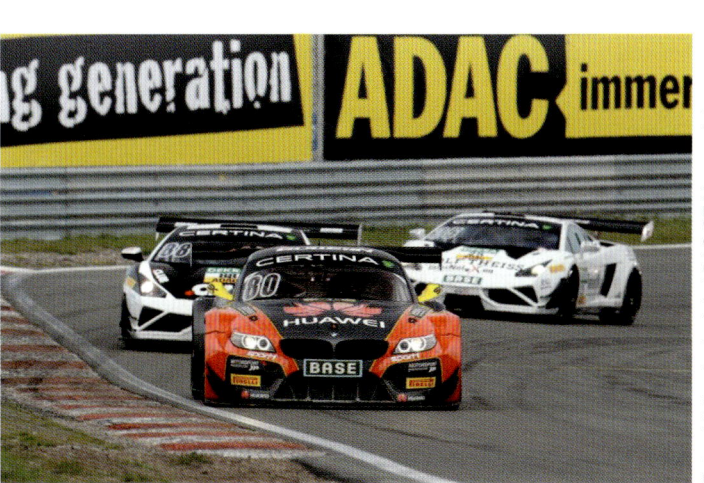

Am Ende fehlten Dominik nur 13 Punkte zum Gesamtsieg.

Für den zweiten Tiroler im GT-Masters-Feld, Clemens Schmid (Bentley), gab es nach dem zweiten Platz vom Vortag einen Ausfall zu beklagen. Sein Teamkollege Hamprecht wurde schon in der ersten Runde abgeschossen. Schmid: „Den Abschluss hätte ich mir etwas anders vorgestellt." In Misano Adriatico erlebte hingegen Norbert Siedler ein perfektes Wochenende. Der Routinier und sein Teamgefährte Marco Seefried triumphierten in beiden Rennen. Und das in einem Ferrari. „Perfekt – und das beim Heim-Auftritt in Italien und auf Ferrari – es gibt nichts Schöneres", sprudelte es aus dem Wildschönauer heraus.

Die Schwazer Torjäger bejubelten einen wertvollen Punkt bei Titelkandidat Bregenz.

Schwaz krallte sich einen Punkt

Vermeintliche Favoriten haben es nicht immer leicht – auch im Handball nicht. „Als großen Anwärter auf den Titel", hatte Sparkasse-Schwaz-Trainer Raúl Alonso Bregenz vor dem Aufeinandertreffen in der Handball Liga Austria (HLA) bezeichnet. Umso überraschender war es, dass die Tiroler mit dem 29:29-Remis einen Punkt mit über den Arlberg nehmen konnten. In der Arena Rieden-Vorkloster hatten die Tiroler die Anfangsphase verschlafen (0:4 nach fünf Minuten), um sich dann mit einem tollen Zwischenspurt selbst aus dem Tief zu ziehen.

Verdienter Lohn: der späte Ausgleich durch den überragenden Top-Werfer Anton Prakapenia (13 Treffer!) eine Sekunde vor Schluss.

3:2 – die ÖFB-Serie ging weiter

Durchaus EM-reif präsentierte sich Österreichs Team im vorletzten EM-Qualifikationsspiel: Ein denkwürdiges Finish bescherte dem ÖFB einen glücklichen 3:2-Sieg in Montenegro.

Österreichs Fußballfans jubelten mit den Kickern in Montenegro um die Wette.

Ratlose Gesichter bei Montenegro, Festtagsstimmung bei Klein, Alaba und Co.

Nick Ross beendete die Negativ-Serie gegen Fehérvár

Neunmal in Serie hatte sich der HC Innsbruck Sapa Fehérvár geschlagen geben müssen. Am Abend, als Fußball-Österreich in Montenegro gewann, beendeten die Haie diesen Negativlauf mit einem 2:1-Heimsieg. Rund 1.500 Zuschauer waren trotz des ÖFB-Länderspiels in die TIWAG Arena gekommen und das Tiroler Publikum sollte den Gang in die Eishalle nicht bereuen. Hauptgrund dafür war HCI-Crack Nick Ross, der mit seinen beiden Treffern den Haie-Anhang noch Minuten nach dem Spielende lautstark „Super Haie" schreien ließ. Der HCI präsentierte sich von Beginn an engagiert und angriffslustig. Im Mitteldrittel ging es dann Schlag auf Schlag: Zunächst gab es jeweils eine Strafe auf beiden Seiten, die ohne Folgen blieben. Erst im Anschluss daran schlenzte HCI-Stürmer Nick Ross (31.) seelenruhig den Puck ins Kreuzeck der Ungarn. Am Beginn des letzten Drittels verabsäumten es die Gastgeber, den Sack zuzumachen. Das rächte sich: Fehérvár-Stürmer Francis (44.) ließ seine Truppe über den 1:1-Ausgleich jubeln. Es folgte eine kurze Druckphase der Gäste, ehe sich die Haie wieder fingen und Ross (53.) mit seinem zweiten Treffer das Glück der Innsbrucker perfekt machte.

Aber die Koller-Schützlinge, deren Stärke in vielen EM-Qualifikationsspielen das Agieren war, mussten mehr reagieren, als ihnen lieb war. Besonders dann, wenn Mirko Vučinić am Ball war. Wer 75 Spiele für Juventus Turin in den Beinen hat, der hat etwas. Dieses Was sollte für die Österreicher in der 32. Minute gravierende Wirkung haben. Hatte er sich nun den genialen Pass von Vukčević mit der Hand genommen oder nicht? Jedenfalls hatte er es geschickt kaschiert, hatte Dragović, den seit vielen Spielen fast fehlerlosen Abwehrchef, versetzt. Und Almer auch noch. Und wer den letzten Abwehrspieler und den Tormann schlecht ausschauen lässt, der ist meist Torschütze. Dieses 1:0 war zu diesem Zeitpunkt verdient und danach noch mehr. Denn plötzlich kamen die Montenegriner trickreich, kombinationssicher, selbstbewusst durchs Mittelfeld der Österreicher. Der Pausenpfiff war den Österreichern also gar nicht ungelegen gekommen. So richtig hatte eigentlich nichts geklappt. Aber was nicht war, konnte ja noch kommen – und hätte es sogar müssen, als Kapitän Christian Fuchs David Alaba in der 55. Minute ideal freispielte. Aber nur wenige Sekunden später stand es 1:1. Ein Lehrbeispiel dafür, wie einfach Fußball sein kann. Endlich setzt sich Harnik durch und dort, wo er das Leder per Stanglpass zur Mitte spielte, stand jener, der im Strafraum mit großer Regelmäßigkeit traumwandlerisch richtig steht: Marc Janko. Der Torjäger, der auch beim FC Basel in der Schweiz viele Tore schießt, bugsierte das Leder ins Tor – sein 23. Treffer im 50. Länderspiel. Aber die Gastgeber konterten: Bećiraj hieß der Mann, der Montenegro aus kurzer Distanz mit dem Tor zur 2:1-Führung (68.) glücklich machte. Aber nur kurzfristig. Am Ende mussten die Gastgeber ins Tränental abtauchen. Marko Arnautović konnte in der 81. Minute eine elegante Soloaktion mit einem humorlosen Schuss zum 2:2 abschließen. Und während die Montenegriner noch mit diesem Remis haderten, stand es 3:2 für Österreich. Der eingewechselte Marcel Sabitzer war der Matchwinner – Vollzugsorgan in einer Truppe eiskalter Effizienz.

Zwei Treffer von Ross „bremsten" Fehérvár in Innsbruck ein.

Hand auf's Herz: „Irgendwann muss man erkennen, dass der Körper nicht mehr mitspielt", sagte Patricia und beendete ihre Karriere.

„Für 100 Prozent reicht es nicht mehr"

Nach 621 WTA-Einzelpartien startete Patricia Mayr-Achleitner in Linz in das letzte Tennisturnier ihrer Karriere. Im Interview mit der TT verriet die 28-jährige Seefelderin Details über Flugangst, Schmerzen und Zukunftspläne. Denn Patricia hatte sich mit dem unfreiwilligen Ende ihrer Karriere arrangiert. Noch im Sommer nach ihrem Erstrunden-Aus in Bad Gastein hatte sie weinend gestanden, dass es nicht mehr gehe, ihr Rücken einfach nicht mehr mitspiele.

Machen es die Schmerzen leichter, Abschied zu nehmen? Mayr-Achleitner: „Wenn du etwas dein ganzes Leben lang machst und musst dann von einem auf den anderen Tag damit aufhören, ist das nie leicht. Aber ich bin jetzt nicht mehr so traurig. Für die 100 Prozent Einsatz im Training und im Match reicht es einfach nicht mehr. Hinzu kam meine immer weiter wachsende Flugangst. Entspannt war ich in einem Flugzeug noch nie, aber das hat sich zuletzt zugespitzt, so weit, dass ich sogar Tabletten nehmen musste." Sie hatte auf der Tour rund eine Million Euro an Preisgeldern verdient. Ob sich davon nach Abzug aller Aufwendungen leben lässt? Mayr-Achleitner: „Sagen wir es so: Durch Sponsorengelder und dem, was ich beim Ligaspielen verdiente, habe ich jetzt keine Existenzangst und kann mir was Neues aufbauen." Was wird das sein? Mayr-Achleitner: „Ich möchte eine Tennisschule aufmachen – gemeinsam mit meinem Mann Michael. Derzeit stehen wir mit mehreren Klubs in Verhandlungen, noch fehlt aber der richtige Standort. Ich würde gerne in Tirol bleiben und mit Kindern im Breitensportbereich arbeiten. Spitzensport gibt es im Moment in Tirol ja nicht." Warum ist das so? Mayr-Achleitner: „Meine ganz ehrliche Meinung: Weil sie alle falsch trainiert werden im Alter zwischen acht und 14 Jahren. Wenn man sich umhört, dann heißt es: Wir sind zufrieden mit dem Klubtrainer, der macht das ja so nett mit den Kindern. Den mögen sie gerne, weil er lieb und witzig ist. Da kann nichts rauskommen, selbst das größte Talent entwickelt sich nicht. Genau zwischen acht und bis 14 müssen die Kinder richtig und gut ausgebildet werden." In Linz hatte ihre Karriere 2003 begonnen, in Linz ging sie nun zu Ende. War es ein besonderer Wunsch, dort aufzuhören? Mayr-Achleitner: „Ich spiele gerne in Österreich. Im Gegensatz zu anderen Spielerinnen beflügelt es mich mehr, als dass es eine Belastung aufgrund des höheren Erwartungsdrucks wäre. Außerdem brauche ich noch ein Turnier heuer für die WTA-Pension, die mir dann mit 50 Jahren ausbezahlt wird. Dafür muss man fünf Jahre unter den Top 100 gewesen sein und mindestens zwölf Turniere im Jahr gespielt haben." Sie musste ja unfreiwillig aufhören, trauerte sie irgendwelchen verpassten Chancen hinterher? Mayr-Achleitner: „Nein, ich bin zufrieden. Ich blicke auf eine wunderschöne Zeit zurück, habe viele Gegenden auf der Welt gesehen, war in Städten, in die ich sonst wohl nie gereist wäre. Einige sehen mich sicher auch nie wieder. Zu den Höhepunkten zählt sicher mein erstes Grand-Slam-Turnier in Australien."

Schotte geizte nicht mit Siegen

Robbie Simpson ist kein Unbekannter, schon gar nicht rund um den Wilden Kaiser. Der Sieger der Tour de Tirol 2014 wiederholte 2015 seinen Erfolg, und im Gegensatz zum Vorjahr

Robbie Simpson lief wieder einmal allen auf und davon.

Fotos: Böhm (o.), Stinn (u.)

hatte die Konkurrenz an jedem der drei Renntage (Söller Zehner, Kaisermarathon/42,2 km, Pölven Trail/23 km) das Nachsehen. Der Zweitplatzierte bei allen Etappen des Klassikers: der Schweizer Patrick Wieser, immerhin ein Olympia-Aspirant im Marathon (Rio 2016). Auch der Drittplatzierte, der Bulgare Shaban Mustafa, konnte schon mit dem Gewinn des Jungfrau-Marathons auf sich aufmerksam machen. Letztlich waren sie alle chancenlos. Am Ende lag Robbie Simpson, der Vizeeuropameister im Berglauf aus der schottischen Grafschaft Aberdeenshire, gut 14 Minuten vorne. Von den Tirolern konnte sich in diesem hochkarätigen Feld vor allem einer in Szene setzen: Der Hopfgartner Thomas Farbmacher landete als Neunter mitten im Spitzenfeld. Auch bei den Damen ging der Gesamtsieg nicht an Österreich: Jasmin Nunige wies nach drei Tagen und 75 Kilometern über Stock und Stein ihre Landsfrau Kathrin Götz in die Schranken. Und wie schon bei den Herren kam Tirol durch Tamara Aigner am Ende auf Rang neun.

Martin Kaindl, Organisationschef aus den Reihen des Duathlonclubs Bad Häring, konnte jedenfalls zufrieden bilanzieren. Nicht weniger als 267 Herren und 76 Damen kamen in die Gesamtwertung des Lauf-Festivals. Und damit nicht genug: „Mit über 520 Teilnehmern beim Kaisermarathon sind wir in Österreich der größte Bergmarathon."

Dornbirn, die „Dritte"

Der etwas merkwürdige Spielplan bescherte den Haien gleich zu Saisonbeginn das dritte Duell mit Dornbirn. Keine schlechte Auslosung, immerhin feierten Ross und Co. den zweiten Sieg gegen die Vorarlberger. Beim 3:2 glänzte vor allem Goalie Andy Chiodo ebenso wie der mit 38 Jahren „Stammesälteste" Jeff Ulmer. Dieses dritte Westderby binnen 14 Tagen begannen beide Teams mit offenem Visier. Bei zwei Hochkarätern der Haie blieb der Torschrei auf den Lippen hängen. Und HCI-Goalie Chiodo bewahrte die Hausherren gegen Greentree mit einer Glanztat vor dem Rückstand. Die Vorarlberger steuerten viel zu einer schnellen und packenden Partie bei. Nur die Tore blieben in den ersten 20 Minuten noch aus. Den

Selbst auf dem Eis liegend brandgefährlich: Jeff Ulmer traf zum Siegestreffer gegen Dornbirn.

Haien ging im Mitteldrittel ein Verteidiger verloren: Dave Liffiton kam nicht mehr aus der Kabine. Dafür versuchte Headcoach Christer Olsson, mit der einen oder anderen Umstellung in den Angriffsreihen für frischen Schwung zu sorgen. In Minute 30 fuhren dann aber drei Dornbirn-Stürmer auf zwei HCI-Verteidiger. Und man ließ Marek Zagrapan beim 0:1 etwas zu viel Platz. In einer 5:3-Überzahl schlugen die Innsbrucker aber zurück: Jeff Ulmer (35.) glich aus, Dornbirn ging erneut in Front (D'Alvise/39.). Das Beste kam in diesem Abschnitt aber zum Schluss: Teufelskerl Chiodo blieb mit einer weiteren Großtat gegen James Arniel Sieger, Sekunden später stürmte Tyler Spurgeon nach Schaus-Pass alleine aufs Tor. Und der Kanadier schoss 18 Sekunden vor der Drittelsirene zum 2:2 ein. So macht man Werbung fürs Eishockey. „Wer hat in dieser intensiven Partie noch mehr im Akku?", lautete die Frage vor dem Schlussabschnitt. Olsson tischte mit Lammers–Hahn–Ulmer wieder einen „Atomblock" auf. Chiodo stand hinten weiter wie ein Fels. Beide Teams hatten Matchbälle, es ging in die Overtime: Die Haie drückten – und Ulmer wurde mit feinem Handgelenksschuss und seinem Doppelpack zum Matchwinner (64.).

Hypo mit zweitem Erfolg

Ungewohnt intensiv wurde es zum Auftakt der MEVZA für den österreichischen Volleyball-Meister Hypo Tirol gegen den slowenischen Vertreter Kamnik. Die junge Truppe von Headcoach Daniel Gavan, die auf vier Stammkräfte verzichten musste, konnte am Ende einen knappen 3:2-Sieg verbuchen. Weniger lange mussten sich die Dunkelblauen beim zweiten Auftritt im Rahmen des Kurzturniers auf der USI plagen. Gegen Sobota aus Slowenien konnte man einen am Ende klaren 3:1-Erfolg verbuchen und somit nach dem ersten von vier MEVZA-Turnieren positiv bilanzieren. Gavan: „Sobota hat sehr viel riskiert. Am Ende war der Sieg verdient. Wir haben insgesamt zwei Siege geholt und sind positiv in die MEVZA gestartet."

Znojmo hatte mit den Haien keine Gnade

Mit einer breiten Brust waren die Haie nach Tschechien gereist, wohl wissend, dass es beim Tabellenführer nicht viel zu erben geben würde. Tatsächlich mussten sich die Tiroler mit 5:0 geschlagen geben, hatten in diesem Spiel eigentlich nie eine Chance. Gastgeschenke wollten die Tschechen keine überreichen, dafür gab es nach drei Minuten einen Warnschuss: Jan Lattner machte seinem Namen alle Ehre und pfefferte den Puck an die Latte. Da hatten die Innsbrucker Riesenglück – und zwei Minuten darauf „revanchierten" sich die Haie mit einem Aluminium-Schuss (Derek Hahn). Dann war es aber doch passiert: HCI-Goalie Andy Chiodo fiel nach einem Angriff der Puck aus dem Fanghandschuh – Lattner staubte ab (17.). Im zweiten Drittel gerieten die Haie unter Dauerdruck: Das 2:0 (26.) durch Sedivy war nur eine Frage der Zeit gewesen, das 3:0 (33., Sulak) folgte sogleich. Dass Jeff Ulmer wegen irregulärer Ausrüstung vom Eis musste – er spielte mit gebrochenem Stock weiter – passte zur Tiroler Abschlussschwäche. Mit 0:3 ging es ins letzte Drittel und Znojmo war weiterhin gnadenlos, traf durch Boruta (41.) und Yellow Horn (52.) zum 5:0-Sieg.

In der MEVZA gab Hypo Tirol den Takt vor.

Bei fünf Gegentreffern war Andy Chiodo in Znojmo chancenlos.

Traumpaare und Flügelflitzer

Es war nicht der Abend des dezenten Lidstrichs – und auch nicht der kurzen Ansagen. Zumindest dann nicht, wenn Veranstalter, Organisationsleiter, Turnierboss, Strippenzieher, Moderator, Danksager und Blumenüberreicher Ferry Polai zum Mikrofon griff. Der Tausendsassa, der seit einem guten Vierteljahrhundert das World Masters in die internationale Auslage rückt, hatte schließlich einiges zu erzählen. Und das musste nicht zwingend etwas mit Tanzsport zu tun haben. Da bekamen die staunenden Zuseher in der festlich herausgeputzten Olympiaworld schon einmal eine Schnurre über seine fußballerische Vergangenheit als IAC-Flügelflitzer zu hören. Oder eine wissenschaftlich belegte Nachforschung, wonach der Wiener Walzer vor ein paar hundert Jahren nicht etwa in Wien, sondern im Alpenraum seinen Ursprung nahm. Nur wenn Polai schweigt, dann wird getanzt – in bester Innsbrucker Tradition zu lateinamerikanischen Rhythmen und in einer schwer nachvollziehbaren Eleganz und Perfektion. In Abwesenheit der fünffachen Weltmeister und mehrmaligen World-Masters-Sieger Cocchi/Zagoruychenko (USA), die sich wie einige andere Top-Paare auf die Weltmeisterschaft in Warschau vorbereiteten, nützten die italienischen Aushängeschilder Emanuele Soldi/Elisa Nasato die Gunst der Stunde und setzten beim obligaten Schautanz auch noch den famosen Schlusspunkt. Oder wie es die in diesem Sommer vom Turniertanz zurückgetretene Co-Moderatorin Julia Polai stilecht formulierte: „Spettacolare come sempre." Spektakulär wie immer, schließlich sind Soldi/Nasato für das fachkundige Publikum keine Unbekannten.

Spektakulär wie nie zuvor präsentierte sich auch das zweitplatzierte Duo aus den USA, Justinas Duknauskas/Anna Kovalova. Nicht zuletzt, weil die beiden nach der Trennung von ihren jeweiligen Partnern erstmals gemeinsam das Tanzbein schwangen und als neuformiertes Traumpaar eine große Zukunft vor sich haben.

Für die beiden österreichischen Paare nahm sich zumindest die Gegenwart erwartungsgemäß aus. So war für die Tiroler Lokalmatadore Marvin Nigg und Claudia Obmascher in der Runde der besten 24 ebenso Endstation wie für die Wiener Peter Erlbeck/Claudia Kreuzer. „In solch einem Top-Feld ist einfach nicht mehr möglich", sagte Nigg, der sich wie Partnerin Obmascher Profi nennt, die gemeinsame Leidenschaft aber mit einem 40-Stunden-Job im Finanzamt finanziert. Bei der anstehenden WM hielten es die beiden rot-weiß-roten Duos mit dem olympischen Motto vom Dabeisein.

Wenn im nächsten Jahr das 25. World Masters ins Haus steht, dann soll im Hause Polai bereits Tochter Julia federführend die Turnierorganisation übernommen haben. Vater Ferry, so viel scheint gewiss, wird „seinem" Turnier zumindest als Moderator erhalten bleiben. Warum nicht, solange er so viel zu erzählen hat …

Ein bisserl Lausbua geht immer

Eine Sportlegende oder ein Tiroler Original? Egon Schöpf verkörpert wohl beides und schrieb in den verschiedensten Sportarten und Lebensbereichen prägende Kapitel. Er war erfolgreich als Skirennläufer, Handballer, Rallye-Pilot, er galt und gilt nach wie vor als Energiebündel und Tausendsassa, Schmähbruder, Sport-Ass, Familienmensch. Und in Innsbruck, feierte er in alter Frische seinen 90er – Egon Schöpf! Egon wer? Die Frage, die sich dem geneigten Leser spontan aufdrängt, mag berechtigt sein in der heutigen schnelllebigen Zeit, aber würde der Jubilar just an seinem Festtag die Runde seiner vielen Freunde um sich versammeln und in der Schmankerl-Kiste kramen – es wäre der Beginn einer unendlichen Geschichte. Ist Egon nun ein Tiroler Original oder eine Sportlegende? Oder beides? Ansichtssache. Ganz sicher aber ist der gebürtige Innsbrucker eine Persönlichkeit, deren Name als Synonym für Ehrgeiz, Talent, Fleiß, für Erfolg und Hilfsbereitschaft – und Durchsetzungsvermögen steht. Die Skikarriere startete so richtig – kriegsbedingt – erst 1946, ein Jahr später holte der damals 22-Jährige als Kartografie-Student dreimal Gold bei der Akademischen WM. Dem Studien-Abbruch folgten Siege in Kitzbühel (1949: Abfahrt, Slalom, Kombination), Villars-sur-Ollon, am Monte Canin oder auf der Marmolata und in Seefeld. Und als Höhepunkt: Abfahrtsbronze bei der WM in Aspen (1959), knapp geschlagen vom Italiener Colò und dem Franzosen Couttet. Egon, der Draufgänger: Sieg oder Spital, für ihn gab es nur ein Entweder-oder. Lange Zeit ging alles gut, doch nach kurzer Schaffenspause endete das Comeback bei den Olympischen Spielen 1952 im Fiasko. Erst der Sturz im RTL, dann in der Abfahrt die „Begegnung" mit einem Bretterzaun – Endstation Klinik in Oslo und das Ende der Ski-Karriere. Aber der Sport-Hunger war längst nicht gestillt. Egon, der Rallye-Sieger: Als Handballer schaffte er es ins Nationalteam, traf gegen Frankreich sogar ins Schwarze, mit einem DKW setzte er als Sieger bei der Semperit-Rallye neue Maßstäbe. Dass sein damals etatmäßiger Co-Pilot Russinger „krankheitsbedingt" verweigerte, verwundert vor allem jene nicht, die noch Jahre später mit Egon mitfahren durften. Wie der Autor dieser Zeilen, der sich nach einer Rekordfahrt von Innsbruck nach Val-d'Isère schwor, nie wieder auch nur in die Nähe des Beifahrersitzes eines von Schöpf gesteuerten Autos zu kommen. Egon, der Einfallsreiche: So manchen Sieg am Hahnenkamm oder Lauberhorn hatte Karl Schranz seinem Rennbetreuer

Egon Schöpf in seinem Element: Es konnte ihm nie steil genug sein …

zu verdanken, dem Erfinder der Zwischenzeittaferl. Haneggschuss oder Hausbergkante, wo immer der Egon am Pistenrand mit seinem Taferl (plus oder minus) auftauchte, wusste Karl, was er zu tun hatte. Egon, der Trickser: Weil seine Ski plötzlich verschwunden waren, montierte er auf Riki Mahringers Latten die Bindung um und gewann die österreichische Abfahrtsmeisterschaft. Egon, der Gentleman: Als Revanche lieh der Jubilar bei den türkischen Meisterschaften Riki seine langen Ski, die damit auf der leichten Strecke der Damen-Konkurrenz um die Ohren fuhr; zum großen Ärger von Favoritin Anneliese Schuh-Proxauf. Dass Egon als Coach von Marc Girardelli bei einer Mannschaftsführersitzung eingeschlafen war, ist Fakt, dass die Wolle seiner Schafwoll-Skistutzen, die er einst in der Türkei gewonnen hatte, sogar jetzt noch nachwächst, kann indes nicht einmal Ehefrau Inge bestätigen, wohl aber dass der dreifache Familienvater im Winter ab und zu als Frühstückskellner im „Edelweiß" in St. Anton aushilft. Und wenn er jetzt – mit dem ihm eigenen verschmitzten Lächeln – den Golfschläger schwingt oder seine Enkerl betreut, dann erkennt man im Blitzen seiner Augen immer noch jenen Lausbua, der auf faszinierende Erlebnisse aus neun Jahrzehnten zurückblicken darf. Alles Gute, Egon!

Abgerechnet wurde bei den Haien am Schluss

Es schien, als hätte die Abfuhr in Znojmo bei den Haien Wirkung gezeigt, denn in der Anfangsphase gegen Villach war den Gastgebern nicht viel gelungen. Im Gegenteil: Villach präsentierte sich als bissigere, aggressivere und auch spielstärkere Mannschaft. Die Haie wirkten irgendwie müde, fast schaumgebremst. Santorelli (4.), Verlič (7.) und Leiler (10.) hätte die Adler eigentlich früh in Führung bringen müssen, aber der HCI hatte das Glück in dieser Phase gepachtet.

Abgesehen von den ersten Haie-Chancen blieb das Spiel aber auch nach der Unterbrechung ähnlich: Die Villacher Führung schien nur eine Frage der Zeit. Doch erstens kommt es anders und zweitens als man denkt: Im ersten Haie-Powerplay fand ein abgefälschter Schuss von Nick Ross quasi aus dem Nichts den Weg ins Netz (17.). Mit einer schmeichelhaften 1:0-Führung ging's in die erste Drittelpause.

Die Kärntner antworteten in Abschnitt zwei schnell: Brock McBride ließ sich nicht lange bitten und besorgte mit einem schönen Handgelenksschuss den Ausgleich (21.). Doch die Haie waren trotzdem besser im Spiel – der Lohn? Die erneute Führung durch David Schuller (29.). Nach einer tollen Valdix-Aktion hatte die Nummer 45 der Haie einen Schuss des Schweden zum 2:1 abgefälscht. Drei Minuten später hätte John Lammers die Riesenchance auf das 3:1 nutzen müssen. Im Gegenzug verloren die Innsbrucker gleich drei Zweikämpfe und Benjamin Petrik besorgte den 2:2-Ausgleich. Ein Tiefschlag, der die Innsbrucker wanken ließ – der Druck, den die

Mit Valdix hielten die Haie Villach unter Kontrolle.

Haie in ihrer fünfminütigen Hochphase entwickelt hatten, war wie verflogen. Der Druck der Villacher wurde hingegen wieder größer, die Haie konnten sich bei Keeper Andy Chiodo bedanken, dass es mit einem 2:2 in die letzte Pause ging.

Im abschließenden Abschnitt hatte Derek Hahn die erste Möglichkeit – doch VSV-Goalie Jean Lamoureux packte einen „Big Save" aus (41.). Es sollte der Startschuss in das stärkste Haie-Drittel sein: Nach einer weiteren Chance durch Patti Mössmer gelang dem zuletzt vor dem gegnerischen Tor unglücklich agierenden Hahn doch noch sein zweites Saisontor zum 3:2 (46.). Es war der vierte Saisonpunkt für den Strategen. Die Haie ließen sich in der Folge die Butter nicht mehr vom Brot nehmen.

Dann aber kam der schwere Gang nach Salzburg und dort konnte dem Haie-Fan kurzzeitig angst und bange werden: Sechs Minuten waren in Salzburg erst gespielt, da lagen die Eishockey-Cracks des HC Innsbruck bereits mit 0:2 (Sterling 4., 6.) gegen den Meister zurück. Mit viel Kampfgeist und einem überragenden Jeff Ulmer kämpften sich die Haie wieder zurück ins Duell der Erste Bank Eishockey Liga. Die Aufholjagd kostete jedoch zu viel Kraft – im Schlussdrittel fixierten die Bullen den 5:3-(2:2, 1:1, 2:0)-Heimerfolg.

Kaum ein Durchkommen gab es für Schwaz bei der Liga-Konkurrenz in Krems.

Schwaz verschenkte den Sieg in letzter Sekunde

Eigentlich hatten die Fans mit einem klaren Erfolg gerechnet, ergo war das 24:24-Remis gegen Krems so eine Art Spaßbremse. Beim im Anschluss an das HLA-Spiel stattfindenden Oktoberfest wurde bierernst diskutiert, ob man mit einem Unentschieden zufrieden sein könne. Trainer Raùl Alonso war es freilich nicht. „In Bregenz haben wir in letzter Sekunde den Punkt gewonnen, diesmal in letzter Sekunde den Punkt verloren", resümierte der Deutsche. Nach der komfortabel anmutenden 14:8-Halbzeitführung sei einiges schiefgelaufen: „Die Mannschaft hat auf die Anzeigetafel geschaut und zum Nachdenken angefangen. Wir waren zu wenig konsequent, haben im Angriff zu viel in die Breite gespielt."

Aber es gab über weite Strecken auch positive Aktionen der Silberstädter. Damir Djukic überzeugte als Topscorer mit neun Treffern. Alonso sprach von einer „überragenden Deckungsleistung in der ersten Hälfte" und einer „fantastischen Quote" für Torhüter Aliaksei Kishou. Die Kremser Schlüsselspieler Tobias Schopf (nur ein Tor) und Routinier Vlatko Mitkov (kein einziger Treffer) waren quasi abgemeldet. Darauf konnte man aufbauen – und das Oktoberfest wurde somit also doch noch feierlich.

Bozen war für die Haie mehr als nur eine Nummer zu groß

Das Tiroler Derby zwischen dem HCI und Bozen – ein ewig reizvolles Duell. Auch wenn die Personaldecke der Haie ganz im Gegensatz zu jener der Gäste dünn besetzt war.

Die Südtiroler waren stets zwei Schritte schneller als Hahn und Co.

Wie auch immer: Während noch im Juni der HCB Südtirol laut Präsident Dietmar Knoll finanziell angeschlagen in den Seilen hing, stellten die Südtiroler jetzt unter Meistertrainer Tom Pokel (seit 2014) eine kompakte und starke Truppe. Der Spielbericht wies die Innsbrucker in jedem Fall nicht als Favoriten aus. Und das wurde auf dem Eis auch bestätigt: Nach einem Aussetzer in der Abwehr, einem Fehlgriff von Goalie Andy Chiodo (nach vorangegangenem Lammers-Fehlpass) und einem Treffer im Powerplay stand es nach 7:46 Minuten schon 0:3. Auf Großchancen der Hausherren musste man im ersten Drittel vergeblich warten. Stattdessen hämmerte Marco Insam noch einen weiteren Treffer (0:4/18.) ins Tiroler Netz. In jedem einzelnen Winkel der TIWAG Arena war es schwer bis unmöglich, noch an den fünften HCI-Sieg im sechsten Saisonheimspiel zu glauben.

Coach Christer Olsson änderte die Linien, am Match änderte sich nur wenig. Die Südtiroler blieben das weit gefährlichere Team, auf Seiten der Haie war ein Backhand-Schlenzer von Topscorer Jeff Ulmer (23.) schon als nennenswerte Gelegenheit zu notieren. Zumindest Goalie Chiodo fing sich und das Penaltykilling funktionierte, während HCI-Verteidiger Nick Schaus zum Stammgast auf der Strafbank wurde. Routinier Derek Hahn gelang zumindest noch der Ehrentreffer, einmal schlug's in Unterzahl noch hinten ein.

Anna Fenningers schwerer Sturz

Drei Tage vor dem Saisonstart in Sölden, genau um 11.14 Uhr, geriet Österreichs Ski-Welt kurzfristig aus den Fugen. Via Presseaussendung des Österreichischen Skiverbands war verkündet worden: „Anna Fenninger im Training gestürzt." Weitere zwei Stunden später gab's die Konsequenzen des Sturzes am Rettenbachferner und die erste Diagnose: Kreuzbandriss, Seitenbandriss, Patellasehnenriss – und somit voraussichtlich neun Monate Pause.

Noch vor dem ersten Rennen kam das Saison-Aus für die Weltcup-Siegerin.

Sensation dank Kampfgeist

„Wir müssen gesund bleiben", hatte HCI-Coach Christer Olsson vor der neuen Saison gesprochen. Ein Wunsch, der unerhört blieb. Gegen Znojmo bissen Kapitän Patti Mössmer (Ellbogen), Tyler Scofield (Schulter) und Dave Liffiton (Kopf) angeschlagen die Zähne zusammen. Sie machten also genau das, was Olsson vor der Partie gegen Znojmo und nach der 1:5-Niederlage gegen Bozen mit einer Schelte gefordert hatte – sich jenseits der Schmerzgrenze mit Haut und Haaren zu wehren.

Das gelang dem HCI im ersten Drittel sehr gut, nur ein Torerfolg in einem der drei Powerplays fehlte. Bei den Top-Chancen der Gäste war Goalie Andy Chiodo auf dem Posten. Die Leidenschaft war aber in jedem Augenblick spürbar. Ein tschechischer Wechselfehler bescherte den Hausherren zu Beginn des Mitteldrittels ein Überzahlspiel, eine Doppelchance (Scofield, Schuller/24.) – aber wieder nichts. Der agile Scofield fand bei seinem Comeback einen weiteren Hochkaräter vor, scheiterte aber an Znojmo-Goalie Patrik Nechvátal (28.). Verteidiger Nick Ross blieb es vorbehalten, für die verdiente Führung (32.) zu sorgen. Allen Versuchen der Gäste hielt Chiodo über 40 Minuten stand. Und wer hätte bitte vor diesem Match auf eine 1:0-Führung nach 40 Minuten gesetzt? Nechvátal spielte genauso auf einem Top-Level wie sein Gegenüber Chiodo, der sich dann doch beim 1:1 (Stach/49.) beugen musste. Die Haie steckten das weg, in 5:3-Überlegenheit netzte John Lammers nach wohl kalkulierter Vorlage von Tyler Spurgeon dann endlich zum 2:1 (56.) ein, nur eine Minute später schnürte der HCI-Angreifer den entscheidenden Doppelpack.

Scofield freute sich über den Sensationssieg gegen Znojmo.

Weltcup feierte in Sölden ein Skifest

Der Winter ist da. Eiskalt fiel er über Österreichs Skirennläuferinnen her. Zum Saisonauftakt lachten zwar bestens aufgelegte 14.000 Zuschauer in der Sonne auf dem Ötztaler Gletscher, aus den Top Ten der Endabrechnung aus österreichischer Sicht allerdings einzig Eva-Maria Brem als Achte. Doch selbst die Münsterin, in der Vorsaison mit dem Abo auf das Riesentorlauf-Podest, strahlte schon bedeutend mehr. Dafür feierte Italien. „Brignone ist so was von überreif für einen Sieg", hatte Brem bereits vor dem Start prophezeit. Gesagt, getan. Die 24-Jährige raste dank überragendem erstem Durchgang (0,95 Sekunden Vorsprung) zum Sieg – ihrem ersten: „Es ist eine unglaubliche Befreiung." Insgesamt fuhren sechs Italienerinnen in die Top 20 – eine weitere Prophezeiung vielleicht: Skifahren liegt in der Wiege – Gene spielen im Schnee mitunter eine Rolle. Federica Brignone ist nach Felix Neureuther und Tina Weirather der dritte erfolgreiche Spross eines siegreichen Ex-Weltcupläufers. Bei Traudl Hecher (Lizz und Stephan Görgl) gab es noch keinen Weltcup. Brignones Mama Maria Rosa Quario, als Ski-Journalistin dabei, fuhr unter anderem gegen Hess oder Moser-Pröll und gewann vier Slaloms: „Man ist viel nervöser, dafür ist es noch viel schöner, als selbst zu siegen." Ohne Blöße: Die großen Namen meldeten gleich im ersten Rennen ihren Anspruch auf den Gesamtweltcup an: Mikaela Shiffrin (2.) vor Tina Weirather (3.) und Lara Gut (4.). Blieb nur noch abzuwarten, wie sich Lindsey Vonn, mit 31 Jahren die Älteste des Quartetts, nach ihrer Knöchelverletzung wieder ins Renngeschehen einklinken würde. Sölden ließ sie ja aus.

Umringt von Sicherheitsleuten, Selfie-Jägern und „Marcel!"-Kreischern hatte sich Marcel Hirscher ins Pressezentrum von Sölden gequetscht. Der zweitplatzierte Thomas Fanara war da fast schon wieder Richtung Heimat unterwegs, Riesentorlauf-Sieger Ted Ligety (USA) suchte bereits den Shuttle-Service. Doch der drittplatzierte Hirscher, eigentlich der Erste an der Reihe, kam spät – so spät sogar, dass der Moderator bereits verschwunden war. Und so griff Hirscher selbst zum Mikrofon. „Okay, die erste Frage wird wohl sein, ob ich zufrieden bin", übernahm er den Part des Fragestellenden gleich mit. „Ich bin glücklich über Rang drei. Sehr glücklich. Die Woche war sehr anstrengend. Und es ist gut, ein Teil des Podiums zu sein und zu wissen, dass der Abstand dahinter groß ist", sagte Hirscher und legte das Mikrofon weg.

Solche Worte aus dem Mund des vierfachen Gesamtweltcup-Siegers klangen ungewohnt, seine enttäuschenden Abgänge nach zweiten oder dritten Rängen sind ja bekannt. Doch diese Lockerheit, das selbstinszenierte Frage-Antwort-Spiel, signalisierte bereits, um was es dem Vorjahressieger ging: Ich bin zufrieden. Auch mit Rang drei. Zumindest fürs Erste. Zufrieden waren auch die Organisatoren rund um Jack Falkner und Andre Arnold. Zwei tolle Rennen, fantastische TV-Bilder vom Gletscher, ein neuer Zuschauerrekord – Skisport und Weltcup-Start in Sölden, das ist eine Qualitätsmarke der Extraklasse.

Eine großartige Ski-Arena: das Gletscherstadion am Rettenbachferner.

Die Sensationssiegerin am Gletscher: Federica Brignone aus Italien.

Ted Ligety und Marcel Hirscher im Small Talk nach dem Weltcup-Auftakt.

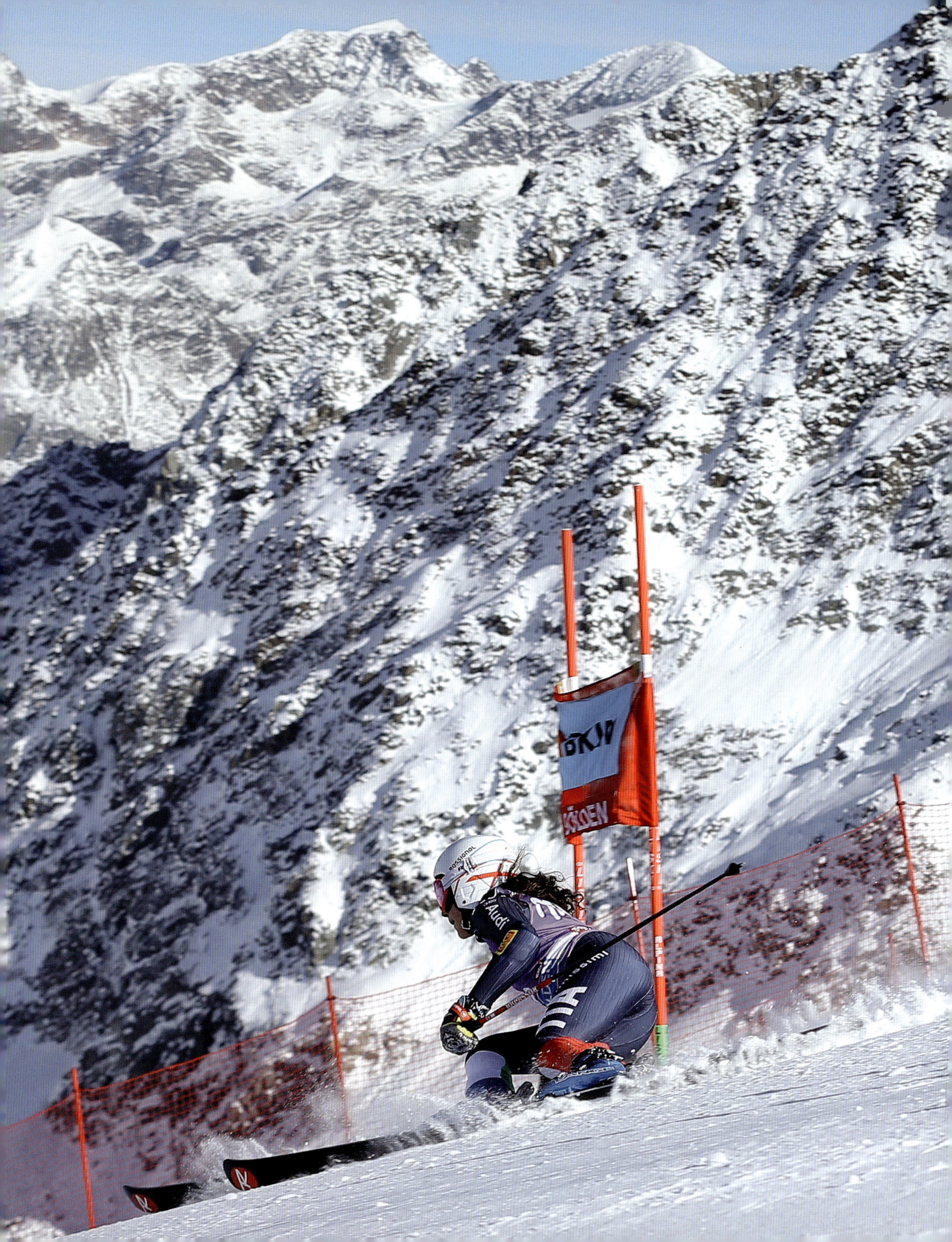
Audi

Stephen Werner und Nick Schaus tauschten bestimmt keine Freundlichkeiten aus …

Haie in Graz chancenlos

Ausgerechnet am Nationalfeiertag gab es für die Haie nichts zu gewinnen. Und das ausgerechnet gegen einen Gegner, der einen miserablen Saisonstart hingelegt und bereits den Trainer gewechselt hatte: die Graz 99ers. Denn nach der (Schreckens-)Herrschaft von US-Trainer Todd Bjorkstrand hatte Ivo Jan die Truppe offenbar mit weit amikalerer Stimme übernommen. Fehler durften wieder passieren. Das macht frei im Kopf und auch im Handgelenk. Fünf Siege in Serie hatten die Steirer schon vor dem Match gegen die Haie auf ihre Habenseite gebracht – als Signal für den Vormarsch. Von den Legionären der Vorsaison war mit Stephen Werner allerdings nur noch ein einziger übrig. Bei den Graz 99ers herrschte in den vergangenen Jahren ein allzu reges Kommen und Gehen. Und unter fünf Try-out-Spielern hatte Ivo Jan bis November die Qual der Wahl. Einer von ihnen, Matt Fornataro, brachte sich nach seinem Doppelpack beim 2:1-Sieg gegen Dornbirn auch mit dem Führungstor gegen die Haie erneut für ein längerfristiges Engagement in Stellung. Graz wirkte gelöst, die Haie waren nicht schlecht. Aber der siebente Saison- und gleichzeitiger Anschlusstreffer von Topscorer Jeff Ulmer zum 1:2 (33./PP) half nur wenig, weil es im Grazer Bunker ganze 24 Sekunden später schon wieder hinten einschlug. Was die Gäste auch immer versuchten, Graz schien eine passende Antwort zu finden. Das nennt man einen Lauf. Dennoch kamen die Innsbrucker noch einmal in die Partie zurück: Tyler Spurgeon traf zwei Minuten vor dem Ende zum neuerlichen Anschlusstreffer, ehe Goalie Andy Chiodo das Eis verließ. Dieses Risiko nutzten aber die Steirer zum 4:2-Schlusspunkt.

Alle Fünfe für Nicol Ruprecht

Die Tiroler Sportgymnastin Nicol Ruprecht sicherte sich bei den Staatsmeisterschaften in Wien gleich alle fünf Meistertitel. Die Wörglerin hielt nun bereits bei 18 österreichischen Titeln: „Ich bin überglücklich, weil alles geklappt hat, was ich mir vorgenommen habe."

Die fünffache Staatsmeisterin Nicol Ruprecht.

Die Sportler des Jahres

Den Gesamtweltcup viermal zu gewinnen, war schwieriger, als zum zweiten Mal nach 2012 Sportler des Jahres in Österreich zu werden: Marcel Hirscher wurde diese Ehre zuteil, sein Pendant hieß Anna Fenninger. Keiner wollte sich ausmalen, wie verschnupft das Alpin-Lager auf einen weiteren Sieg David Alabas bei der österreichischen Sportlerwahl reagiert hätte. „Die Sache ist für mich klar", meinte vor der Wahl eine überaus elegante Nicole Hosp in Anspielung auf den hinter ihr vorbeiflanierenden Marcel Hirscher. „Es kann nur einen geben", meinte auch Benni Raich (Sieger 2006), den die Geburt seines Sprösslings Josef nicht um den Schlaf zu bringen schien. Auch Herren-Cheftrainer Andreas Puelacher, der mit Gattin Andrea ins Austria Center Vienna hereinspazierte, tippte selbstredend

ÖFB-Teamchef Marcel Koller mit seiner Auszeichnung.

auf das schnellste Pferd in seinem Stall: „Und das sage ich, obwohl ich ein bekennender Bayern-Fan bin."

Während Marcel Hirscher seine Trophäe aus den Händen von Benni Raich persönlich entgegennehmen durfte, ließ sich Damen-Siegerin Anna Fenninger per Live-Schaltung aus Schladming einblenden.

Die Rehabilitation nach ihrer schweren Knieverletzung machte ihren Auftritt unmöglich. Für die 26-Jährige schien es irgendwie verhext zu sein: Schon im vergangenen Jahr musste die Salzburgerin passen, als sie aufgrund einer Übelkeit noch vor der Vergabe ins Hotel musste. „Ich bin froh, dass ich daheim bin. Ich mach' jeden Tag ein paar kleine Fortschritte", blickte Fenninger bereits nach vorne.

Hirscher gewann dieses Mal klar vor Kicker David Alaba – letztes Jahr entschied eine Stimme zugunsten Alabas. „Ich habe mir schon gedacht: ‚Was muss ich noch alles gewinnen?'", meinte Hirscher. „Das ist eine Auszeichnung, die dir ein Leben lang bleibt."

Dass Österreichs Fußball-Nationalteam den Sieg davontragen würde, war weniger erstaunlich als die Tatsache, dass die ÖFB-Auswahl seit 18 Jahren nicht mehr gekürt worden war. „Wir haben es geschafft, die Leute mitzureißen. Das ist ein verdienter erster Platz", analysierte Marcel Koller im Teamchef-Jargon. Der Schweizer hatte zuvor bereits einen Auftritt gehabt, als er den Special Award für besondere Leistungen in Österreichs Sport bekam.

Ein wenig Enttäuschung war hingegen Robert Gardos anzumerken. Der Wahl-Tiroler, zuletzt Tischtennis-Europameister im Team, hatte insgeheim wohl auf mehr als „nur" Platz zwei gehofft. Verständnis für das Ergebnis hatte er jedenfalls: „Fußball ist bei uns eben die Sportart Nummer eins mit Skifahren – so wie Tischtennis in China an der Spitze liegt." Dort ist er ein Star.

Beim Siegestreffer der Caps war Chiodo chancenlos.

Haie verloren an Halloween

Ausgerechnet in Wien hatten die Haie ihre letzte Chance, um im Oktober doch noch einen Auswärtssieg einzufahren. In den fünf Gastspielen zuvor hatten Spurgeon und Co. eher wenig Angst und Schrecken verbreitet. Aber Halloween schien der passende Tag, um damit anzufangen.

Und die Vorbereitung auf das Capitals-Match schien gepasst zu haben, denn von einem verschlafenen Start – wie zuletzt in Graz – war keine Spur. Weil sich aber Haie-Goalie Andy Chiodo mehrmals auszeichnete und Hahn die beste Haie-Chance vergab, blieb's beim torlosen Remis. Der zweite Abschnitt begann mit einer Riesenmöglichkeit für Wiens Simon Gamache, doch Chiodo avancierte zum Hexer. Und als der Druck der Caps endgültig überhandzunehmen schien, stellten die Haie auf 0:1: Das erste Innsbrucker Überzahlspiel nützte Lammers zu einem Kracher, den Capitals-Goalie David Kickert gerade noch bändigen konnte – doch Hahn staubte ab (26.). Ein Treffer, der die Wiener nur kurz schockte: In der 31. Minute gelang Florian Iberer der Ausgleich. Sein Schuss knallte an die Stange und dann von Chiodos Körper ins Tor. Ein unglückliches Gegentor, das die Haie aber nicht aus der Spur brachte – trotz Wiener Überlegenheit ging's mit einem 1:1 in die letzte Drittelpause. Auch weil die Innsbrucker kurz zuvor eine 5:3-Überlegenheit, die über eine Minute dauerte, nicht in Zählbares umwandeln konnten. Letztlich ging's in die Overtime, und als nur noch drei gegen drei Spieler auf dem Eis standen, sorgte Gamache für den plötzlichen Tod der Tiroler.

Schwazer forderten die Fivers

Wenn der überlegene Tabellenführer in die Silberstadt kommt, braucht es keine Brandrede des Trainers. Da sind die Spieler von Handball Tirol, egal, ob in der HLA oder in der Bundesliga, bis in die Haarspitzen motiviert.

Gruppenbild von der Sportler-Gala mit Kira Grünberg und Claudia Lösch.

Gegen die Fivers nützten selbst die neun Treffer von Prakapenia nicht viel.

Lange Zeit durften die 800 Fans in der Schwazer Osthalle auf die Sensation hoffen: Handball Tirol hielt gegen die Fivers aus Wien lange mit. War man in der ersten Hälfte noch durch ein Wellental gegangen – die Fivers zogen mit bis zu sechs Toren Vorsprung davon –, ging es mit einem knappen 18:19-Rückstand in die Pause. In der zweiten Hälfte ärgerten die Schwazer den Favoriten erneut. Das lag am beherzten Einsatz der Tiroler Eigenbauspieler und an super Aktionen zweier Weißrussland-Importe: Anton Prakapenia avancierte mit neun Treffern zum Topscorer. Goalie Aliaksei Kishou zog den Wienern im Kasten des Öfteren den Nerv. In der 49. Minute brandete beim 29:28-Führungstreffer durch Anton Prakapenia Jubel auf. Die Fivers wackelten. Wenig später geriet der Tiroler Motor jedoch ins Stocken: Ab Minute 56 erzielten die Schwazer kein einziges Tor mehr, die Fivers indes spielten ihre Routine aus: Megatalent Nikola Bilyk verwandelte per Siebenmeter zum 36:31-Sieg für die Wiener. Es war der bereits elfte Sieg in Serie!

Spanier fuhr in Oetz zum WM-Titel

Extrem-Weltmeisterschaften – allein der Name ist bezeichnend für den Wettkampf, der die Kajak-Spezialisten aus aller Welt ins Ötztal lockte, wo sich die Ache der Herausforderung entsprechend präsentierte. Gerd Serrasolses kam mit der Strömung am besten zurecht. Der Spanier siegte in diesem Finale der besten fünf in Oetz mit einer Zeit von 55:34 Sekunden nur knapp vor dem Briten David Bain und dem Neuseeländer Sam Sutton. Bester Österreicher wurde Matthias Weger (26.), der als einziger Österreicher ins Semifinale gekommen war. Bei den Damen ging der Titel an die Norwegerin Mariann Sæther vor Jennifer Chrimes (GBR) und Alona Buslaieva (UKR).

Mit einem wilden Ritt durch die Ötztaler Ache sicherte sich der Spanier den Titel.

Gold und Silber für Gardos

Wenn in einem Finale der Tischtennis-Europameisterschaft 2015 Österreich draufstand, dann war Spannung drin. Das blieb ein Faktum nach über zwei Wochen rund um den kleinen weißen Ball im russischen Jekaterinburg. Das Team-Endspiel (3:2 gegen Deutschland) markierte den Anfang der österreichischen Erfolge – den Schlusspunkt setzte das Doppel-Finale mit dem neuen Champion Stefan Fegerl. Und dieses Endspiel übertraf an Spannung noch viele der ohnehin großen Erwartungen.

Auf der einen Seite standen der Wahl-Tiroler Robert Gardos und sein Wiener Kollege Daniel Habesohn. Die Europameister von 2012, die EM-Zweiten von 2013, die Top-Gesetzten. Auf der anderen Seite der grünen Platte warteten indes die Außenseiter, die erst seit dieser Saison zusammenspielten: Der Portugiese Joao Monteiro und der so unbekümmert spielende Niederösterreicher Fegerl.

„Ich bin von den Kräften her schon am Ende, im Kopf ist das sehr schwierig", hatte der 36-jährige Gardos am Vorabend noch gestöhnt. Und Österreichs Nummer eins ließ seiner Ausgebranntheit auch entsprechende Taten folgen: Die ersten beiden Sätze gingen an Fegerl/Monteiro. Gardos und Habesohn kamen zumeist nur über lange Ballwechsel zu Punkten. Alles andere am Tisch gehörte den Underdogs. Vorerst.

Denn in Durchgang drei rissen die Favoriten das Ruder mehr und mehr an sich, zeigten vor allem zu Beginn Tischtennis vom Feinsten. Und sie machten Punkt um Punkt. Die Partie kippte. Gardos und Habesohn machten drei Sätze, lagen 3:2 voran – und damit servierten sie zum EM-Titel. Doch wenn wer bei dieser EM ein Synonym für Lockerheit und Nervenstärke suchte, der wurde in der Person des 26-jährigen Stefan Fegerl fündig. Der Team-Europameister spielte solide sowie unbeirrbar und führte das Duo in den siebenten Durchgang, den Showdown um EM-Gold. Und dort zogen Gardos und Habesohn weg, hatten bei 10:9 bereits Matchball – und verloren am Ende 10:12. Fegerl/Monteiro jubelten, Gardos und Habesohn ließen Gold, so sicher es schien, durch die Finger flutschen.

„Ich kann mir viel vorwerfen. Ich hätte beim Matchball anders servieren können. Aber ich war sehr müde. So schlimm war es hier noch nie. Und ich habe daher viele taktische Fehler gemacht", nahm sich Gardos selbst stark in die Kritik. Ausschlaggebend war für ihn mehr die Fitness als das spielerische Können gewesen. „Wir waren die Besseren. Aber am Ende haben wir zu viel falsch gemacht", meinte Gardos und ergänzte dann angesichts des Dreifach-Programms mit Team, Einzel und Doppel: „Es gibt keinen bei den Herren, der bei dieser EM mehr Spiele in den Beinen hat als ich. Aber es ist gut, dass ich noch an meine Grenzen gehe."

Am Ende blieb für Gardos im Doppel „nur" Silber übrig ...

Tiroler Tageszeitung

DIE BESTEN GESCHICHTEN SCHREIBT DER SPORT.
UND ALLE STEHEN IN DER TT.

Der Tiroler Sport und die Tiroler Tageszeitung – das gehört zusammen.

www.tt.com

NOVEMBER

Leere Kilometer für Tyler Spurgeon und die Haie: bei Fehérvár setzte es eine 2:1-Niederlage.

Tor-Armut machte den Haien das Leben schwer

Sechs Punkte waren für die Innsbrucker Haie vor dem Auswärtsdoppelpack gegen die Vienna Capitals und Fehérvár möglich gewesen, nur einer wurde es letztlich. Eigentlich verständlich, denn wer da wie dort über 60 und mehr Minuten jeweils nur einmal in den gegnerischen Kasten trifft, kann nicht mit allzu vielen Punkten rechnen. Inklusive Graz (2:4) fuhren die Tiroler drei Niederlagen in Serie ein. Die Kluft zwischen Platz acht und sieben war mittlerweile etwas aufgegangen. In Sachen erzielter Tore hatten die Haie (35) vorerst sogar einmal die rote Laterne in der Erste Bank Eishockey Liga übernommen, es schien klar, wo der Hebel in der anschließenden Länderspielpause (2. bis 13. November) anzusetzen war.

Es hätte natürlich auch anders kommen können. Aber aus einem klaren Plus an eindeutigen Torchancen nach 40 starken Minuten schlugen die Innsbrucker kein Kapital. Kapitän Patti Mössmer sorgte dann zwar für die verdiente Führung, zwei Powerplay-Treffer der Ungarn brachen den Haien aber das Genick.

„Es ist einfach schade und bitter, da die beiden Leistungen gestimmt haben. Wir machen die Tore und Punkte aber nicht", sprach Coach Christer Olsson. In Wien (drei Lattenschüsse) war auch Pech mit im Spiel. „Es ist jetzt frustrierend, aber wir müssen weiterarbeiten", schloss der Schwede vor der langen Heimreise.

Zwei Punkte fehlten beim Spektakel

Wacker Innsbruck gegen Austria Salzburg – ein Klassiker der österreichischen Fußballszene – seit Jahrzehnten schon. Das erste Westderby dieser Art seit knapp 4.000 Tagen, im Profifußball wohlgemerkt, stand zunächst im Zeichen der Fans. So voll war die Nordtribüne zum letzten Mal beim Abstiegs-Endspiel gegen Horn Ende Mai besetzt gewesen. Unter dem ausgerollten Banner „Innsbruck ist komplett antiviolett" gegen den Erzrivalen aus der Mozartstadt wollten sich viele wieder-

Ganz in Schwarzgrün präsentierten die Wacker-Fans das Tivoli Stadion gegen die Salzburger Austria, doch am Ende entführten die Violetten einen Punkt aus Tirol.

Fast 2.000 „Friends of Volleyball" sahen eine spektakuläre Champions-League-Partie im Olympiastadion.

finden. Die Gäste konterten auf der Südtribüne wörtlich: „Die Austria wird euch alle überleben." Angesichts finanzieller Probleme blieb das aber abzuwarten.

Zurück zum Fußball: Da hatte Wacker-Goalie Pascal Grünwald in Minute 16 Glück, dass Schiedsrichter Christian-Petru Ciochirca ein Foul außerhalb des Sechzehners am durchbrechenden Valentin Grubeck – der kam womöglich aus einer Abseitsposition – nicht als Torraub auslegte. Es gab Gelb, den folgenden Freistoß von Haris Bukva fischte Grünwald von der Linie. Dennoch: Nach 45 Minuten schmeichelte das 0:0 dem Aufsteiger aus Salzburg.

Nach der Pause kam der Rauch aus dem Austria-Sektor, das erste Tor erzielte folgerichtig der FC Wacker: Hirschhofer hatte mit einer couragierten Einzelleistung einen Elfmeter herausgeholt, der allerdings auch aus einem „dummen" Einsteigen von Bingöl resultierte: Egal, dieses Mal blieb Alex Gründler vom Punkt cool (1:0/56.). Drei Minuten später brannte es im Wacker-Strafraum lichterloh, Grünwald, Siller und Co. konnten aber mit vereinten Kräften klären.

In Summe spielte der Tabellenführer aber seine überlegene Klasse und Geschwindigkeit aus, Gründler nach Hölzl-Flanke und Hirschhofer nach Riemann-Stanglpass hatten innerhalb von 60 Sekunden (67.) den Matchball aufs 2:0. Die Strafe folgte auf den Fuß: Sebastian Zirnitzer traf mit einem Halbvolley zum 1:1-Ausgleich (74.) in die Maschen – ein Tor, das einem Spieler vielleicht alle paar Jahre oder sogar nur einmal im Leben gelingt.

Wacker setzte im Stil eines Leaders zur Schlussoffensive an, die Uhr tickte aber gegen Schwarzgrün. Säumel und Riemann hatten noch Top-Chancen, es blieb aber beim 1:1. Das war für diese starke Leistung zu wenig, zwei Punkte fehlten beim Spektakel.

„David" Hypo bot Goliath die Stirn

Träume können beim Hypo Tirol Volleyballteam fliegen, selbst wenn sie in der Champions League gegen Zenit-Kasan aus sportlicher Sicht klarerweise nicht in den Himmel reichen konnten. Aber das Match begann damit, dass ein ferngesteuerter Zeppelin unter dem Hallendach des Olympiastadions seine Runden drehte. Das war ein Geschenk, das Hypo-Manager Hannes Kronthaler zu seinem 50. Geburtstag im Sommer erhalten hatte.

Unter dem Netz war die Luft für den österreichischen Seriemmeister gegen den amtierenden Champions-League-Titelverteidiger zunächst dünn gewesen. Es ging darum, Detailerfolge zu feiern, wie den ersten Punkt des Spiels (Soares), ein Service-Ass (Ropret) oder den abgewehrten Satzball. An der

Berechtigter Jubel bei Hypo-Libero Lukinhas (links) und Chrtiansky.

Klasse der Russen rund um den kubanischen Superstar Wilfredo León Venero war nicht zu rütteln. Hypo stellte mit Libero Lukinhas zwar einen brasilianischen Militärweltmeister und mit Aufspieler Gregor Ropret einen slowenischen Vizeeuropameister, Russland gilt aber seit Jahren als echte Volleyball-Großmacht. So war die Kasan-Truppe circa 25 Millionen Euro schwer.

Auch im zweiten Satz fanden die Hypo-Akteure den Weg zu individuellen Highlights, etwa es bei einer Serviceserie von Soares (von 9:15 auf 12:15) oder bei einem Block gegen León, den Hypos 32-jähriger „Alt-Spatz" Douglas „Dougi" Duarte da Silva in die Kategorie der „Magic Moments" seiner Karriere einreihen durfte. Auf einmal war Hypo dick da, kam auf einen Punkt heran und glich nach einem Servicehammer von Soares gar auf 21:21 aus. Da schwappte die Welle auf die Ränge über, die Russen konterten im Finish des zweiten Satzes aber trocken.

Hypo hatte dennoch Höhenluft geschnuppert, schien im dritten Satz (16:12-Führung) plötzlich Kurs auf einen großen Detailerfolg zu halten, ehe Kasan León retour aufs Feld beorderte. Es ging hin und her: vier abgewehrte Matchbälle, zehn Satzbälle, und der Zillertaler Hochzeitsmarsch – über 40 Minuten Spektakel pur. Kasans fünfter Matchball saß, am Ende stand es 38:40 und 0:3. Aber es war ganz großer Sport gewesen – vor allem auch seitens von Hypo.

Wacker blieb eine Auswärtsmacht

Dass Klaus Schmidt in Klagenfurt durchaus mit einem Unentschieden zufrieden gewesen wäre, hatte der Wacker-Trainer ja schon im Vorfeld der Partie angekündigt. Dazu passte dann auch die Spielanlage der Tiroler. Von Beginn an ließ man der Klagenfurter Austria den Ball und somit die Spielkontrolle. Damit hatten die Kärntner entweder nicht gerechnet, oder es fehlte ihnen einfach an spielerischer Qualität, denn gefährlich wurde die Truppe von Ex-Bayern-Profi Manni Bender in der ersten halben Stunde nicht. Es war ein Spiel zum Wegschauen – bis sich die Innsbrucker in der 31. Minute fast als ein Musterbeispiel an Effektivität präsentiert hätten: Nach einem lehrbuchmäßigen Doppelpass zwischen Andi Hölzl und Alex Gründler passte die Wacker-Solospitze den Ball in den Rückraum, wo Florian Jamnig eigentlich für die Tiroler Führung hätte sorgen müssen. Sein Versuch wurde aber abgeblockt.

Damit war die Begegnung im für die EM 2008 erbauten Schmuckkasterl namens Wörthersee Stadion endgültig eröffnet. Jetzt kam auch der Gastgeber zu Möglichkeiten: Zuerst tauchte Sandro Zakany völlig frei im Strafraum auf (31.) – er scheiterte aber ebenso an Wacker-Goalie Pascal Grünwald wie vier Minuten später Patrik Eler. Vor allem Grünwalds Parade gegen den besten Klagenfurter Torjäger zeugte von Klasse. Und als alle schon mit einem torlosen Remis zur Pause gerechnet hatten, schlug Jamnig doch noch zu. In der Nachspielzeit bugsierte der Rechtsaußen eine Riemann-Flanke im Rutschen ins Tor – 1:0 für den FC Wacker.

Der zweite Durchgang begann allerdings dann genau so, wie er nicht starten hätte sollen: mit dem Kärntner Ausgleich. Rajko Rep – schon im ersten Durchgang der auffälligste „Violette" – hatte am Sechzehner zu viel Platz. Sein Halbvolley passte genau ins Eck (48.). Jetzt legte auch der FC Wacker sein Visier endgültig zur Seite. Die Innsbrucker reagierten mit wütenden Angriffen: Wieder flankte Riemann, doch Gründler setzte den Kopfball völlig freistehend neben das Tor (50.), auf der anderen Seite versuchte es Eler mit einem Freistoßkracher aus 25 Metern (54.).

Doch was Gründler nach 50 Minuten verpasst hatte, holte der er in der 61. Minute nach. Und wieder war es Alex Riemann, der den Treffer mit einem unwiderstehlichen Sprint samt idealem Querpass vorbereitet hatte. Hinten hatten die Schwarzgrünen, die sich nach der Führung wieder zurückzogen, aber in der Folge auch Glück, dass den Klagenfurtern ein Hand-Elfmeter verweigert wurde. Ansonsten war vom Aufsteiger nicht mehr viel zu sehen. Nach drei sieglosen Pflichtspielen durfte der FC Wacker wieder jubeln. Der Herbstmeistertitel war nun abholbereit.

In Rot demonstrierten die Schwarzgrünen ihre Auswärtsstärke.

Zuerst der Titel, dann die Hochzeit

Was ein bisschen klingt wie im Film, wurde bei der Box-Staatsmeisterschaft in Wörgl Realität. Erst hatte sich der Innsbrucker Edin Avdić geradewegs bis ins Finale durchgekämpft und dort kürte er sich nach drei Runden durch Sieg nach Punkten zum Staatsmeister – dann machte sich der Kämpfer des BC Innsbruck nach einer kurzen Dusche sogleich aus dem Staub. Die Titelkämpfe in der Turnhalle der Neuen Mittelschule Wörgl mussten also ohne den Tiroler weitergehen. Denn im Hause Avdić stand eine Hochzeit an, aber nicht der erst 19-jährige Edin heiratete, sondern seine ältere Schwester.

Damit der frischgebackene Mittelgewicht-Staatsmeister (bis 75 Kilogramm) der Trauung auch beiwohnen konnte, wurde sein Finalkampf um einen Tag vorgezogen. Und obwohl es Avdić eilig hatte, erfüllte er seine Aufgabe gegen Bujar Nuredini bravourös. Zweimal Junioren-Staatsmeister und einmal U-19-Staatsmeister war der Innsbrucker mit bosnischen Wurzeln bereits – nun landete er mit dem Titel in der allgemeinen Klasse seinen bisher größten Coup. „Das ist großartig und ich bin auch sehr stolz auf ihn", sagte Coach Naderi nach der starken Vorstellung im Ring.

Auch beim BC Unterberger, der die erste Staatsmeisterschaft seit zehn Jahren in Tirol ausrichtete, herrschte Jubelstimmung. Zwar musste Alexander Frank aus gesundheitlichen Gründen sein Antreten absagen, dafür boxte Lokalmatador Manuel Schwarzl gegen Marcel Rumpler um seinen ersten Staatsmeistertitel – und verlor ganz knapp! Schon der Finaleinzug war ein Erfolg: Schwarzl hatte erst vor zwei Jahren mit dem Boxen begonnen.

In der heimischen Meisterschaft in den Hallen eine Macht: das Hypo-Team.

Hypo gab sich keine Blöße

Der Umstieg von der großen europäischen Volleyballbühne auf das heimische Parkett fiel den Volleyballern von Hypo Tirol nicht schwer. Nach dem „Galadinner" gegen Kasan und der 0:3-Niederlage gegen das Weltklasseteam erledigten die Innsbrucker ihr Pflichtprogramm in der AVL mit gewohnter Souveränität. Im Spiel gegen den VBC Weiz gaben sich Ropret und Co. keine Blöße. Es dauerte 67 Minuten, dann war der 3:0-Erfolg unter Dach und Fach gebracht.

Reitshammer löste EM-Ticket

Ein Nickerchen nach dem geschafften EM-Limit? Klingt irgendwie nach dem Schlaf der Gerechten – und den durfte Bernhard Reitshammer vom TWV bei der Heimfahrt aus Sachsen in vollen Zügen genießen. Immerhin hatte der 21-jährige Absamer zwei lange Schwimmtage bei den 14. offenen sächsischen Kurzbahn-Meisterschaften hinter sich und somit in Armen und Beinen. Es war ein idealer Vorbereitungswett-

Edin Avdić – direkt vom Boxring in den Trausaal.

Via Sachsenland zur Europameisterschaft: Bernhard Reitshammer schaffte das EM-Limit.

Michael Wagner ließ gegen Götzis nichts anbrennen – er gewann seine beiden Kämpfe für Inzing.

kampf für die österreichischen Meisterschaften gewesen. „Eigentlich hatten wir erst dort auf schnellere Zeiten gehofft. Umso schöner, dass es jetzt schon geklappt hat. Damit fällt viel Druck weg", sagte TWV-Trainer Wolf Grünzweig neben seinem schlafenden Schützling.

Reitshammer hatte über 100 Meter Lagen in 54,69 Sekunden das Limit für die Kurzbahn-Europameisterschaft in Israel geknackt. Ausgerechnet auf der Lagendistanz war ihm das gelungen, denn der Sport-Student noch im Juli auf der Langbahn an seiner Klasse gezweifelt („Auf der Delfin-Strecke ist noch viel zu tun."). Nun gab es aber keine Zweifel mehr: Reitshammer war nach Marco Ebenbichler (2009) der erste männliche Tiroler bei einer Großveranstaltung. Der Familienname war auf den Startlisten aber nicht unbekannt: Schwester Caroline, mittlerweile zurückgetreten, schwamm 2013 bei der WM in Barcelona. Und die EM-Starterin von 2010 freute sich über den Erfolg ihres jüngeren Bruders fast so sehr wie über den eigenen. „Super! Ich habe die ganze Zeit mitgefiebert", meinte Caroline Reitshammer und ergänzte zum Aufstieg von Bernhard: „Mit Mentaltraining und beim Krafttraining hat er sich heuer stark verbessert. Und durch seine Kollegen beim TWV. Die pushen sich gegenseitig beim Training immer weiter nach vorne."

Ringer-Krimi endete mit einem Remis

Wenn die Inzinger Ringer in der Bundesliga zum Heimkampf bitten, dann herrscht Ausnahmezustand in der Gemeinde, ist in der Halle die Spannung greifbar. RSC Inzing gegen KSV Götzis lautete die Partie in der oberen Play-off und es hatte perfekt begonnen. Nach den Kämpfen im griechisch-römischen Stil lagen die Tiroler mit 19:8 in Führung, ehe die Aufholjagd der Vorarlberger alles durcheinanderbrachte. Doch der stark kämpfende Michael Wagner (bis 88 Kilogramm, er gewann beide Kämpfe nach Punkten und mit Schultersieg) und der junge Inzinger Schamil Feitoullaev (bis 68 Kilogramm) hielten noch einen Punkt fest – das Duell endete 28:28-Unentschieden.

Klarer Heimsieg für Kitzbühel

Der Start war so gar nicht nach dem Geschmack der Kitzbüheler Adler gewesen, denn nach nur wenigen Sekunden führte der Gegner, das Tabellenschlusslicht aus Kapfenberg, im Sportpark mit 1:0. Doch dann kam die Angriffsmaschinerie der Gastgeber ins Rollen und mit einem verdienten 5:1 wurde letztlich auch der dritte Saisonsieg errungen. Jarkko Oikarinen hatte den Ausgleich markiert, zu Beginn von Drittel zwei fixierten Kevin Schraven (21.) und Peter Lenes (23.) die Führung – Lenes (57.) und Christoph Echtler (59.) besorgten den Endstand. Auch die HCI-Leihgaben Mario Ebner und Fabio Schramm konnten mit je einem Assist überzeugen. „Die Jungs machen ihre Arbeit sehr gut", meinte der sportliche Leiter Johann Exenberger.

Gratulationstour für Kitz-Torjäger Oikarinen nach dem 5:1 gegen Kapfenberg.

Raphael Maier fuhr souverän zum Staatsmeistertitel.

Favoriten setzten sich durch

Die Weltmeisterschaften im Bob- und Skeleton finden zwar erst im Februar 2016 statt, doch bereits im November 2015 gab es auf der WM-Bahn in Igls das erste Kräftemessen. Die österreichischen Meisterschaften standen auf dem Programm und es gab dabei die „programmierten" Sieger. Bei den Skeleton-Damen triumphierte erwartungsgemäß Gesamtweltcup-Siegerin Janine Flock. In Abwesenheit des verletzten Matthias Guggenberger schnappte sich Raphael Maier den Titel bei den Herren. Sein Bruder Benjamin sicherte sich sowohl im Zweier- (mit Anschieber Moldovan) als auch im Viererbob (mit Moldovan/Lausegger/Somov) den Titel. Mit ihrem neuen Schlitten „Betsy the Beast" untermauerte Christina Hengster (mit Stefanie Waldkircher) ihre Nummer-eins-Position im Frauenbob.

TI-Damen gewannen im Europacup

Mit einem deutlichen 3:1-Erfolg beim RSR Walfern in Luxemburg starteten die Mädels der TI-panoramabau quasi standesgemäß in den Volleyball-Europacup. „Das war ein wirklich gutes Spiel. Nachdem wir im ersten Satz Probleme hatten, kamen wir in Satz zwei und drei richtig gut in die Partie", erklärte TI-Obmann Michael Falkner. Zum richtigen Krimi wurde der vierte Durchgang mit einer Schrecksekunde: Aufspielerin Monika Piazzolla hatte einen Ball aufs Auge abbekommen, konnte kurzfristig nichts sehen. „Aber es war schnell vorbei", meinte Falkner, der nach der Abfahrt aus Luxemburg mit einer frühmorgendlichen Ankunft in Innsbruck rechnete. Kein Problem, wie er ergänzte: „Wir haben den Bus einfach zum Partybus umfunktioniert."

Geballte Mädels-Power bei der TI: Jubel nach dem Auswärtssieg im Europacup.

Dank perfektem Aufspiel von Ropret wurde Aich/Dob aus der Halle geschmettert.

Hypo Tirol distanzierte Aich/Dob

Lange hatte es ja nicht gedauert bis zum ersten großen Schlager in der österreichischen Volleyballmeisterschaft – auf alle Fälle hatte das Hypo-Tirol-Team die Feuertaufe glänzend bestanden. Die Innsbrucker besiegten auswärts den vermeintlich größten Titelkonkurrenten Aich/Dob mit 3:1 und wahrten damit ihre „weiße Weste". Aber der Beginn war mehr als zäh gewesen – der erste Satz wurde knapp gewonnen, der zweite sogar verloren. Es war der erste Satzverlust der laufenden AVL-Saison. Doch Mitte des dritten Durchgangs drehte der amtierende Meister auf und holte sich die Sätze drei und vier. „Es war ein verdienter Sieg, jeder hat seine Leistung gebracht", erklärte Hypo-Spieler Stefan Chrtiansky.

Tor-Spektakel in Zirl

Die mit Teams aus Vorarlberg und Südtirol aufgestockte Tiroler Eishockey-Eliteliga ist immer wieder für Überraschungen gut. Nach der Sensation gegen Kundl lieferten die Gunners Zirl gleich das nächste Highlight ab, mussten sich aber nach einem Tor-Spektakel auf eigener Anlage Meister Wattens mit 6:9 geschlagen geben, während Kundl gegen Tabellenführer Brixen gewann.

„Das war ein wirklich tolles Spiel", befanden Markus Gander (Sportlicher Leiter Wattens) und Josef Baumann (Obmann Zirl) unisono. Während die Zirler nach dem Coup gegen Kundl auch Wattens biegen wollten (Baumann: „Da haben wir wohl eine etwas zu breite Brust gehabt."), zeigte der regierende Eliteliga-Meister zwei Drittel lang eine souveräne Leistung. „Und dann ist uns der Faden gerissen", konstatierte Gander: „Wir waren uns wohl zu sicher." Gegenüber Baumann erklärte er: „Wir haben uns von 1:5 auf 6:6 herangekämpft, dann war es ein enger Kampf." Während es Zirl verabsäumte, die Aufholjagd mit dem Siegtreffer zu krönen, machten die Wattener Pinguine doch noch den Sack zu. Neun Tore in einem Drittel, da wurde auch Wattens-Obmann Gander nostalgisch: „Das letzte Mal, als ich so viele Tore miterlebt habe, war ich noch Zirl-Trainer."

Kundl zeigte nach der Pleite in Zirl eine Reaktion und brachte den bisher ungeschlagenen Brixnern die erste Saisonniederlage bei. „Wir waren das ganze Spiel über besser", meinte der Sportliche Leiter Bruno Schiestl. Und als Draufgabe fertigte Vizemeister Kufstein Feldkirch mit 5:3 ab.

David Lindner (rechts) im Wattens-Dress stoppte den Zirler Offensivdrang.

8:19-Pleite im Westderby

Den Nimbus der Unbesiegbarkeit waren die Spieler des Wasserball Club Tirol vorerst los. Der Serienmeister vergangener Jahre kassierte nach dem klaren Erfolg im Westderby gegen Paris Lodron Salzburg eine 8:19-Heimniederlage – die bereits zweite Schlappe gegen Salzburg in dieser Saison. „Das Tor war wie vernagelt, wir haben aber auch ideenlos gespielt", seufzte Tirol-Präsident Richard Kössler. Salzburg spielte clever, hielt den Kubaner Yusnier Kindelan-Cuervo gut in Schach. Tirol-Kapitän Christophe Koroknai kam als Topscorer nicht über drei Treffer hinaus. Für den WBC Tirol war der Sieg im Grunddurchgang damit in weite Ferne gerückt. „Das war ein Dämpfer zur rechten Zeit", betonte Präsident Kössler, der auf rasche Besserung hoffte.

Bittner auf Rekordjagd

So etwas nennt man einen erfolgreichen Ausflug – mit zwei fünften Plätzen und drei neuen österreichischen Rekorden trumpfte Innsbrucks Eisschnellläuferin Vanessa Bittner beim ersten Weltcup der Saison in Calgary auf. Nach zwei nationalen Bestzeiten über 500 und 1.000 Meter setzte die 20-jährige USCI-Athletin auch ihr Vorhaben über 1.500 Meter in die Tat um. Für ihren Lauf auf Rang drei in der Division B benötigte Bittner 1:56,30 Minuten. Damit verbesserte sie die 13 Jahre alte Bestmarke von Emese Hunyady, die damit ihren letzten verbliebenen Rekord los war, um 0,21 Sekunden.

Zwei Griffe lagen zwischen Sieg und Niederlage

Das Weltcup-Finale im Vorstiegsklettern hielt, was die Experten sich davon versprochen hatten – es herrschte Spannung bis zum Schluss. Adam Ondra, der unnachahmliche „Spiderman" aus Tschechien, hatte mit einem starken Auftritt an der Wand von Kranj in Slowenien vorgelegt. Der zweite große Anwärter auf den Gesamtweltcup, der Franzose Gautier Supper, verpatzte den Tag vollkommen. Damit hieß es am Ende: Ondra gegen den Tiroler Jakob Schubert, den Titelverteidiger mit besonderer Liebe zu Kranj („Ich mag es, dort zu klettern."). Das Duell war allerdings kein wirklicher Zweikampf. Denn damit Schubert seine dritte Gesamtweltcup-Trophäe gewinnen hätte können, hätte zwischen ihm und Ondra ein anderer Athlet landen müssen. Am nächsten war diesem Vorhaben der Kanadier Sean McColl gekommen, zwei Griffe hätte er gebraucht, um Ondra abzufangen. Doch er scheiterte. Und die anderen scheiterten auch – und als dann Schubert als Letzter an die Reihe kam, war bereits klar: Der 24-jährige Innsbrucker würde seinen Vorjahrestriumph im slowenischen Showdown nicht

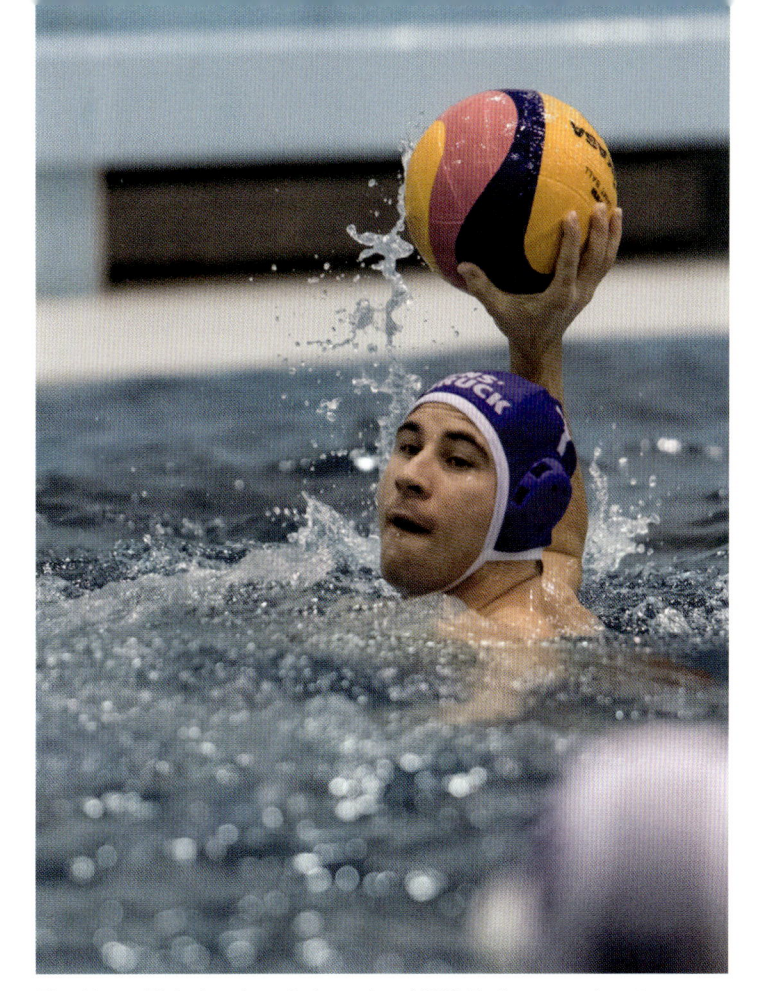

Eine bittere Pleite kassierte Serienmeister WBC Tirol ausgerechnet in heimischen „Gewässern".

„Heiß auf Eis" war Vanessa Bittner auch in Calgary, wo sie gleich drei neue Rekorde lief.

Fotos: Hammerle (o.), GEPA (u.)

In seiner Lieblingswand von Kranj blieb Jakob Schubert zweimal nur der dritte Rang.

wiederholen können: Schubert kletterte – ohne Druck – stark und ruhig, konnte aber ebenso wie sechs weitere Final-Konkurrenten zuvor nicht die letzten zwei Griffe meistern, die auf Ondra fehlten. Somit blieb am Ende des Tages Rang drei und damit auch in der Gesamtwertung der dritte Rang.

Hechenbichler und Knabl bei EM

Das war eine „Ansage" der Tiroler Schwimmer – für die Kurzbahn-Europameisterschaft im israelischen Herzlia hatte sich gleich ein Quartett qualifiziert. Alexander Knabl (TWV) und die für Linz startende Söllerin Caroline Hechenbichler sicherten sich ihren Startplatz bei der österreichischen Meisterschaft. Auch die früher für den SC Wörgl startende Oberösterreicherin Lena Kreundl schaffte den Sprung zur EM. Der 20-jährige Pfaffenhofener Knabl hatte im Vorlauf über 100 Meter Kraul mit 48,84 Sekunden das Limit nur um 0,09 Sekunden verpasst. Doch noch vor dem Finale kam die freudige Meldung: Die Zeit hatte doch noch gereicht – Knabl durfte bei der EM im Einzel starten und sollte in der Staffel mit Bernhard Reitshammer glänzen, der bereits zuvor das EM-Limit über 100 Meter Lagen unterboten hatte. Knabl: „Eine tolle Sache! Wir haben die letzten Wochen im Training hart gekämpft." Als Draufgabe holte Knabl vor Reitshammer Gold über 100 Meter Kraul – gemeinsam schwammen sie in der Staffel (mit Senn und Bildstein) zu Gold über 4 x 50 Meter Lagen). Die 15-jährige Hechenbichler schwamm die 100 Meter Kraul in einer Zeit von 54,88 Sekunden, was ihr neben Bronze auch einen Startplatz bei der EM in Israel einbrachte.

Caroline Hechenbichler – die EM im Visier …

Adler-Comeback gegen Jesenice

Auch wenn es lange nicht danach ausgesehen hatte, am Ende zahlte sich für die Kitzbüheler Adler der Ausflug nach Jesenice doch noch aus. Ein wahrer Kraftakt bescherte den Eishockey-Cracks aus der Gamsstadt nach einem 0:3-Rückstand noch einen überraschenden 5:4-Sieg. „Endlich haben wir einmal gewonnen und nicht knapp verloren, so wie die letzten Male. Das ist total wichtig für die Moral", freute sich der Sportliche Leiter Hans Exenberger. Während die Adler im ersten Drittel (0:3) Federn lassen mussten („Wir haben einfach unsere Chancen nicht genutzt.") und auch im zweiten Abschnitt (2:1) nur wenig auf einen Turnaround hindeutete, wurden im letzten Drittel (3:0) Krallen gezeigt: Drei Tore ebneten noch den Weg zum Sieg. „Wir haben gesehen, was möglich ist, wenn alle zusammenarbeiten", appellierte Exenberger ans Kollektiv. Mit dem Sieg gegen einen starken Gegner („Die sind eisläuferisch sicher das stärkste Team der Liga.") hielten die Gamsstädter auch den Anschluss an die vorderen Plätze in der Inter-National-League.

Zweifacher Torschütze gegen den KAC: Jung-Hai Fabio Schramm.

Bozens Füchse stellten die Haie kalt

Die Niederlagenserie vor dem Break für die Nationalteams hatte doch am Nervenkostüm der Haie geknabbert, da kam nach der Pause der einstige Lieblingsgegner aus Kärnten, der KAC, gerade recht. Und siehe da – allen Erwartungen, Prognosen und selbst der Schussstatistik (22:45) zum Trotz feierten die Innsbrucker einen viel umjubelten Sieg. Die Partie glich einer Hochschaubahn der Gefühle – dem 4:0 für die Haie folgte ein Zwischenspurt des KAC zum 4:3, ehe es gleichsam im Minutentakt zu einem Tor-Spektakel kam. 5:3, 5:4, 6:4, 6:5 – dabei blieb es dann auch trotz stürmischer KAC-Bemühungen mit insgesamt vier Stangenschüssen. „Man of the Match" war der junge Fabio Schramm, der mit seinen Treffern zum 1:0 und 3:0 den Weg zur Sensation geebnet hatte. Die breite Brust wollte man auf alle Fälle nach Südtirol mitnehmen.

Das Süd-Nordtirol-Derby in der EBEL begann mit einem Akt der Solidarität und Anteilnahme – sprich mit einer Trauerminute für die Terroropfer in Paris. Der Sport weiß sich an Tagen wie diesen mit seinen Ergebnissen auch in der Erste Bank Eishockey Liga unterzuordnen. In der Bozner Eiswelle ging's dann allerdings um Punkte. Die Head-to-Head-Statistik seit dem Einstieg der Südtiroler in die EBEL sprach mit zehn Siegen und nur einer einzigen Niederlage eine klare Sprache zugunsten der Hausherren, die im ersten Saisonduell in Innsbruck mit 5:1 triumphiert hatten. Es dauerte allerdings bis zur Minute 16, ehe Joel Broda im zweiten Versuch und nach anschließendem Videobeweis Haie-Goalie Andy Chiodo bezwingen konnte. Nach einem kapitalen Abwehrfehler glich Innsbrucks Topscorer John Lammers nach Hahn-Assist (1:1/18.) aber noch aus.

In Bozen gab es für die Haie nichts zu „fressen" ...

Fotos: GEPA (o.), Massimo Pattis (u.)

Im Mitteldrittel rollte dann nach frühem Powerplay-Treffer zum 2:1 (nach 24 Sekunden erneut Broda) endgültig eine rote Angriffslawine auf den HCI-Kasten zu: All die großen „P" der Bozner Füchse (Pollastrone, Pope oder Palmieri) bissen sich aber in der Folge am großen „C" der Haie die Zähne aus: Chiodo hexte sich vor der Fantribüne der Gastgeber in überragender Manier in einen wahren Rausch. Ohne den 32-jährigen Teufelskerl wäre der Fall wohl erledigt gewesen. Die Innsbrucker schienen für den Pyrrhussieg vom Freitag (6:5 gegen den KAC) mit schweren Beinen Tribut zu zollen. Die Haie bewiesen aber im Schlussabschnitt gegen den Meister von 2013, dass sie sich aufbäumen konnten. Jeff Ulmer sorgte für den überraschenden 2:2-Ausgleich (42.), nur eine Minute später stellten die Südtiroler nach einem Hammer von Flemming aber wieder die Führung her. Dabei blieb's dann auch. Innsbruck-Coach Christer Olsson ortete weniger müde Beine als vielmehr den ein oder anderen unkonzentrierten Kopf: „Wir waren schlecht, sie besser. Das ist einfach. Sie waren schneller, nur Chiodo hat uns eine Chance in diesem Spiel gegeben." Speziell die Gegentreffer Nummer zwei und drei zogen dem Schweden den Nerv: „Das darf so nicht passieren. Es liegt an jedem Einzelnen, mental bereit zu sein."

Weltcup-Sieg für Segel-Duo

Ein Saisonfinale nach Maß gelang dem Segel-Duo Nico Delle-Karth und Niko Resch. Die beiden Olympiastarter fügten ihrer bisher schon so erfolgreichen Segelkarriere in der olympischen 49er-Klasse einen weiteren Meilenstein hinzu und sicherten sich vor Abu Dhabi nach insgesamt zehn Wettfahrten nicht nur den Sieg, sondern auch den Gesamtweltcup. Versüßt wurde der Erfolg auch durch ein Preisgeld von 10.000 US-Dollar. Es war der zweite Gesamtweltcup-Sieg für den 31-jährigen Innsbrucker Delle-Karth und seinen Kärntner Partner Resch nach 2010. „Gesamtweltcup-Sieger 2014/15 klingt natürlich genial. Damit haben sich die Reisestrapazen allemal gelohnt", kommentierte Delle-Karth den Erfolg. Zeit, sich auf den Lorbeeren auszuruhen, hatten sie jedoch keine, die WM wartete. „Ziel ist natürlich, bei der WM um eine Medaille mitzusegeln", betonte Niko Resch. Der große Höhepunkt für die Segel-Routiniers steigt aber erst in der kommenden Saison, wenn es in Rio de Janeiro wieder einmal um olympische Medaillen geht. Bei Wettfahrten im Zeichen der fünf Ringe hatten sie schon große Routine. Ihr Debüt feierten sie 2004 in Athen und wurden Zehnte. Bei den vergangenen Spielen vor drei Jahren in London verpassten sie die Bronzemedaille als Vierte hinter den Neuseeländern Peter Burling/Blair Tuke nur knapp. Aber die Marschrichtung für Rio stimmte. Den olympischen Test-Event in der brasilianischen Bucht beendeten sie im August hinter ihren neuseeländischen Dauerrivalen als Zweite.

Meistertitel für Andy Matt

Tirols Ex-Gesamtweltcupsieger Andy Matt schnappte sich einmal mehr den österreichischen Meistertitel im Skicross. Bei den Titelkämpfen am Pitztaler Gletscher sorgte der 33-jährige Flirscher vor dem Walchseer Thomas Zangerl für einen Tiroler Doppelsieg. „Die Saison mit einem Erfolg zu beginnen, kann nicht schaden", meinte Matt. Dass – witterungsbedingt – die Ergebnisse der Qualifikation als Meisterschaft gewertet wurden, tangierte dann weder Matt noch Andrea Limbacher, die sich bei den Damen durchgesetzt hatte.

Schweizer verpatzten die ÖFB-Bilanz

Dass Österreichs Kicker in diesem Jahr so richtig Gas gegeben hatten, gipfelte unter anderem in der EM-Qualifikation oder mit tollen Rapid-Erfolgen in der Europaliga, aber auch Tiroler machten auf sich aufmerksam. Lukas Hinterseer zum Beispiel oder Alessandro Schöpf. Der Ötztaler dribbelte und schoss sich innerhalb kürzester Zeit in die Schlagzeilen der deutschen Medien. Nicht einmal die Bild-Zeitung machte zuletzt vor dem Längenfelder U-21-Nationalspieler halt. Als dem Nürnberg-Legionär vor der Länderspielpause in der zweiten deutschen

Präsentierten stolz das Meistergold: Andrea Limbacher und Andy Matt.

Bundesliga gegen Union Berlin (3:3) ein traumhaftes Solo-Tor gelang, kürte ihn das Boulevardblatt kurzerhand zum Slalom-König. Der Skivergleich liegt bei einem Ötztaler ja auf der Hand. Doch der 21-Jährige hatte sich längst einen Namen auf dem grünen Rasenviereck gemacht.
Vor anderer Kulisse hatte sich das ÖFB-Team die „Wir werden Europameister"-Gesänge von den Rängen des Happel-Sta-

Ein großartiger Regisseur des ebenso großartigen spielenden österreichischen Nationalteams: David Alaba.

dions erspart, denn eine 1:2-Niederlage im Alpen-Duell gegen die Schweizer bremste die Österreicher im Himmelhochjauchzen ein wenig ein. Und Teamchef Marcel Koller hatte seinen Frust über die Pleite gegen sein Heimatland in eine womöglich positive Erfahrung umfunktioniert: „Es ist nicht nur schlecht, dass der Hype ums ÖFB-Team ein wenig eingebremst wurde." Die Nationalmannschaft musste in einem Jahr im Jubelmeer erstmals wieder mit einem Negativerlebnis umgehen – und mit der Launenhaftigkeit von Glücksgöttin Fortuna. In einigen Spielen der langen Erfolgsserie 2015 hatte es ja schon so ausgesehen, als ob Fortuna sich ganz und gar in den Dienst der Österreicher gestellt hätte. Diesmal war es aber anders: Das ÖFB-Team – nahezu in allen Belangen besser – musste als Verlierer vom Platz.

Die Schweizer analysierten ihren Sieg mit großem Respekt vor den Rot-weiß-roten. Trainer Vladimir Petković: „Es ist total positiv, dass wir Österreich die erste Niederlage in diesem Jahr zugefügt haben. Aber vor diesem Gegner sollte man sich in Acht nehmen. Sie haben ein gutes Team mit guten Einzelspielern. Man muss in Frankreich mit ihnen rechnen", prognostizierte der 52-Jährige.

Die Schweizer hatten für ihren Sieg physisch und psychisch leiden müssen. In den letzten 20 Minuten hatten sich die Eidgenossen in ein rustikales „Kick and Rush" geflüchtet, um Schaden zu begrenzen. Und das, obwohl den Österreichern mit Torhüter Robert Almer, Zlatko Junuzović, Martin Harnik und Marc Janko wichtige Stammspieler ausgefallen waren. Almer war von Özcan bestens ersetzt worden. Junuzović von Jantscher, Harnik von Sabitzer und Janko von Okotie weniger gut. Egal – die Teamspieler wussten nicht nur, wie man Fans in positive Stimmung versetzt. Sie ließen sich selbst von der ersten und einzigen Niederlage im Spieljahr 2015 nicht verunsichern. Und Superstar David Alaba gab die Marschrichtung vor: „Der 1:2-Flop ist uns Auftrag, in Zukunft noch mehr an uns zu arbeiten – am Ende könnte das 1:2 dann doch noch ein Sieg sein."

Sensation in Ankara

Was beim Champions-League-Auftakt gegen Titelverteidiger Zenit-Kazan vor heimischer Kulisse noch vermisst wurde, gelang in der Fremde bei Halkbank Ankara auf überzeugende Art und Weise: das Nützen der eigenen Chancen. Der österreichische Meister brachte das mit Europa- und Weltmeistern

Machten in der Türkei erfolgreich die Mauer: Ropret und Jimenez.

gespickte türkische Team an den Rand einer Niederlage, am Ende durfte man sich nach der knappen 2:3-(23, –21, 30, –21, –12)-Auswärtsniederlage zumindest über einen nicht zu erwarten gewesenen Punktgewinn in der Königsklasse freuen. „Unglaublich", konnte es Hypo-Manager Hannes Kronthaler unmittelbar nach dem Spielende erst gar nicht glauben. „Im ersten Moment haben wir uns gedacht: Schade! Aber ein Punktgewinn in Ankara, das ist der Wahnsinn!" Sogar Jahrhundert-Volleyballer und Star-Trainer von Ankara, Bernardi, stand am Ende der Schweiß auf der Stirn. Und das verwunderte auch nicht: Die Tiroler überzeugten im ersten und dritten Satz (25:23, 32:30) mit Service, Block und Annahme – und einer oft vermissten Nervenstärke. Egal, wen Headcoach Daniel Gavan auf das Parkett schickte, die Dunkelblauen brachen zu keinem Zeitpunkt weg. Herausragend präsentierte sich Diagonalangreifer Koraimann, der am Ende 27 Punkte erzielte. Nur im zweiten und vierten Durchgang (jeweils 21:25) konnten Ropret und Co. das hohe Level nicht halten. Der Entscheidungssatz entwickelte sich dann zu einem wahren Krimi – Hypos Volleyballer hätten durchaus als Sieger vom Platz gehen können. Bei 11:11 brachte aber ein nicht zu verteidigender Angriff und ein Service, das auf die Linie fiel, den nötigen Vorteil für die Türken. Danach war für Hypo nichts mehr zu holen: 12:15. Kronthaler: „Ich bin stolz auf die Jungs."

Hypos Cheftrainer Daniel Gavan saß vor dem Rückflug aus der Türkei im Fitnesscenter des Hotels auf dem Rad, um sich auch noch den allerletzten Frust über die Niederlage in letzter Sekunde aus den Gliedern zu strampeln. So knapp war man bei einem der besten Volleyballteams in der europäischen Königsklasse schließlich noch nie an einem Auswärtssieg dran gewesen: „Wenn mir vor dem Spiel einer gesagt hätte, dass wir fünf Sätze spielen und einen Punkt mitnehmen, wäre ich glücklich gewesen. So tat's im ersten Moment aber schon ziemlich weh." Manager Hannes Kronthaler griff in den eigenen Reihen dann zur Seelenmassage: „Wer hätte gedacht, dass wir in Ankara einen Punkt holen und so dagegenhalten? Mental, der Zusammenhalt – alles war spitze. Die Jungs waren zunächst sehr enttäuscht, aber ich habe versucht, sie wieder aufzurichten." Die Entwicklung in den eigenen Reihen sei schließlich sichtbar. Dass Lorenz „Lolo" Koraimann beim türkischen Spitzenklub 27 Punkte fixierte, quittierte Kronthaler mit einem ungläubigen Kopfschütteln und einem Schuss Ironie: „Gegen Weiz geht's ab und zu nicht und gegen Ankara schon." Ein Mann wie Aufspieler Gregor Ropret, der mit Slowenien sensationell Vizeeuropameister wurde, habe in der Mitte des Feldes vermittelt, dass man auch gegen übermächtige Gegner eine Chance hat. „Wir haben fünf Sätze Weltklasse gespielt, nehmen diesen Punkt mit und gehen weiter Schritt für Schritt. Vielleicht sind wir noch nicht so weit, einen ganz großen Gegner zu schlagen. Aber wir haben auch gegen Kazan bewiesen, dass wir uns auf Augenhöhe bewegen können", streichelte Gavan seinem Team übers Haupt, um anzumerken: „Wir müssen die Konzentration hochhalten, sind erst auf dem halben Weg."

Im Derby war Rachel Gerling (links, roter Dress) vom TI nicht zu stoppen.

Das Derby ging an die TI

Ein Innsbrucker Volleyballderby ist nichts für schwache Nerven – eine Weisheit, die sich bei der 45. Auflage einmal mehr bewahrheiten sollte. Die rund 200 Zuschauer im Landessportcenter klatschten geteilt: entweder für Gastgeber VC Tirol oder TI-panoramabau-Volley. Einzig bei langen Rallyes und am jeweiligen Satzende war man sich lautstark einig: Ein Unentschieden wäre wohl auch okay gewesen. Der VCT stürmte los, lag in Durchgang eins viermal vier Punkte voraus, die TI überholte erst zu ihrem ersten Satzball. Ihren dritten verwandelten hingegen wiederum die Gelbblauen. Angestachelt marschierten jetzt allerdings die Gäste vom Fürstenweg voneweg, gewannen den zweiten Satz mit 25:22. Und die TI blieb weiter vorne – wenn auch erst im Schluss-Sprint mit sieben Punkten in Folge zum 25:19. Der VCT erholte sich wieder und der Schlagabtausch war erneut offen, ehe die TI einmal mehr zum Finish ansetzte und mit dem zweiten Matchball nach zwei Stunden ein 25:19 sowie den 3:1-Sieg besiegelte.

Letzter Auftritt als Black Wing

Mit der Nummer vier auf dem Rücken war der Tiroler Daniel Mitterdorfer im Linz-Dress in die TIWAG Arena eingelaufen. Eigentlich nichts Ungewöhnliches, schließlich spielte der 26-Jährige schon seit 2011 für die Black Wings. Dieses Match, ausgerechnet in der Heimat, war allerdings sein letztes für die Oberösterreicher, denn einen Tag vor der Partie gegen die Haie hatte der Club bekannt gegeben, dass der ÖEHV-Teamspieler durch Ex-NHL-Crack Grant Lewis ersetzt werden würde. „Es war eine schwere Entscheidung", erklärte

Ausgerechnet in der TIWAG Arena wurde der Tiroler Mitterdorfer von den Black Wings „verabschiedet".

der Tiroler Linz-Manager Christian Perthaler. Man wolle Mitterdorfer helfen, einen neuen Verein zu finden. „Das wird er auch", war Perthaler überzeugt, der die Entscheidung des Vereins rechtfertigte: „Wir müssen das tun, was am besten für die Mannschaft ist." Und was für einen Verein gut ist, steht oft im Spannungsverhältnis zum Nationalteam: „Dort sollen wir Leistung bringen und spielen nicht einmal im eigenen Verein. Da frag ich mich schon: Wann fangen wir an, auf die Eigenen zu schauen?", schloss Mitterdorfer. Gespielt wurde natürlich auch noch: Nach einem flotten, aber torlosen ersten Drittel war David Liffiton in der 24. Minute vor 1.200 Zuschauern mit einem Pfostenschuss ganz nah an der Haie-Führung dran gewesen, die besorgte dann aber in der 27. Minute Derek Hahn (Zuspiel kam von John Lammers). Doch die Antwort der Linzer folgte schnell – Andrew Kozek markierte den Ausgleich (28.).

Linz wurde stärker, doch Goalie Andy Chiodo stand seinen Mann. Gegen den Abschluss von Fabio Hofer (38.) war er dann aber chancenlos. Auch im Schlussdrittel blieb es lange beim 1:2 – dann trafen die Haie zweimal die Stange, bevor Kozek mit einem Treffer ins leere Tor den 3:1-Sieg der Oberösterreicher fixierte.

Um den Herbstmeistertitel wurde gezittert

Er kam, er orientierte sich erst einmal knapp 23 Minuten lang – und dann traf er. Thomas Pichlmann blieb ein Phänomen. Nachdem der 34-Jährige zuletzt drei Pflichtspiele wegen einer Meniskusverletzung verpasst hatte, kehrte der Angreifer gegen Wiener Neustadt ins Tivoli zurück und war sofort das, was er seit seiner Ankunft in Innsbruck immer gewesen war: eine Torgarantie. Der FC Wacker beherrschte das Spiel vom Anpfiff an. Man hatte fast das Gefühl, dass die Wiener Neustädter offensiv gar nicht so richtig mitmachen wollten. Bis auf zahlreiche hohe Bälle, bei denen das Innenverteidiger-Duo Sebastian Siller und Dominik Popp so gut wie immer Lufthoheit bewies,

kam nicht viel. So hatten die Tiroler schnell ihre Chancen – ein Pichlmann-Flachschuss (3.) und ein Riemann-Kracher (20.) waren die besten. Die Führung gelang aber dann in der schon angesprochenen 24. Minute: Nach einer tollen Kombination über Andi Hölzl und Alex Gründler stand Pichlmann genau am richtigen Quadratzentimeter des Strafraums – die Qualität einer Torgarantie eben.

Kurz nach der Halbzeit hatten die Schwarzgrünen aber gleich doppelt Glück: Nach einer ungeschickten Riemann-Attacke entschied Schüttengruber am Strafraumeck auf Freistoß für Wiener Neustadt, das Foul war allerdings im Strafraum. Den folgenden Freistoß setzte David Harrer nur knapp neben das lange Eck. Irgendwie war der Elan bei den Gastgebern in dieser Phase verpufft. Wiener Neustadt – mit einem Doppelwechsel aus der Kabine gekommen – hatte mehr vom Spiel und der Ausgleich war dann irgendwie logisch: In der 63. Minute setzte der eingewechselte Manfred Fischer zu einem Slalomlauf an und bediente Martin Harrer, der Pascal Grünwald keine Chance ließ. Und weil ein Unglück selten allein kommt, dauerte es genau drei Minuten, bis Daniel Maderner in der 66. Minute das 2:1 für Wiener Neustadt gelang. Doch die Wacker-Antwort kam schnell: Ein Riemann-Freistoß ging an Freund und Feind vorbei zum 2:2 ins Netz (69.). Nachdem ein Pichlmann-Kopfball nur knapp am Tor vorbeistriefte, war der FC Wacker eigentlich am Drücker. Doch ein „Systemausfall" in der schwarzgrünen Defensive ermöglichte Maderner die erneute Wiener-Neustadt-Führung – 2:3 (75.). Jetzt ging Wacker-Trainer Klaus Schmidt natürlich volles Risiko. Er brachte Simon Pirkl erstmals seit dessen Kreuzbandriss –

Wiener Neustadt (im hellen Dress) wäre fast zum Stolperstein für den FC Wacker geworden.

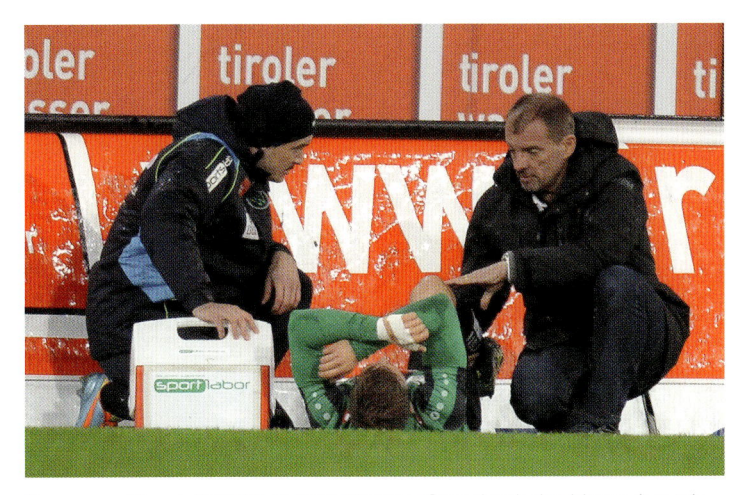

Drama um Simon Pirkl: Nach Fünf-Minuten-Comeback das bittere Aus mit einem neuerlichen Kreuzbandriss.

aber wohl zu früh: Fünf Minuten später musste das Talent angeschlagen vom Feld. Doch auch davon erholte sich der FC Wacker. Nach starker Riemann-Flanke sorgte Jürgen Säumel mit einem fulminanten Flugkopfball für das 3:3 (87.) – zumindest der Herbstmeistertitel war damit fixiert. Dennoch war nicht alles eitel Sonnenschein im schwarzgrünen Lager, denn weit nach Spielschluss stellte sich heraus, wie schwer die neuerliche Verletzung von Simon Pirkl tatsächlich war – das vordere Kreuzband im rechten Knie war wieder gerissen. Bitter!

Auswärts eher harmlos

Alle Neune! Was beim Kegeln ein veritables Ergebnis wäre, trieb HCI-Headcoach Christer Olsson Sorgenfalten auf die Stirn – denn mit einem 2:5 kassierten seine Cracks in Znojmo bereits die neunte Auswärtsniederlage. Dabei hatte die Eiszeit in Tschechien vielversprechend begonnen. Mit der US-amerikanischen Neuerwerbung Hunter Bishop, der zuletzt bei Krefeld auf dem Abstellgleis gestanden war, starteten die Haie bissig: Jeff Ulmer (10.) sorgte überraschend für die 1:0-Führung. Antonin Boruta (18.) bezwang aber rechtzeitig vor der ersten Drittelpause HCI-Goalie Andy Chiodo. Wenige Minuten nach Wiederbeginn legte David Bartos (23.) nach – die gefährlichste Offensive der Erste Bank Eishockey Liga war warmgelaufen. Innsbruck indes steckte nicht auf, sondern konterte frech: Nach Assist von Nick Ross erzielte Tyler Spurgeon (27.) im Powerplay den erneuten Ausgleich zum 2:2. Es sollte das letzte Aufbegehren der Haie sein. Die Tschechen sorgten durch weitere Treffer von Roman Tomas (29./PP1), Libor Sulak (30./PP1) sowie David Bartos (42.) für den 5:2-Endstand. Für die Innsbrucker war es das erwartet schwierige Auswärtsspiel und die nächste Schlappe in der Fremde geworden.

Schwarzer Tag für die Schwazer

Bis in den November hinein hatten die Schwazer Handballer voll auf ihre Heimstärke gesetzt und so manchem Favoriten das Leben schwer gemacht. Und dann gab es ausgerechnet gegen einen Rivalen um die begehrten Play-off-Plätze eine der bittersten Heimniederlagen der letzten Jahre: Schwaz verlor gegen Leoben mit 22:26. „Es ist schwierig, das in Worte zu fassen. Keiner war auf seinem Niveau und in Normalform. Es gab keinen, der uns führen konnte", sprach Sportchef Thomas Lintner von einem kollektiv schwarzen Tag. Aus einer 9:7-Führung vor der Pause wurde zwischenzeitlich ein 9:13. Das Video könne man am besten getrost im Garten vergraben: „Gegen einen direkten Konkurrenten tut diese Niederlage aber natürlich doppelt weh.

Andy Chiodo – in Znojmo fehlte dem HCI-Goalie öfter der Durchblick ...

Die Schwazer Stürmer liefen sich immer wieder fest.

In Dornbirn beendete ein harter Check den Arbeitstag von Benni Schennach vorzeitig.

„Was wir heute gemacht haben, war richtig schlecht"

Als wäre die Aufgabe in Dornbirn für die Haie mit einem schweren Rucksack (neun Auswärtsniederlagen in Serie) ohnehin nicht kompliziert genug gewesen, erreichte Haie-Coach Christer Olsson schon vor der Abreise die erste Hiobsbotschaft: Tyler Spurgeon musste w. o. geben. Nachwirkungen eines Checks in Znojmo. Das erste Drittel startete dann mit überlegenen Vorarlbergern: D'Alvise scheiterte bei doppelter Haie-Unterzahl nach neun Minuten an der Latte, zwei Minuten später besorgte Oliver Achermann die verdiente 1:0-Führung. Fast noch schmerzhafter war aber, dass das Haie-Lazarett weiteren Zuwachs erhielt: Angreifer Benni Schennach musste vom Eis – und kam auch nicht mehr zurück. Im zweiten Abschnitt waren weiter die Vorarlberger am Zug. Weil Goalie Andy Chiodo aber mehrmals überragend hielt, erzielten die Vorarlberger vorerst nur einen weiteren Treffer durch Dustin Sylvester (23.), die Haie wurden nur selten gefährlich. Im Schlussdrittel ging der HCI dann endgültig unter. Dornbirn siegte auch dank eines Treffers von Ex-Hai Matt Siddall mit 7:0. Und der Auswärts-Rucksack wurde mit der zehnten Niederlage in Folge auch nicht leichter.

Innsbrucker Jubeltraube nach dem Europacup-Triumph.

TI schaffte den Aufstieg

Der 3:1-Erfolg in Luxemburg hatte die Aufgabe etwas vereinfacht – und dennoch: Ein Aufstieg in die nächste Europacup-Runde passiert im österreichischen Volleyball nicht alle Tage. Umso verständlicher war der Jubel der TI-Volleyball-Mädels, die dank eines 3:2-Sieges über die RSR Walfer den bisher größten Erfolg in der Vereinsgeschichte feiern durften. Im Eilzugstempo waren Rachel Gerling und Co. in den Sätzen eins und zwei über die Gäste quasi „drübergefahren", nach 48 Minuten stand es 2:0 und damit war der Aufstieg fixiert. „Ich danke allen vielmals", strahlte danach TI-Manager Michael Falkner. Mittelblockerin Stephanie Daxböck lächelte und lobte: „Ich bin so stolz auf mein Team. Und jetzt gehen wir feiern." Trainer Marco Angelini stimmte – allerdings ganz leicht verstimmt – in den Jubelgesang mit ein: „Die ersten zwei Sätze haben wir konzentriert gespielt, danach haben wir Erfahrungen gesammelt."

Euregio mit Volleyball-Signal

Da machte nicht nur das Herz von Volleyball-Zampano Hannes Kronthaler einen Luftsprung, auch die Verantwortlichen aus Tirol, Südtirol und dem Trentino zeigten sich mehr als zufrieden. Verständlich, denn beim ersten Euregio-Volleyballturnier, das in der Innsbrucker USI-Halle ausgetragen wurde, tummelten sich insgesamt über 200 Jugendliche in 15 Teams auf dem Parkett. Die Sieger hießen dann SG Bruneck/Brixen (U 13) und Argentario-Brenta (U 15). Auf insgesamt sechs

Begeisterung herrschte bei den Spielern, Funktionären und den Zuschauern nach dem tollen Auftaktturnier in Innsbruck.

Foto: Hypo Tirol Volleyballteam

Spielfeldern hatten die Mannschaften nicht mit ihrem Können gegeizt und eines war allen Teilnehmern nach dieser geglückten Premiere anzusehen: die Vorfreude auf das zweite Turnier im Jänner 2016 in Bruneck sowie auf das große Finale im April 2016 in Arco/Riva.

Ernüchterung im Haie-Becken

So hatten sich weder Vorstand noch Fans und natürlich auch die Spieler den November nicht vorgestellt: Nur zwei Siege in den letzten elf Spielen und vier Niederlagen in Serie sorgten in der ersten Partie des Heimdoppels (erst Fehérvár und dann Linz) dafür, dass die Haie selbst gegen biedere, stark ersatzgeschwächte Ungarn (ohne die Top-Stars Kinasewich, Sarauer, Banham) nicht nur ihrer Form, sondern auch ihrem Selbstvertrauen vergeblich hinterherliefen. Zumindest der Zug zum Tor wurde im Startdrittel nicht gefunden. Bei zahlreichem Scheibenbesitz wurde viel quer gespielt, auch in den Powerplays. Das berühmte Erfolgserlebnis hatte in letzter Zeit gefehlt, die Beine schienen nach dem jüngsten 0:7 in Dornbirn schwerer denn je. Eine nennenswerte Chance konnte man im ersten Drittel am ehesten Jeff Ulmer (15.) zuordnen. Dafür begann das Mitteldrittel ganz nach dem Geschmack jener gut 1.000 Fans, die den Haien der Negativserie zum Trotz die Treue schworen: Tyler Spurgeon servierte 21 Sekunden nach Wiederanpfiff der Neuerwerbung Hunter Bishop den Premierentreffer und folglich die 1:0-Führung. Das 2:0 – 84 Sekunden fünf gegen drei – hatten die Hausherren in der Folge mehrmals (Lammers, Bishop) auf der Schlägerschaufel. Die Haie ließen zu Beginn des Schlussabschnitts dann sogar die Überzahlspiele Nummer sechs und sieben gegen undisziplinierte Gäste (alle voran „Henker" Ryan Martinelli) ungenützt verstreichen. Als Strafe dafür folgte das 1:1 (Kóger/51.). Nach dem achten (!) torlosen Powerplay ging es in die Verlängerung, ein Punkt war schon verloren. Schaus, Ulmer, VanBallegooie und Lammers hatten den Matchpuck, ein weiteres Powerplay folgte – ohne Erfolg. Im Match der ungenutzten Chancen traf Bishop zwar im Penaltyschießen für die Haie, die Ungarn (Tore von Nagy und Francis) nahmen aber zwei Punkte mit: Eine echte Frustpackung.

Es dauert in der Regel relativ lange, bis Andy Chiodo der Kragen platzt. Nachdem der verlässliche Haie-Goalie gegen Fehérvár zwei Penaltytreffer kassiert hatte, schlich der 32-jährige Musterprofi aber als Erster vom Eis – und das konnten nach diesem Match viele gut verstehen. Die Schussstatistik (47:22 inklusive Verlängerung) wurde im Resultat nicht schlagend, zudem ließen die Hausherren gegen schwache und teils undisziplinierte Ungarn neun Powerplays aus. „Das ist natürlich ein Wahnsinn und darf nicht passieren, aber es nützt alles nichts: Wir müssen weiterarbeiten", diktierte HCI-Angreifer Tyler Spurgeon. Welche Worte HCI-Coach Christer Olsson nach der 1:2-Niederlage gegen die Ungarn auch immer gefunden haben mochte, sie wirkten gegen Linz – zumindest für kurze Zeit. Es dauerte keine 90 Sekunden, da konnte der in letzter Zeit leidgeprüfte Haie-Anhang über die schnelle 1:0-Führung gegen den Tabellenführer der Erste Bank Eishockey Liga jubeln: Schuller (2.) traf unter starker Mithilfe von Linz-Ersatzgoalie Dechel. Und als kurz vor der ersten Drittelpause noch Schaus aus einem Konter zum 2:0 traf, lag eine mögliche Sensation in der Luft. Zwei Drittel später herrschte aber erneut Ernüchterung in der TIWAG Arena, denn eine Strafenserie im Mitteldrittel brachte

Die von Schuller erzielte Blitz-Führung gegen Linz nützte den Haien nicht viel – am Ende setzte es ein 3:5.

die Linzer zurück ins Spiel – der Anschlusstreffer im Powerplay zum 1:2 durch DaSilva war die logische Folge. Zunächst konnten zwar die Tiroler noch mit einem sehenswerten Treffer antworten – Schuller und VanBallegooie ermöglichten Valdix den ersten Treffer der Saison – viel Zeit zum Jubeln blieb jedoch nicht: Nur zwei Minuten später erzielte Linz-Crack Altmann den Anschlusstreffer. In der Folge gab es erneut eine Strafenserie gegen die Innsbrucker. Der negative Höhepunkt war eine 3:5-Unterzahlsituation, die Hofer zum 3:3-Ausgleich nützen konnte. „Zurück zum Start" hieß es also am Beginn des Schlussdrittels. Besonders ärgerlich in dieser Phase: Eine Strafe gegen die Haie, da erneut sechs Spieler auf dem Eis standen. Dieses Geschenk nahmen die Gäste dankend an: Latendresse traf zur 4:3-Führung für die Black Wings. Danach ging es hin und her, ein Empty Net Goal (Hisey) brachte die Entscheidung und keine Entspannung der Innsbrucker Krise.

Verfrühte Punktegeschenke des FC Wacker

Vom Abstiegskampf zum Titelkampf – so schnell kann es im Fußball binnen weniger Monate gehen. Ein „verrücktes" Kalenderjahr für den FC Wacker fand im Tivoli bei Temperaturen um den Gefrierpunkt vorerst sein Ende. „Jetzt schau'n wir mal. Wir wollen einen positiven Abschluss, das Ende nimmt man ja mit. Wir werden aber sicher nicht mit einem Loblied in die Pause gehen, sondern alles sachlich analysieren", sprach General Manager Alfred Hörtnagl vor dem Anpfiff. Mit Coach Klaus Schmidt („Er überzeugt auch durch seine Mensch-

Erzielte seinen Premierentreffer im Wacker-Dress: der junge Michael Lercher.

lichkeit.") werde man Gespräche über eine Vertragsverlängerung führen.

Die Spielanalyse sah zu Beginn die Gäste auf rutschigem Terrain um den berühmten Tick schneller. Nach harten Monaten, vielen Verletzungs-und Spielpausen mühten sich die Schwarzgrünen zunächst in den Zweikämpfen und im Vorwärtsgang sichtlich ab. Bis sich Michael Lercher einen Herzenswunsch erfüllen konnte: Nach Riemann-Assist netzte der 19-jährige Youngster in der 30. Minute mit einem coolen Lupfer zur 1:0-Führung ein, der erste Scorerpunkt im Dress des FCW war dem verlässlichen Linksfuß im letzten Spiel vor der Winterpause gelungen. Das 2:0 nur fünf Minuten später markierte Pichlmanns 14. Saisontreffer – eine beruhigende Pausenführung. Doch in der Folge klopfte fast nur Kapfenberg an: Gegen Frieser konnte Grünwald noch retten, gegen Joao Victor war er beim Anschlusstreffer aber machtlos. Wacker geriet wie schon gegen Wiener Neustadt und nach vier Heimspielen ohne Sieg erneut ins Schwimmen. Grünwald lenkte den Ball bei einem Perchtold-Schuss mit einer Glanztat an die Latte, ein Lasnik-Freistoß prallte von der Querlatte ab, ehe Wacker beim möglichen Abstauber durch Imbongo auch noch Glück hatte, dass Schiedsrichter Schörgenhofer nicht auf Elfmeter entschied. Der steirische Ausgleich durch Frieser war angesichts des Spielverlaufs aber mehr als folgerichtig. Kapfenberg hatte mehr Schüsse, mehr Ballbesitz und über 90 Minuten mehr Präsenz. Dank des besseren Torverhältnisses ging der FC Wacker dennoch als Tabellenerster in die Winterpause.

Brem zurück auf dem Stockerl

„Endlich!", jubelte Eva-Maria Brem laut in das Schneetreiben von Aspen hinaus, nachdem sie im Ziel abgeschwungen hatte. Es war der Freudenschrei, der kurz und knapp all jenes zusammenfasste, was die 27-jährige Tirolerin im zweiten Durchgang des Riesentorlaufs auf die US-Piste gezaubert hatte. Es war der ersehnte goldene Lauf gewesen, den Brem nach dem verpatzten Sölden-Auftakt (Rang acht) herbeigesehnt hatte und der ihr noch im ersten Durchgang so gar nicht gelungen war. Doch im Showdown bei immer stärker werdenden Schneefall hatte Brem dann nicht nur die richtige Linie gefunden, sondern auch die schnellste – und das hatte seinen Grund: Den Kurs hatte Österreichs Technik-Trainer Stefan Bürgler gesetzt, der

Eva-Maria Brem bei ihrer rasanten Stockerl-Fahrt in Aspen.

Foto: EPA/Mabanglo

auch bereits der zu dieser Zeit verletzten Anna Fenninger den besten Weg vorgegeben hatte. Und so zündete auch Brem den Turbo und raste mit Laufbestzeit auf das Podest. Es war der insgesamt achte Stockerlplatz der großen österreichischen Technik-Hoffnung. Den Sieg, und damit ihren 13. Weltcup-Sieg, schnappte sich um nur 0,10 Sekunden überraschend die Schweizerin Lara Gut.

Hengster raste auf Platz drei

Da soll noch jemand sagen, die 48.000 Euro hätten sich nicht gelohnt: Beim Zweierbob-Weltcup in Altenberg steuerte die Axamerin Christina Hengster ihren neuen Untersatz „Betsy the Beast" auf Anhieb aufs Stockerl. „Platz drei ist sehr erfreulich, nach dem ersten Durchgang sind sie sogar noch Zweite gewesen", meinte ein glücklicher Trainer Manfred Maier. Die erste Standortbestimmung im Weltcup verlief also sensationell. „Wir haben gehofft, dass wir ganz vorne dabei sein können!" Der Sieg ging an Kaillie Humphries aus Kanada. Völlig amortisiert hatte sich die Investition für Hengster freilich noch nicht: Dazu würde es eine Medaille bei der Heim-WM in Igls im Februar benötigen.

Einen Dämpfer gab es indes für Skeleton-Pilotin Janine Flock. Der Gesamtweltcup-Siegerin des Vorjahres wurde in Altenberg Kurve vier zum Verhängnis – nach einem Fahrfehler war nicht mehr als Rang zehn drin. Die Rumerin reagierte gelassen: „Ich habe mir nicht viel erwartet", sagte die 26-Jährige. Nachsatz: „Die Bahnen, die ich liebe, die kommen alle noch!"

Strahlte dank „Betsy the Beast": Christina Hengster.

Waren von überforderten Linzern nicht zu stoppen: die Schwazer Handballer (roter Dress).

Tor-Gala gegen Linz

„Wir brauchen die Punkte dringend", hatte Sparkasse-Schwaz-Handball-Tirol-Trainer Raúl Alonso schon vor dem Auftritt gegen Schlusslicht Linz verlautbart. Nach vier Niederlagen in Folge und dem jüngsten Selbstfaller gegen Leoben war in der Sporthalle Ost schon ein bisschen Feuer am Dach. Doch Anton Prakapenia und Co. lieferten ein beeindruckendes Statement ab: Gegen das Schlusslicht aus Linz feierten die Silberstädter einen klaren 39:23-Erfolg und durften gleich doppelt feiern, denn 39 Tore sind für die Tiroler ein neuer Saisonrekord.

Golf-Award für Christine

Vom Fairway in den Ballsaal: Alljährlich verwandelt sich der Kursalon Wien Ende November zum Mittelpunkt der rot-weiß-roten Golfszene. Bei den Golfrevue Awards 2015 wurde auch

Da wird sich Sponsor Arthur Bellutti aber freuen: Christine Wolf wurde zur Golferin des Jahres gekürt.

die Tirolerin Christine Wolf ausgezeichnet. Das weibliche Aushängeschild des GC Olympia Golf Igls wurde zur Golferin des Jahres gewählt. „Danke an alle, die für mich gestimmt haben. Ich habe das Jahr voll genossen", meinte die Prämierte. Preise gab's auch für den GC Zillertal-Uderns (bester neuer Platz) und die Sportresidenz Zillertal (Golfhotel des Jahres). Darüber freuten sich ganz besonders Heinz Schulz und sein Golfdirektor Peter Rzehak.

Mit Platz zwei belohnt

Wenn Silber wie Gold glänzt: Tirols Athletinnen kämpften sich bei den österreichischen Gruppen-Staatsmeisterschaften in der Rhythmischen Sportgymnastik mit einem ganz starken Auftritt am zweiten Tag vom dritten auf den zweiten Platz nach vorne. Geschlagen geben mussten sich die Mädels von Petra Gabrielli – trotz Heimvorteil – nur dem Turnverein Graz. Die Tirolerinnen hatten 27.200 Punkte erreicht, der TV Graz 27.950. Leider nur Platz vier gab es dagegen für Tirols Juniorinnen: Der Sieg ging an Vorarlberg vor Graz und Niederösterreich.

Verständliche Jubelgeste nach einem tollen Rennen – Svindal dominierte in Lake Louise.

Lake Louise feierte Skikönig Aksel

Nach einer Saison Weltcup-Pause wegen einem Achillessehnenriss war Aksel Lund Svindal bis zwei Tage vor dem Weltcup-Doppel in Kanada noch die große Unbekannte im Speed-Bereich gewesen. Doch seit dem Rennwochenende von Lake Louise war endgültig klar: Der bald 33-jährige Norweger war

Tirols große Hoffnungen in der Rhythmischen Sportgymnastik ...

Mikaela Shiffrin setzte im Slalom von Aspen neue Rekordmarken.

wieder so stark wie eh und je. Nach dem Triumph in der Abfahrt vor dem Südtiroler Peter Fill und Landsmann Jansrud untermauerte der Norsker im Super-G seine Speed-Regentschaft und feierte den sechsten Sieg in seinen letzten sieben Einsätzen im kanadischen Skiort. Mit seiner starken Fahrt zum 27. Weltcup-Sieg insgesamt beendete der Fünffach-Weltmeister den Hundertstel-Krimi, den die Athleten zuvor ausgetragen hatten, und holte sich den zweiten Sieg im zweiten Speed-Rennen der Saison. „Oben waren Fehler dabei. Aber die Einstellung passt momentan, da können auch Fehler passieren", lächelte Svindal im Ziel. Mit vollem Risiko und direkter Linie hatte er die Konkurrenz wieder alt aussehen lassen und sich für diese Saison bereits nach nur drei Rennen für den Gesamtweltcup empfohlen, zumal mit dem abgesagten Slalom in Levi (FIN) wohl ein Rennen fehlen würde, in dem Österreichs Star Marcel Hirscher punkten hätte können. Svindal kostete das Thema freilich nur ein Lächeln: „Wenn es gut anfängt, dann fängt auch die Diskussion um die Kugel an. Aber ich denke wenig daran und genieße es jetzt lieber." Ein Genuss war das Rennen auch für Matthias Mayer. Der Abfahrtsolympiasieger schaffte den Lake-Louise-Hattrick als Super-G-Zweiter und wiederholte Rang zwei von 2014 und 2013. Seinen zweiten Weltcup-Sieg verpasste er um nur 0,35 Sekunden. „Ein zweiter Platz ist super, aber so wie ein Sieg fühlt es sich nicht an", meinte der 25-Jährige und ergänzte in Richtung Svindal: „Er fährt in einer eigenen Klasse." Der Hochfilzener Romed Baumann (12.) war der fünfte Österreicher im schnellsten Dutzend dieses Renntages.

Mikaela fuhr in einer eigenen Welt

Als überlegene Führende im Riesentorlauf von Aspen war Mikaela Shiffrin kurz vor der Ziellinie noch gestürzt. Es hatte nach einem unglücklichen Wochenende für die 20-jährige US-Amerikanerin ausgesehen, doch es endete einmal mehr mit einer Machtdemonstration. Nur einen Tag nach dem Triumph im ersten Aspen-Slalom mit dem Rekordvorsprung von 3,07 Sekunden war Shiffrin auch im zweiten Rennen zur Stelle und feierte ihren bereits 17. Weltcup-Sieg. Erneut trennten Shiffrin Welten von ihre Konkurrenz. Das US-Girl siegte mit 2,65 Sekunden vor der Schwedin Frida Hansdotter, die Slowakin Šárka Strachová lag bereits 2,90 Sekunden zurück. „Viermal so stark zu fahren ist sehr schwierig. Aber mir ist das hier gelungen", analysierte Shiffrin.

Kein Ende der Abwärtsspirale

Dass die Innsbrucker Cracks an einem guten Tag jedes Team der Erste Bank Eishockey Liga schlagen können, hatten sie schon oft genug bewiesen. Im November ging der Trend aber in eine ganz andere Richtung – da fand sich das Team von Coach Christer Olsson sieben Spiele hintereinander ausschließlich auf verlorenem Posten wieder. Die vorerst letzte November-Pleite setzte es in Villach, wo der ehemalige Inns-

Nick Ross – ein verlässlicher Torschütze im Haie-Dress.

brucker Publikumsliebling Greg Holst den VSV als Trainer zum 2:1 gegen die Haie führte. Im ersten Drittel waren die Tiroler nicht präsent auf dem Eis, die überlegenen Kärntner verzeichneten 19:6-Torschüsse: Im Powerplay hatte Verlič die Gastgeber verdientermaßen in Front gebracht. Im Mitteldrittel taten sich die Innsbrucker etwas leichter, exakt in der bis dahin besten Phase erhöhte jedoch erneut Verlič (27.) auf 2:0. Passend zum Anti-Lauf des HCI trafen die Villacher gleich bei der ersten Chance. Die Verunsicherung bei den Innsbruckern nahm dementsprechend zu, Tor-Chancen waren absolute Mangelware. Erst im Schlussabschnitt erwachten Mössmer und Co. Im Konter nährte Nick Ross (46.) dann mit seinem Treffer die Hoffnung der Tiroler, endlich wieder ein Erfolgserlebnis verzeichnen zu können. Doch am Ende blieb nur die Erkenntnis, dass es wieder einmal nicht gereicht hatte.

Fehlende Tausendstel einfach weggelacht

Der erste Saison-Weltcup der Rodler war Geschichte und die Ungewissheit verflogen: Aus österreichischer Sicht waren die drei Podestplätze in Igls eine tolle, im Vorfeld nicht zu erwarten gewesene Ausbeute. Die Routiniers Penz/Fischler konnten um den Sieg voll mitkämpfen und landeten schließlich auf Platz zwei. Es macht Spaß mitanzusehen, dass sich die beiden nicht auf ihren Lorbeeren ausruhten, sondern immer akribisch und ehrgeizig weiterarbeiteten: Genial war vor allem ihr Startrekord, der die Kampfansage ums oberste Podest zusätzlich unterstrich. Unglaublich gestaltete sich aber das Ergebnis im Herren-Einzel: Ein Podestplatz von Wolfgang Kindl lag bereits in der Luft, wurde ob der überragenden Trainingsleistungen sogar geradezu gefordert. Sensationell war dann hingegen die Show, die Armin Frauscher ablieferte. Beeindruckend nicht nur die Platzierungen, sondern auch die Coolness, mit welcher die beiden bei diesem engen Rennen sogar nach dem Sieg gegriffen hatten, ihn letztlich aber knapp verpassten.

Bei den Damen wurde mit dem zehnten Platz von Miriam Kastlunger das Minimalziel erreicht. Enttäuschend eigentlich nur der vierte Platz in der Teamstaffel: „29 Tausendstel! Dagegen ist ja ein Wimpernschlag so lange wie eine Wagner-Oper!", erklärte einst Reporterlegende Sigi Bergmann. Was sind dann erst sechs tausendstel Sekunden? Um diesen lächerlichen Rückstand verpasste nämlich Armin Frauscher seinen ersten Weltcup-Sieg. Den Heimtriumph des Lansers verhinderte der Südtiroler Dominik Fischnaller, auf Platz drei mit ebenfalls knappem Rückstand von nur 0,032 Sekunden landete der Natterer Wolfgang Kindl. „Unglaublich! Davon hätte ich nicht zu träumen gewagt. Vor dem Rennen wäre ich schon mit einem Top-Ten-Platz zufrieden gewesen", strahlte Lokalmatador Frauscher über das ganze Gesicht. Wo die sechs Tausendstel im Eiskanal geblieben waren? „Das weiß ich nicht, aber darüber grüble ich jetzt sicher nicht nach. Es war ja erst mein zehntes Weltcuprennen", nahm Frauscher die knappe Niederlage mit einem Lächeln. Auch Kindl haderte nicht mit dem kleinen Rückstand. „Nach neun Jahren stehe ich endlich in Igls auf dem Podest", freute er sich.

Österreichs Rodler jubelten im Igls im Doppelpack.

Juppidu
DIE TIROLER JUGENDVERSICHERUNG

für deine Freizeit
für deine Rechte
für deine Wohnung

MONATLICH nur **7,€**

tiroler VERSICHERUNG

www.juppidu.at

DEZEMBER

Dominik Landertinger – mit dem Saisonstart war der Tiroler zufrieden.

Österreichs Loipenjäger starteten vielversprechend

König Ole Einar Bjørndalen lebt – und wie! Gleichsam standesgemäß sicherte sich der wohl größte Biathlet aller Zeiten im „biblischen" Alter von 41 Jahren überraschend das Auftakt-Einzel der Biathlon-Saison in Östersund. Dem Norweger gelang im 20-Kilometer-Rennen ohne Schießfehler sein 94. Weltcup-Erfolg – es war der erste seit Februar 2012. Seinen bis dato letzten Sieg hatte der Rekord-Olympionike bei den Winterspielen 2014 im Sprint knapp vor Dominik Landertinger gefeiert. Diesmal triumphierte Bjørndalen mit einem Vorsprung von 27,1 Sekunden auf den Deutschen Simon Schempp und 38,2 vor dem Russen Alexei Wolkow. Die Österreicher präsentierten sich stark, je ein Schießfehler zu viel kostete aber mögliche Podestplätze. Simon Eder (zwei Fehlschüsse) wurde mit mehr als zwei Minuten Rückstand Siebenter, unmittelbar dahinter landete Landertinger nach ebenfalls zwei Fehlschüssen an der achten Stelle. „Das Laufen war hart, vor allem die erste Runde habe ich extrem in den Beinen gespürt. Danach bin ich besser ins Rennen gekommen. Beim Schießen habe ich mich dafür sehr sicher gefühlt", sagte Ex-Weltmeister Landertinger. Dem Tiroler waren seine zwei Fehler beim abschließenden Stehend-Anschlag unterlaufen.

Hypo Tirol meldete sich zurück

Angesagte Erfolge sind die schwierigsten. Wenn dem so ist, dann gelang den Tirolern diesmal die Ausnahme von der Regel. Denn mit dem souveränen 3:0 über das montenegrinische Gästeteam aus Budva feierte das Hypo Tirol Volleyballballteam Innsbruck den erwarteten – und geforderten – ersten Sieg in der laufenden Champions-League-Saison. Vor rund 1.600 Zuschauern hatten die Gastgeber von der ersten Sekunde an keine Zweifel aufkommen lassen, wer hier am Ende als Sieger aus der Innsbrucker Olympiahalle gehen würde. Hypo Tirol

Ropret und Co. freuten sich in Ankara über eine Top-Leistung.

hielt nach dem 2:3 gegen Ankara bei vier Punkten aus drei Spielen und durfte sich damit weiterhin berechtigte Hoffnung auf den Aufstieg machen.

Begonnen hatte die Partie fast standesgemäß. Die Truppe von Headcoach Daniel Gavan fand schnell ins Geschehen und baute sich eine Führung auf, die zwar das gesamte Spiel über manchmal ins Wanken geriet, aber nie fiel. Über das baltische Duo Renee Teppan und Janis Peda rollten die Angriffe wie am Schnürchen. Der Block der Innsbrucker hielt den Gästen stand, die kein adäquates Mittel fanden, um gefährlich zu werden. Nach den ersten beiden klar gewonnenen Durchgängen war Satz drei dann nur noch eine „Draufgabe". Immerhin brauchte es aber doch fünf Matchbälle, ehe erneut Teppan zur Stelle war und den Schlusspunkt zum 25:21 setzte. „Ich bin sehr stolz auf meine Mannschaft. Wir haben unseren Gegnern nie eine Chance gegeben", stellte Trainer Gavan zufrieden fest.

Schwaz brachte sich in Stellung

Unverhofft kommt nicht oft, aber das tangierte wird die Schwazer Handballer in diesem speziellen Fall wenig: Mit dem überraschenden 21:20-Auswärtserfolg bei Westwien brachten sich die Tiroler in der Handball Liga Austria drei Runden vor Ende des Grunddurchgangs auf Platz fünf in Stellung für die direkte Play-off-Qualifikation. „Westwien hatte einen Megadruck und wir haben das offenbar sehr gut gelöst", ließ sich auch Sportchef Thomas Lintner die drei „Big Points" auf der Zunge zergehen. Nach zwei Siegen in Serie wäre in diesem Augenblick der direkte Weg ins Play-off möglich gewesen, Lintner hielt den Ball aber lieber weiterhin flach: „Wir haben auch schon vier Spiele hintereinander verloren. Grundsätzlich sind wir im Herbstdurchgang aber besser in die Gänge gekommen, als wir es uns erwartet haben. Natürlich wäre Platz fünf schön, aber wir bleiben ruhig. Und wichtiger sind die Punkte, die wir weiterhin mitnehmen", spielte er auf die Liga-Halbierung und Punkteteilung nach 18 Runden an. Mit jedem einzelnen Zähler nähere man sich dem Play-off an, egal ob man die Zwischenrunde dann in den Top Five oder den unteren Rängen (sechs bis zehn) bestreiten müsse.

Fellner machte es im Doppel

Während die norwegischen Skiherren in Amerika den Weltcup dominierten, fuhr der Tiroler Manuel Feller im norwegischen Trysil zu seinem ersten Doppelsieg im Europacup. In den beiden Riesentorläufen gewann der 23-jährige Fieberbrunner einmal knapp vor seinem Teamkollegen Marco Schwarz und dann im zweiten Rennen zeichnete er sogar für einen Dreifacherfolg der Österreicher verantwortlich, indem er vor Stefan Brennsteiner und erneut Marco Schwarz gewann.

Damir Djukic traf in Wien für Schwaz viermal ins Schwarze.

Manuel Feller jubelte in Norwegen über seinen Doppelsieg.

Kindl fehlten nur Bruchteile einer Sekunde zum großen Triumph.

Ach du liebe Zeit!

Die Gunst der tausendstel Sekunden hatte Wolfgang Kindl zum Auftakt der neuen Kunstbahnrodel-Saison nicht auf seiner Seite. Beim Heimrennen in Igls hatten dem Natterer als Drittem lediglich 0,032 Sekunden auf den Sieg gefehlt, in Lake Placid (USA) musste er sich mit vier Hundertstel Rückstand erneut mit Rang drei „begnügen": „Ich bin happy. Aber ärgern tut's schon, wenn man so knapp am Sieg dran war", haderte der 27-Jährige. Nachsatz: „Ich hatte aber auch Glück, dass der Halbzeitführende Felix Loch seinen zweiten Lauf versemmelt hat." Sehr zufrieden war auch das Tiroler Parade-Doppel Peter Penz/ Georg Fischler mit seinem zweiten Platz: „Die Form passt, wir bleiben dran. Die Zeit spricht für uns", betonte Fischler.

Linz erteilte den Haien eine Powerplay-Lehrstunde

Die Heim-Niederlage in der Verlängerung gegen die Vienna Capitals hatte man im Haie-Lager noch als Moral-Injektion für kommende schwere Aufgaben bezeichnet. Verständlich, denn mit großem Kampfgeist hatten sich die Innsbrucker 21 Sekunden vor dem Ende der regulären Spielzeit mit dem glücklichen Ausgleich in die Verlängerung gerettet. Dort allerdings vergab Bishop eine Top-Chance, während im direkten Gegenzug Gamache die Entscheidung für die Caps besorgte. Dennoch wollten die Innsbrucker nach Linz das „Positive" mitnehmen, denn dort wartete nicht einmal 24 Stunden später der Tabellenführer. Als Gegner, der keine Gnade kannte: Die Mannschaft mit dem zu dieser Zeit besten Überzahlspiel schoss die Haie, die meist auf der Strafbank dümpelten, gleich mit 7:0 aus der Linzer Keine Sorgen Eisarena. Fast jede Strafe des HCI wurde

Selbst Chiodo war gegen Linz chancenlos …

Ein nachdenklicher Christer Olsson nach der Pleite von Linz.

TI gewann nach 132 Minuten

Für Nikolaus-Geschenke für die weit angereisten Grazerinnen hatten die TI-Volleyball-Mädels nichts übrig und packten nach zwei verlorenen Sätzen die Rute aus. Fazit: Am Ende gab es einen verdienten 3:2-Erfolg gegen das Team aus der Steiermark, mit dem Rang vier in der Tabelle vorerst abgesichert werden konnte. Der Höhepunkt der Partie wurde im vierten Satz registriert, als die Innsbruckerinnen gleich drei Matchbälle abzuwehren hatten. „Wir haben den Kopf gerade noch aus der Schlinge gezogen", freute sich TI-Obmann Michael Falkner nach dem Sieg. Der VC Tirol unterlag indes dem haushohen Meisterfavoriten und Tabellenersten Post SV Wien mit 0:3 (-17, -16, -33). Durchgang drei konnten die Innsbruckerinnen lange offenhalten, ehe er schlussendlich mit 33:35 verloren ging.

eiskalt ausgenützt, alle sieben Treffer kassierten die Olsson-Schützlinge in Unterzahl. Am Ende und nach einer desaströsen Vorstellung der Tiroler durften die Gastgeber über den fünften Saisonsieg in Serie jubeln, während die HCI-Cracks auf der Heimfahrt die neunte Niederlage en suite verdauen mussten.

Auf Betsy war Verlass

Das neue Gerät wirkte im wahrsten Sinne des Wortes beflügelnd und am Steuer von „Betsy the Beast" lieferte Christina Hengster im Zweierbob-Weltcup in Winterberg erneut eine starke Leistung ab. Beim Sieg von Jamie Greubel Poser (USA) war die Axamerin mit Anschieberin Sanne Dekker auf Platz fünf gelandet. „Als Halbzeitdritte wäre natürlich ein Podestplatz schön gewesen. Aber ich bin froh, dass wir im Spitzenfeld mitmischen können", erklärte Hengster.

Flott unterwegs: Sanne Dekker (links) und Christina Hengster.

Eine verlässliche Stütze im TI-Team: Monika Chrtianska.

Fotos: GEPA

Beaver Creek und Super-Marcel

Wie heißt es so treffend: Erstens kommt es anders, zweitens als man denkt. Und weil sich über Colorado ein veritables Tiefdruckgebiet mit Schnee, Nebel und Wind breitgemacht hatte, wurde der Start des Super-G nach unten verlegt und der technisch so anspruchsvolle Steilhang quasi gestrichen. Das waren ganz bestimmt keine optimalen Voraussetzungen für Marcel Hirscher, der sich ja speziell aufgrund des Steilhangs eine Außenseiterchance ausgerechnet hatte. Doch dann: siehe Einleitung! Österreichs Ausnahmetechniker nützte seine Startnummer vier optimal aus und legte eine Bestzeit hin, an welcher der Rest der Skiwelt der Reihe nach zerbrechen sollte. Richtig dramatisch wurde es in einem Rennen mit wechselnden Bedingungen nur noch einmal, und zwar als Ted Ligety mit Nummer 29 bis auf 33 Hundertstel an Hirschers Zeit herankam. Das brachte ihm am Schluss Rang zwei vor seinem drittplatzierten US-Landsmann Andrew Weibrecht ein. Und weil Siegen süchtig macht, legte der Salzburger im Riesentorlauf gleich nach – mit diesem RTL-Triumph in Beaver Creek war der 26-Jährige nun neuer Rekordsieger: Es war sein 15. Erfolg in dieser Disziplin, was einen neuen österreichischen Rekord bedeutete. Zuvor hielt der vierfache Gesamtweltcup-Sieger die Bestmarke noch gemeinsam mit Benni Raich und Hermann Maier. Nun hatte Hirscher die beiden hinter sich gelassen und zugleich Italiens Alberto Tomba mit ebenfalls 15 Siegen im Riesentorlauf eingeholt. Im Abschlussrennen der Nordamerika-Serie blieb der Österreicher klar vor dem zweitplatzierten Victor Muffat-Jeandet aus Frankreich. Konkurrenz war keine auszumachen – und das war wohl vorrangig einem angeschlagenen Ted Ligety zu verdanken. „Mister Beaver Creek" klagte wie schon zuvor Aksel Lund Svindal im Super-G über Magenschmerzen, weshalb Ligety in Lauf eins nach einem kleinen Fehler auch bereits ausschied. „Mir geht es echt schlecht", gestand der sechsfache Beaver-Creek-Sieger, der sich bei seinem Ausfall leicht verletzt hatte, und ergänzte: „Mir ist es aber schon mal noch schlechter gegangen und ich habe trotzdem gewonnen."

Marcel Hirschers Blick zurück auf 200 Weltcuppunkte in Beaver Creek.

Hypo bestätigte seine derzeitige Hochform

Ob Champions League oder heimische Volleyballliga (AVL) – die Hypo-Lokomotive schien nicht zu stoppen zu sein. Das bekam auch der AVL-Aufsteiger aus Salzburg zu spüren. Für sie gab es in der Innsbrucker USI nämlich nichts zu holen, sie wurden mit einer klaren 0:3-Niederlage nach Hause geschickt. „Wir haben unsere Arbeit konzentriert und effizient durchgezogen. So stelle ich mir das vor", freute sich Hypo-Headcoach Daniel Gavan nach dem Auftritt vor eigenem Anhang. Als Topscorer durfte sich Lorenz Koraimann mit 22 Punkten in die Statistiken eintragen. Beim österreichischen Meister pausierten Kapitän Gregor Ropret und Angreifer Stefan Chrtiansky, dafür erhielten Moritz Geiger und Michael Ermacora aus der zweiten Mannschaft eine Chance.

Sein Team spielt in bestechender Form – verständlicher Jubel bei Daniel Gavan.

Tiroler auf Torjagd für Vorarlberg

Während sich in der Sky Go Liga der FC Wacker in die beste Startposition für das Frühjahr gebracht hatte, sorgte derweil ein Tiroler in der Bundesliga für Tore am Fließband – und zwar Hannes Aigner. Lobhudelei ist dem „Aigi" fremd, weshalb er es nur mit einem Schmunzeln quittierte, dass er die Altacher mit einem Doppelpack – den Saisontreffern Nummer vier und fünf – zum 3:0-Sieg in Grödig geschossen hatte: „Wenn es kalt wird, werde ich besser." Als echter Weerberger ist man gewissermaßen auch ein „Gschnitzter": „Wenn Stürmer so sind wie ich, möchte ich nie in der Abwehr spielen", servierte er im Advent das nächste Schmankerl, ohne ein Loblied auf sich selbst anzustimmen: „Der Sieg in Grödig war wichtig fürs Team. Wir dürfen nur nicht zu weit vorausschauen. Der Abstiegskampf wird eine enge Geschichte. Sehr viele müssen aufpassen", ergänzte Aigner, der mit 34 Lenzen einer der ältesten Kicker in der Bundesliga war.

Ein Tor-Garant für Altach: der Weerberger Hannes Aigner.

Fotos: GEPA

Geschlossen starke Skisprung-Damen

Österreichs Skispringerinnen verpassten zum Saison-Auftakt in Lillehammer einen Podestplatz, präsentierten sich aber mannschaftlich stark: Vier der vom Absamer Andreas Felder betreuten Damen landeten unter den besten Sieben.

Daniela Iraschko-Stolz als Vierte war nicht komplett zufrieden: „Ich weiß, dass ich noch viel Potenzial nach oben habe. Aber die Formkurve stimmt schon einmal", sagte die Wahl-Tirolerin, die sich über ein „lässiges" Ergebnis für das ÖSV-Team freute.

Auf den Rängen fünf bis sieben folgten Chiara Hölzl, Jacqueline Seifriedsberger und Eva Pinkelnig, den Sieg sicherte sich Sara Takanashi.

Adler flogen hinterher

Für Österreichs Skispringer war Lillehammer keine Reise wert gewesen – Stockerlplätze wurden in den beiden Bewerben von der Normalschanze keine erobert, insgesamt gab es wenig beflügelnde Leistungen der rot-weiß-roten Adler. Beim Heimsieg von Kenneth Gangnes vor dem Slowenen Peter Prevc und dessen Teamkollegen Johann Forfang landete lediglich Michael Hayböck als Achter unter den Top Ten. Stefan Kraft wurde 14., Gregor Schlierenzauer 20., Manuel Fettner 22. und Manuel Poppinger 27. „Mit dem Abschneiden können wir im Gesamten nicht zufrieden sein", resümierte Cheftrainer Heinz Kuttin, weil ja auch in der ersten Konkurrenz mit Ausnahme von Stefan Kraft (4.) und Michael Poppinger (10.) die Österreicher dem Feld hinterher geflogen waren. In nur einem Durchgang war dieses Auftaktspringen durchgepeitscht worden. Allerdings konnte nach den Turbulenzen in Klingenthal (nur ein Einzelspringen) und Kuusamo (Totalausfall) zumindest ein Sieger gekürt werden – der hieß Severin Freund, dem das Wind-Desaster herzlich egal gewesen war. Um einen Zehntelpunkt schnappte er dem norwegischen Nobody Kenneth Gangnes den Sieg vor der Nase weg. Mit Andreas Stjernen landete ein weiterer Wikinger auf dem Treppchen, mit dem wohl niemand gerechnet hatte. Und die Österreicher? Es war einmal mehr – wie zuletzt in Klingenthal – Stefan Kraft gewesen, der die Kohlen für den ÖSV aus dem Feuer geholt hatte. Mit Rang vier verpasste der 22-jährige Pongauer um einen Zehntelpunkt das Stockerl. Der Axamer Manuel Poppinger überzeugte als zweitbester Österreicher und wurde Zehnter. „Ich habe versucht, die Leistung aus dem Training im Wettkampf abzurufen. Es passt noch nicht ganz, aber ein Anfang ist gemacht", meinte der 26-Jährige.

Manuel Poppinger hielt in Lillehammer die Tiroler Fahne hoch.

Lindsey und ihre große Liebe

Alles andere als Vonn-Festspiele im Rahmen der Speed-Rennen von Lake Louise wäre in die Kategorie Sensation einzustufen gewesen – und tatsächlich wurde der US-Star den großen Vorschusslorbeeren vollauf gerecht. Nach einer kleinen Zitterpartie in der ersten Abfahrt (Vonn vor Cornelia Hütter) geriet nur 24 Stunden später der Triumph in der zweiten Abfahrt zu einer wahrhaftigen Machtdemonstration. Denn anders als bei ihrem Erfolg vom Vortag nahm die Olympiasiegerin bei ihrem insgesamt 69. Rekord-Triumph im Weltcup ihren Konkurrentinnen über eine Sekunde ab. Die Schweizerin Fabienne Suter landete auf Rang zwei – die Steirerin Cornelia Hütter wurde diesmal Dritte und unterstrich damit ihre starke Form. Frau des Tages war aber ganz klar Vonn. „Ich hatte Schwierigkeiten, auf der richtigen Linie zu bleiben. Die Geschwindigkeit war sehr hoch. Aber ich bin schon so oft hier gefahren, dass das kein Problem ist", meinte „Miss Lake Louise" Lindsey Vonn nach ihrem bereits 40. Auftritt an diesem Ort. Mit insgesamt 35 Erfolgen in der Abfahrt fehlte der vierfachen Gesamtweltcup-Siegerin somit nur noch einer auf die Rekordmarke von Annemarie Moser-Pröll.

Zum Abschluss des erfolgreichen Wochenendes machte Lindsey dann den Siebziger voll – und gewann mit 1,32 Sekunden Vorsprung auch den Super-G. Für die Olympiasiegerin war dieser Weltcup-Sieg ein Jubiläumstriumph, der nach ihrem starken Speed-Auftakt eine Frage laut werden ließ: Wer kann diese Vonn schlagen? Vielleicht ihre junge Landsfrau Shiffrin: Es deutete jedenfalls alles darauf hin, dass es im Ski-Weltcup 2015/16 zu einem US-Duell zwischen Lindsey Vonn und Mikaela Shiffrin kommen würde. Beide demonstrierten ihre Klasse – die 20-jährige Shiffrin fertigte den Rest der Slalom-Damen mit einem Rekordvorsprung von über drei Sekunden ab. Zudem tauchte der Jungstar in Lake Louise erstmals auf der Super-G-Piste auf und wurde gleich 15. Und ihre Antwort darauf lautete im besten Vonn-Stil: „Ich kann schneller fahren."

Eine strahlende Lindsey Vonn feierte ihren „Siebziger" in Lake Louise.

Jahresbericht 2015 des Amtes der Tiroler Landesregierung Abteilung Sport

Inhaltsübersicht

Organisation des Sports in Tirol 247

Meisterehrung – 4. Tiroler Sportlergala 248

Infrastrukturmaßnahmen 249
Eröffnung Bundes- und Landesleistungszentrum Turnen 249
Eröffnung Ice Sport Arena Telfs 249
WUB Areal – Bundesleistungszentrum Klettern / Leichtathletik Indoor und multifunktionale Sporthalle ... 250
Neubau Internat Skimittelschule Neustift 251
Biathlon Weltmeisterschaft 2017 Hochfilzen 252

Serviceleistungen 253
Sportversicherungen 253
Österr. Institut für Schul- und Sportstättenbau – ÖISS-Außenstelle Tirol 253
Schulsportservice 255

Zusammenarbeit und Förderung von Sportinstitutionen 258
ICG – International Children's Games/Winterspiele 2016 258
Olympiazentrum Campus Sport Tirol Innsbruck 258
Tiroler Behindertensportverband 260
Euregio Projekt 261

Berg- und Skisport 263
Bergsportführer- und Skilehrwesen 263
Allgemeiner Berg- und Skisport 264

Sportliche Leistungen 265
Internationale Erfolge in der Allgemeinen Klasse 265
Internationale Erfolge in den Klassen Jugend und Junioren 2015 267

Organisation des Sports in Tirol

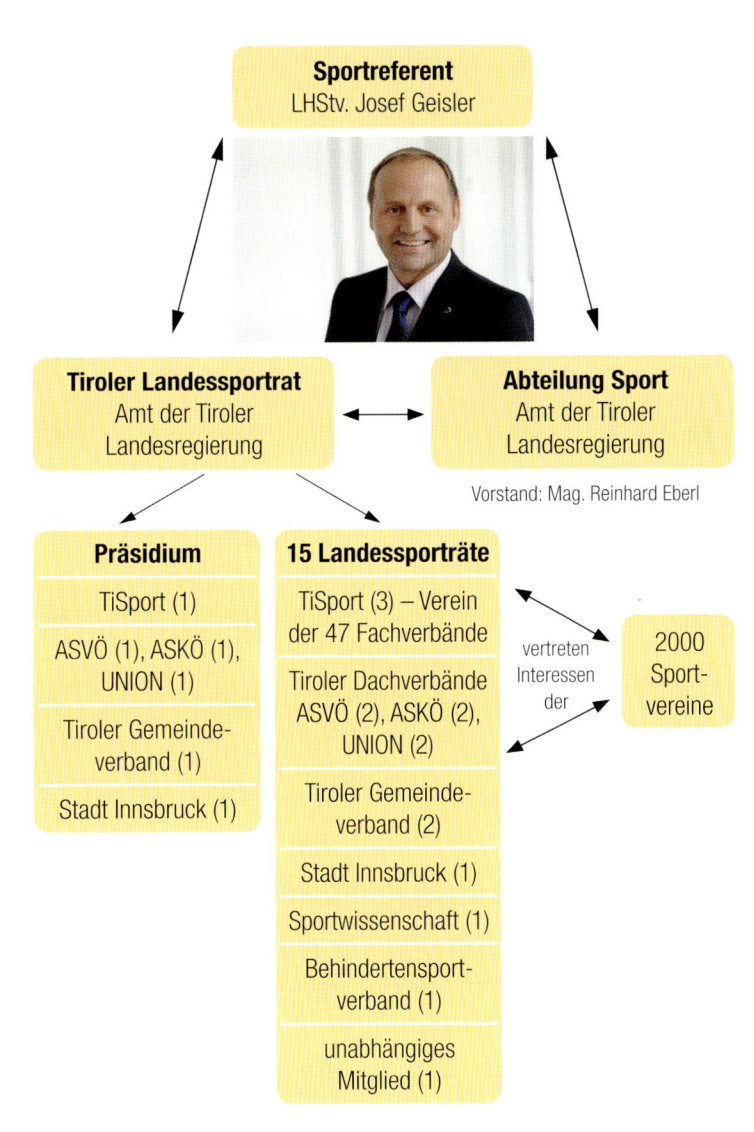

Sportreferent
LHStv. Josef Geisler

Tiroler Landessportrat
Amt der Tiroler Landesregierung

Abteilung Sport
Amt der Tiroler Landesregierung
Vorstand: Mag. Reinhard Eberl

Präsidium
- TiSport (1)
- ASVÖ (1), ASKÖ (1), UNION (1)
- Tiroler Gemeindeverband (1)
- Stadt Innsbruck (1)

15 Landessporträte
- TiSport (3) – Verein der 47 Fachverbände
- Tiroler Dachverbände ASVÖ (2), ASKÖ (2), UNION (2)
- Tiroler Gemeindeverband (2)
- Stadt Innsbruck (1)
- Sportwissenschaft (1)
- Behindertensportverband (1)
- unabhängiges Mitglied (1)

vertreten Interessen der **2000 Sportvereine**

(*) Anzahl Vertreter im Präsidium/LSR

Anerkannte Tiroler Sport-Fachverbände

American Football	American Footballverband Tirol
Badminton	Tiroler Badmintonverband
Bahnengolf	Tiroler Bahnengolf-Sportverband
Baseball-Softball	Tiroler Baseball-Softball-Verband
Basketball	Tiroler Basketballverband
Billard	Tiroler Billardverband
Bob- und Skeleton	Tiroler Bob- und Skeletonverband
Bogenschießen	Bogensport Tirol
Boxen	Tiroler Boxverband
Eis-und Stocksport	Tiroler Landes-Eis- und Stocksportverband
Eishockey	Tiroler Eishockeyverband
Eislaufen	Tiroler Eislaufverband
Flugsport	Österreichischer Aeroklub, Landesverband Tirol
Fußball	Tiroler Fußballverband
Gewichtheben	Österreichischer Gewichtheberverband, Landesverband Tirol
Golf	Tiroler Golfverband
Handball	Tiroler Handballverband
Jagd- und Wurftaubenschießen	Jagd- und Wurftaubenschützen, Landesverband Tirol
Judo	Judo-Landesverband Tirol
Kanu	Tiroler Kanuverband
Kegeln	Tiroler Sportkeglerverband Innsbruck
Kickboxen	Tiroler Amateur-Kickboxverband
Klettern	Tiroler Wettkletterverband (TWK)
Kraftdreikampf	Tiroler Kraftdreikampfverband – TKV
Leichtathletik	Tiroler Leichtathletikverband
Orientierungslauf	Tiroler Fachverband für Orientierungslauf
Pferdesport	Tiroler Pferdesportverband
Radsport	Landes Radsport Verband Tirol
Ranggeln	Tiroler Ranglerverband
Ringen	Österreichischer Amateur-Ringerverband, Landesverband Tirol
Rodeln	Tiroler Rodelverband
Rollsport	Tiroler Rollsport & Inline Skate Verband
Schach	Österreichischer Schachbund, Landesverband Tirol
Schießen	Tiroler Landesschützenbund Innsbruck
Skilauf	Tiroler Skiverband
Schwimmen	Landes-Schwimmverband Tirol
Segeln	Verband der Tiroler Segelvereine
Skibob	Snowbike Landesverband Tirol
Squash	Tiroler Squash-Racketsverband
Taekwondo	Tiroler Taekwondo-Verband
Tanzen	Tiroler Fachverband für Tanzsport
Tennis	Tiroler Tennisverband
Tischtennis	Tiroler Tischtennisverband
Triathlon	Triathlonverband Tirol
Turnen	Landesfachverband für Turnen
Volleyball	Tiroler Volleyballverband

Die Tiroler Fachverbände sind zusammengesetzt aus ca. 2.000 Vereinen mit insgesamt 240.000 Mitgliedern.

Alle aktuellen Kontaktdaten zum Tiroler Sportgeschehen entnehmen Sie bitte dem Tiroler Sportinformationssystem unter www.tirol.gv.at/sportadressen

Meisterehrung – 4. Tiroler Sportlergala

Am 24. April 2015 wurde in Kooperation mit der Tiroler Tageszeitung und dem ORF die 4. Tiroler Sportlergala im Congress Innsbruck durchgeführt. 500 Tiroler, Österreichische und Internationale Meister wurden in der Allgemeinen Klasse geehrt.

Tiroler SportlerInnen des Jahres 2014:

- Eva-Maria Brem – Sportlerin des Jahres
- Mario Matt – Sportler des Jahres
- Andreas und Wolfgang Linger – Mannschaft des Jahres
- Martin Falch – Behindertensportler des Jahres
- Kira Grünberg- Aufsteigerin des Jahres
- Dr. Rainer Salzburger – Special Award

Ehrung des Nachwuchstrainers im Amateursport:
Hannes Wolf

Fotos: GEPA

Infrastrukturmaßnahmen

Eröffnung Bundes- und Landesleistungszentrum Turnen

Am 17.06.2015 wurde das Turnleistungszentrum am Standort Kajethan-Sweth-Straße 14, Olympisches Dorf, eröffnet.
Mit der projektierten Erweiterung des Leistungszentrums und der Schaffung einer zusätzlichen Tribüne wird es in Zukunft möglich sein, regionale Wettkämpfe, aber auch nationale und internationale Vergleichskämpfe durchzuführen.

Sportfachliches Nutzungskonzept

Aus sportfachlicher Sicht wird das Kunstturnleistungszentrum mit der dazu notwendigen Infrastruktur an Turngeräten und Mattensets den modernen Trainingserfordernissen entsprechen. In bewährter Form werden die in den Landeskader des Fachverbandes für Turnen in Tirol aufgenommenen Mädchen und Burschen vom Kindes- bis in das Erwachsenenalter dort ihr gesamtes Trainingspensum absolvieren. Dabei werden die Trainingszeiten den schulischen und persönlichen Erfordernissen der SportlerInnen angepasst und in Abstimmung mit dem Spitzensport der Nationalkader enge Synergien hinsichtlich der Leistungsentwicklung aber auch der Trainingsbedürfnisse und der Trainingszeiten angeboten.

Eröffnung Ice Sport Arena Telfs

Bereits seit Jahren wird seitens der Tiroler Eissportvereine bzw. des Tiroler Eissportverbandes (TEV) sowie des Tiroler Eishockeyverbandes (TEHV) die Notwendigkeit eines ganzjährigen Eissportbetriebes angeregt. Mit dem Ausbau der Ice Sport Arena Telfs wird im Großraum Innsbruck für sämtliche Eissportarten, aber insbesondere für den Eiskunstlauf, eine Lücke an notwendigen Eiszeiten geschlossen und den heimischen Vereinen und Verbänden die Möglichkeit gegeben werden, entsprechende Trainingsangebote und Ausbildungslehrgänge durchzuführen.

Auch aufgrund der Tatsache, dass im Westen Österreichs (Tirol, Salzburg, Vorarlberg) keine ganzjährig nutzbare Eishalle verfügbar ist und bestehende Bauten mit den Kubaturen (u. a. 1.000 bis 4.000 Zuschauerplätze) zu ineffizient wären, erfüllt dieses Projekt den überregionalen Bedarf. Zudem wird der Energieaufwand durch modernste Optimierungsmaßnahmen mit vertretbarem Einsatz gewährleistet.

Fotos: Berger/Land Tirol (o.), IKM/Hofer (u.)

Fotos: Ice Sport Arena Telfs

Die offizielle Eröffnung der Ice Sport Arena in Telfs fand am 22. Mai 2015 statt.

Die Ice Sport Arena gilt als eine der modernsten Eishallen Europas und wird mit einem energiesparenden LED-Lichtsystem betrieben, das künftig direkt über eine Photovoltaikanlage gespeist wird. Mit der beim Betrieb der Kältemaschine anfallenden Abwärme wird man auch das Gebäude beheizen, Warmwasser aufbereiten und andere Anlagen mit Energie versorgen.

Die Halle gilt als „reine Trainingshalle" und wird mindestens 300 Tage im Jahr geöffnet sein, mit einer Betriebspflicht von Mai bis Oktober. Priorität genießen Tiroler Vereine, daneben wird man spezielle Packages auch auswärtigen Teams, insbesondere im Bereich Eiskunstlauf, anbieten.

Die Gesamterrichtungskosten für die Halle belaufen sich auf € 2,95 Mio. netto. Das Land Tirol genehmigte neben € 1 Mio. für die Fertigstellung der Halle einen jährlichen Betriebsabgangszuschuss von € 130.000 (über 15 Jahre). Die Stadt Innsbruck kauft um € 70.000 jährlich Eiszeiten – ebenfalls auf 15 Jahre.

WUB Areal – Bundesleistungszentrum Klettern / Leichtathletik Indoor und multifunktionale Sporthalle

Für die Errichtung des Kletterzentrums sowie für die Leichtathletikhalle und multifunktionale Sporthalle am WUB-Areal betragen die Gesamtkosten ca. € 17 Mio.

Die Finanzierung erfolgt durch die Stadt Innsbruck und den Bund mit € 2,1 Mio. sowie durch das Land Tirol mit € 6,1 Mio. an Förderanteilen.

Der Spatenstich zur Errichtung des Kletterzentrums erfolgte am 26. November 2015.

Nach Abschluss des Architektenwettbewerbes wurde das Projekt des Innsbrucker Architekten Thomas Schnitzer als einstimmiger Sieger nominiert. Der Architekt hat in seinem Projekt einen reduzierten Neubau der Kletterhalle, jedoch die Bestandshalle als Boulderbereich adaptiert und eine dreigeteilte Kletterskulptur im Außenbereich vorgesehen. Mit den angeführten Ergänzungen des Wettbewerbssiegers und der damaligen Machbarkeitsstudie wurden zusätzliche Kubaturen, Kletterwände und insbesondere auch ein Fallschutzbelag für Innen und Außen berücksichtigt.

Neubau Internat Skimittelschule Neustift

Seit der Gründung der Skimittelschule Neustift 1969 durch das Land Tirol und den Tiroler Skiverband hat sich diese zur unverzichtbaren Einrichtung entwickelt und bestimmt nach wie vor den wichtigsten Ausbildungsschritt – das Schüleralter. Durch die Entwicklungen im Skisport in Tirol (Rückgang der Nachwuchsarbeit in den Vereinen, privatwirtschaftlich geführte Rennschulen etc.) kommt der Skimittelschule Neustift eine immer größere Bedeutung zu. Dort ist man sehr flexibel, und notwendige Strukturänderungen können jederzeit angepasst werden. Aufgrund des bestens ausgebildeten Personals und qualitativ hochwertiger Ausbildungsinhalte ist es hauptsächlich Neustift vorbehalten, junge Sportler gewissenhaft, weitsichtig und für die Eltern finanzierbar auszubilden.

Seit 2004 wird versucht, die Infrastrukturmaßnahmen an den notwendigen Standard anzupassen bzw. neue Standards vorzugeben, zumal die Schule und das Internat den Ansprüchen seit Langem bei Weitem nicht mehr genügen. 2013 wurde ein Architektenwettbewerb ausgeschrieben und ein Siegerprojekt gekürt.

Derzeit sind die Planungen voll im Gange und werden gerade die Verträge mit dem Land Tirol sowie der Gemeinde Neustift finalisiert. Die Baubegleitung sowie das Controlling wird von der Abteilung Hochbau durchgeführt.

Die Gesamtkosten für das Internat belaufen sich auf ca. € 6,5 Mio., wovon € 2,06 Mio. seitens des Landes direkt bei-

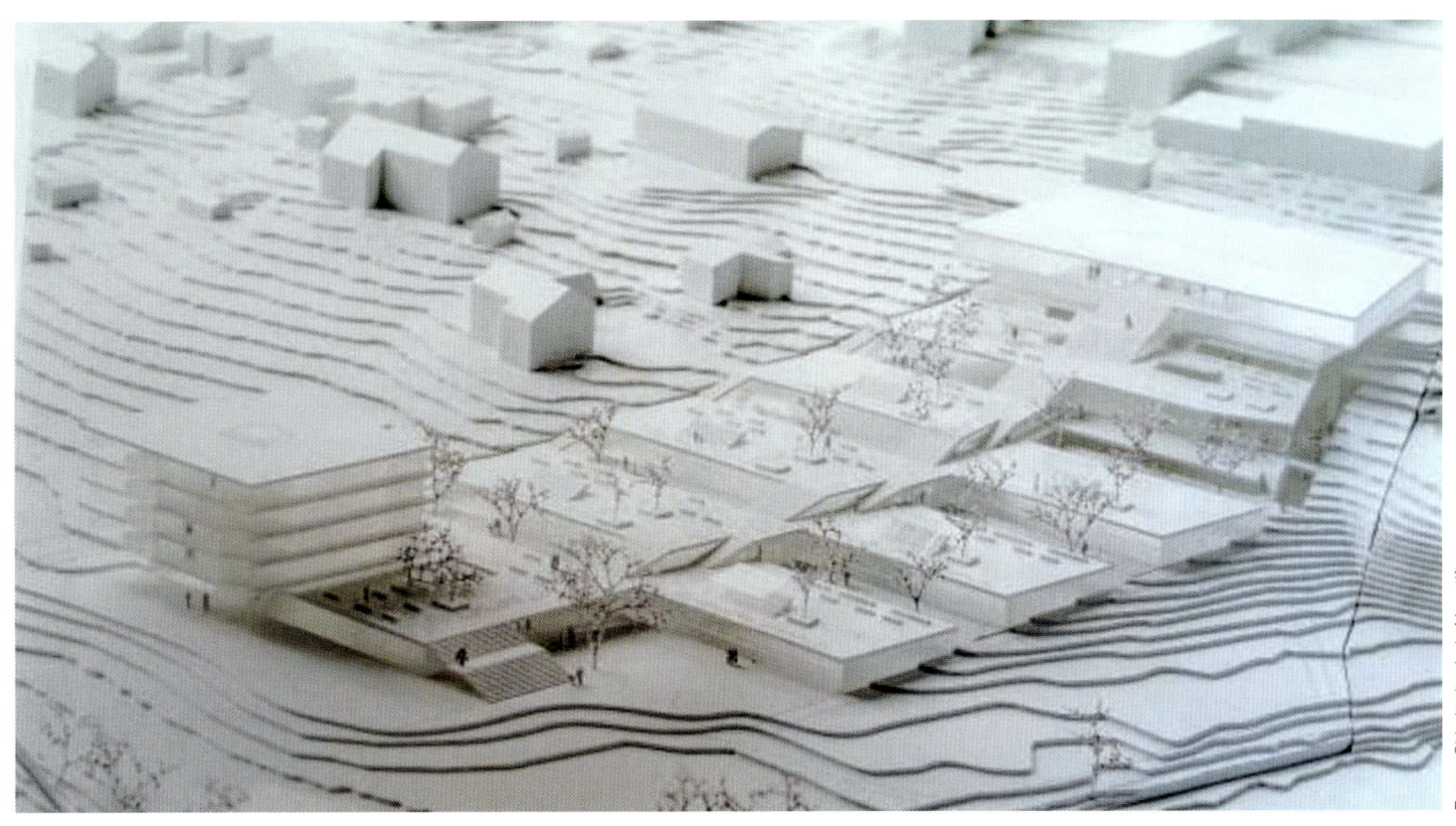

Fotos: Skimittelschule Neustift

gesteuert werden. Der Rest wird über die Hortförderung, die Wohnbauförderung und ca. € 1,7 Mio. über eine Fremdfinanzierung aufgebracht.

Im Jänner 2015 wurde die Subvention des Landes für den Internatsneubau mit € 2.060.000,– beschlossen, welche je zur Hälfte 2017 und 2018 ausgeschüttet wird.

Die Gesamtbaukosten belaufen sich auf ca. € 6.500.000,– netto, welche durch oben angeführte Mittel des Landes, der Wohnbauförderung, der Hortförderung sowie einer Fremdfinanzierung von ca. € 1.700.000,– aufgebracht werden sollen.

Das Jahr 2015 stand im Zeichen der Planungsarbeiten des Schulcampus mit Internat in Neustift. Im Dezember 2015 ist der Entwurf fertig, und Anfang 2016 sollen die Einreichplanung sowie die Bauverhandlung abgeschlossen sein. Anschließend erfolgt so schnell wie möglich der Baustart. Der Bezug des Campus ist mit Beginn des Schuljahres 2018/19 geplant.

Das Internat wird den Erfordernissen der Schüler für Schule und Sport absolut gerecht, und es wird für Jahrzehnte eine Heimstätte der besten Nachwuchssportler sein. Eine solche Einrichtung ist die Keimzelle des Skirennlaufs in Tirol und für eine altersgerechte Ausbildung unumgänglich. Diese Notwendigkeit belegen die Beliebtheit sowie unmissverständlich auch die Zahlen der Aufnahmewerber.

Betreiber des Internates ist der Verein zur Förderung der Sportausbildung an der Skimittelschule Neustift, welcher durch das Land Tirol, die Gemeinde Neustift, den Tiroler Skiverband sowie den Elternverein getragen wird. Der Bau wird durch die Abteilung Justiziariat sowie durch die Abteilung Hochbau begleitet.

Biathlon Weltmeisterschaft 2017 Hochfilzen

Im Haushaltsvoranschlag 2015 und 2016 wurden 3,4 Mio. von einer Landesgesamtförderung in Höhe von 5 Mio. für die Investitionen der Biathlon Weltmeisterschaften 2017 genehmigt. Dabei sind folgende Infrastrukturmaßnahmen geplant: Zu- und Umbau des Zentralgebäudes, KK-Indoorschießanlage (Medienzentrum bei WM und Weltcup), Servicebereich Teams – Wachskabinen und Umkleideräume, Skirollerbahnverlängerung und Notweg als Zufahrt für TV-Compound und Teams. Diese Sportinfrastruktur wird in einer Kostenschätzung mit ca. € 9,5 Mio. angegeben. Insgesamt wird mit einem Investitionsvolumen von ca. € 20,1 Mio. gerechnet. Die anteiligen Förderleistungen werden über das Bundesheer – € 10 Mio., Bundesministerium für Sport – € 5 Mio. und Land Tirol – € 5 Mio. getragen.

Die im Förder- und Nutzungsvertrag umfassten Bauteile dienen der Durchführung von Meisterschaften, insbesondere für die Ausrichtung der Großveranstaltung IBU Biathlon Weltmeisterschaft 2017, der alljährlich stattfindenden ein bis zwei Weltcupveranstaltungen, wobei zusätzlich entsprechende Nachnutzungsbereiche festgelegt wurden. Dem Förderungsgeber steht die Möglichkeit offen, gegebenenfalls, wenn es im öffentlichen Interesse liegt, Veranstaltungen und deren Durchführung durch den ÖSV, HSV oder TSV zu initiieren, sofern sich dabei durch die allfällige Verwendung aus diesem Betrieb kein Nachteil ergibt und dies der Bau- und Nutzungsvereinbarung zwischen der Republik Österreich und der Austria Ski WM und Großveranstaltungsgesellschaft m.b.H. nicht widerspricht.

Fotos: GEPA (l.), Hochfilzen/Grünwald (re.)

Serviceleistungen

Sportversicherungen

Haftpflicht- und Rechtsschutzversicherung:
Die Haftpflicht- und Rechtsschutzversicherung gilt für alle ehrenamtlich tätigen Funktionäre und Helfer von in Tirol tätigen Sportvereinen und Sportverbänden.

Der Versicherungsschutz bezieht sich auf Personen- und Sachschäden im Zusammenhang mit allen Vereinstätigkeiten eines ehrenamtlichen Funktionärs (auch Helfer, Übungsleiter und Betreuer), ausgenommen Tätigkeiten, denen ein rein kaufmännisches Interesse zugrunde liegt (insbesondere Ballveranstaltungen, Zeltfeste udgl.). Im Rahmen der Haftpflichtversicherung übernimmt die Versicherung die Erfüllung von Schadenersatzverpflichtungen, die die ehrenamtlich tätigen Funktionäre und Helfer wegen eines Personenschadens, Sachschadens oder eines Vermögensschadens, der auf versicherte Personen- und Sachschäden zurückzuführen ist, treffen.

Versicherungssummen:
- subsidiäre Haftpflicht von € 5 Mio. auf € 7 Mio. erhöht
- subsidiärer Rechtsschutz € 130.000,– (diese kommen zum Tragen, sofern keine andere Haftpflicht-/Rechtsschutzversicherung in den Leistungsfall eintritt).

Kontaktadresse/-person für die Abwicklung von Versicherungsfällen:
Tiroler Landesregierung, Abteilung Justiziariat
Mag.a Simone Wallnöfer
Wilhelm-Greil-Straße 17
6020 Innsbruck
Tel.-Nr.: 0512/508-2290
E-Mail: justiziariat@tirol.gv.at

Österr. Institut für Schul- und Sportstättenbau – ÖISS-Außenstelle Tirol

Zu den wesentlichen Aufgaben der ÖISS Außenstelle Tirol (installiert am 01.02.1967) gehören die Beratung von Bauherrn, Planern und Betreibern von Schulen, Sport- und Freizeitanlagen, die Erstellung von sachverständigen Gutachten im Bereich des Sportstätten- und Schulbaus, als Grundlage für die Vergabe von Subventionen bzw. Förderungen. Die Außenstelle ist bemüht, schon bei der Beratung im Vorfeld, den Planern und Bauherren (Gemeinden), ausreichende Unterlagen, Empfehlungen, Konzepte, Stellungnahmen usw., zur Verfügung zu stellen. Zusätzlich werden Begehungen und Besprechungen vor Ort mit den Betreibern und Planern durchgeführt. Grundsätzlich wird auf das sport- und schutzfunktionelle Entsprechen, mit Blick auf die Wirtschaftlichkeit und Nachhaltigkeit der Projekte, geachtet. Die Anforderungen des barrierefreien Bauens erhalten dabei besondere Berücksichtigung. Die Begutachtung erfolgt auf Basis gültiger gesetzlicher Regelungen, internationaler und nationaler Normen, sowie der ÖISS-Richtlinien.

Beispielhaft werden folgende Gutachten und Beratungen angeführt: Zentrum der Jugend / Boulderhalle St. Johann in Tirol – Neubau Tennisheim Schwendau – Schäden Kunstrasenplatz USI Innsbruck – Neuerrichtung Kraftraum BLZ Wörgl – Neubau Gemeinde Tux Vereinsgebäude FC Tux – Um- und Zubau Dolomitenbad Lienz – Neuerrichtung Tennisheim Hippach 2. Stellungnahme – Ballspielhalle Absam – Neubau Sportanlage Scharnitz.

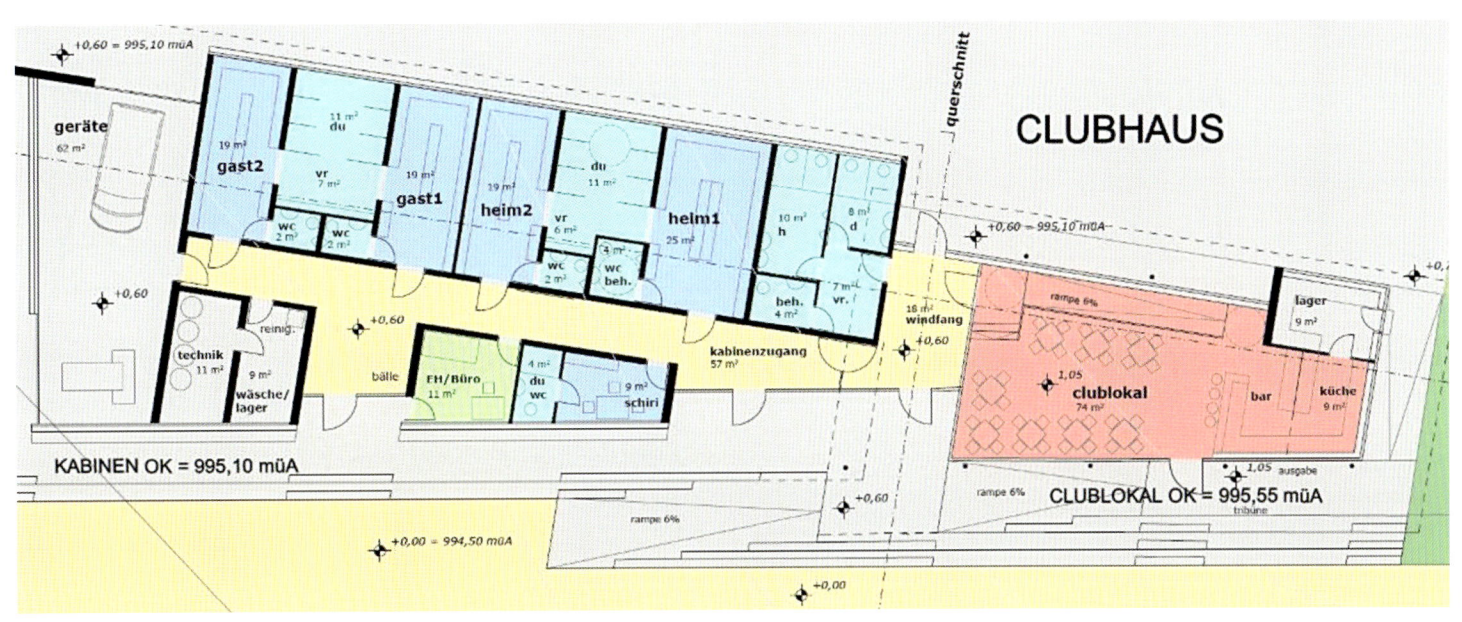

Clubhaus Scharnitz

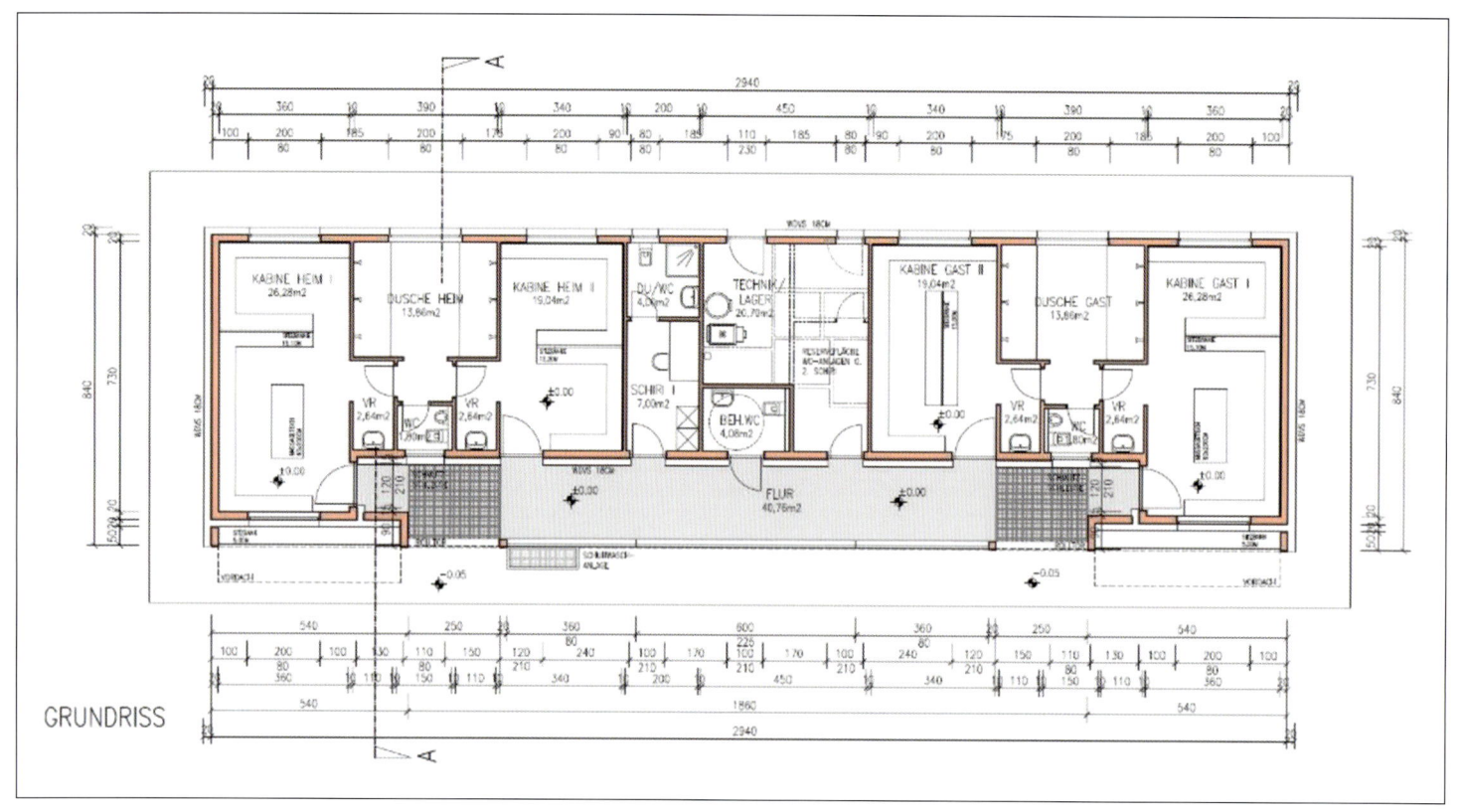

Clubgebäude Umhausen

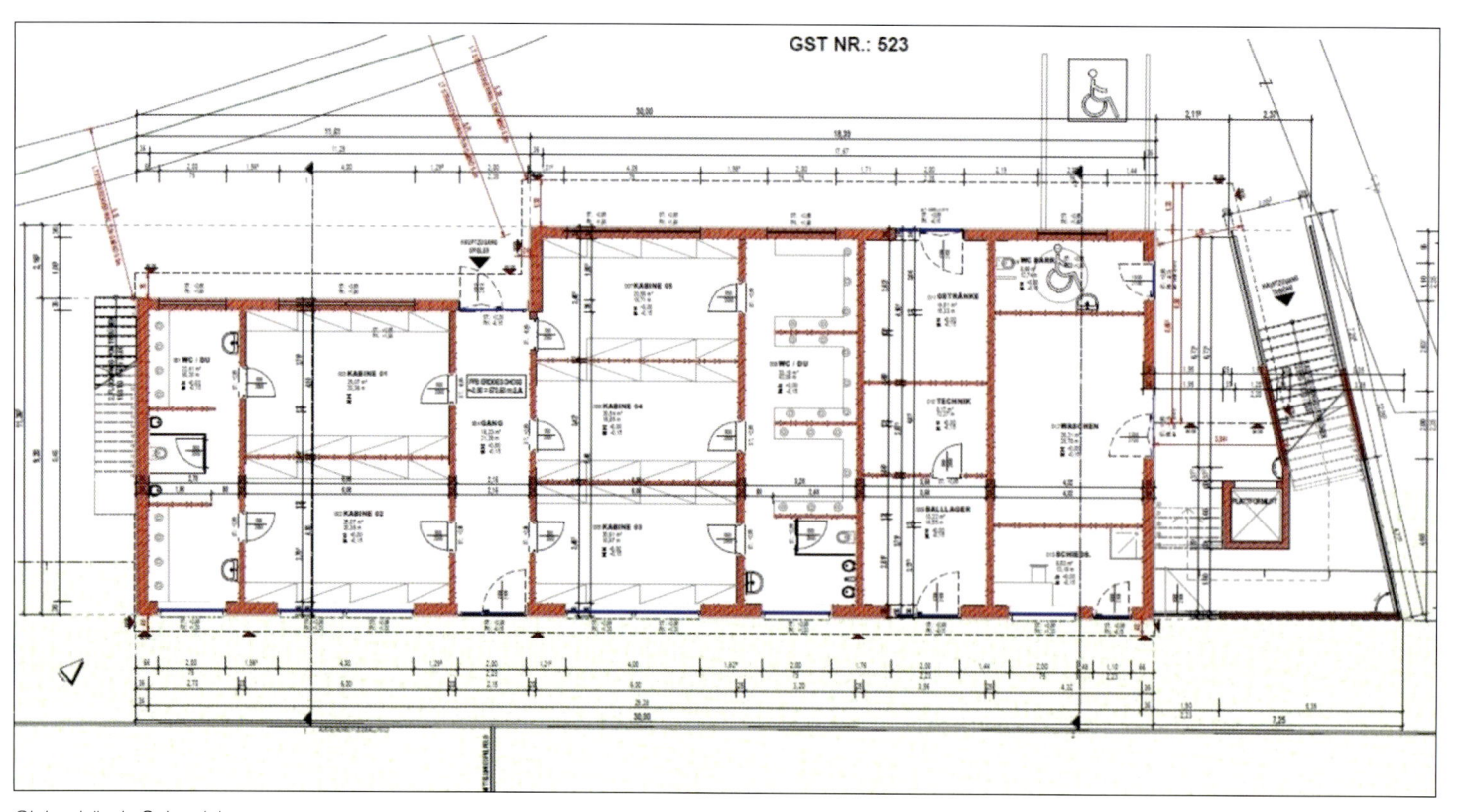

Clubgebäude Schwoich

Schulsportservice

Im Schuljahr 2014/15 wurden im Zuge des Tiroler Schulsportservice für 12.777 Schülerinnen und 10.041 Schüler (gesamt 22.818) 7.215 Servicestunden durch 247 qualifizierte Trainerinnen und Trainer in 54 Sportarten durchgeführt. Dies ist im Vergleich zu den Vorjahren ein Rückgang von etwa 3%. Zugenommen hat jedoch die Anzahl der Schulen. Wie in den Vorjahren wurde damit in jeder zweiten Schule in Tirol zumindest eine Klasse durch das Tiroler Schulsportservice betreut (vgl. Tab.). Durchschnittlich sind pro Klasse 58 Kilometer an An-/Abreise durch die Trainerinnen und Trainer notwendig gewesen. Hier ist gegenüber den Vorjahren eine deutliche Steigerung zu erkennen, zudem stellt dies einen Höchstwert im gesamten Verlauf des Tiroler Schulsportservice dar. Dies spiegelt die Tatsache wieder, dass die Trainerinnen und Trainer (leider) nicht aus der näheren Umgebung der Schule kommen.

Schuljahr	Schulen	Klassen	Schülerinnen	im Verein	Schüler	im Verein	Sportarten	TrainerInnen	Servicestunden	Lohn
2003/04	193	697	8.411	0*	7.526	0*	33	163	4.174	62.337
2004/05	255	951	10.395	0*	8.466	0*	38	221	5.629	84.610
2005/06	270	1.064	10.738	1.052	8.322	1.175	45	246	5.667	93.316
2006/07	290	1.171	11.913	1.359	9.192	1.822	44	245	6.326	105.502
2007/08	312	1.274	13.436	1.503	10.748	1.991	50	225	6.980	104.565
2008/09	332	1.315	12.827	1.575	10.906	1.928	54	229	7.274	108.765
2009/10	318	1.226	12.682	1.648	10.143	1.949	47	215	6.932	102.450
2010/11	308	1.190	11.745	1.400	9.727	1.740	54	211	6.706	100.395
2011/12	319	1.303	12.821	1.566	10.361	1.941	56	229	7.325	109.215
2012/13	338	1.356	13.413	1.695	10.851	2.065	50	239	7.436	109.815
2013/14	335	1.373	13.562	1.502	11.080	1.989	58	261	7.463	124.032
2014/15	353	1.311	12.777	1.509	10.041	1.938	54	247	7.215	120.071

*Tiroler Schulsportservice im jährlichen Vergleich. – *) diese Angabe wurde nicht abgefragt.*

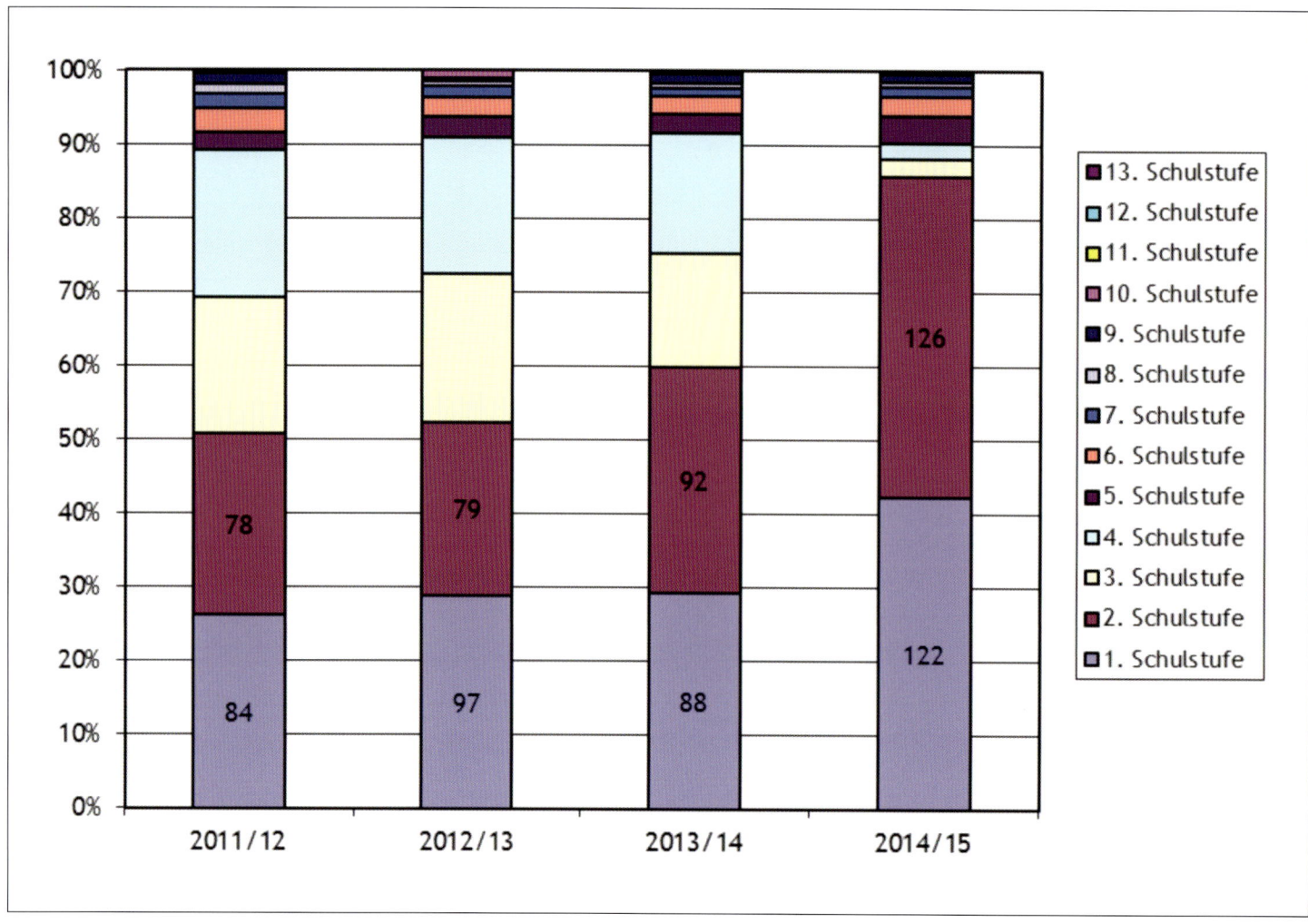

Klassen je Schulstufe in der Sportart Schwimmen

Schwimmen

Durch die Regelung, dass die Sportart Schwimmen nicht mehr in der 3. und 4. Schulstufe gewählt werden kann, haben sich die Anzahl der Servicestunden im Schwimmen reduziert. Zu erkennen ist jedoch, dass nun im Vergleich zu den Vorjahren in den ersten beiden Schulstufen Schwimmen verstärkt als Sportart im Tiroler Schulsportservice gewählt wurde. Mit dieser Entwicklung bleibt das Verhältnis der Verteilung der Servicestunden der Sportart Schwimmen über die Schulstufen hinweg annähernd gleich wie bisher, d. h. ca. 90% der Schwimmeinheiten werden in der Volksschule absolviert.

Gewählte Sportarten

Die Bandbreite des Bewegungsangebots im Tiroler Schulsportservice ist breit gefächert (vgl. Abb. 2), wobei die Verteilung der gewählten Sportarten mit einer kleinen Schwankungsbreite gleich bleibt.
Die Verteilung der teilgenommenen Klassen auf die Schulstufen und Schultypen (vgl. Abb. 3 und 4) zeigen in den letzten Jahren ein beinahe einheitliches Bild: 50 bis 60% der durchgeführten Bewegungseinheiten werden von den Volksschulen in Tirol in Anspruch genommen. Auf die 9. bis 13. Schulstufe entfallen lediglich 10 bis 12%.
Die Verteilung der teilgenommen Klassen pro Bezirk unterliegt geringfügigen Schwankungen, wobei aus diesen noch kein grundsätzlicher Trend abgelesen werden kann. Es zeigt sich jedoch, dass die Anzahl der Servicestunden in Innsbruck merklich abgenommen haben.

Rückmeldungen

Wie auch in den letzten Schuljahren waren die Rückmeldungen durch die Lehrpersonen und Trainerinnen und Trainer überwiegend positiv (vgl. Diagramme zu den Lehrerrückmeldungen und Trainerrückmeldungen).
Zusammenfassend kann festgehalten werden, dass die Qualität in den Servicestunden nun schon über Jahre hoch gehalten wird, was sich auch in der Beliebtheit des Tiroler Schulsportservice niederschlägt. Seitens des Landes Tirol wird auf alle Fälle an der Unterstützung dieses Angebotes festgehalten.

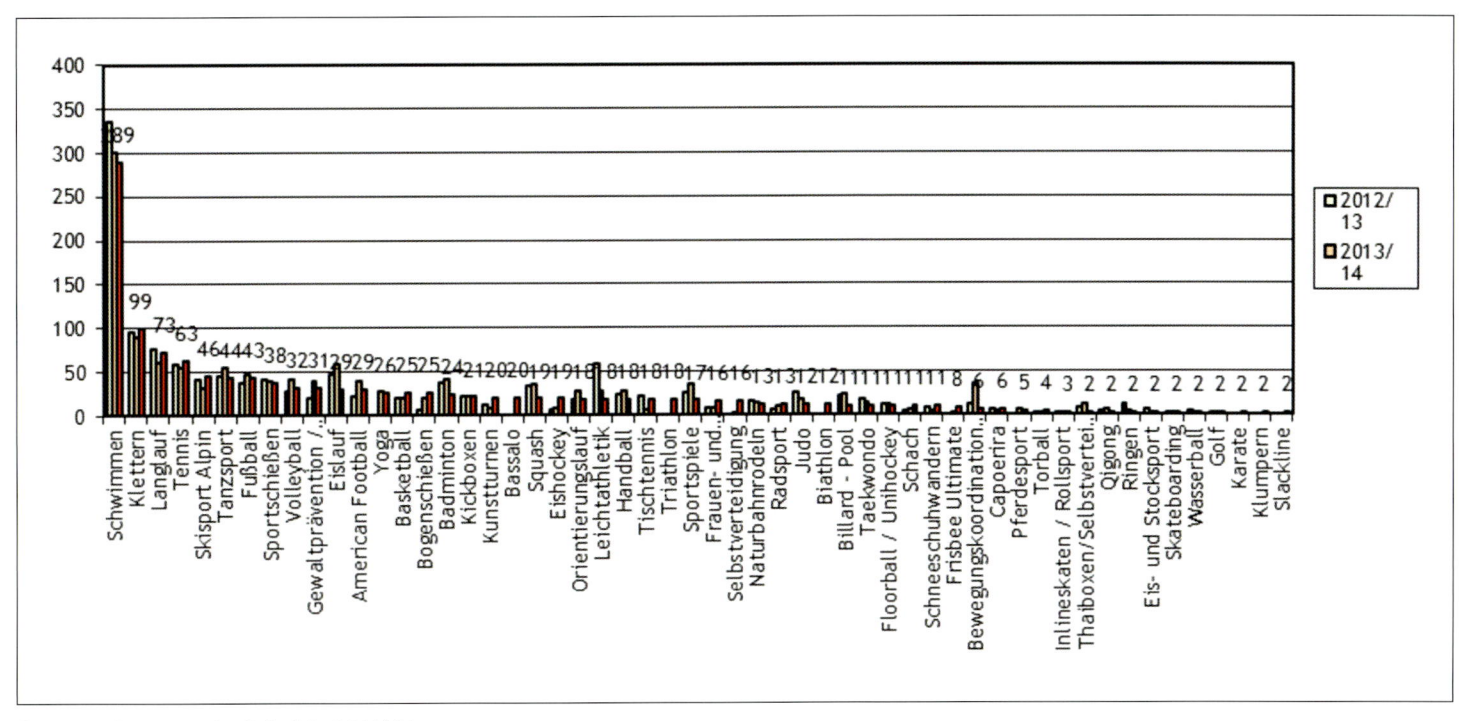

Gebuchte Sportarten im Schuljahr 2014/15

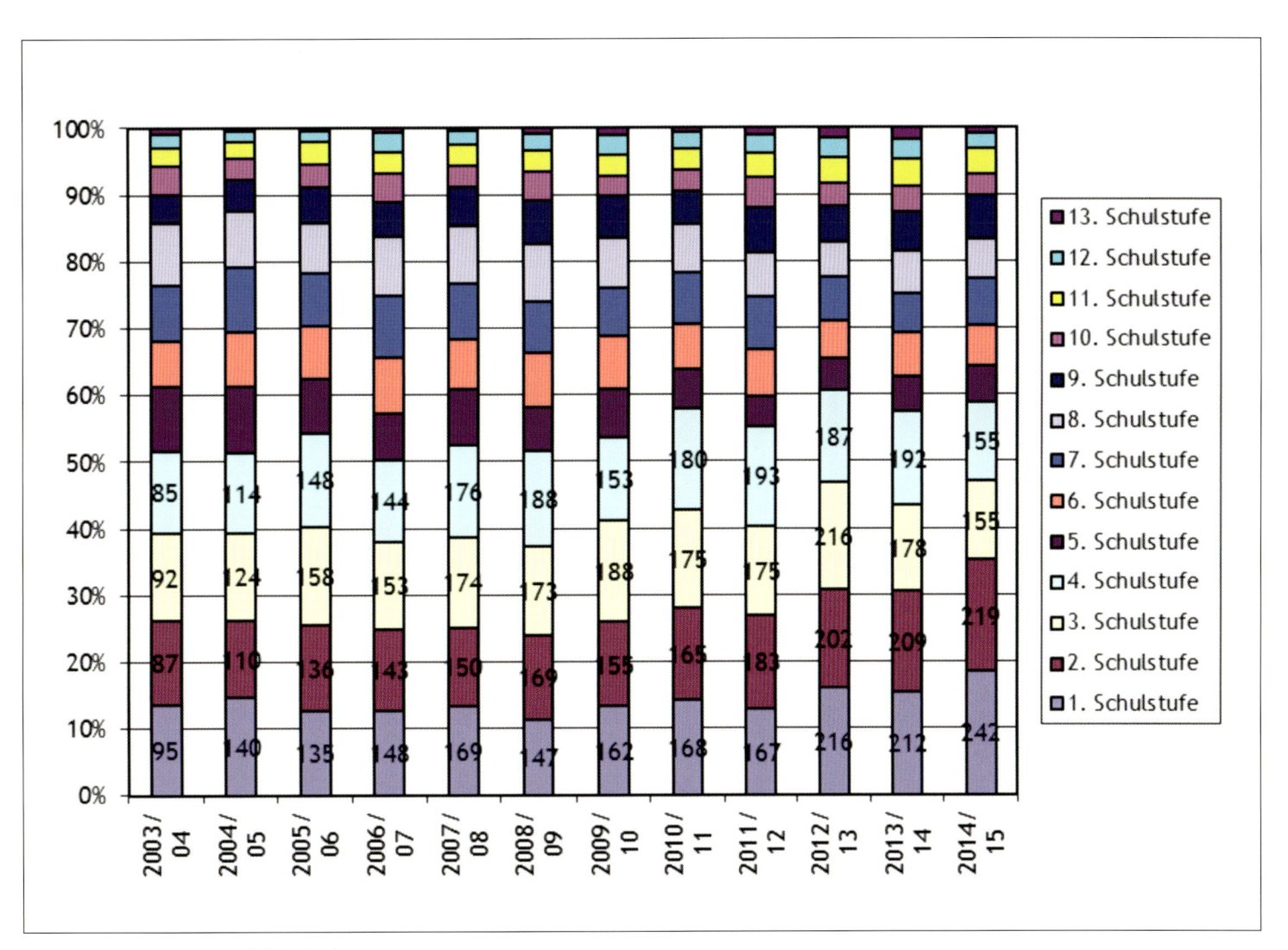

Teilgenommene Klassen nach Schulstufe

Zusammenarbeit und Förderung von Sportinstitutionen

ICG – International Children's Games/Winterspiele 2016

Gegenstand der Innsbruck-Tirol Sports GmbH (ITS) ist die Förderung des Körpersports von Kindern, Jugendlichen und Erwachsenen in Innsbruck, Tirol und im gesamten Bundesgebiet. Von 12. bis 16.1.2016 finden in Innsbruck die International Children's Games (ICG) statt. Die ITS GmbH ist mit der Organisation und Durchführung der Sport-Großveranstaltung für SchülerInnen im Alter von 12 bis 15 Jahren beauftragt. Mit Projekten wie den 1. Tiroler Schulwinterspielen (TSW) bindet die ITS die Tiroler Jugend in die internationalen Bewerbe ein. Alleine zu den initiierten TSW werden über 4000 Schüler aus allen Tiroler Bezirken erwartet.

Im Jahr 2015 steht neben der Organisation der ICG besonders die Weiterentwicklung eines Nachhaltigkeitsplans für den Bereich Sport(-groß)veranstaltungen in Innsbruck und Tirol im Zentrum der Unternehmungen der ITS. So werden der nachhaltige Wissenstransfer in der Region und die hohe Qualität Innsbrucks bzw. Tirols als Sportstandort gesichert bzw. durch laufende Akquirierung bereichert. Die ICG liefert dabei das „proof of concept", wie Veranstaltungen genutzt werden können, um Initialzündungen für neue Veranstaltungen wie die Freestyle-Tage am Landhausplatz oder eben die 1. Tiroler Schulwinterspiele zu bieten. Darüber hinaus ist die ICG auch Anlass, um das Volunteer Team Tirol – 1. Freiwilligen Online Plattform Österreichs – zur langfristigen Entwicklung der Freiwilligenarbeit weiter aufzubauen.

Olympiazentrum Campus Sport Tirol Innsbruck

Die Entwicklung des OLYMPIAZENTRUMS setzte auch 2015 seinen Erfolgslauf fort. Wurde 2011 mit einer Anzahl von max. 30 zu betreuenden AthletenInnen gerechnet, stieg die Zahl im Jahr 2015 bereits auf 60 SportlerInnen aus 20 unterschiedlichen Sportarten an. Dabei stand wiederum die sportwissenschaftliche Betreuung, im Speziellen die Verbesserung der leistungsbestimmenden konditionellen Parameter, im Fokus unserer Arbeit. Die 60 akkreditierten AthletInnen sind um elf mehr als im Jahr 2014. Die einzelnen Fachverbände schätzen dabei vor allem das umfassende Betreuungsangebot, welches sich aus den Bereichen Sportwissenschaft, Sportmedizin (ISAG), Physiotherapie, Sportpsychologie und der Ernährungsberatung zusammensetzt. Einzigartig ist zudem die Nähe zum Höhenleistungszentrum Kühtai, unserem Partner des OLYMPIAZENTRUMS, wo die vielfältigen Möglichkeiten, sei es am Sportplatz bei Schnelligkeits- und Koordinationseinheiten oder im freien Gelände bei Ausdauereinheiten, optimal genützt werden können.

Neben der umfassenden Trainingsbetreuung bietet das OLYMPIAZENTRUM Österreichischen und Tiroler Fachverbänden (u. a. Österr. Skiverband, Österr. Rodelverband, Österr. Schützenverband, Österr. Golfverband, Tiroler Skiverband) sowie Tiroler Schulen mit sportlichem Schwerpunkt (z. B. Skigymnasium Stams, Neue Skimittelschule Neustift, Sport-BORG und Sport-HAS) die Möglichkeit einer Leistungsdiagnostik für die Bereiche Kraft, Schnelligkeit, Koordination, Beweglichkeit und Ausdauer. Pro Jahr wurden wiederum bei ca. 500 Hochleistungs- bzw. NachwuchsathletenInnen sportmotorische Tests durchgeführt.

Ein Schock für alle akkreditierten AthletInnen und uns MitarbeiterInnen war der tragische Trainingsunfall unserer Athletin Kira Grünberg. Wir alle hoffen sehr, dass Kira dieses Schicksal bestmöglich meistert, und dass wir sie weithin unterstützen können. Unter dem Motto „Wir unterstützen Kira" lud das OLYMPIAZENTRUM KaderathletInnen der Tiroler Fachverbände sowie Tiroler Mannschaften am 21. August zu einem Charity-Lauf auf der Laufbahn des Campus Sport der Universität Innsbruck ein. Dass unserem Aufruf so viele Verbände und Mannschaften mit ihren SportlerInnen gefolgt sind, war überaus erfreulich und zeigte wiederum, wie stark der Zusammenhalt innerhalb der Tiroler Sportfamilie ist! In den drei Stunden wurden 5.074 Runden, d. h. 2.030 km gelaufen! Dank einer großen Anzahl an Sponsoren konnten wir der Familie Grünberg somit einen Betrag von € 12.400,– zur Unterstützung der Rehabilitationsmaßnahmen überweisen.

Mit Gregor Schlierenzauer wurde im Frühjahr 2015 einer der wohl bekanntesten und erfolgreichsten Sportler Österreichs im OLYMPIAZENTRUM akkreditiert. Die Arbeit mit diesem Ausnahmeathleten verläuft bisher sehr erfolgreich und ist eine Bereicherung für alle Beteiligten und akkreditierten AthletInnen. Zudem gelingt es mit ihm, das OLYMPIAZENTRUM in der Öffentlichkeit, national wie international, bekannter zu machen.

Erwähnenswert sind weiters die Fortführung des Projektes Trainings- und Verletzungsdatenbank im Rahmen unserer Talentforschung im Alpinen Skirennlauf. Hier konnten bereits erste Auswertungen und diesbezügliche Rückschlüsse gezogen werden. Ebenso verliehen wir auch 2015 wiederum den „*We test the future*-Award" an zwei junge NachwuchssportlerInnen, die im Zuge der Aufnahmeprüfungen der Sport-HAS und des Sport-BORG besonders gute Leistungen zeigten.

Anlässlich des IX. Forums of Elite Sport Ende August wurde das OLYMPIAZENTRUM, vertreten durch den sportlichen Leiter Dr. Christian Raschner, in Puerto Rico als offizielles Mitglied der *Association of Sport Performance Center (ASPC)* aufgenommen. Dieser Zusammenschluss bietet für das OLYMPIAZENTRUM in Innsbruck einzigartige Möglichkeiten mit den weltweit führenden Hochleistungszentren in den USA, Canada, Australien, Neuseeland, China, Spanien usw. zu kooperieren. Aus den vielen sehr erfreulichen Wettkampfergebnissen (siehe auch News auf der neuen Homepage des OLYMPIAZENTRUMS – www.olympiazentrum-tirol.at) sind besonders folgende Erfolge hervorzuheben: Janine Flock holte erstmals den Gesamtweltcupsieg im Skeleton. Das Rodelduo Penz/Fischler gewann bei der Weltmeisterschaft die Silbermedaille. Die Snowboarderin Sabine Schöffmann feierte ihren ersten Weltcupsieg. Unser Segler David Hussl konnte sich gemeinsam mit seinem Partner Benjamin Bildstein den Juniorenweltmeistertitel sichern. Bernadette Graf belegte bei der Weltmeisterschaft den starken fünften Rang. Simon Lechleitner holte sich im Halbmarathon den Staatsmeistertitel. Vanessa Bittner konnte sich bei der Heim-Europameisterschaft gleich fünf Goldmedaillen sichern. Sarah Danzl wurde österreichische Meisterin im Rad-Straßenrennen. Unsere Segler Resch/Delle Karth holten sich den zweiten Platz bei den Vorolympischen Spielen in Rio. Zudem konnten Kathrin Unterwurzacher (Grand Prix Sieg in Baku), Bernadette Graf (Grand Slam Sieg in der Mongolei) und Martina Kuenz (2. Platz bei Weltcup) aufzeigen.

Tiroler Behindertensportverband

Bewegung wird zwar immer häufiger zur Gesundheitsvorsorge propagiert, die deutlichste Verbesserung des Risikoprofils wird aber mit einer Steigerung der körperlichen Leistungsfähigkeit durch systematisches Training erreicht. Behinderte profitieren durch die Sportausübung im besonderen Maße, weil damit unter anderen einseitige Bewegungsabläufe aufgrund des Ausfalls großer Muskelpartien mit entsprechendem Muskelaufbau zumindest teilweise korrigiert werden können. Dementsprechend sieht die UN-Behindertenrechtskonvention (in Österreich seit 2008 in Kraft) für Menschen mit Behinderungen eine gleichberechtigte Teilnahme an Erholungs-, Freizeit- und Sportaktivitäten vor, um diese zu ermutigen so umfassend wie möglich an breitensportlichen Aktivitäten auf allen Ebenen teilzunehmen und ihre Teilnahme zu fördern. Zu diesem Zweck soll die Bereitstellung eines geeigneten Angebots an Anleitung, Training und Ressourcen auf der Grundlage der Gleichberechtigung mit anderen gefördert werden. Der Tiroler Behindertensportverband bemüht sich daher Menschen mit Behinderung durch ein vielfältiges Angebot zur Sportausübung zu motivieren. Dies ist nur durch die Förderung des Landes Tirol mit den Zuschüssen aus dem Tiroler Sportförderungsfonds (eigene Budgetpost € 25.000,–, sowie aus dem Haushaltsbudget € 25.700,–) zu bewältigen.

So konnte der in den letzten Jahren erfolgreich eingeschlagene Weg weiter fortgesetzt werden. Roman Rabl (2x Silber) und die Wahltirolerin (Claudia Lösch 3x Gold, 1x Silber) errangen bei der IPC Weltmeisterschaft im alpinen Skilauf insgesamt 6 der 12 Medaillen der Österreich-Mannschaft.

Das Projekt „Kinder Rollstuhltennis" konnte weiter entwickelt werden. Das Team hat durch den unermüdlichen Einsatz von Trainer Peter Höck enorme Fortschritte erzielt.

Im Radsport sind drei Tiroler (Thomas Gritsch, Patrick Hagenaars, Harald Hörmann) im ÖRV Kader vertreten. Trotz der Kooperationsvereinbarung mit dem ÖBSV (Inklusion laut Bundessportfördergesetz) besteht nach wie vor ein großer Finanzierungsbedarf für Anschaffung und Wartung von konkurrenzfähigen Sportgeräten, der von den Sportlern alleine nicht mehr getragen werden kann. Martin Falch wurde beim Crosstriathlon in Sardinien Vizeweltmeister.

Marco Glatzl wurde aufgrund seiner Leistungen vom ÖBSV für die IPC Schwimm-Europameisterschaft 2016 nominiert.

Roman Rabl

Martin Falch

Die Tiroler Bocciaspielerin Magdalena Cikardic errang bei den Europaen Paralympic Youth Games in Kroatien die Goldmedaille für Österreich.

Herausragend die Leistungen der Tiroler Torballsportler vom Blinden- und Sehbehindertensport bei der Weltmeisterschaft (Herren und Jugend: 1. Platz, Damen: 2. Platz). Erstmals wurde auch der in Innsbruck ausgetragene Alpencup gewonnen.

Die vielen weiteren Veranstaltungen, die in Tirol durchgeführt werden, sind nur möglich, wenn Behinderte und Nicht-Behinderte zusammen helfen und sich gegenseitig unterstützen. Dies stellt eine wichtige Triebfeder der Integration dar, Bemühungen, die in Tirol immer wieder von der Landesregierung und insbesondere von der Sportabteilung des Landes voll unterstützt werden.

Euregio Projekt

Sport verbindet:
Euregio Sport Camp ging im Kühtai über die Bühne

Ob mit Rollerskatern, Wanderschuhen oder auf Pferden, wann immer die jungen SportlerInnen aus Tirol, Südtirol und dem Trentino den angebotenen sportlichen Aktivitäten nachgehen, liegen Deutsch und Italienisch – die zwei Sprachen der Euregio in der Luft. Von 12. bis 19. Juli fand im idyllischen Tiroler Kühtai die zweite Auflage des Euregio Sport Camps statt, zu dem sich 60 junge Menschen im Alter von zwölf bis 14 Jahren beworben hatten. Sie verbrachten zusammen eine Woche im Zeichen des Sports und der Begegnung, bei dem neben den körperlichen Aktivitäten auch der Austausch, sei es sprachlich oder kulturell, im Vordergrund stand.

Sport und Bewegung

Das Euregio Sport Camp ist für Jugendliche mit entsprechenden sportlichen Grundfertigkeiten und Wohnsitz in der Europaregion Tirol-Südtirol-Trentino konzipiert. Im jährlich stattfindenden Camp werden Trendsportarten wie Rollerskaten und American Football angeboten, aber auch klassische Aktivitäten wie Schwimmen, Reiten oder Wandern und vieles mehr. Dabei hatten die motivierten Jugendlichen auch die Möglichkeit, ein gemeinsames Training mit Spitzenathleten zu absolvieren. Begleitet wurden die TeilnehmerInnen dabei von BetreuerInnen, welche die Sprachbarrieren mit Geschick aus dem Weg räumten und zu kommunikativem Austausch motivierten.

Spielerischer Austausch und Kennenlernen

Neben den sportlichen Aktivitäten standen auch gemeinsame Informationsabende mit den Themen Ernährungswissenschaft, Dopingprävention und Regenrationstraining auf der

LHStv. Josef Geisler und LRin Martha Stocker (v.l.) mit Betreuern und Teilnehmern des Euregio Sport Camp.

Tagesordnung. Auch die Abendgestaltung kam trotz Müdigkeit aufgrund der sportlichen Belastungen nicht zu kurz. Am zweiten Abend wurde zum Beispiel „Speed-Dating" gespielt, um das Kennenlernen zu fördern und das Knüpfen von Kontakten ungezwungen voranzutreiben.

Den strahlenden Augen der Teilnehmer nach zu urteilen war der Event ein voller Erfolg. Die Ziele wurden sowohl mit Schweiß als auch mit Spaß erreicht und die Jugendlichen waren sich einig, dass sie eine schöne und abwechslungsreiche Woche erlebt haben und dass Freundschaften über die Grenzen hinweg geschlossen wurden

EUREGIO VOLLEY 2015

Die erste Etappe der EUREGIO VOLLEY 2015 am Sonntag, 8. November 2015 in Innsbruck war ein voller Erfolg. 15 Teams mit insgesamt 200 Jugendlichen aus Tirol, Südtirol und Trentino trafen bei der Premiere in der USI Halle aufeinander – SG Bruneck/Brixen (U13) und Argentario Brenta (U15) kürten sich zu den Siegern.

Auf insgesamt 6 Spielfeldern zeigten die teilnehmenden Mannschaften über den ganzen Tag hinweg auf der USI Halle Innsbruck großartige Leistungen und bewiesen fairen Sportsgeist. Gepaart mit den zahlreich mit- und angereisten Zuschauern, welche für tolle Stimmung in beiden Hallen sorgten, und dem sozialen Austausch und Kennenlernen zwischen den drei Regionen und Verbänden, wurde die erste Etappe der EUREGIO VOLLEY 2015 zu einem großartigen und zukunftsweisenden Event.

Das Niveau der Spiele steigerte sich mit dem Verlauf des Turniers, und am Ende des Tages sorgten spannende und tolle Spiele für die Entscheidungen. Deutlich wurde auch, dass in der Grundidee der EUREGIO VOLLEY neben dem sportlichen Leistungsgedanken auch der Informationsfluss sowie der fachliche und kulturelle Erfahrungsaustausch zwischen Sportlern, Trainern und Verbands- und Vereinsverantwortlichen tief verankert ist.

Der zweite Event der EUREGIO VOLLEY 2015 findet am 31. Jänner 2016 in Bruneck statt. Der Abschlussevent steigt am 17. April 2016 in Arco/Riva.

EUREGIO VOLLEY 2015 – Ergebnisse Innsbruck:

U15:
1. Argentario Brenta
2. C9 Arco Riva
3. Trentino Volley
4. STS Bolzano
5. Promovolley Trento
6. SG Bruneck/Brixen
7. InzingVolley
8. VC Brixental
9. VC Mils

U13:
1. SG Bruneck/Brixen
2. C9 Arco Riva
3. Egna/Neumarkt
4. HYPO TIROL Volleyballteam
5. Adamello Brenta
6. STS Bolzano

Fotos: Gernot Hupfauf

Berg- und Skisport

Bergsportführer- und Skilehrwesen

Die **Novelle des Tiroler Bergsportführergesetzes** brachte eine wichtige Änderung für die Bergsportführer und berücksichtigt nun auch die Eigenverantwortung der Gäste. Bisher war es dem Berg- und Skiführer nur in alpinen Notfällen zum Zweck der Herbeiholung von Hilfe erlaubt, Gäste während der Tour allein zu lassen. Diese Bestimmung hat sich in der Tourenpraxis als zu einschränkend erwiesen und wurde gelockert. Es gibt nämlich vor allem dann, wenn ein Berg- und Skiführer mit mehreren Gästen unterwegs ist, immer wieder Situationen, in denen die einen eine Tour fortsetzen, andere diese hingegen abbrechen wollen. Hier gilt es einen entsprechenden Ausgleich zwischen dem Sicherheitsbedürfnis der Gäste und der ihnen zumutbaren Eigenverantwortung herzustellen. Beispielsweise kann es etwa vorkommen, dass ein Gast auf den Gipfelanstieg verzichtet, ein anderer hingegen die Tour fortsetzen will. Es scheint nicht einsichtig, dass ein alpin den Umständen entsprechend ausreichend erfahrener Tourenteilnehmer bei vergleichsweise sicheren Verhältnissen in einer solchen Situation nicht auf die Rückkehr der anderen Tourenteilnehmer warten kann. Auch wird ein in diesem Sinn ausreichend erfahrener Gast, der eine Tour abbrechen möchte, bei guten Verhältnissen etwa über einen sicheren Bergweg oder über sonst sicheres Gelände allein zu einer Schutzhütte absteigen können. Es scheint ihm im Rahmen seiner Eigenverantwortung daher zumutbar, entweder zu warten oder den Abstieg allein zu bewältigen. Umgekehrt sind auch Situationen denkbar, in denen ein Gast selbstständig zu einer Berghütte aufsteigt,

Abend-Pistentouren im Großraum Innsbruck

Skigebiet	Mo	Di	Mi	Do	Fr	Sa	So
Rangger Köpfl (bis 21:30 Uhr)	✓						
Axamer Lizum Damen-/Herrenabf. (bis 22:00 Uhr)	✓						
Glungezer (bis 22:00 Uhr)	✓	✓					
Muttereralm (bis 22:30 Uhr)	✓	✓	✓	✓	✓		
Serles Bahnen Mieders (bis 21:00 Uhr)			✓				
Birgitz Köpfl (bis 22:00 Uhr)			✓				
Seefeld Hochanger (18:30 – 22:00 Uhr)[1]			✓	✓	✓	✓	
Seefeld Rosshütte (18:00 – 22:00 Uhr)					✓		
Steinach Bergeralm (18:30 – 22:30 Uhr)[2]			✓		✓	✓	
Patscherkofel (bis 22:00 Uhr)				✓			
Kellerjoch (bis 24:00 Uhr)				✓			

Es bieten sich auch die aufgelassenen Skipisten am Sattelberg, Grünberg und zur Rauthhütte an.

Stand 30.10.2015

[1] Während des Nachtskilaufes 18:30 bis 22:00 Uhr
[2] Während des Nachtskilaufes 18:30 bis 22:30 Uhr

die dann der Ausgangspunkt für die weitere Tour ist. Außer in alpinen Notsituationen soll dies jedoch stets das Einvernehmen zwischen dem Berg- und Skiführer und den betreffenden Gästen voraussetzen. Auch obliegt es dem Berg- und Skiführer, ihnen erforderlichenfalls entsprechende Anweisungen zu erteilen, wie sie sich im Interesse ihrer eigenen Sicherheit verhalten sollen. Deren Missachtung kann keinesfalls dem Berg- und Skiführer zur Last gelegt werden. Es wird bei dieser Neuregelung nicht verkannt, dass es beim Bergsport stets ein unausweichliches und dem Wesen des Sports innewohnendes Maß an Restrisiko gibt, weshalb gerade im alpinen Raum Sicherheit bei der Sportausübung niemals absolut, sondern immer nur den Umständen entsprechend gegeben sein kann. Sicherheit kann also selbst von Berg- und Skiführern niemals umfassend garantiert, sondern je nach der Gefahrengeneigtheit der Tour, den jeweiligen Verhältnissen am Berg und dem alpinen Können der Gäste und ihrer Konstitution immer nur relativ in einem mehr oder weniger großen Ausmaß geboten werden.

In einem eng begrenzten Ausmaß wurden gewisse **Sportklettertätigkeiten** (Führen und Begleiten von Personen auf künstlichen Boulderwänden und auf künstlichen Kletterwänden, sofern die Sicherung mit sog. Höhensicherungsgeräten erfolgt) vom Tätigkeitsvorbehalt der Sportkletterlehrer ausgenommen. Weiters wurde die **Übergangsfrist**, während der unter bestimmten Voraussetzungen Sportkletterlehrertätigkeiten auch ohne eine entsprechende Befugnis ausgeübt werden dürfen, um ein Jahr bis zum 30. Juni 2017 erstreckt.

Allgemeiner Berg- und Skisport

Die Sicherheit sowie die Qualität des Erlebnisses des alpinen Skilaufs in Tirol ist traditionell ein wesentliches Anliegen der Tiroler Landesregierung und insbesondere der Abteilung Sport. Durch die Experten des Fachgebietes Berg- und Skisport werden zahlreiche Lokalaugenscheine, Geländebegehungen und -befahrungen durchgeführt, um die sportfachliche und sicherheitstechnische Eignung von Skipisten- und Liftprojekten sowie von Rodelbahnen, Bergwegen, Schluchtwanderwegen und Klettersteigen zu ermitteln und **fachgutachterliche Stellungnahmen** im Zuge diverser Behördenverfahren abzugeben. Skigebietserweiterungen oder Zusammenschlüsse von Skigebieten erfordern besonders aufwändige Beurteilungen. Vielfach werden Projekte nach den skitechnischen Vorgaben der Abteilung Sport abgeändert und oder werden Verbesserungsvorschläge bereits im Vorfeld aufgenommen.

Die von der Abteilung Sport unterstützte Initiative **SAAC** führt die für die Teilnehmer kostenlosen Lawinencamps für Jugendliche Snowboarder und Skifahrer weiterhin mit Erfolg durch. Die vielversprechende Initiative **Snow-How** ergänzt das Bildungsangebot mit kostenlosen Schulungsprogrammen an den Tiroler Schulen. Beide Organisationen präsentieren sich am Tag der offenen Türe des Landes Tirol 2015 mit Erfolg der breiten Öffentlichkeit, die sich mit großem Interesse über die zum Teil über die Landesgrenzen hinaus wirkenden Leistungsangebote informiert.

Die 2005 mit dem Österreichischen Kuratorium für Alpine Sicherheit erarbeiteten Konfliktlösungsmaßnahmen zum **Pistentourengehen**, die schließlich in die Initiative „Pistentouren Tirol – Sicher & Fair" (2007) und die das Pistentourenmodell im Großraum Innsbruck (2009) mündete, kann 2015 in Absprache mit den Skigebietsbetreibern rund um Innsbruck verlängert und erweitert werden. Durch dieses Angebot kann die Nachfrage nach sportlicher Betätigung am Abend sicher, fair und konfliktfrei gelenkt werden. Weiters wird zur Information und Bewusstseinsbildung eine Broschüre publiziert, um auf diese Abend-Termine hinzuweisen und vor allem die Gefahren und die „Spielregeln" des Sports besser ins Licht der öffentlichen Wahrnehmung zu rücken.

Sportliche Leistungen

Internationale Erfolge in der Allgemeinen Klasse

EUROPACUP 2015

SKISPORT
Alpin
Ricarda HAASER, Riesenslalom (1. Platz),
   Gesamt (1. Platz)
Freestyle
Lara WOLF, Slopestyle (1. Platz)

WELTCUP 2015

BOB UND SEKELTON
Janine FLOCK (2. Platz)

RENNRODELN
Kunstbahn
Wolfgang KINDL, Einzel (3. Platz)

SKISPORT
Alpin
Eva-Maria BREM, Riesenslalom (2. Platz)

EUROPEAN GAMES – Baku 2015 (1. bis 3. Platz)

LEICHTATHLETIK
Kira GRÜNBERG, Team (2. Platz)

SPORTSCHIESSEN
Olivia HOFMANN, KK-Gewehr –
   3 x 20 Dreistellungsmatch (3. Platz)

TISCHTENNIS
Robert GARDOS, Team (3. Platz)

EUROPAMEISTER 2015 (1. bis 3. Platz)

BILLARD
Maximilian LECHNER, Team (3. Platz)

BOB UND SEKELTON
Janine FLOCK (2. Platz)

EISSTOCKSPORT
Christopher SCHWAIGER, Ziel Einzel (2. Platz),
   Ziel Mannschaft (1. Platz)
Matthias TAXACHER, Mannschaft (2. Platz)

KRAFTDREIKAMPF
Ilka SCHWENGL-FORSTHUBER, Gentlemen's Agreement
   Bankdrücken – bis 47 kg (2. Platz),
   Kraftdreikampf – bis 47 kg (2. Platz)

JUDO
Bernadette GRAF, bis 70 kg (3. Platz)

PFERDESPORT
Jasmin LINDNER, Voltigieren – Pas de Deux (1. Platz)
Lukas WACHA, Voltigieren – Pas de Deux (1. Platz)

RADSPORT
Alban LAKATA, Mountainbike – Marathon (3. Platz)

RENNRODELN
Kunstbahn
Peter PENZ, Doppelsitzer (2. Platz)
Georg FISCHLER, Doppelsitzer (2. Platz)
Sportrodeln
Andreas EHAMMER, Einzel (1. Platz)

ROLLSPORT
Schnelllauf
Vanessa BITTNER, Bahn: Kurzdistanz I (1. Platz),
   Kurzdistanz II (1. Platz), Langdistanz I (1. Platz),
   Straße: Kurzdistanz I (1. Platz), Kurzdistanz II
   (1. Platz)

SKISPORT
Shortcarving
Hannes ANGERER, Vielseitigkeit (1. Platz)
Fabian WEIRATHER, Vielseitigkeit (3. Platz)
Firngleiten
Bianca ERLACHER, Slalom (3. Platz)
Michaela KOHLER, Riesenslalom (3. Platz),
   Kombination (3. Platz)
Thomas COVINI, Slalom (1. Platz),
   Riesenslalom (1. Platz), Kombination (1. Platz)
Arnold STEINER, Slalom (2. Platz)

SPORTSCHIESSEN
Klaus GSTINIG, GK-Gewehr 300 m liegend –
   Mannschaft (1. Platz)
Wilfried SCHÖPF, Gustav Adolf Steinschlossmuskete –
   Mannschaft (2. Platz), Nagashino Luntenschlossmuskete –
   Mannschaft (3. Platz), Versailles Kombinationsbewerb –
   Mannschaft (3. Platz)

TAEKWONDO
Leni NIEDERMAYR, Poomsae – Einzel (2. Platz)
Christoph DECKER, über 87 kg (3. Platz)

TISCHTENNIS
Robert GARDOS, Doppel (2. Platz), Mannschaft (1. Platz)

TRIATHLON
Carina WASLE, Crosstriathlon (3. Platz)

WETTKLETTERN
Anna STÖHR, Boulder (2. Platz)
Katharina SAURWEIN, Boulder (2. Platz)
Jakob SCHUBERT, Kombination (1. Platz)

WELTMEISTER 2015 (1. bis 6. Platz)

EISSCHNELLLAUF
Vanessa BITTNER, Massenstart (5. Platz)

JUDO
Bernadette GRAF, bis 70 kg (5. Platz)

KRAFTDREIKAMPF
Ilka SCHWENGL-FORSTHUBER, Gentlemen's Agreement
    Bankdrücken – bis 47 kg (2. Platz)

MODELLFLUG
Johann EGGER, Team (5. Platz)

RADSPORT
Mountainbike
Alban LAKATA, Marathon (1. Platz)
Daniel FEDERSPIEL, Eliminator (1. Platz)

RENNRODELN
Kunstbahn
Miriam KASTLUNGER, Mixed Team-Staffel (6. Platz)
Wolfgang KINDL, Einzel (3. Platz),
    Mixed Team-Staffel (6. Platz)
Peter PENZ, Doppelsitzer (2. Platz),
    Mixed Team-Staffel (6. Platz)
Georg FISCHLER, Doppelsitzer (2. Platz),
    Mixed Team-Staffel (6. Platz)

Naturbahn
Thomas KAMMERLANDER, Einzel (4. Platz)
Tobias ANGERER, Doppelsitzer (2. Platz)
Christoph REGENSBURGER, Doppelsitzer (4. Platz)
Dominik HOLZKNECHT, Doppelsitzer (4. Platz)

SKISPORT
Alpin
Nicole HOSP, Superkombination (2. Platz),
    Mixed Parallel Team (1. Platz)
Eva-Maria BREM, Mixed Parallel Team (1. Platz)
Christoph NÖSIG, Mixed Parallel Team (1. Platz)
Freestyle
Viktor MOOSMANN, Slopestyle (4. Platz)
Marco LADNER, Halfpipe (6. Platz)
Sprunglauf
Gregor SCHLIERENZAUER, Einzel (2. Platz),
    Team (2. Platz)
Manuel POPPINGER, Team (2. Platz)

SPORTSCHIESSEN
Sonja STRILLINGER, Armbrust – 10 m Mannschaft (2. Platz),
    Armbrust – 30 m stehend Einzel (3. Platz),
    Armbrust – 30 m Kombination Mannschaft (6. Platz)
Franziska PEER, Armbrust – 30 m stehend Einzel (5. Platz),
    Armbrust – 30 m Kombination Einzel (4. Platz),
    Armbrust – 30 m Kombination Mannschaft (6. Platz)
Katharina AUER, Armbrust – 10 m Mannschaft (2. Platz)

TRIATHLON
Carina WASLE, Crosstriathlon (6. Platz)

BEHINDERTENSPORT

SKISPORT
Alpin
Roman RABL, sitzend: Abfahrt (2. Platz),
    Kombination (2. Platz), Super-G (4. Platz),
    Riesenslalom (4. Platz)

TRIATHLON
Martin FALCH, Crosstriathlon (2. Platz)

Internationale Erfolge in den Klassen Jugend und Junioren 2015

BOB UND SKELETON
Junioren Weltmeister:
Carina MAIR, Skeleton (3. Platz)
Benjamin MAIER, Zweierbob (4. Platz), Viererbob (3. Platz)
Franz ESTERHAMMER, Viererbob (3. Platz)
Raphael MAIER, Skeleton (3. Platz)

EISSCHNELLLAUF
Junioren-Weltmeister:
Vanessa BITTNER, 500 m (1. Platz), 1.000 m (1. Platz), Mass Start (1. Platz)
Linus HEIDEGGER, Mass Start (4. Platz)

KICKBOXEN
Junioren-Europameister:
Martin ELLMERER, Point Fighting – bis 79 kg (3. Platz)

RADSPORT
Junioren-Weltmeister:
Felix GALL, Straße – Einzel

RENNRODELN
Junioren-Europameister:
Nina PROCK, Kunstbahn – Team (3. Platz)
Nico GLEIRSCHER, Kunstbahn – Einzel (3. Platz), Team (3. Platz)
David TROJER, Kunstbahn – Team (3. Platz)
Philip KNOLL, Kunstbahn – Team (3. Platz)
Dominik KIRCHMAIR, Naturbahn – Einzel (1. Platz)
Junioren-Weltmeister:
Madeleine EGLE, Kunstbahn – Einzel (4. Platz), Team (3. Platz)
Nina PROCK, Kunstbahn – Team (3. Platz)
Nico GLEIRSCHER, Kunstbahn – Einzel (3. Platz)
Philip KNOLL, Kunstbahn – Team (3. Platz)
David TROJER, Kunstbahn – Doppelsitzer (5. Platz)

SEGELN
Junioren-Weltmeister:
David HUSSL, 49er (1. Platz)

SKISPORT
Jugend-Europameister:
Magdalena LANDERER, U 21 – Shortcarving – Vielseitigkeit (1. Platz)
Maximilian GRAF, U 18 – Shortcarving – Vielseitigkeit (1. Platz); U 21 – Firngleiten – Slalom (3. Platz), Riesenslalom (2. Platz), Kombination (3. Platz)
Hannes ANGERER, U 21 – Shortcarving – Vielseitigkeit (1. Platz); U 21 – Firngleiten – Slalom (1. Platz), Kombination (2. Platz)
Marco SCHLIERENZAUER, U 21 – Firngleiten – Riesenslalom (3. Platz)
Jugend-Weltmeister:
Simone KUPFNER, Biathlon – Verfolgung (3. Platz)
Felix LEITNER, Biathlon – Verfolgung (1. Platz), Sprint (2. Platz)
Hannes ANGERER, Grasski – Slalom (1. Platz), Riesenslalom (2. Platz), Super-G (2. Platz)
Junioren-Weltmeister:
Stefanie BRUNNER, Alpin – Riesenslalom (2. Platz), Mixed Team (2. Platz)
Lara WOLF, Freestyle – Slopestyle (4. Platz)
Laura WALLNER, Freestyle – Slopestyle (5. Platz)
Dominik RASCHNER, Alpin – Mixed Team (2. Platz)
Philipp ASCHENWALD, Sprunglauf – Team (3. Platz)
Simon GREIDERER, Sprunglauf – Team (3. Platz)
Elias TOLLINGER, Sprunglauf – Team (3. Platz)
Marco LADNER, Freestyle – Halfpipe (4. Platz)

SPORTSCHIESSEN
Junioren-Europameister:
Nadine UNGERANK, KK-Gewehr liegend – Mannschaft (3. Platz)
U 23 – Junioren-Weltmeister:
Marie-Theres AUER, Armbrust – 10 m Einzel (5. Platz), Armbrust – 10 m Mannschaft (5. Platz)
Thomas KOSTENZER, Armbrust – 30 m stehend Einzel (5. Platz), Armbrust – 30 m kniend Einzel (3. Platz), Armbrust – 30 m Kombination Einzel (2. Platz), Armbrust – 10 m Mannschaft (2. Platz)

TAEKWONDO
Junioren-Europameister:
Philip AUER, bis 59 kg (1. Platz)
Florian FURTNER, bis 73 kg (3. Platz)

WETTKLETTERN
Junioren-Europameister:
Julia FISER, Lead (3. Platz)
Junioren-Weltmeister:
Bernhard RÖCK, Lead (1. Platz)
Matthias ERBER, Kombination (1. Platz)
Jugend-Europacup-Gesamtsieger:
Julia FISER, U 20 – Lead (1. Platz)
Hannah SCHUBERT, U 20 – Lead (3. Platz)
Jan-Luca POSCH, U 18 – Boulder (2. Platz)
Bernhard RÖCK, U 20 – Lead (2. Platz)

ANSPRECHPARTNER FÜR SPORTVEREINE UND SPORTLER/INNEN

Wir sind eine Servicestelle für unsere über 1000 Mitgliedsvereine und beraten und unterstützen sie in allen Fragen des Sports. Wir vergeben Bundessportfördermittel für den Sportbetrieb und die Erhaltung der Sportstätten.

SPORT UND BEWEGUNG FÜR KINDER UND JUGENDLICHE

Wir führen zahlreiche Bewegungs-Projekte mit Schulen und Kindergärten durch. In Zusammenarbet mit unseren Mitgliedsvereinen ist es unser Ziel, möglichst viele Kinder zum Sport zu bringen und den Startschuss für einen „bewegten" Lebensstil zu geben.

VERTRETER DES TIROLER SPORTS

Wir vertreten die Interessen der Tiroler Sportfunktionär/innen bei der Österreichischen Bundessportorganisation und helfen den Sport in Tirol weiterzuentwickeln.

ÖSTERREICHWEITE AUS- UND FORTBILDUNGEN

Mit der ASVÖ Richtig Fit Aus- und Fortbildungsschiene helfen wir die Kompetenzen unserer Vereinstrainer/innen zu stärken. Durch unsere österreichweiten standardisierten Kurse garantieren wir hohe Qualität in der Übungsleiter/innen Ausbildung. Unsere Workshops und Referate für Sportfunktionär/innen bringen zusätzlich Professionalität in die Sportvereine.

Allgemeiner Sportverband Österreichs Landesverband Tirol
Fallmeyerstrasse 12 | 6020 Innsbruck | office@asvoe-tirol.at
T 0512 - 58 64 37 | F 0512 - 57 72 52

ASVÖ Tirol
www.asvoe-tirol.at

MEISTER DES TIROLER SPORTS

TIROLER MEISTER 2015

AMERICAN FOOTBALL	AFC Schwaz Hammers	American Football
	Dropstars Innsbruck	Flag Football
BADMINTON	Mag. Christina DANDER, Badminton Club Jenbach	Einzel, Mixed Doppel
	Dr. Barbara STORCH, Diözesansportgemeinschaft Tirol	Doppel
	Katrin THANEI, Diözesansportgemeinschaft Tirol	Doppel
	Mag. Bernd KUPRIAN, Badmintonclub Völs	Einzel
	Mag. (FH) Daniel PESSERER, Badminton Club Jenbach	Doppel, Mixed Doppel
	Martin PESSERER, Badminton Club Jenbach	Doppel
	Badminton Club Jenbach	Mannschaft
BAHNENGOLF	Brigitte JIROWSKY, Minigolfclub Innsbruck-Igls	Einzel
	Anton WECHSELBERGER, MSV Unterland	Einzel
	Bahnengolfsportclub Raika Telfs	Mannschaft Herren
BASKETBALL	Turnerschaft Sparkasse Innsbruck – Sektion Basketball	Damen
	Sportverein Olympisches Dorf – Sektion Basketball	Herren
BILLARD Carambol	Pirmin VOLGER, Billard-Leistungszentrum Innsbruck	Einband
	Thomas RIML, Billard-Leistungszentrum Innsbruck	Dreiband, Cadre 47/2
Pool	Lisa STADLER, Billardclub ABC Imst	14-1 endlos
	Marion WINKLER, Billardclub Saustall Fieberbrunn	8-Ball, 9-Ball
	Seychelyne KNAPP, Billardclub Lechaschau	10-Ball
	Andreas MAIR, Sport-Billard-Club Inzing	8-Ball
	Rene SOMMEREGGER, 1. Pool Billard Club Imst	9-Ball
	Clemens SCHOBER, Billardclub Saustall Fieberbrunn	10-Ball
	Maximilian LECHNER, Pool X-Press Innsbruck	14-1 endlos
	Sport-Billard-Club Inzing	Mannschaft
Snooker	Jan EGERMANN, Century Snooker Club Innsbruck	Snooker
BOB- und SKELETON	Christina HENGSTER, Bobclub Amras-Innsbruck	Zweierbob
	Carina MAIR, Bob- und Skeletonclub Stubai	Skeleton
	Markus SAMMER, Bobclub Kramsach	Zweierbob
	Benjamin MAIER, Bob- und Skeletonclub Stubai	Viererbob
	Robert OFENSBERGER, Bob- und Skeletonclub Stubai	Viererbob
	Raphael MAIER, Bob- und Skeletonclub Stubai	Skeleton
BOGENSPORT	Bettina ALTENBERGER, Bogensportclub Final Target	3D – Barebow
	Silvia HEIGL, Jagdbogenverein Flaurling	3D – Instinctive Bow
	Britta BOHR, Bogensportclub Pfunds	Indoor – Compound
	Sabine MAYRHOFER-GRITSCH, Ibk. Hauptschützengesellschaft	Indoor – Recurve
	Christian REITHMAIER, Bogensportverein Lakota	3D – Barebow
	Hansjörg MEINSCHAD, Bogensportclub Rietz	3D – Compound, Feld – Compound
	Harald NIEDEREGGER, Bogensportverein Iseltal	3D – Instinctive Bow
	Andreas PRASCHBERGER, Bogen Club Kufstein	3D – Longbow
	Marco RENNER, Bogenschützenclub Sparkasse Jenbach	Feld – Barebow
	Rudolf FRITZ, Bogenschützenclub Zams	Indoor – Compound
	Lukas STEINLECHNER, Bogensportclub Schwaz/Vomp	Indoor – Recurve
	Othmar REINSTADLER, Bogenschützenclub Zams	Outdoor – Compound
	Daniel SOMWEBER, Bogenschützenclub Sparkasse Jenbach	Outdoor – Recurve
	Heeressportverein Lienz	3D – Mannschaft Herren
	Innsbrucker Hauptschützengesellschaft	Indoor – Compound Mannschaft Herren
BOXEN	Mario SAVIC, Boxclub Innsbruck	bis 52 kg
	Alexander FRANK, Boxclub Unterberger Wörgl	bis 56 kg
	Hüseyin DOGAN, Boxclub Unterberger Wörgl	bis 60 kg
	Sohrabuddin WAFADAR, Boxclub Unterberger Wörgl	bis 64 kg
	Edin AVDIC, Boxclub Innsbruck	bis 69 kg
	Manuel SCHWARZL, Boxclub Unterberger Wörgl	bis 75 kg
	Islam ASLAHANOW, Boxclub Union Lienz	bis 81 kg
	Felix MUNKLER, Boxclub Innsbruck	bis 91 kg
	Michael MADER, Boxclub Innsbruck	über 91 kg
EISHOCKEY	Spielgemeinschaft EC „Die Adler" Kitzbühel/HC Kufstein	Damen
	WSG Swarovski Wattens – Penguins	Herren
EISKUNSTLAUF	Anita KAPFERER, Union Eislaufschule Innsbruck	Einzel
EISSCHNELLLAUF	Robert BINNA, Skating Club Innsbruck	Allround Vierkampf
EISSTOCKSPORT	Silvia MARGREITER, EV Kundl	Ziel
	Matthias TAXACHER, EV Angerberg	Ziel
	EV Angerberg	Mannschaft Damen
	EV Breitenbach	Mannschaft Herren
FLOORBALL	UHC Alligator Rum	Großfeld – Herren

FUSSBALL	SSV Neustift	Damen
	SVG Reichenau	Herren
GEWICHTHEBEN	Sabrina HECHENBERGER, 1. Arbeiter Kraftsportverein Innsbruck	Zweikampf bis 48 kg
	Stefanie SCHARF, 1. Arbeiter Kraftsportverein Innsbruck	Zweikampf bis 75 kg
	Christoph URAN, Kraftsportverein Rum	Zweikampf bis 56 kg
	Thomas GRATT, Kraftsportclub Bad Häring	Zweikampf bis 62 kg
	Marco PAYR, Kraftsportclub Bad Häring	Reißen, Stoßen, Zweikampf bis 69 kg
	Armin RITZER, Kraftsportclub Bad Häring	Reißen, Stoßen, Zweikampf bis 77 kg
	Thomas SAMMER, Kraftsportclub Bad Häring	Reißen, Stoßen, Zweikampf bis 85 kg
	Hermann URAN, Kraftsportverein Rum	Reißen, Stoßen, Zweikampf bis 94 kg
	Markus GIACOMUZZI, Kraftsportverein Rum	Reißen, Stoßen, Zweikampf bis 105 kg
	Harald STEINER, Kraftsportverein Rum	Reißen, Stoßen, Zweikampf über 105 kg
	Kraftsportclub Bad Häring	Mannschaft Herren
GOLF	Pauline KÖCK, Golfclub Kitzbühel Schwarzsee	Zählspiel
	Anton ORTNER, Golfclub Kitzbühel	Zählspiel
	Golfclub Innsbruck-Igls	Zählwettspiel Mannschaft
HÄNGEGLEITEN	Christian HEIM, Golden Eagles – Alpine Gliders Zillertal	Klasse I – Flexible HG
	Sepp SALVENMOSER, Drachenfliegerclub Kitzbühel	Klasse I – Flexible HG (ex aequo)
	Matthias KURZTHALER, Drachenfliegerclub Sillian	Klasse I – Streckenflug
	Toni RAUMAUF, Para- und Deltaclub Kaiserwinkel Kössen	Klasse V – Streckenflug
	Drachenfliegerclub Innsbruck	Klasse I – Streckenflug Mannschaft
HANDBALL	Union Handball Innsbruck/Turnerschaft Innsbruck	Damen
	Handballclub Tirol Innsbruck	Herren
JAGD- und	Ing. Helmut SCHWENTNER, Kufsteiner Jagdschützenklub	Compak Sporting, Parcours
WURFSCHEIBEN	Kufsteiner Jagdschützenklub	Compak Sporting – Mannschaft
		Parcours – Mannschaft
JUDO	Elisabeth WALDNER-WENZEL, Union Raika Osttirol	bis 48 kg
	Hannah KÖLL, WSG Swarovski Wattens	bis 57 kg
	Franziska PATSCH, Judoclub Tiroler Oberland	bis 63 kg
	Christina RAFFLER, Union Raika Osttirol	bis 70 kg
	Jakob ERNST, Judoclub Fieberbrunn	bis 60 kg
	Johannes BURTSCHER, Judozentrum Innsbruck	bis 73 kg
	Stefan HUPFAU, Judozentrum Innsbruck	bis 81 kg
	Friedemann SCHNEIDER, Judozentrum Innsbruck	bis 100 kg
	Florian LINDNER, WSG Swarovski Wattens	über 100 kg
	Judozentrum Innsbruck	Mannschaft Herren
KANU	Magdalena STEIXNER, Kajakverein Naturfreunde Innsbruck	Kajak Regatta K1
	Daniel STEIDL, Kajakverein Naturfreunde Innsbruck	Kajak Regatta K1
KICKBOXEN	Daniela LOIDL, Kick for Fun TaeBo- und Kickboxverein	Leichtkontakt bis 55 kg
	Valeria BENEDETTI, Kampfsportcenter Kruckenhauser Wörgl	Pointfighting bis 55 kg
	Angelika THURNER, Kickboxclub Tiroler Oberland	Leichtkontakt bis 65 kg
	Anna BENEDETTI, Kampfsportcenter Kruckenhauser Wörgl	Pointfighting bis 65 kg
	Verena MÄHR, MehrKampfSport Karate Kirchbichl	Pointfighting über 70 kg
	Milos ARSIC, Brixlegger Sportkarate Club Prosic	Leichtkontakt bis 63 kg, Pointfighting bis 69 kg
	Bernhard KOFLER, Kick for Fun TaeBo- und Kickboxverein	Leichtkontakt bis 69 kg
	Daniel CREPAZ, Kickboxverein Gebrüder Weinold	Leichtkontakt bis 74 kg
	Samuel FRISCHMANN, Kampfsportcenter Kruckenhauser Wörgl	Pointfighting bis 74 kg
	Daniel JANKOVIC, Kickboxverein Gebrüder Weinold	Leichtkontakt bis 79 kg
	Martin ELLMERER, Kampfsportcenter Kruckenhauser Wörgl	Pointfighting bis 79 kg
	Roman BRÜNDL, High Side Kicks Kickboxing Hopfgarten	Leichtkontakt bis 89 kg
KRAFTDREIKAMPF	Ilka SCHWENGL-FORSTHUBER, Gentlemen´s Agreement	Bankdrücken, Kraftdreikampf
	Christoph SENN, Power Bunker Imst	Kraftdreikampf
	Marco REGENSBERGER, Sportverein Reutte/Kraftsport	Bankdrücken
LEICHTATHLETIK	Andrea OBETZHOFER, Turnerschaft Raika Schwaz	100 m, Weitsprung
	Katharina HABERDITZ, Turnerschaft Raika Schwaz	200 m, Halle: 60 m
	Sarah STEINLECHNER, Turnerschaft Raika Schwaz	400 m
	Bettina TAXER, Union Raika Lienz	800 m, 1.500 m
	Karin FREITAG, Laufgemeinschaft Decker Itter	5.000 m, 10.000 m, Halbmarathon, Marathon
		Halle: 3.000 m
	Kira GRÜNBERG, ATSV Innsbruck	100 m Hürden, Stabhochsprung
		Halle: Stabhochsprung
	Claudia BARBIST, Sportverein Reutte Leichtathletik	400 m Hürden
	Katharina ERLACHER, Laufgemeinschaft Decker Itter	3.000 m Hindernis
	Carina DÖRR, ATSV Innsbruck	Hochsprung
	Magdalena MACHT, Turnerschaft Raika Schwaz	Dreisprung, Halle: Weitsprung, Dreisprung
	Christina SCHEFFAUER, IAC – Leichtathletik	Kugelstoßen, Halle: Kugelstoßen
	Mag. Claudia STERN, IAC – Leichtathletik	Diskuswurf, Hammerwurf

	Erika LUKACS, ATSV Innsbruck	Speerwurf, Halle: 60 m Hürden
	Lisa FELDERER, Turnerschaft Raika Schwaz	Siebenkampf
	Susanne MAIR, Union Raika Lienz	Crosslauf, Berglauf
	Michael KARPF, IAC – Leichtathletik	100 m, Halle: 60 m
	Tobias ABFALTER, ITSG Running	200 m, 400 m
	Markus KOPP, Sportclub Lauftreff Breitenbach	800 m, 1.500 m, 5.000 m
	Markus GSCHWENTNER, Sportclub Lauftreff Breitenbach	Halle: 800 m
	Martin BADER, Sportklub Rueckenwind	10.000 m
	Josef LINSER, Sportverein Reutte Leichtathletik	110 m Hürden
	Adrian WICKERT, Turnerschaft Sparkasse Innsbruck	400 m Hürden
	Thomas FAHRINGER, Laufgemeinschaft Decker Itter	3.000 m Hindernis
	Bastian WIEMER, IAC – Leichtathletik	Hochsprung, Kugelstoßen, Diskuswurf
		Halle: Kugelstoßen
	Lukas WIRTH, ATSV Innsbruck	Stabhochsprung
	Sebastian KAPFERER, IAC – Leichtathletik	Dreisprung, Halle: 60 m Hürden
	Daniel HOSP, SK Völs	Halle: Weitsprung, Dreisprung
	Fabian MAYRHOFER, Turnerschaft Sparkasse Innsbruck	Speerwurf
	Johannes ACHLEITNER, IAC – Leichtathletik	Hammerwurf
	Wolfgang WETSCHER, Sportklub Rueckenwind	Halbmarathon
	Günter SCHNEIDER, Sportklub Rueckenwind	Marathon
	Simon LECHLEITNER, Laufgemeinschaft Decker Itter	Crosslauf lange Strecke
	Martin MATTLE, Laufgemeinschaft Decker Itter	Berglauf
	Turnerschaft Raika Schwaz Leichtathletik	4 x 100 m Damen
	ITSG Running	4 x 400 m Damen
	Union Raika Lienz	Crosslauf Team Damen
	Laufgemeinschaft Decker Itter	Berglauf Team Damen, Berglauf Team Herren
		Crosslauf Team Herren
	IAC – Leichtathletik	4 x 100 m Herren
	Sportverein Reutte Leichtathletik	4 x 400 m Herren
ORIENTIERUNGSLAUF	Barbara GINDU-FERRARI, Laufklub Kompass Innsbruck	Orientierungslauf Sprint
	Celina DABERNIG, Laufklub Kompass Innsbruck	Orientierungslauf Mittel
	Zuzana WEISSOVA, Orientierungslaufklub Kufstein	Orientierungslauf Lang, Ski-Orientierungslauf Mittel
	Roman BROGLI, Laufklub Kompass Innsbruck	Orientierungslauf Sprint
	Mathias KOGLER, Laufklub Kompass Innsbruck	Orientierungslauf Mittel
	Bernhard KOGLER, Laufklub Kompass Innsbruck	Orientierungslauf Lang, MTB-Orientierungslauf Mittel, Ski-Orientierungslauf Mittel
	Laufklub Kompass Innsbruck	Orientierungslauf Staffel Damen
	Naturfreunde Kitzbühel	Orientierungslauf Staffel Herren
PARAGLEITEN	Alois RESINGER, Parateam Virgen	Streckenflug
PFERDESPORT	Antonia OELSCHLEGEL, Reit- und Fahrverein Breitenwang-Reutte	Dressurreiten
	Maddalena TSCHOJER, Reitsportverein Pegasus Osttirol	Orientierungsreiten
	Joanna SCHORN, Reitverein Mieming	Vielseitigkeit
	Jasmin LINDNER, Reitstall Pill	Voltigieren – Einzel, Pas de Deux
	Mag. Janine BERGER, Pferdesportzentrum Aldrans	Springreiten – Mannschaft
	Claudia NUENER, Union LRFV Farbental	Springreiten – Mannschaft
	Hans Peter MATTERSBERGER, Reit- und Fahrverein Fronholz	Distanzreiten
	Isidor WEBER, Union Ländliche Reitergruppe Hopfgarten	Fahren – Einspänner
	Christoph OBERNAUER, Reitclub Kitzbühel	Springreiten
	Andreas HOFMANN, Union LRFV Farbental	Springreiten – Mannschaft
	Lukas WACHA, Reitstall Pill	Voltigieren – Pas de Deux
	Klaus HAIDACHER, Reitstall Pill	Voltigieren – Longenführer
	Stefan LECHNER, WRCV Westernridingclub Volders	Westernreiten – Reining
	Reitstall Pill	Gruppenvoltigieren
RADSPORT	Jacqueline HAHN, ÖAMTC tomSiller.at RC Tirol	Einzelzeitfahren
Straße	Stefan PRAXMARER, Tirol Cycling Team	Einzel
	Klaus STEINKELLER, Bike & Run Imst	Einzelzeitfahren
Mountainbike	Daniel FEDERSPIEL, Tirol Cycling Team	Cross Country
RANGGELN	Anton HOLLAUS, Zillertaler Rangglerverein	Ranggeln
	Rangglerverein Union Matrei in Osttirol	Mannschaft
RENNRODELN	Miriam KASTLUNGER, Rodelverein Swarovski Halltal	Einzel
Kunstbahn	Wolfgang KINDL, Sportverein Igls	Einzel
	Peter PENZ, Turnerschaft Innsbruck	Doppelsitzer
	Georg FISCHLER, Rodelverein Swarovski Halltal	Doppelsitzer
Naturbahn	Thomas KAMMERLANDER, Sportverein Umhausen	Einzel
Sportrodeln	Andreas EHAMMER, Club der Rodler Hopfgarten	Einzel
RINGEN	Wolfgang NORZ, Ringsportclub Inzing	Griechisch-Römisch bis 59 kg
	Zaur ALIKHANOV, Ringsportclub Inzing	Freistil bis 61 kg

	Magomed MAZAEW, KSC Hatting	Freistil bis 65 kg
	Stefan MARGIC, AC Hötting	Griechisch-Römisch bis 66 kg
	Daniel ANZENGRUBER, AC Vollkraft Innsbruck	Freistil bis 70 kg, Griechisch-Römisch bis 71 kg
	Lukas GASTL, Ringsportclub Inzing	Freistil bis 74 kg
	Armin SCHOBER, AC Vollkraft Innsbruck	Griechisch-Römisch bis 80 kg
	Michael WAGNER, Ringsportclub Inzing	Freistil bis 86 kg, Griechisch-Römisch bis 85 kg
	Daniel GASTL, Ringsportclub Inzing	Freistil bis 97 kg, Griechisch-Römisch bis 98 kg
ROLLSPORT Schnelllauf	Miriam HAGER, Union Speed Skating Club Innsbruck	Bahn: Kurzdistanz I, Langdistanz I
	Vanessa BITTNER, Union Speed Skating Club Innsbruck	Straße: Kurzdistanz I
	Thomas PETUTSCHNIGG, SC Lattella Wörgl	Bahn: Kurzdistanz I, Alpin Slalom
	Manuel VOGL, SC Lattella Wörgl	Bahn: Langdistanz I, Straße: Langdistanz I
	Linus HEIDEGGER, Union Speed Skating Club Innsbruck	Straße: Kurzdistanz I
SCHACH	Bernhard TABERNIGG, Schachklub Zell/Zillertal	Klassisches Schach
	Fabian PLATZGUMMER, Schachklub Zell/Zillertal	Blitzschach, Schnellschach
	Schachklub Absam	Klassisches Schach – Mannschaft
SCHWIMMEN	Ivona JURIC, Schwimmunion citynet@hall	Freiluft: 50 m Freistil, 50 m Brust, 100 m Brust, 50 m Schmetterling
	Lena OPATRIL, Schwimmclub IKB Stadtoasen Innsbruck	Freiluft: 100 m Freistil, 200 m Freistil, 400 m Freistil, 800 m Freistil Halle: 200 m Freistil, 800 m Freistil
	Lucy UIBERREITER, Schwimmunion citynet@hall	Halle: 100 m Freistil, 100 m Brust, 100 m Schmetterling
	Emma GSCHWENTNER, Schwimmclub IKB Stadtoasen Innsbruck	Freiluft: 50 m Rücken, 100 m Rücken, 200 m Rücken, 200 m Lagen, 400 m Lagen Halle: 200 m Rücken, 400 m Lagen
	Melani MARIC, Tiroler Wassersportverein Innsbruck	Halle: 100 m Rücken
	Viktoria TSCHEMER, Schwimmclub IKB Stadtoasen Innsbruck	Freiluft: 200 m Brust
	Hanna WALDHART, Tiroler Wassersportverein Telfs	Freiluft: 100 m Schmetterling Halle: 200 m Schmetterling
	Adriana DULLER, Schwimmunion citynet@hall	Freiluft: 200 m Schmetterling, Halle: 200 m Brust
	Bernhard REITSHAMMER, Tiroler Wassersportverein Innsbruck	Freiluft: 50 m Freistil, 100 m Freistil, 100 m Rücken, 200 m Rücken, 50 m Brust, 100 m Brust Halle: 100 m Freistil, 100 m Rücken, 200 m Rücken, 100 m Brust
	Alexander KNABL, Tiroler Wassersportverein Telfs	Freiluft: 200 m Freistil, 50 m Schmetterling
	Robin GRÜNBERGER, Schwimmclub IKB Stadtoasen Innsbruck	Freiluft: 400 m Freistil Halle: 200 m Freistil, 1.500 m Freistil
	Christoph KRUG, Tiroler Wassersportverein Innsbruck	Halle: 400 m Freistil
	Moritz NIGG, Schwimmunion citynet@hall	Freiluft: 1.500 m Freistil
	Andreas SENN, Tiroler Wassersportverein Innsbruck	Freiluft: 50 m Rücken, 200 m Brust, 200 m Lagen, 400 m Lagen, Open Water 5 km Halle: 200 Brust, 100 m Schmetterling, 200 m Lagen, 400 m Lagen
	Xaver GSCHWENTNER, Schwimmclub IKB Stadtoasen Innsbruck	Freiluft: 100 m Schmetterling, 200 m Schmetterling Halle: 200 m Schmetterling
	Schwimmclub IKB Stadtoasen Innsbruck	Freiluft: 4 x 100 m Freistil Damen Freiluft: 4 x 200 m Freistil Damen Freiluft: 4 x 100 m Lagen Damen Halle: 4 x 50 m Freistil mixed Halle: 4 x 50 m Lagen mixed
	Tiroler Wassersportverein Innsbruck	Freiluft: 4 x 100 m Freistil Herren Freiluft: 4 x 200 m Freistil Herren Freiluft: 4 x 100 m Lagen Herren
SEGELFLUG	Ing. Bernhard LEITNER, Innsbrucker Segelfliegervereinigung	Segelflug Klasse 1 – 18 m Klasse
	Ing. David RICHTER-TRUMMER, Ibk. Segelfliegervereinigung	Segelflug Klasse 1 – Club Klasse Streckenflug – Klasse 2
	Aurel HALLBRUCKER, Innsbrucker Segelfliegervereinigung	Segelflug Klasse 1 – Standard Klasse
SEGELN	Silvia SAUMWEBER, Yachtklub Achenkirch	Surprise
	Josef ASCHER, Yachtklub Achenkirch	Surprise
	Konrad SAUMWEBER, Yachtclub Achenkirch	Surprise
	Martin SAUMWEBER, Yachtklub Achenkirch	Surprise
	Yannis SAJE, Segelclub TWV Achensee	420er
	Johannes REDER, Yachtklub Achenkirch	420er
	Herbert SCHRÖTER, Yachtklub Achenkirch	Monas
	Dr. Christoph AICHHOLZER, Segelclub TWV Achensee	Flying Dutchman
	Philipp ZINGERLE, Segelclub TWV Achensee	Flying Dutchman
	Michael BAUER, Segelclub TWV Achensee	Laser

SKISPORT	Kathrin AUER, SPV Oberhofen	Slalom
Alpin	Hanna WECHSELBERGER, SC Kelchsau	Riesenslalom
	Martin FALBESONER, WSV Neustift	Slalom
	Andreas GEISLER, WSV Tux	Riesenslalom
Biathlon	Susanna KURZTHALER, Nordic Team Absam	Sprint
	Friedrich PINTER, SC St. Ulrich a.P.	Sprint
Firngleiten	Bianca ERLACHER, USV Ötz	Slalom
	Hannes ANGERER, Innsbrucker Skiläufervereinigung	Slalom
Nordisch Langlauf	Raphaela RITZER, SK Hopfgarten	Einzel
	Sabine ERHARTER, SK Hopfgarten	Sprint
	Dominik LANDERTINGER, HSV Hochfilzen	Einzel
	Tobias MOOSMANN, SC Kössen	Sprint
Spezialsprunglauf	Björn KOCH, HSV Absam Bergisel	Einzel
SPORTKEGELN	Manuela PEDEVILLA, KSC Schwarz-Weiß Innsbruck	Einzel
Classic	Marianne HERZOG, KV Jenbach	Sprint
	Carmen WEISKOPF, KC Rofan Jenbach	Mixed Tandem
	MR Mag. Dr. Bernhard KOHL, SPG SKVI 1937 – KC Katzenberger	Einzel
	Marco SCHRETTL, TV Schwaz 1857	Sprint
	Thomas WEISKOPF, KK ESV Landeck	Mixed Tandem
	TV Schwaz 1857	Mannschaft Damen
	SPG SKVI 1937 – KC Katzenberger	Mannschaft Herren
SPORTSCHIESSEN	Franziska PEER, Schützengilde Angerberg	10 m Einzel, 30 m kniend
Armbrust	Sonja STRILLINGER, Schützengilde Angerberg	30 m stehend
	Florian LAMPLMAYR, Schützengilde Münster	10 m Einzel
	Markus BICHLER, Schützengilde Angerberg	30 m Kombination
GK-Gewehr	Klaus GSTINIG, Heeressportverein Lienz – Schießen	liegend – Einzel
KK-Gewehr	Stephanie OBERMOSER, Schützengilde Kössen	liegend – Einzel, Dreistellungsmatch 3 x 20
	Michael HÖLLWARTH, Schützengilde Aschau	Dreistellungsmatch 3 x 40
	Armin GRUBER, Schützengesellschaft Thaur	liegend – Einzel
	Schützengilde Absam	liegend – Mannschaft
Luftgewehr	Katharina AUER, Schützengilde Roppen	10 m – Einzel
	Thomas KOSTENZER, Schützengilde Münster	10 m – Einzel
Pistole	Anja HOLZKNECHT, Polizeisportverein Innsbruck	10 m – Luftpistole – Einzel
	Hedy KONZETT, Heeressportverein Absam	25 m – Pistole – Einzel
	Lukas LAMPLMAYR, Schützengilde Münster	10 m – Luftpistole – Einzel
	Mario JOFEN, Sportschützenverein Nußdorf-Debant	50 m – Pistole – Einzel
	Rudi SAILER, Heeressportverein Absam	25 m – Schnellfeuerpistole – Einzel
		25 m – Standardpistole – Einzel
	Giovanni BOSSI, Akademische Schützengilde	25 m – Zentralfeuerpistole – Einzel
	Heeressportverein Absam	10 m – Luftpistole – Mannschaft Herren
Vorderlader	Bruno CIRESA, Innsbrucker Hauptschützengesellschaft	Vetterli Replika – Freies Perkussionsgewehr 50 m
		Mariette – Perkussionsrevolver Replika 25 m
		Cominazzo – Steinschlosspistole 25 m
	Wilfried SCHÖPF, Innsbrucker Hauptschützengesellschaft	Whitworth Replika – Freies Perkussionsgewehr 100 m
	Reinhold PLOBERGER, Innsbrucker Hauptschützengesellschaft	Kuchenreuter Replika – Perkussionspistole 25 m
SQUASH	Jacqueline PEYCHÄR, 1. Tiroler Squash-Verein	Einzel
	Florian MADER, Raiffeisen Squash Club Telfs	Einzel
	Raiffeisen SquashClub Telfs	Mannschaft
TAEKWONDO	Simone FRANZ, Taekwondo Scorpions Austria	bis 49 kg
	Bianca BIRICZ, Taekwondo Scorpions Austria	bis 57 kg
	Stefanie ÖFNER, Taekwondo WSG Swarovski Wattens	bis 67 kg
	Nicole HUEMER, Taekwondo WSG Swarovski Wattens	Poomsae – Einzel
	Anita SCHERMER, Taekwondo Verein Wörgl	Poomsae – Paar
	Sandro PEER, Tiroler Wettkampf- u. Selbstv.-Zentrum	bis 58 kg
	Andreas ANDRIC, Taekwondo Club Fieberbrunn	bis 63 kg
	Eduard FRANKFORD, Taekwondo Scorpions Austria	bis 68 kg
	Benjamin REIMEIR, Tiroler Wettkampf- u. Selbstv.-Zentrum	bis 74 kg
	Fabian SCHILLEGGER, Tiroler Wettkampf- u. Selbstv.-Zentrum	bis 80 kg
	Martin AUSSERLECHNER, Taekwondo Verein Wörgl	Poomsae – Einzel, Paar
TANZSPORT	Caroline EYBL, 1. Tiroler Turniertanzklub GOLD WEISS Ibk.	Lateinamerikanische Tänze
	Nikolaus WALTL, 1. Tiroler Turniertanzklub GOLD WEISS Ibk.	Lateinamerikanische Tänze
TENNIS	Hannah PLONER, Tennisclub Telfs	Einzel, Doppel
	Martine STAUDER, Tennisklub IEV	Doppel
	Adrian GRUBER, Tennisklub IEV	Einzel
	Peter GRISSMANN, Tennisklub IEV	Doppel
	Manuel FERDIK, Tennisklub IEV	Doppel
	Tennisclub Schwaz	Mannschaft Damen
	Tennissportverein Hall i.T.	Mannschaft Herren

TISCHTENNIS	Theresa RAICH, TTC Raiba Kirchbichl	Einzel, Doppel
	Martina KAPFINGER, TTC Raiba Kirchbichl	Doppel
	Sabrina KOCH, TSV AustriAlpin Fulpmes	Mixed Doppel
	Bernhard PILSZ, Turnerschaft Innsbruck	Einzel, Mixed Doppel
	Manfred PFLUGER, TTC Raiba Kirchbichl	Doppel
	Markus DABERNIG, E.S.V. Sparkasse Wörgl	Doppel
	TTC Raiba Kirchbichl	Mannschaft Damen
	Turnerschaft Innsbruck 3	Mannschaft Herren
TRIATHLON	Sabrina EXENBERGER, WAVE Tri Team TS Wörgl	Crosstriathlon
	Brigitte GFREI, Raika Tri Telfs	Duathlon – Kurzdistanz
	Lisa WIESTNER, 1. Raika TTC Innsbruck	Triathlon – Sprintdistanz
	Lisa Maria DORNAUER, WAVE Tri Team TS Wörgl	Triathlon – Olympische Distanz
	Albuin SCHWARZ, Raika Tri Telfs	Crosstriathlon, Duathlon – Kurzdistanz
		Triathlon – Sprintdistanz
		Triathlon – Olympische Distanz
TURNEN Kunstturnen	Jasmin MADER, Innsbrucker Turnverein	Boden, Schwebebalken, Sprung, Mehrkampf
	Hanna GROSCH, Innsbrucker Turnverein	Stufenbarren
	Johannes MAIROSER, Innsbrucker Turnverein	Barren, Boden, Pauschenpferd, Reck, Ringe, Sprung, Mehrkampf
Rhythmische Gymnastik	Nicol RUPRECHT, Verein Rhythmische Gymnastik Wörgl	Mehrkampf
VOLLEYBALL	Nikolina MAROŠ, Volleyballclub Tirol	Beach-Volleyball
	Eva MEINDL, Turnerschaft Innsbruck Volleyball	Beach-Volleyball
	Jakob-Johannes FEIL, Tyrol Beach	Beach-Volleyball
	Thomas HARTHALLER, Volleyballclub Mils	Beach-Volleyball
	TI Volley	Volleyball Damen, Volleyball Herren
WASSERBALL	Wasserballclub Tirol	Herren
WETTKLETTERN	Christine SCHRANZ, Alpenverein Landeck	Lead
	Sabine BACHER, Alpenverein Innerötztal	Boulder
	Matthias SCHIESTL, Alpenverein Zillertal	Lead
	Jakob SCHUBERT, Alpenverein Innsbruck	Boulder

BEHINDERTENSPORT

LEICHTATHLETIK	Dagmar UNTERWURZACHER, Turnverein Wattens Leichtathletik	100 m – T20, Diskuswurf, Speerwurf – F20
	Liselotte HEISS, Sportclub Breitenwang	Kugelstoß – F20
	David BLÖMER, Turnverein Wattens Leichtathletik	100 m – T20, Hochsprung, Weitsprung – F20
	Christian THOMSEN, Sportclub Breitenwang	200 m, 400 m – T20
	Christian POHL, Turnverein Wattens Leichtathletik	800 m – T20
	Markus EBNER, Turnverein Wattens Leichtathletik	100 m – T35-38
	Martin CORAZZA, Sportgruppe Handicap Axams	Kugelstoß, Speerwurf – F20
SKISPORT Alpin	Harald EDER, Rollstuhlsportclub Tirol Unterland	sitzend: Riesenslalom, Super-G
SPORTSCHIESSEN	Hubert AUFSCHNAITER, Schützengilde Wörgl	25 m Pistole
	Bernhard PICHLER, Blinden- und Sehbehindertensport Tirol	Luftgewehr liegend – SH3
TENNIS	Nicolas LANQUETIN, Rollstuhlsportclub Tiroler Unterland	Rollstuhltennis – Einzel, Doppel
	Hubert HEIM, Rollstuhlsportclub Tiroler Unterland	Rollstuhltennis – Doppel
TISCHTENNIS	Ingrid ISLITZER, Behindertensport Raika Osttirol	Einzel – M
	Klaus KRAUTGASSER, Behindertensport Raika Osttirol	Einzel – M
	Gottfried GRATZ, Rollstuhlsportclub Tiroler Unterland	Einzel-Open, Doppel – sitzend
	Helmut REITER, Rollstuhlsportclub Tiroler Unterland	Doppel – sitzend
	Gerhard WALCH, Behindertensportverein Innsbruck	Einzel-Open – stehend

ÖSTERREICHISCHE STAATSMEISTER 2015

AMERICAN FOOTBALL	AFC Swarco Raiders Tirol	

Vincent MÜLLER, Simon UNTERRAINER, Alexander ACHAMMER, Markus KRAUSE, Patrick PILGER, Enrico MARTINI, Maximilian UHL, Phillip ROISS, Clemens KOLB, Nic HARITONENKO, Christoph SCHILCHER, Simon HOSER, Philipp MARGREITER, Florian HUETER, Fabian SEEBER, Simon RIEDL, Reinhard PARDELLER, Simon BUTSCH, Korbinian HOFFMANN, Maximilian PICHLER, Michael HUBER, Philipp POPP, Matthias LOCHS, Julian INWINKL, Florian HÖRHAGER, Johannes SATTLER, Michael HABETIN, Dominik SPIELMANN, Sebastian SCHAAR, Paul LASCH, Gregor HOFMANN, Julian EBNER, Oliver ESLAMI, Clemens ERLSBACHER, Christian WILLI, Maximilian TOLLINGER, Adrian PLATZGUMMER, Romed ZANGERLE, Fabian ABFALTER, Fabien-André GÄRTNER, Sandro PLATZGUMMER, Sean SHELTON, Dennis WIEHBERG

BILLARD	Rene SOMMEREGGER, 1. Pool Billard Club Imst	14-1 endlos
Pool	Maximilian LECHNER, Pool X-Press Innsbruck	Mannschaft
	Thomas KNITTEL, Pool X-Press Innsbruck	Mannschaft
	Mario HE, Pool X-Press Innsbruck	Mannschaft
	Miko BALASZ, Pool X-Press Innsbruck	Mannschaft
BOB- und SKELETON	Christina HENGSTER, Bobclub Amras-Innsbruck	Zweierbob
	Carina MAIR, Bob- und Skeletonclub Stubai	Skeleton
	Markus SAMMER, Bobclub Kramsach	Zweierbob
	Benjamin MAIER, Bob- und Skeletonclub Stubai	Viererbob
	Robert OFENSBERGER, Bob- und Skeletonclub Stubai	Viererbob
	Raphael MAIER, Bob- und Skeletonclub Stubai	Skeleton
BOGENSPORT	Silvia BARCKHOLT, Innsbrucker Hauptschützengesellschaft	Indoor – Compound
	Sabine MAYRHOFER-GRITSCH, Innsbrucker Hauptschützenges.	Indoor – Recurve, Indoor – Recurve Mannschaft
	Silvia HEIGL, Jagdbogenverein Flaurling	3D – Instinctive Bow
	Johanna VÖGELE, Bogensportclub Schwaz/Vomp	Indoor – Recurve Mannschaft
	Verena HECHENBERGER, Innsbrucker Hauptschützengesellschaft	Indoor – Recurve Mannschaft
	Christian REITHMAIER, Bogensportverein Lakota	3D – Barebow
BOXEN	Edin AVDIC, Box Club Innsbruck	Mittelgewicht – 75 kg
CURLING	Constanze Ocker, Kitzbühel Curling Club	Mixed Mannschaft
	Karina TOTH, Kitzbühel Curling Club	Mixed Mannschaft
	Sebastian WUNDERER, Kitzbühel Curling Club	Mannschaft, Mixed Mannschaft
	Mathias GENNER, Kitzbühel Curling Club	Mannschaft, Mixed Mannschaft
	Philipp NOTHEGGER, Kitzbühel Curling Club	Mannschaft
	Lukas KIRCHMAIR, Kitzbühel Curling Club	Mannschaft
	Martin REICHEL, Kitzbühel Curling Club	Mannschaft
EISSCHNELLLAUF	Vanessa BITTNER, Union Speed Skating Club Innsbruck	500 m Sprint, 1.000 m Sprint, 1.500 m, 3.000 m
	Viola FEICHTNER, Union Speed Skating Club Innsbruck	5.000 m
	Armin HAGER, Union Speed Skating Club Innsbruck	500 m Sprint, 1.000 m Sprint, Sprint Vierkampf
	Linus HEIDEGGER, Union Speed Skating Club Innsbruck	1.500 m, Allround Vierkampf
	Robert BINNA, Skating Club Innsbruck	5.000 m, 10.000 m
EISSTOCKSPORT	Matthias TAXACHER, EV Angerberg	Ziel – Einzel
HÄNGEGLEITEN	Christopher FRIEDL, Para- und Deltaclub Kaiserwinkel	Klasse V – Starre HG
JUDO	Kathrin UNTERWURZACHER, Judozentrum Innsbruck	bis 70 kg
	Bernadette GRAF, Judozentrum Innsbruck	über 78 kg
	Dietmar STAGGL, Judoclub Tiroler Oberland	Nage-No-Kata (Tori)
	Lukas WILLE, Judoclub Tiroler Oberland	Nage-No-Kata (Uke)
KICKBOXEN	Anna BENEDETTI, Kampfsportcenter Kruckenhauser Wörgl	Pointfighting – bis 60 kg, Pointfighting – Team
	Jana FEDERER, Kick für Fun TaeBo- und Kickboxverein	Leichtkontakt bis 65 kg
	Samuel FRISCHMANN, Kampfsportcenter Kruckenhauser Wörgl	Pointfighting – bis 69 kg, Pointfighting – Team
	Franz DENGG, Kaisergym Tirol	Muaythai bis 75 kg
	Roman BRÜNDL, High Side Kicks Kickboxing Hopfgarten	Pointfighting – bis 84 kg
	Juso PROSIC, Brixlegger Sportkarate Club Prosic	Leichtkontakt bis 89 kg
	Benedikt SEISL, Kampfsportcenter Kruckenhauser Wörgl	Pointfighting – bis 89 kg, Pointfighting – Team
	Martin ELLMERER, Kampfsportcenter Kruckenhauser Wörgl	Pointfighting – Team
	Kaya CAN, Kampfsportcenter Kruckenhauser Wörgl	Pointfighting – Team
KRAFTDREIKAMPF	Ilka SCHWENGL-FORSTHUBER, Gentlemen´s Agreement	Kraftdreikampf bis 57 kg
LEICHTATHLETIK	Kira GRÜNBERG, ATSV Innsbruck	Halle: Stabhochsprung
	Karin FREITAG, Laufgemeinschaft Decker Itter	Halbmarathon, Marathon
	Kathrin SCHULZE, IAC – Leichtathletik	10 km Straßengehen
	Simon LECHLEITNER, Laufgemeinschaft Decker Itter	Halbmarathon
PARAGLEITEN	Michaela BRANDSTÄTTER, Innsbrucker Gleitschirmfliegerverein	Streckenflug
PFERDESPORT	Jasmin LINDNER, Reitstall Pill	Voltigieren Pas de Deux
	Lukas WACHA, Reitstall Pill	Voltigieren Pas de Deux
	Klaus LECHNER, Westernridingclub Volders	Westernreiten – Reining

RADSPORT Mountainbike	Gregor RAGGL, Haibike Racing Team Haiming	Cross Country
	Daniel FEDERSPIEL, Tirol Cycling Team	Eliminator
	Alban LAKATA, Topeak Ergon Racing Team	Marathon
RENNRODELN Kunstbahn	Miriam KASTLUNGER, Rodelverein Swarovski Halltal	Einzel
	Wolfgang KINDL, Sportverein Igls	Einzel, Team-Staffel
	Peter PENZ, Turnerschaft Innsbruck	Doppelsitzer, Team-Staffel
	Georg FISCHLER, Rodelverein Swarovski Halltal	Doppelsitzer, Team-Staffel
Naturbahn	Thomas KAMMERLANDER, Sportverein Umhausen	Einzel
	Tobias ANGERER, Sportverein Stumm	Doppelsitzer
Sportrodeln	Andreas EHAMMER, Club der Rodler Hopfgarten	Einzel
RINGEN	Kathrin MATHIS, AC Hötting	Freistil bis 63 kg
	Martina KUENZ, RSC Inzing	Freistil – bis 75 kg
	Stefan STEIGL, AC Hötting	Griechisch-Römisch – bis 71 kg
	Michael WAGNER, RSC Inzing	Griechisch-Römisch – bis 80 kg
	Daniel GASTL, RSC Inzing	Griechisch-Römisch – bis 98 kg
ROLLSPORT Schnelllauf	Vanessa BITTNER, Union Speed Skating Club Innsbruck	Bahn: Kurzdistanz I, Kurzdistanz II, Langdistanz I, Langdistanz II Straße: Kurzdistanz I, Kurzdistanz II, Langdistanz II
	Linus HEIDEGGER, Union Speed Skating Club Innsbruck	Straße: Langdistanz I
	Thomas PETUTSCHNIGG, SC Lattella Wörgl	Marathon
SCHACH	David SHENGELIA, Schachklub Sparkasse Jenbach	Klassisches Schach
	Schachklub Sparkasse Jenbach	Klassisches Schach
SCHWIMMEN	Jana KULOVA, Schwimmunion citynet@hall	Halle: 4 x 50 m Lagen
	Ivona JURIC, Schwimmunion citynet@hall	Halle: 4 x 50 m Lagen
	Lucy UIBERREITER, Schwimmunion citynet@hall	Halle: 4 x 50 m Lagen
	Adriana DULLER, Schwimmunion citynet@hall	Halle: 4 x 50 m Lagen
	Florian ZIMMERMANN, Tiroler Wassersportverein Innsbruck	Freiluft: 4 x 100 m Freistil
	Bernhard REITSHAMMER, Tiroler Wassersportverein Innsbruck	Freiluft: 100 m Rücken, 200 m Rücken, 50 m Brust Freiluft: 4 x 100 m Freistil, 4 x 200 m Freistil Halle: 50 m Brust, 100 m Lagen, 4 x 50 m Lagen
	Christoph KRUG, Tiroler Wassersportverein Innsbruck	Freiluft: 4 x 200 m Freistil
	Alexander KNABL, Tiroler Wassersportverein Innsbruck	Freiluft: 100 m Freistil, 4 x 100 m Freistil, Freiluft: 4 x 200 m Freistil Halle: 100 m Freistil, 4 x 50 m Lagen
	Andreas SENN, Tiroler Wassersportverein Innsbruck	Freiluft: 4 x 100 m Freistil, 4 x 200 m Freistil Halle: 4 x 50 m Lagen
	Jürgen BILDSTEIN, Tiroler Wassersportverein Innsbruck	Halle: 4 x 50 m Lagen
SEGELFLUG	Aurel HALLBRUCKER, Innsbrucker Segelfliegervereinigung	Segelflug Klasse 1 – Standard Klasse
SEGELN	Nico DELLE-KARTH, Kufsteiner Yachtklub	49er
SKISPORT	Magdalena FANKHAUSER, Nordic Team Absam	Einzel
Biathlon	Stefan MAIR, LLC Längenfeld	Einzel
Firngleiten	Hannes ANGERER, Innsbrucker Skiläufervereinigung	Firngleiten: Slalom, Riesenslalom, Kombination
Freestyle	Lara WOLF, SC Kappl	Slopestyle
	Thomas ZANGERL, WSV Walchsee	Ski Cross
Snowboard	Moritz AMSÜSS, Turnerschaft Innsbruck	Halfpipe, Slopestyle
SPORTSCHIESSEN	Sonja STRILLINGER, Schützengilde Angerberg	Armbrust 10 m, 30 m stehend, 30 m Kombination
	Olivia HOFMANN, Schützengilde Hötting	KK-Gewehr – Dreistellungsmatch 3 x 20, Luftgewehr
	Alexander WUTTE, HSV Absam	Luftpistole – Mannschaft
	Wilfried SAILER, HSV Absam	Luftpistole – Mannschaft
	Günter LIEGL, Schützengilde Hall	Luftpistole – Mannschaft
SQUASH	Florian MADER, Squashteam Tirol	Team
	Remo HANDL, Squashteam Tirol	Team
	Thomas KEMPTNER, Squashteam Tirol	Team
	Simon WIESER, Squashteam Tirol	Team
	Wolfgang ROTHBACHER, Squashteam Tirol	Team
	Simon DRAXLER, Squashteam Tirol	Team
TAEKWONDO	Claudia BITSCHNAU, Taekwondo Scorpions Austria	bis 57 kg
	Eduard FRANKFORD, Taekwondo Scorpions Austria	bis 63 kg
	Enes ACIKEL, Kampfsportverein Atalar	bis 68 kg
	Benjamin REIMEIR, Tiroler Wettkampf- u. Selbstv.-Zentrum	bis 80 kg
TRIATHLON	Theresa MOSER, Radclub Figaro Sparkasse Lienz	Triathlon – Olympische Distanz
	Alois KNABL, Raika Tri Telfs	Triathlon – Olympische Distanz
TURNEN Kunstturnen	Jasmin MADER, Innsbrucker Turnverein	Stufenbarren, Mannschaft
	Hanna GROSCH, Innsbrucker Turnverein	Mannschaft
	Christina MEIXNER, Diözesansportgemeinschaft Union Buch	Mannschaft

	Mara GLABONJAT, Innsbrucker Turnverein	Mannschaft
	Jessica STABINGER, Innsbrucker Turnverein	Mannschaft
	Florian TUSCH, Innsbrucker Turnverein	Mehrkampf
Rhythmische Gymnastik	Nicol RUPRECHT, Verein Rhythmische Gymnastik Wörgl	Mehrkampf, Ball, Band, Keulen, Reifen
VOLLEYBALL	Bianca ZASS, Volleyballclub KLAFS Brixental	Beachvolleyball
	Hypo Tirol Volleyballteam	
	Marek BEER, Stefan CHRTIANSKY, Douglas DUARTE DA SILVA,	
	Pedro Henrique FRANCES, Lorenz KORAIMANN,	
	Niklas Othmar KRONTHALER, Janis PEDA,	
	Lucas PROVENZANO JOAO DE DEUS, Gregor ROPRET,	
	Gabriel SOARES PESSOA, Alexander TUSCH	Volleyball
WETTKLETTERN	Lukas ENNEMOSER, Alpenverein Innerötztal	Boulder

BEHINDERTENSPORT

BOCCIA	Esohe OGBEFUN, Sportgruppe Handicap Axams	Team
	Magdalena CIKARDIC, Sportgruppe Handicap Axams	Team
	Anna-Sophie ZAND, Sportgruppe Handicap Axams	Team
	Eva-Maria PROSSEGGER, Sportgruppe Handicap Axams	Team
	Lisa MUCHER, Sportgruppe Handicap Axams	Team
LEICHTATHLETIK	Angelika ERHART, Turnverein Wattens Leichtathletik	100 m, 200 m – T36
	Dagmar UNTERWURZACHER, Turnverein Wattens Leichtathletik	Weitsprung, Speerwurf – F20
	Gottfried FERCHL, Rollstuhlsportclub Tirol Unterland	800 m – T54
RADRENNFAHREN	Patrick HAGENAARS, Turnerschaft Schwaz	Straßenrennen – C5
SKISPORT Alpin	Roman RABL, Rollstuhlsportclub Tirol Unterland/WSV Söll	sitzend – Riesenslalom, Super-G, Super-Kombi
SPORTSCHIESSEN	Hubert AUFSCHNAITER, Rollstuhlsportclub Tirol Unterland	Luftpistole P5, Sportpistole P3, Freie Pistole P4 – SH1
	Werner MÜLLER, Behindertensportverein Innsbruck	English Match R6 – SH1
TENNIS	Martin LEGNER, Rollstuhlsportclub Tirol Unterland	Rollstuhltennis – Doppel
TISCHTENNIS	Bettina RATZ, Gehörlosensportverein Tirol	Einzel, Mixed Doppel – H
	Erwin STÜRMER, Gehörlosensportverein Tirol	Doppel, Mixed Doppel, Mannschaft – H
	Markus SCHÖCH, Gehörlosensportverein Tirol	Einzel, Doppel, Mannschaft

EUROPACUP 2015

SKISPORT Alpin	Ricarda HAASER, SV Achensee	Riesenslalom (1. Platz), Gesamt (1. Platz)
Freestyle	Lara WOLF, SC Kappl	Slopestyle (1. Platz)

WELTCUP 2015

BOB- und SKELETON	Janine FLOCK, Bob- und Skeletonclub Stubai	Skeleton (2. Platz)
RENNRODELN Kunstbahn	Wolfgang KINDL, Sportverein Igls	Einzel (3. Platz)
SEGELN	Nico DELLE-KARTH, Kufsteiner Yachtclub	49er (1. Platz)
SKISPORT Alpin	Eva-Maria BREM, WSV Reith	Riesenslalom (2. Platz)
WETTKLETTERN	Jakob SCHUBERT, Alpenverein Innsbruck	Lead (3. Platz)

EUROPEAN GAMES – BAKU 2015

(1. bis 3. Platz)

JUDO	Bernadette GRAF, Judozentrum Innsbruck	bis 70 kg (3. Platz)
LEICHTATHLETIK	Kira GRÜNBERG, ATSV Innsbruck	Stabhochsprung (1. Platz), Team (1. Platz)
SPORTSCHIESSEN	Olivia HOFMANN, Schützengesellschaft Hötting	KK-Gewehr – 3 x 20 Dreistellungsmatch (3. Platz)
TISCHTENNIS	Robert GARDOS,	Team (3. Platz)

EUROPAMEISTER 2015

(1. bis 3. Platz)

BILLARD	Maximilian LECHNER, Pool X-Press Innsbruck	Team (3. Platz)
BOB- und SKELETON	Janine FLOCK, Bob- und Skeletonclub Stubai	Skeleton (2. Platz)
EISSTOCKSPORT	Christopher SCHWAIGER, SC Breitenwang	Ziel Einzel (2. Platz), Ziel Mannschaft (1. Platz)
	Matthias TAXACHER, EV Angerberg	Mannschaft (2. Platz)
KRAFTDREIKAMPF	Ilka SCHWENGL-FORSTHUBER, Gentlemen's Agreement	Bankdrücken – bis 47 kg (2. Platz)
		Kraftdreikampf – bis 47 kg (2. Platz)

PFERDESPORT	Jasmin LINDNER, Reitstall Pill	Voltigieren – Pas de Deux (1. Platz)
	Lukas WACHA, Reitstall Pill	Voltigieren – Pas de Deux (1. Platz)
RADSPORT	Alban LAKATA, Topeak Ergon Racing Team	Mountainbike – Marathon (3. Platz)
RENNRODELN		
Kunstbahn	Peter PENZ, Turnerschaft Innsbruck	Doppelsitzer (2. Platz)
	Georg FISCHLER, Rodelverein Swarovski Halltal	Doppelsitzer (2. Platz)
Sportrodeln	Andreas EHAMMER, Club der Rodler Hopfgarten	Einzel (1. Platz)
ROLLSPORT		
Schnelllauf	Vanessa BITTNER, Union Speed Skating Club Innsbruck	Bahn: Kurzdistanz I (1. Platz), Kurzdistanz II (1. Platz), Langdistanz I (1. Platz) Straße: Kurzdistanz I (1. Platz), Kurzdistanz II (1. Platz)
SKISPORT	Bianca ERLACHER, USV Ötz	Slalom (3. Platz)
Firngleiten	Michaela KOHLER, SK Imst	Riesenslalom (3. Platz), Kombination (3. Platz)
	Thomas COVINI, SK Imst	Slalom (1. Platz), Riesenslalom (1. Platz), Kombination (1. Platz)
	Arnold STEINER, Sportvereinigung Jenbach – Figl Club	Slalom (2. Platz)
SPORTSCHIESSEN	Klaus GSTINIG, HSV Lienz	GK-Gewehr 300 m – liegend Mannschaft (1. Platz)
	Wilfried SCHÖPF, Innsbrucker Hauptschützengesellschaft	Gustav Adolf Steinschlossmuskete – Mannschaft (2. Platz) Nagashino Luntenschlossmuskete – Mannschaft (3. Platz) Versailles Kombinationsbewerb – Mannschaft (3. Platz)
TAEKWONDO	Leni NIEDERMAYR, Tiroler Wettkampf- u. Selbstv.-Zentrum	Poomsae – Einzel (2. Platz)
	Christoph DECKER, Tiroler Wettkampf- u. Selbstv.-Zentrum	über 87 kg (3. Platz)
TISCHTENNIS	Robert GARDOS	Doppel (2. Platz), Mannschaft (1. Platz)
TRIATHLON	Carina WASLE, WAVE Tri Team TS Wörgl	Crosstriathlon (3. Platz)
WETTKLETTERN	Anna STÖHR, Alpenverein Innsbruck	Boulder (2. Platz)
	Katharina SAURWEIN, Alpenverein Innsbruck	Boulder (2. Platz)
	Jakob SCHUBERT, Alpenverein Innsbruck	Kombination (1. Platz)

BEHINDERTENSPORT

TRIATHLON	Martin FALCH, Raika Tri Telfs	Crosstriathlon PT4 (1. Platz)

WELTMEISTER 2015

(1. bis 6. Platz)

EISSCHNELLLAUF	Vanessa BITTNER, Union Speedskating Club Innsbruck	Massenstart (5. Platz)
HÄNGEGLEITEN	Sepp SALVENMOSER, Drachenfliegerclub Kitzbühel	Klasse I – Streckenflug Mannschaft (4. Platz)
JUDO	Bernadette GRAF, Judozentrum Innsbruck	bis 70 kg (5. Platz)
KRAFTDREIKAMPF	Ilka SCHWENGL-FORSTHUBER, Gentlemen's Agreement	Bankdrücken – bis 47 kg (2. Platz) Kraftdreikampf – bis 47 kg (3. Platz)
MODELLFLUG	Bernhard EGGER, Heli Club Zillertal	Team (5. Platz)
PARAGLEITEN	Stephan GRUBER, Golden Eagles Alpine Gliders Zillertal	Streckenflug Mannschaft (6. Platz)
RADSPORT	Alban LAKATA, Topeak Ergon Racing Team	Mountainbike – Marathon (1. Platz)
	Daniel FEDERSPIEL, Ötztal Scott Racing Team	Mountainbike – Eliminator (1. Platz)
RENNRODELN	Miriam KASTLUNGER, Rodelverein Swarovski Halltal	Mixed Team-Staffel (6. Platz)
Kunstbahn	Wolfgang KINDL, Sportverein Igls	Einzel (3. Platz) Mixed Team-Staffel (6. Platz)
	Peter PENZ, Turnerschaft Innsbruck	Doppelsitzer (2. Platz) Mixed Team-Staffel (6. Platz)
	Georg FISCHLER, Rodelverein Swarovski Halltal	Doppelsitzer (2. Platz) Mixed Team-Staffel (6. Platz)
Naturbahn	Thomas KAMMERLANDER, Sportverein Umhausen	Einzel (4. Platz)
	Tobias ANGERER, Sportverein Stumm	Doppelsitzer (2. Platz)
	Christoph REGENSBURGER, Sportverein Umhausen	Doppelsitzer (4. Platz)
	Dominik HOLZKNECHT, Sportverein Umhausen	Doppelsitzer (4. Platz)
SKISPORT	Nicole HOSP, SC Heiterwang	Superkombination (2. Platz), Mixed Parallel Team (1. Platz)
Alpin	Eva-Maria BREM, WSV Reith	Mixed Parallel Team (1. Platz)
	Christoph NÖSIG, SV Längenfeld	Mixed Parallel Team (1. Platz)

Freestyle	Viktor MOOSMANN, Aerial Artists Association	Slopestyle (4. Platz)
	Marco LADNER, SC Arlberg	Halfpipe (6. Platz)
Sprunglauf	Gregor SCHLIERENZAUER, SV Innsbruck-Bergisel	Einzel (2. Platz), Team (2. Platz)
	Manuel POPPINGER, SV Innsbruck-Bergisel	Team (2. Platz)
SPORTSCHIESSEN	Sonja STRILLINGER, Schützengilde Angerberg	Armbrust – 10 m Mannschaft (2. Platz)
		Armbrust – 30 m stehend Einzel (3. Platz)
		Armbrust – 30 m Kombination Mannschaft (6. Platz)
	Franziska PEER, Schützengilde Angerberg	Armbrust – 30 m stehend Einzel (5. Platz)
		Armbrust – 30 m Kombination Einzel (4. Platz)
		Armbrust – 30 m Kombination Mannschaft (6. Platz)
	Katharina AUER, Schützengilde Roppen	Armbrust – 10 m Mannschaft (2. Platz)
TRIATHLON	Carina WASLE, WAVE Tri Team TS Wörgl	Crosstriathlon (6. Platz)
		XTERRA Crosstriathlon (6. Platz)

BEHINDERTENSPORT

SKISPORT Alpin	Roman RABL, Rollstuhlsportclub Tirol Unterland/WSV Söll	sitzend: Abfahrt (2. Platz), Kombination (2. Platz), Super-G (4. Platz), Riesenslalom (4. Platz)
TRIATHLON	Martin FALCH, Raika Tri Telfs	Crosstriathlon PT4 (2. Platz)

TIROLER KNIRPSE-, SUPER-MINI-, MINI-, MIDI-, KINDER-, NACHWUCHS-, SCHÜLER-, JUGEND- UND JUNIORENMEISTER 2015

ÖSTERREICHISCHE SCHÜLER-, JUGEND- UND JUNIORENMEISTER 2015

INTERNATIONALE ERFOLGE IN DEN KLASSEN SCHÜLER, JUGEND UND JUNIOREN 2015

AMERICAN FOOTBALL	**Österreichischer Juniorenmeister:**	
	AFC SWARCO Raiders Tirol	Cheerleading – Junior Groupstunt Coed
	Dance Moves Telfs	Cheerleading – Junior Level 5 Cheer Coed
	Junioren-Europameister:	
	<u>AFC SWARCO Raiders Tirol</u>	
	Martin SCHILD, Romed ZANGERLE, Sebastian SCHAAR,	
	Dominic SPIELMANN, Fabian ABFALTER, Sandro PLATZGUMMER,	
	Clemens KOLB, Simon RIEDL	American Football (1. Platz)
BADMINTON	**Tiroler Schülermeister:**	
	Sabrina MITTERER, Sportverein Nußdorf-Debant	U 15 – Einzel, Doppel, Mixed Doppel
	Katja OBERBICHLER, Sportverein Nußdorf-Debant	U 15 – Doppel
	Dominik EGGER, Sportverein Nußdorf-Debant	U 15 – Einzel, Mixed Doppel
	Thomas SRUBAR, Badmintonclub Kitzbühel/St. Johann	U 15 – Doppel
	Philipp STOCKER, Badmintonclub Kitzbühel/St. Johann	U 15 – Doppel
	Sportverein Nußdorf-Debant	Mannschaft
	Tiroler Jugendmeister:	
	Sabrina ENGELER, Sportverein Reutte Badminton	U 17 – Einzel
	Irina OLSACHER, Sportverein Nußdorf-Debant	U 19 – Doppel, Mixed Doppel
	Sophie UNTERGUGGENBERGER, Sportverein Nußdorf-Debant	U 19 – Doppel
	Andreas PFURTSCHELLER, Sportverein Nußdorf-Debant	U 17 – Einzel, U 19 – Mixed Doppel
	Philipp HETZENAUER, Sportunion Kufstein	U 19 – Einzel
	Manuel KANETSCHEIDER, Badminton Telfs	U 19 Doppel
	Matteo LIEBER, Badminton Telfs	U 19 Doppel
	Badminton Telfs	Mannschaft
	Tiroler Juniorenmeister:	
	Irina OLSACHER, Sportverein Nußdorf-Debant	Einzel
	Rupert BÄRENTHALER, Sportverein Nußdorf-Debant	Einzel
BAHNENGOLF	**Tiroler Schülermeister:**	
	Marcel KREUTNER, Bahnengolfsportclub Raika Telfs	Filzgolf, Bahnengolf Kombi
	Tiroler Jugendmeister:	
	Benjamin KREUTNER, Bahnengolfsportclub Raika Telfs	Minigolf, Filzgolf, Miniaturgolf, Sterngolf, Kombi
BASKETBALL	**Tiroler Schülermeister:**	
	Jugendbasketballclub Kirchberg	U 14 – weiblich
	Turnerschaft Wörgl – Sektion Basketball	U 14 – männlich
	Tiroler Jugendmeister:	
	Sportverein Olympisches Dorf – Sektion Basketball	U 16 – männlich
	Tiroler Juniorenmeister:	
	Sportverein Olympisches – Sektion Basketball	U 19 – männlich
BILLARD Pool	**Tiroler Schülermeister:**	
	Christina BACHLER, Billardclub Saustall Fieberbrunn	Mädchen: 14-1 endlos
	Viktoria RIEDER, Billardclub Saustall Fieberbrunn	Mädchen: 8-Ball, 10-Ball
	Martina RIEDER, Billardclub Saustall Fieberbrunn	Mädchen: 9-Ball
	Zeno WIENAND, Billardclub Saustall Fieberbrunn	Knirpse: 14-1 endlos
	Simon ASTL, Billardclub Saustall Fieberbrunn	Knirpse: 8-Ball, 9-Ball
	Florian HEEL, Sport Billard Club Inzing	Knirpse: 10-Ball
	Elias HORNGACHER, Billardclub Saustall Fieberbrunn	Schüler: 14-1 endlos, 9-Ball
	Tiroler Juniorenmeister:	
	Elias HORNGACHER, Billardclub Saustall Fieberbrunn	14-1 endlos
	Mario KOFLER, Little Pool Team Innsbruck	8-Ball
	Florian HEEL, Sport Billard Club Inzing	10-Ball
BOB- und SKELETON	**Tiroler Schülermeister:**	
	Chiara ERLER, 1. Österreichischer Skeletonclub Ibk./Igls	Minis: Skeleton
	Victoria STEINER, Bob- und Skeletonclub Stubai	Schüler: Skeleton
	Leon ARQUILLIERE, Eiskanalflitzer	Minis: Skeleton
	Sandro ERLER, 1. Österreichischer Skeletonclub Ibk./Igls	Schüler: Skeleton
	Tiroler Jugendmeister:	
	Martin STAMPFER, Bob- und Skeletonclub Stubai	Jugend A: Skeleton
	Ashleigh PITTAWAY, Eiskanalflitzer	Jugend B: Skeleton
	Samuel MAIER, Bob- und Skeletonclub Stubai	Jugend B: Skeleton
	Tiroler Juniorenmeister:	
	Carina MAIR, Bob- und Skeletonclub Stubai	Skeleton
	Raphael MAIER, Bob- und Skeletonclub Stubai	Skeleton
	Österreichischer Schülermeister:	
	Chiara ERLER, 1. Österreichischer Skeletonclub Ibk./Igls	Minis: Skeleton

	Victoria STEINER, Bob- und Skeletonclub Stubai	Schüler: Skeleton
	Leon ARQUILLIERE, Eiskanalflitzer	Minis: Skeleton
	Sandro ERLER, 1. Österreichischer Skeletonclub Ibk./Igls	Schüler: Skeleton

Österreichischer Jugendmeister:
Martin STAMPFER, Bob- und Skeletonclub Stubai — Jugend A: Skeleton
Ashleigh PITTAWAY, Eiskanalflitzer — Jugend B: Skeleton
Samuel MAIER, Bob- und Skeletonclub Stubai — Jugend B: Skeleton

Österreichischer Juniorenmeister:
Carina MAIR, Bob- und Skeletonclub Stubai — Skeleton
Raphael MAIER, Bob- und Skeletonclub Stubai — Skeleton

Junioren-Weltmeister:
Carina MAIR, Bob- und Skeletonclub Stubai — Skeleton (3. Platz)
Benjamin MAIER, Bob- und Skeletonclub Stubai — Zweierbob (4. Platz), Viererbob (3. Platz)
Franz ESTERHAMMER, Bobclub Amras Innsbruck — Viererbob (3. Platz)
Raphael MAIER, Bob- und Skeletonclub Stubai — Skeleton (3. Platz)

BOGENSPORT

Tiroler Schülermeister:
Zoe NOTHEGGER, Bogensportverein Lakota — Schüler 1: 3D – Instinctive Bow
Emma HILTPOLT, Bogenclub Seefeld — Schüler 2: Indoor Barebow
David MEIER, Bogen-Sport-Club Turnerschaft Wörgl — Schüler 1: Indoor Barebow
Mario NIEDEREGGER, Bogensportverein Iseltal — Schüler 2: 3D – Barebow
Julian SCHWEIGHOFER, Bogensportclub Schwaz/Vomp — Schüler 2: Indoor – Recurve
 — Schüler 2: Outdoor – Recurve
Manuel FINK, Bogenschützenverein Instinktiv Hunter — Schüler 2: Outdoor – Barebow
Fabio DENGLER, Innsbrucker Hauptschützengesellschaft — Schüler 2: Feld – Instincitve Bow

Tiroler Jugend-Meister:
Maximilian HOCHKOGLER, AVALON-Bogensportverein — Kadetten: 3D – Instinctive Bow
Patrick EBERHARTER, Heeressportverein Absam — Kadetten: Indoor – Barebow
Oliver GLÄSS, Bogensportclub Schwaz/Vomp — Kadetten: Indoor – Compound
 — Kadetten: Outdoor – Compound

Tiroler Juniorenmeister:
Annalena GEISLER, Bogensportclub Schwaz/Vomp — Indoor – Recurve
Bernadette LINDNER, Bogensportclub Schwaz/Vomp — Outdoor – Recurve
Mario MEINSCHAD, Bogensportclub Rietz — 3D – Compound
Lukas STEINLECHNER, Bogensportclub Schwaz/Vomp — Outdoor – Recurve

Österreichischer Schülermeister:
Julian SCHWEIGHOFER, Bogensportclub Schwaz/Vomp — Schüler 2: Indoor – Recurve
 — Schüler 2: Outdoor – Recurve
Mario NIEDEREGGER, Bogensportverein Iseltal — Schüler 2: 3D – Barebow

BOXEN

Tiroler Schülermeister:
Magomed DAURBEKOV, Boxclub Unterberger Wörgl — Papiergewicht bis 43 kg
Efe GÜR, Boxclub Unterberger Wörgl — Bantamgewicht bis 52 kg

Tiroler Jugendmeister:
Marton PATEY, Box Club Innsbruck — Halbfliegengewicht bis 49 kg
Fabio ROMEO, Boxclub Unterberger Wörgl — Bantamgewicht bis 54 kg
Esad AVDIC, Box Club Innsbruck — Federgewicht bis 57 kg
David SKALA, Box Club Innsbruck — Leichtgewicht bis 60 kg
Martin JOCIC, Boxclub Unterberger Wörgl — Halbweltergewicht bis 63 kg
Shekeb WAZIRI, Box Ring Innsbruck — Weltergewicht bis 66 kg
Peter MITTERER, Boxclub Unterberger Wörgl — Halbschwergewicht – 80 kg
Mert BALA, Boxclub Unterberger Wörgl — Halbschwergewicht über 80 kg

Tiroler Juniorenmeister:
Mirnes HODZA, Box Ring Innsbruck — Fliegengewicht bis 52 kg
Mokhlis SAIFATULLA, Box Ring Innsbruck — Leichtgewicht bis 60 kg
Denis ZIVKOVIC, Box Ring Innsbruck — Halbweltergewicht bis 64 kg

Österreichischer Jugendmeister:
Esad AVDIC, Box Club Innsbruck — Federgewicht bis 57 kg
Martin JOCIC, Boxclub Unterberger Wörgl — Leichtgewicht bis 60 kg
Hassan IBRAGIMOV, Boxclub Unterberger Wörgl — Weltergewicht bis 66 kg

Österreichischer Juniorenmeister:
Alexander FRANK, Boxclub Unterberger Wörgl — Leichtgewicht bis 60 kg
Edin AVDIC, Box Club Innsbruck — Weltergewicht bis 69 kg

EISHOCKEY

Tiroler Schülermeister:
HC TWK Innsbruck „Die Haie" — U 12
EHC Immobau Mils — U 14
HC Kufstein — U 17, U 18

EISKUNSTLAUF	**Tiroler Schülermeister:**	
	Katharina BACHER, Innsbrucker Eislaufverein	Einzel
	Patrik HUBER, Eiskunstlaufverein Außerfern	Einzel
	Tiroler Jugendmeister:	
	Miriam ROTTENSTEINER, Union Eissportklub Zirl	Einzel
	Anton SKOFICZ, Union Eislaufverein Hall	Einzel
	Tiroler Juniorenmeister:	
	Anna TROGER, Union Eissportklub Zirl	Einzel
	Paul SKOFICZ, Union Eislaufverein Hall	Einzel
EISSCHNELLLAUF	**Tiroler Schülermeister:**	
	Ivona MATKOVIC, Ski Club Lattella Wörgl – Team Ice Skating	Junioren F – Eisschnelllauf
	Chantal WEISS, Ski Club Lattella Wörgl – Team Ice Skating	Junioren E – Eisschnelllauf
	Arian WALDER, Union Speed Skating Club Innsbruck	Junioren F – Eisschnelllauf
	Marc RIMML, ASVÖ Roll- und Eisschnelllauf Club Ibk.	Junioren E – Eisschnelllauf
	Tiroler Jugendmeister:	
	Victoria SCHINNERL, Union Speed Skating Club Innsbruck	Junioren C – Eisschnelllauf
	Anna PETUTSCHNIGG, SC Lattella Wörgl – Team Ice Skating	Junioren D – Eisschnelllauf
	Ignaz GSCHWENTNER, Union Speed Skating Club Innsbruck	Junioren D – Eisschnelllauf
	Tiroler Juniorenmeister:	
	Viola FEICHTNER, Union Speed Skating Club Innsbruck	Junioren A – Eisschnelllauf
	Anela TURANOVIC, Union Speed Skating Club Innsbruck	Junioren B – Eisschnelllauf
	Thomas PETUTSCHNIGG, SC Lattella Wörgl – T. Ice Skating	Junioren A – Eisschnelllauf
	Mathias HAUER, Union Speed Skating Club Innsbruck	Junioren B – Eisschnelllauf
	Österreichischer Schülermeister:	
	Ivona MATKOVIC, Ski Club Lattella Wörgl – Team Ice Skating	Junioren F – Eisschnelllauf Vierkampf Short Track
	Chantal WEISS, Ski Club Lattella Wörgl – Team Ice Skating	Junioren E – Eisschnelllauf Vierkampf
	Arian WALDER, Union Speed Skating Club Innsbruck	Junioren F – Eisschnelllauf Vierkampf
	Marc RIMML, ASVÖ Roll- und Eisschnelllauf Club Ibk.	Junioren E – Eisschnelllauf Vierkampf
	Österreichischer Jugendmeister:	
	Anna PETUTSCHNIGG, SC Lattella Wörgl – Team Ice Skating	Junioren D – Eisschnelllauf Vierkampf
	Viktoria SCHINNERL, Union Speed Skating Club Innsbruck	Junioren C – Eisschnelllauf Vierkampf
	Ignaz GSCHWENTNER, Union Speed Skating Club Innsbruck	Junioren D – Eisschnelllauf Vierkampf
	Österreichischer Juniorenmeister:	
	Viola FEICHTNER, Union Speed Skating Club Innsbruck	Junioren A – Eisschnelllauf Vierkampf
	Anela TURANOVIC, Union Speed Skating Club Innsbruck	Junioren B – Eisschnelllauf Vierkampf
	Thomas PETUTSCHNIGG, SC Lattella Wörgl – T. Ice Skating	Junioren A – Eisschnelllauf Vierkampf
	Junioren-Weltmeister:	
	Vanessa BITTNER, Union Speed Skating Club Innsbruck	500 m (1. Platz), 1.000 m (1. Platz), Mass Start (1. Platz)
	Linus HEIDEGGER, Union Speed Skating Club Innsbruck	Mass Start (4. Platz)
EISSTOCKSPORT	**Tiroler Schülermeister:**	
	Sina RIEGER, ESF Pinswang	U 14 – Eisstocksport – Ziel
	Alina HAUSBERGER, SV Breitenbach	U 14 – Stocksport – Ziel
	Bezirksauswahl Unterland Mitte:	
	SV Breitenbach/EV Breitenbach	U 14 – Eisstocksport – Mannschaft
	SV Breitenbach	U 14 – Stocksport – Mannschaft
	Tiroler Jugendmeister:	
	Natalie FRANK, SV Längenfeld	U 16 – Eisstocksport – Ziel
		U 16 – Stocksport – Ziel
	Marie-Theres SCHATZ, ESF Pinswang	U 19 – Eisstocksport – Ziel
	Katharina TRIENDL, SC Breitenwang	U 19 – Stocksport – Ziel
	Daniel STRASSER, EV Itter	U 16 – Eisstocksport – Ziel
	Christopher SCHNEIDER, EV Itter	U 16 – Stocksport – Ziel
	Christian LANNER, STC Bruckhäusl	U 19 – Eisstocksport – Ziel
	Jakob KREIDL, ESC Kleinboden	U 19 – Stocksport – Ziel
	Bezirksauswahl Unterland Mitte:	
	EV Itter/EV Breitenbach/ESV Erpfendorf/SV Breitenbach	U 16 – Stocksport – Mannschaft
	EV Itter	U 19 – Eisstocksport – Mannschaft
		U 19 – Stocksport – Mannschaft
	Tiroler Juniorenmeister:	
	Lisa ADLER, SC Breitenwang	U 23 – Eisstocksport – Ziel
		U 23 – Stocksport – Ziel
	Georg PLANKENSTEINER, EV Itter	U 23 – Eisstocksport – Ziel
	Roman TASSENBACHER, TSU Kartitsch	U 23 – Stocksport – Ziel

	SC Breitenwang	U 23 – Eisstocksport – Mannschaft
		U 23 – Stocksport – Mannschaft
	Österreichischer Juniorenmeister:	
	Lisa ADLER, SC Breitenwang	U 23 – Stocksport – Ziel
FLOORBALL	**Tiroler Schülermeister:**	
	UHC Alligator Rum	Mannschaft weiblich
	Österreichischer Schülermeister:	
	UHC Alligator Rum	
	Sarah JENEWEIN, Maria BAUMGARTNER, Celine KOPP,	
	Sina STEINLE, Naomi WOLNY, Maria WYK	Kleinfeld – U 13
	Österreichischer U15-Meister:	
	UHC Alligator Rum	
	Sarah JENEWEIN, Maria BAUMGARTNER, Lisa FERDIK,	
	Nadja JANISCH, Celine KOPP, Naomi WOLNY, Maria WYK,	
	Elena CASTRIOTTA, Daria FROSCHHAMMER,	
	Valentina PLANCHENSTAINER, Sarah TRENKER,	
	Nadine ZUMKELLER, Elena COMPLOJ	Kleinfeld – U 15
FUSSBALL	**Tiroler Nachwuchsmeister:**	
	FC Union Innsbruck	U 14
	Spielgemeinschaft Oberland West (Prutz/Serfaus)	U 15
	FC Wacker Innsbruck	U 16
	FC Zirl	U 17
	WSG Wattens	U 18
GEWICHTHEBEN	**Tiroler Schülermeister:**	
	Anna LAMPARTER, Kraftsportverein Rum	U 11 – Zweikampf, Mehrkampf
	Victoria STEINER, Kraftsportverein Rum	U 13 – Zweikampf, Mehrkampf
	Christian KATHOFER, Kraftsportclub Bad Häring	U 11 – Mehrkampf
	Maximilian URAN, Kraftsportverein Rum	U 11 – Zweikampf
	Tiroler Jugendmeister:	
	Christoph URAN, Kraftsportverein Rum	U 15 – Zweikampf bis 45 kg
	Thomas GRATT, Kraftsportclub Bad Häring	U 15 – Zweikampf bis 56 kg
	Mario WALKAM, Kraftsportverein Rum	U 15 – Zweikampf bis 85 kg
	Armin RITZER, Kraftsportclub Bad Häring	U 17 – Zweikampf bis 69 kg
	Samuel MAIER, Kraftsportverein Rum	U 17 – Zweikampf bis 77 kg
	Tiroler Juniorenmeister:	
	Christoph URAN, Kraftsportverein Rum	Zweikampf bis 56 kg
	Thomas GRATT, Kraftsportclub Bad Häring	Zweikampf bis 62 kg
	Marco PAYR, Kraftsportclub Bad Häring	Zweikampf bis 69 kg
	Armin RITZER, Kraftsportclub Bad Häring	Zweikampf bis 77 kg
	Thomas SAMMER, Kraftsportclub Bad Häring	Zweikampf bis 85 kg
	Österreichischer Schülermeister:	
	Victoria STEINER, Kraftsportverein Rum	U 13 – Zweikampf, Mehrkampf
	Maximilian URAN, Kraftsportverein Rum	U 11 – Zweikampf, Mehrkampf
	Österreichischer Jugendmeister:	
	Christoph URAN, Kraftsportverein Rum	U 15 – Zweikampf bis 50 kg
	Armin RITZER, Kraftsportclub Bad Häring	U 17 – Zweikampf bis 77 kg
	Lukas WALKAM, Kraftsportverein Rum	U 17 – Zweikampf bis 85 kg
	Österreichischer Juniorenmeister:	
	Christoph URAN, Kraftsportverein Rum	Zweikampf bis 56 kg
GOLF	**Tiroler Schülermeister:**	
	Pia PERTHEN, Golfclub Mieminger Plateau	U 14 – Zählspiel
	Maximilian FEISTMANTL, GC Kitzbüheler Alpen – Westendorf	U 12 – Stableford
	Clemens ZANON, Golfclub Seefeld Wildmoos	U 14 – Zählspiel
	Tiroler Jugendmeister:	
	Grace EINBERGER, Golfclub Kitzbühel Schwarzsee	U 16 – Zählspiel
	Pauline KÖCK, Golfclub Kitzbühel Schwarzsee	U 18 – Zählspiel
	Felix SCHÖFFTHALER, Golfclub Mieminger Plateau	U 16 – Zählspiel
	Robert MOLNAR, Golfclub Kitzbühel Schwarzsee	U 18 – Zählspiel
	Tiroler Juniorenmeister:	
	Pauline KÖCK, Golfclub Kitzbühel Schwarzsee	U 21 – Zählspiel
	Thomas KIRCHLER, Golfclub Achensee	U 21 – Zählspiel
	Österreichischer Schülermeister:	
	Maximilian FEISTMANTL, GC Kitzbüheler Alpen – Westendorf	U 12 – Matchplay

	Österreichischer Jugendmeister:	
	Maximilian STEINLECHNER, Golfclub Innsbruck Igls	U 16 – Zählspiel, Matchplay
	Jugend-Europameister:	
	Lea ZEITLER, Golfclub Mieminger Plateau	Mannschaft (3. Platz)
HANDBALL	**Tiroler Schülermeister:**	
	HIT medalp Tirol	U 9, U10
	Tiroler Jugendmeister:	
	Union Handballclub Paulinum Schwaz	U 11, U 12, U 13, U 15, U 16 – weiblich
	Sportverein Olympisches Dorf	U 14, U 18 – weiblich
	HIT medalp Tirol	U 11, U 13, U 14, U 15, U16 – männlich
	Union Handballclub Absam	U 12 – männlich
	Union Leistungszentrum Schwaz	U 18 – männlich
JUDO	**Tiroler Schülermeister:**	
	Schüler U 12:	
	Noemi BLAAS, Judozentrum Innsbruck	bis 36 kg
	Jasmin BAUMANN, ATSV Jenbach	bis 40 kg
	Pia LEINER, WSG Swarovski Wattens	bis 44 kg
	Silas ABRAHAM, Judozentrum Innsbruck	bis 30 kg
	Lukas KOLM, Judoclub Volksbank Kufstein	bis 34 kg
	Ali DAURBEKOV, Judoclub Volksbank Kufstein	bis 38 kg
	Florian ISOLA, Judozentrum Innsbruck	bis 42 kg
	Julian ISLITZER, Union Raika Osttirol	bis 50 kg
	Schüler U 14:	
	Verena FRÖHLICH, Judozentrum Innsbruck	bis 36 kg
	Pia-Jaqueline KRAFT, WSG Swarovski Wattens	bis 44 kg
	Melanie MARTINER, Judozentrum Innsbruck	bis 57 kg
	Magdalena PIRCHER, Judoclub Volksbank Kufstein	über 57 kg
	Silas ABRAHAM, Judozentrum Innsbruck	bis 30 kg
	Ali DAURBEKOV, Judoclub Volksbank Kufstein	bis 34 kg
	Florian ISOLA, Judozentrum Innsbruck	bis 38 kg
	Marc GIRSTMAIR, Union Raika Osttirol	bis 42 kg
	Julian ISLITZER, Union Raika Osttirol	bis 46 kg
	Mario NEURURER-LUCHI, WSG Swarovski Wattens	bis 55 kg
	Alexander MILAKOVIC, Judoclub Volksbank Kufstein	bis 60 kg
	Milan KOSTIC, Judoclub Volksbank Kufstein	über 66 kg
	Judozentrum Innsbruck	Mannschaft weiblich
	Judoclub Volksbank Kufstein	Mannschaft männlich
	Tiroler Jugendmeister:	
	Jugend U 16:	
	Pia-Jaqueline KRAFT, WSG Swarovski Wattens	bis 44 kg
	Natascha PIRCHER, Judoclub Volksbank Kufstein	bis 63 kg
	Magdalena PIRCHER, Judoclub Volksbank Kufstein	über 63 kg
	Mustafa SALATAYEF, Judoclub Volksbank Kufstein	bis 46 kg
	Morvsar KURBANOV, Judozentrum Innsbruck	bis 50 kg
	Mario NEURURER-LUCHI, WSG Swarovski Wattens	bis 60 kg
	Ulas Cem AKIN, Judozentrum Innsbruck	bis 66 kg
	Julian LEINER, WSG Swarovski Wattens	über 73 kg
	Jugend U 18:	
	Natascha PIRCHER, Judoclub Volksbank Kufstein	bis 57 kg
	Maria WALCH, Judoclub Fieberbrunn	bis 70 kg
	Lukas PETRISCHOR, WSG Swarovski Wattens	bis 60 kg
	Maximilian KNAPP, WSG Swarovski Wattens	bis 73 kg
	Julian LEINER, WSG Swarovski Wattens	bis 81 kg
	Tiroler U 21-Juniorenmeister:	
	Marissa ANDRICH, Judoclub Volksbank Kufstein	bis 52 kg
	Natascha PIRCHER, Judoclub Volksbank Kufstein	bis 63 kg
	Sarah ÖTTL, WSG Swarovski Wattens	bis 78 kg
	Christian MÖLLINGER, WSG Swarovski Wattens	bis 66 kg
	Felix STIPPLER, Judozentrum Innsbruck	bis 73 kg
	Julian LEINER, WSG Swarovski Wattens	bis 81 kg
	Österreichischer U 16-Jugendmeister:	
	Marissa ANDRICH, Judoclub Volksbank Kufstein	bis 48 kg
	Natascha PIRCHER, Judoclub Volksbank Kufstein	bis 57 kg
	Julian LEINER, WSG Swarovski Wattens	bis 81 kg
KANU	**Tiroler Juniorenmeister:**	
	Andreas BRUNNER, Kajakverein Naturfreunde Innsbruck	Kajak Regatta K1

KICKBOXEN	**Tiroler Schülermeister:**	
	Jasmin AIGNER, Brixlegger Sportkarate Club Prosic	Pointfighting – bis 145 cm
	Georg KREIDL, Brixlegger Sportkarate Club Prosic	Pointfighting – bis 135 cm
	Daniel JUDEM, Kampfsportcenter Kruckenhauser	Pointfighting – bis 145 cm
	Tiroler Jugendmeister:	
	Natasa JUBECIC, Brixlegger Sportkarate Club Prosic	Pointfighting – bis 165 cm
	Florian LARCH, High-Side-Kicks Kickboxing Hopfgarten	Pointfighting – bis 155 cm
	David THALER, Brixlegger Sportkarate Club Prosic	Pointfighting – bis 165 cm
	Tiroler Juniorenmeister:	
	Vladimir JOVANOVIC, Brixlegger Sportkarate Club Prosic	Pointfighting – bis 175 cm
	Aleksandar STANIC, Brixlegger Sportkarate Club Prosic	Pointfighting – über 175 cm
	Österreichischer Schülermeister:	
	Jasmin AIGNER, Brixlegger Sportkarate Club Prosic	U 13 – Pointfighting – bis 42 kg
	Benjamin SCHWIERZ, Brixlegger Sportkarate Club Prosic	U 10 – Pointfighting bis 28 kg
		U 13 – Pointfighting bis 28 kg
	Noel SALZBURGER, Brixlegger Sportkarate Club Prosic	U 10 – Pointfighting über 32 kg
	Österreichischer Jugendmeister:	
	Viviane GRITSCH, Kickboxclub Tiroler Oberland	Leichtkontakt – über 65 kg
	Natasa JUBECIC, Brixlegger Sportkarate Club Prosic	Pointfighting – bis 46 kg, U 16 – Teamfight
	Johanna WECHSELBERGER, High-Side-Kicks Kickb. Hopfgart.	Pointfighting – über 65 kg
	Miguel KRCULOVIC, Kickboxverein Gebrüder Weinold	Leichtkontakt – bis 47 kg, Pointfighting – bis 47 kg
	Aleksandar STANIC, Brixlegger Sportkarate Club Prosic	Pointfighting – bis 63 kg, U 16 – Teamfight
	Vladimir JOVANOVIC, Brixlegger Sportkarate Club Prosic	U 16 – Teamfight
	Österreichischer Juniorenmeister:	
	Natasa JUBECIC, Brixlegger Sportkarate Club Prosic	Pointfighting – bis 50 kg
	Martin ELLMERER, Kampfsportcenter Kruckenhauser	Pointfighting – bis 79 kg
	Junioren-Europameister:	
	Martin ELLMERER, Kampfsportcenter Kruckenhauser	Pointfighting – bis 79 kg (3. Platz)
KRAFTDREIKAMPF	**Österreichischer Jugendmeister:**	
	Dakota REICH, Juniors Gym Imst	Kraftdreikampf bis 63 kg
	Marco LANG, Juniors Gym Imst	Kraftdreikampf bis 63 kg
	Österreichischer Juniorenmeister:	
	Simon PECHTL, Power Bunker Imst	Kraftdreikampf bis 83 kg
	Christian WAGNER, Juniors Gym Imst	Bankdrücken bis 105 kg, Kraftdreikampf bis 105 kg
	Martin SCHNEGG, Juniors Gym Imst	Bankdrücken über 120 kg, Kraftdreikampf über 120 kg
	Jugend-Europameister:	
	Cheyenne REICH, Juniors Gym Imst	Kraftdreikampf bis 47 kg (1. Platz)
	Dakota REICH, Juniors Gym Imst	Kraftdreikampf bis 52 kg (2. Platz)
	Jugend-Weltmeister:	
	Cheyenne REICH, Juniors Gym Imst	Kraftdreikampf bis 52 kg (4. Platz)
	Dakota REICH, Juniors Gym Imst	Kraftdreikampf bis 57 kg (6. Platz)
LEICHTATHLETIK	**Tiroler U 14-Schülermeister:**	
	Kathi OBETZHOFER, TS Raika Schwaz	60 m
	Sarah SPINN, Turnerschaft Innsbruck Sparkasse	600 m
	Lisa MUSACK, LT Raika Kolsass-Weer	2.000 m
	Ida SCHWANINGER, Turnerschaft Innsbruck Sparkasse	60 m Hürden, Weitsprung, Kugelstoßen, Vierkampf
	Sarah WELZ, SU Kufstein	Hochsprung
	Hanna OBERKOFLER, SK Völs	Vortex
	Lea SCHWÖLLENBACH, SC LT Breitenbach	Crosslauf
	Paul MAIER, Turnerschaft Innsbruck Sparkasse	60 m, 600 m, 2.000 m
	Maximilian FELDERER, TS Raika Schwaz	60 m Hürden
	Moritz HABERL, SU Kufstein	Hochsprung
	Andreas HERZINGER, SV Raika Reutte	Weitsprung
	David JOVIC, Union Raika Lienz	Kugelstoßen
	Luca MAIR, SV Raika Reutte	Vortex
	Philipp ERTL, Turnerschaft Innsbruck Sparkasse	Crosslauf
	Noah LAMBAUER, SU Kufstein	Vierkampf
	Turnerschaft Innsbruck Sparkasse	4 x 100 m weiblich, 4 x 100 m männlich, Vierkampf Mannschaft weiblich, Vierkampf Mannschaft männlich
	TRI-X-KUFSTEIN	Crosslauf Mannschaft weiblich
	SC LT Breitenbach	Berglauf weiblich, Berglauf männlich
	Tiroler U 16-Schülermeister:	
	Alena KLOCKER, Union Raika Lienz	100 m, Halle: 60 m
	Ina KANNENBERG, SV Raika Reutte	300 m, 80 m Hürden
	Julia ZOTT, SC LT Breitenbach	1.000 m

Magdalena FRÜH, Turnerschaft Innsbruck Sparkasse	3.000 m
Ida SCHWANINGER, Turnerschaft Innsbruck Sparkasse	300 m Hürden, Hochsprung, Kugelstoßen
Claudia PIRCHNER, ATSV Innsbruck	Halle: Hochsprung
Helene POMMER, Turnerschaft Innsbruck Sparkasse	Halle: 60 m Hürden
Sandra ASTNER, TS Raika Schwaz	Stabhochsprung, Diskuswurf
Anna GÜRTLER, TS Raika Schwaz	Halle: Stabhochsprung
Fiona HOLD, SV Raika Reutte	Weitsprung, Halle: Weitsprung
Sandra VUJANOVIC, Brixlegger SV	Speerwurf
Verena ZWICK, IAC Leichtathletik	Hammerwurf
Lea GERMEY, SV Raika Reutte	Siebenkampf
Emmanuelle ADDAE, Turnerschaft Innsbruck Sparkasse	Halle: Kugelstoßen
Johanna MUSACK, LT SV Raika Kolsass Weer	Berglauf
Tobias URL, LAC Innsbruck Tirol	Halle: 60 m, Kugelstoßen
Gregor KNITTELFELDER, TS Raika Schwaz	100 m, 300 m, 100 m Hürden, 300 m Hürden, Siebenkampf, Halle: 60 m Hürden, Hochsprung
Daniel LANER, SC LT Breitenbach	1.000 m
Emil SCHWANINGER, Turnerschaft Innsbruck Sparkasse	3.000 m
Emanuel FUCHS, Union Raika Lienz	Hochsprung
Matthias KOHL, LC Tirol Innsbruck	Weitsprung, Speerwurf, Halle: Weitsprung
Andreas HERZINGER, SV Raika Reutte	Kugelstoßen
Christoph NITZLNADER, LAC Innsbruck Tirol	Diskuswurf
Nick GRÜNER, LAC Innsbruck Tirol	Hammerwurf
Lukas KRUCKENHAUSER, SC LT Breitenbach	Crosslauf, Berglauf
SV Raika Reutte	Siebenkampf Mannschaft weiblich
Turnerschaft Innsbruck Sparkasse	4 x 100 m weiblich, 3 x 800 m weiblich
Berglaufteam Volders	Berglauf Mannschaft weiblich
TS Raika Schwaz	Siebenkampf Mannschaft männlich, 4 x 100 m männlich
SC LT Breitenbach	3 x 1.000 m männlich, Berglauf Mannschaft männlich

Tiroler Jugendmeister:

Andrea OBETZHOFER, TS Raika Schwaz	100 m, 110 m Hürden, Hochsprung Halle: 60 m, 200 m, 60 m Hürden, Hochsprung, Kugelstoßen
Ina KANNENBERG, SV Raika Reutte	200 m
Sarah STEINLECHNER, TS Raika Schwaz	400 m, 400 m Hürden
Lea PAVLU, Turnerschaft Innsbruck Sparkasse	800 m
Johanna MUSACK, LT SV Kolsass-Weer	3.000 m
Julia NEYER, ATSV Innsbruck	2.000 m Hindernis
Sandra ASTNER, TS Raika Schwaz	Dreisprung, Halle: Stabhochsprung
Nora HÜBNER, Turnerschaft Innsbruck Sparkasse	Weitsprung, Halle: Weitsprung
Claudia WIMPISSINGER, Brixlegger SV	Kugelstoßen
Adriana KNOLL, Brixlegger SV	Diskuswurf
Katharina ERLACHER, LG Decker Itter	Berglauf
Sascha STEPAN, Brixlegger SV	100 m, Kugelstoßen, Diskuswurf, Hammerwurf, Speerwurf Halle: 60 m, 200 m, Kugelstoßen
Raphael SCHUCHTER, ATSV Innsbruck	200 m
Philipp GREIF, SV Raika Reutte	400 m
Andreas HELLER, Turnerschaft Innsbruck Sparkasse	800 m
Dominik POBERSCHNIGG, SV Raika Reutte	1.500 m, 3.000 m
Julian NASCHBERGER, TS Raika Schwaz	5 km Straße, 2.000 m Hindernis
Aaron PUELACHER, LC Tirol Innsbruck	110 m Hürden, Hochsprung Halle: 60 m Hürden, Weitsprung
Alex EDER, Union Raika Lienz	Weitsprung
Riccardo KLOTZ, ATSV Innsbruck	Halle: Hochsprung, Stabhochsprung
Raphael EICHINGER, Turnerschaft Innsbruck Sparkasse	Crosslauf
Simon ZANGERL, LT Jenbach-Buch Wiesing	Berglauf
LG Decker Itter	5 km Straße Mannschaft weiblich
	Berglauf Mannschaft weiblich
LAC Tirol Innsbruck	4 x 100 m männlich
Turnerschaft Innsbruck Sparkasse	4 x 100 m weiblich
	3 x 800 m weiblich, 3 x 1.000 m männlich

Tiroler Juniorenmeister:

Andrea OBETZHOFER, TS Raika Schwaz	100 m, 200 m, Weitsprung, Kugelstoßen, Speerwurf Halle: 60 m, 200 m, Weitsprung, Fünfkampf
Sarah STEINLECHNER, TS Raika Schwaz	400 m
Pia REINDL, ITSG Running	Halle: 400 m
Katharina KOITZ, SK Rueckenwind	800 m
Bettina TAXER, Union Raika Lienz	1.500 m

	Julia PRAXMARER, LG Decker Itter	5.000 m
	Andrea FUCHS, LG Pletzer Hopfgarten	100 m Hürden
	Magdalena MACHT, TS Raika Schwaz	Dreisprung, Halle: Dreisprung
	Julia DELLA-PIETRA, IAC Leichtathletik	Diskuswurf
	Claudia WIMPISSINGER, Brixlegger SV	Hammerwurf
	Lisa FELDERER, TS Raika Schwaz	Siebenkampf
	Lisa ACHLEITNER, SC LT Breitenbach	Berglauf
	Tobias ABFALTER, ITSG Running	Halle: 60 m, 200 m
	Sascha STEPAN, Brixlegger SV	100 m, Diskuswurf, Hammerwurf
	Moritz THURNER, SV Raika Reutte	400 m
	Dominik POBERSCHNIGG, SV Raika Reutte	800 m
	Julian NASCHBERGER, TS Raika Schwaz	1.500 m
	Markus KOPP, SC LT Breitenbach	5.000 m
	Lukas HAAS, SV Raika Reutte	110 m Hürden
	Stefan HAAS, SV Raika Reutte	400 m Hürden
	Alex EDER, Union Raika Lienz	Hochsprung
	Riccardo KLOTZ, ATSV Innsbruck	Stabhochsprung
	Emanuel HÜBNER, ATSV Innsbruck	Weitsprung, Dreisprung Halle: Stabhochsprung, Dreisprung
	Raphael SCHUCHTER, ATSV Innsbruck	Speerwurf
	Stefan FUCHS, LG Decker Itter	Berglauf
	TS Raika Schwaz	4 x 100 m weiblich, 3 x 800 m weiblich
	LG Decker Itter	Berglauf Mannschaft weiblich
	SV Raika Reutte	4 x 100 m männlich
	Turnerschaft Innsbruck Sparkasse	3 x 1.000 m männlich
	Österreichischer Schülermeister:	
	Lea GERMEY, SV Raika Reutte	Hochsprung
	Österreichischer Jugendmeister:	
	Andrea OBETZHOFER, TS Raika Schwaz	200 m, Kugelstoßen Halle: 60 m, Weitsprung, Kugelstoßen
	Riccardo KLOTZ, ATSV Innsbruck	Stabhochsprung
	Markus KOPP, SC LT Breitenbach	5 km
	Österreichischer Juniorenmeister:	
	Katharina KOITZ, SK Rueckenwind	800 m, 1.500 m
	Magdalena MACHT, TS Raika Schwaz	Halle: Dreisprung
	Lisa FELDERER, TS Raika Schwaz	Siebenkampf
	Andrea OBETZHOFER, TS Raika Schwaz	Halle: Fünfkampf
	Riccardo KLOTZ, ATSV Innsbruck	Stabhochsprung
ORIENTIERUNGSLAUF	**Tiroler Schülermeister:**	
	Vanessa PRAXMARER, Laufklub Kompass Innsbruck	MTB-Orientierungslauf Mittel
	Lara LAWITSCHKA, Orientierungslaufklub Kufstein	OL Sprint, OL Mittel, Ski-OL Mittel
	Elisa POSCH, Laufklub Kompass Innsbruck	OL Lang
	Sebastian FLORIAN, Laufklub Kompass Innsbruck	MTB-Orientierungslauf Mittel, Ski-OL Mittel
	Nicholas STIRBAN, Naturfreunde Kitzbühel	OL Sprint, OL Mittel, OL Lang
	Tiroler Jugendmeister:	
	Lena ENNEMOSER, Laufklub Kompass Innsbruck	MTB-Orientierungslauf Mittel, OL Sprint, OL Mittel, OL Staffel
	Anna HECHL, Orientierungslaufclub Schwaz	OL Lang, Ski-OL Mittel
	Lisa ENNEMOSER, Laufklub Kompass Innsbruck	OL Staffel
	Lorenz SCHNEGG, Laufklub Kompass Innsbruck	MTB-Orientierungslauf Mittel, Ski-OL Mittel
	Simon AMBACHER, Laufklub Kompass Innsbruck	OL Sprint
	Thomas MAIRHOFER, Orientierungslaufklub Kufstein	OL Mittel, OL Lang
	Nicholas STIRBAN, Naturfreunde Kitzbühel	OL Staffel
	Stefan SCHWAIGHOFER, Naturfreunde Kitzbühel	OL Staffel
	Tiroler Juniorenmeister:	
	Celina DABERNIG, Laufklub Kompass Innsbruck	MTB-Orientierungslauf Mittel, OL Sprint, OL Lang, Ski-OL Mittel
	Lisa KRIMBACHER, Naturfreunde Kitzbühel	OL Mittel
	Anna LEITNER, Orientierungslaufklub Kufstein	OL Staffel
	Anna MAIRHOFER, Orientierungslaufklub Kufstein	OL Staffel
	Aaron PROHASKA, Naturfreunde Kitzbühel	MTB-Orientierungslauf Mittel, OL Sprint, OL Mittel, OL Lang, OL Staffel
	Andrä HÖLZL, Naturfreunde Kitzbühel	OL Staffel, Ski-OL Mittel
	Österreichischer Schülermeister:	
	Vanessa PRAXMARER, Laufklub Kompass Innsbruck	OL Staffel
	Katharina HUTER, Laufklub Kompass Innsbruck	OL Staffel
	Elisa POSCH, Laufklub Kompass Innsbruck	OL Staffel

	Österreichischer Jugendmeister:	
	Anna HECHL, Orientierungslaufclub Schwaz	Ski-OL Mittel
	Lorenz SCHNEGG, Laufklub Kompass Innsbruck	Ski-OL Mittel
	Österreichischer Juniorenmeister:	
	Celina DABERNIG, Laufklub Kompass Innsbruck	Ski-OL Mittel
PFERDESPORT	**Tiroler Meister – Junge Reiter:**	
	Katharina HUBER, Reit- und Fahrverein Breitenwang-Reutte	Dressurreiten
	Tiroler Jugendmeister:	
	Valentina STROBL, Reitsportanlage St. Leonhard	Dressurreiten
	Paulina STEINER, Westernriding Club Volders	Westernreiten – Reining
	Tiroler Juniorenmeister:	
	Lena BACHBAUER, Reitclub Seefeld	Voltigieren
	Reitclub Seefeld	Gruppenvoltigieren
	Österreichischer Jugendmeister:	
	Tobias AUER, Westernriding Club Volders	Westernreiten – Reining
	Österreichischer Juniorenmeister:	
	Susanna SEYRLING, Reitclub Seefeld	Gruppenvoltigieren
	Lena BACHBAUER, Reitclub Seefeld	Gruppenvoltigieren
	Nina BACHBAUER, Reitclub Seefeld	Gruppenvoltigieren
	Carla HOLZNER, Reitclub Seefeld	Gruppenvoltigieren
	Jana JAKOBER, Reitclub Seefeld	Gruppenvoltigieren
	Klara ORTNER, Reitclub Seefeld	Gruppenvoltigieren
	Martina SEYRLING, Reitclub Seefeld	Gruppenvoltigieren – Longenführerin
	Junioren-Weltmeister:	
	Denise BISTAN, Reitstall Pill	Voltigieren – Pas de Deux (4. Platz)
	Romana HINTNER, Reitstall Pill	Voltigieren – Pas de Deux (4. Platz)
	Klaus HAIDACHER, Reitstall Pill	Voltigieren – Pas de Deux – Longenführer
RADSPORT	**Tiroler Schülermeister:**	
	Petra HUTER, ÖAMTC tomSiller.at Radclub Tirol	Mädchen: Einzelzeitfahren
	Katharina KREIDL, MTB Racing Team Tirol	Mädchen: Straße – Einzel
	Viktoria GRATZER, Haibike Racing Team Haiming	U 13: Mountainbike – Cross Country
	Tamara WIEDMANN, Haibike Racing Team Haiming	U 15: Mountainbike – Cross Country
	Lukas GRIESSER, ÖAMTC Kleidermair	U 13: Straße – Einzel, Einzelzeitfahren
	Ryan HOENDERVANGERS, Haibike Racing Team Haiming	U 13: Mountainbike – Cross Country
	Mario BAIR, Haibike Racing Team Haiming	U 15: Mountainbike – Cross Country
	Luca WALCH, UNION Raiffeisen Radteam Tirol	U 15: Einzelzeitfahren
	Lukas ZAUCHNER, UNION Raiffeisen Radteam Tirol	U 15: Straße – Einzel
	Tiroler Jugendmeister:	
	Laura STIGGER, Haibike Racing Team Haiming	U 17: Mountainbike – Cross Country
	Florian GAMPER, UNION Raiffeisen Radteam Tirol	U 17: Straße – Einzel, Einzelzeitfahren
	Ronald GOEDEKE, RSV-Weer-Kolsass	U 17: Mountainbike – Cross Country
	Tiroler Juniorenmeister:	
	Anna HUTER, ÖAMTC tomSiller.at Radclub Tirol	Straße – Einzelzeitfahren
	Simone VULJAJ, MTB Racing-Team Tirol	Mountainbike – Cross Country, Straße – Einzel
	Armin EMBACHER, Bike Team Kirchberg	Mountainbike – Cross Country
	Patrick GAMPER, UNION Raiffeisen Radteam Tirol	Straße – Einzel, Einzelzeitfahren
	Tiroler U 23-Meister:	
	Maximilian FOIDL, Bike Team Kirchberg	Mountainbike – Cross Country
	Alexander WACHTER, Tirol Cycling Team	Straße – Einzel
	Fabian MORIANZ, Tirol Cycling Team	Straße – Einzelzeitfahren
	Österreichischer Schülermeister:	
	Lukas GRIESSER, ÖAMTC Kleidermair	U 13: Straße – Einzelzeitfahren
	Österreichischer Jugendmeister:	
	Laura STIGGER, Haibike Racing Team Haiming	U 17: Mountainbike – Cross Country
	Mario GAMPER, UNION Raiffeisen Radteam Tirol	U 17: Straße – Einzel
	Österreichischer Juniorenmeister:	
	Sarah DANZL, UNION Raiffeisen Radteam Tirol	Straße – Einzel
	Katja NEUNER, ÖAMTC Recheis Lattella	Mountainbike – Cross Country
	Hannes BICHLER, MTB Club MS Racing	Mountainbike – Downhill
	Patrick GAMPER, UNION Raiffeisen Radteam Tirol	Straße – Einzelzeitfahren
	Felix GALL, RC ARBÖ Tom Tailor RBK Wörgl	Straße – Einzel, Bahn – Einzelverfolgung
	Markus WILDAUER, ÖAMTC tomSiller.at Radclub Tirol	Bahn – 1.000 m Zeitfahren, Punkterennen, Scratch
	Österreichischer U 23-Meister:	
	Kathrin SCHWEINBERGER, ÖAMTC tomSiller.at Radclub Tirol	Straße – Einzelzeitfahren
	Maximilian FOIDL, Bike Team Kirchberg	Mountainbike – Cross Country

	Michael GOGL, Tirol Cycling Team	Straße – Einzel
	Junioren-Weltmeister:	
	Felix GALL, RC ARBÖ Tom Tailor RBK Wörgl	Straße – Einzel (1. Platz)
RANGGELN	**Tiroler Schülermeister:**	
	Matteo HUBER, Ranglerverein Union Matrei i.O.	U 8
	Simon LANG, Ranglerverein Union Matrei i.O.	U 10
	Stefan GASTL, Ranglerverein Brixental/Wildschönau	U 12
	Dominik STADLER, Ranglerverein Union Matrei i.O.	U 14
	Tiroler Jugendmeister:	
	Emanuel WARSCHER, Ranglerverein Union Matrei i.O.	U 16
	Andreas HAUSER, Ranglerverein Zillertal	U 18
RENNRODELN	**Tiroler Schülermeister:**	
	Dorothea SCHWARZ, Rodelverein Swarovski Halltal	Kunstbahn – Einzel
	Sarah BUCHER, Club der Rodler Hopfgarten	Sportrodeln – Einzel
	Fabio ZAUSER, Rodelverein Imst	Kunstbahn – Einzel
	Simon LINDNER, Club der Rodler Hopfgarten	Sportrodeln – Einzel
	Tiroler Jugendmeister:	
	Selina EGLE, Sportverein Rinn	Kunstbahn – Einzel
	Lisa WALCH, Sportverein Ried i.O.	Naturbahn – Einzel
	Sarah SCHELLHORN, Club der Rodler Hopfgarten	Sportrodeln – Einzel
	Juri GATT, Sportverein Rinn	Kunstbahn – Einzel
	Miguel BRUGGER, Sportverein Umhausen	Naturbahn – Einzel
	Hannes LINDNER, Club der Rodler Hopfgarten	Sportrodeln – Einzel
	Tiroler Juniorenmeister:	
	Madeleine EGLE, Sportverein Rinn	Kunstbahn – Einzel
	Maria AUER, Sportverein Umhausen	Naturbahn – Einzel
	Bettina TSCHUGG, Sportverein Volders	Sportrodeln – Einzel
	Nico GLEIRSCHER, Rodelverein Swarovski Halltal	Kunstbahn – Einzel
	Dominik KIRCHMAIR, Sportverein Oberperfuß	Naturbahn – Einzel
	Patrick KRUCKENHAUSER, Club der Rodler Hopfgarten	Sportrodeln – Einzel
	Österreichischer Schülermeister:	
	Dorothea SCHWARZ, Rodelverein Swarovski Halltal	Kunstbahn – Einzel
	Patrick SCHULTE, Rodel Rennclub Innsbruck	Kunstbahn – Einzel
	Simon LINDNER, Club der Rodler Hopfgarten	Sportrodeln – Einzel
	Österreichischer Jugendmeister:	
	Selina EGLE, Sportverein Rinn	Kunstbahn – Einzel
	Lisa WALCH, Sportverein Ried i.O.	Naturbahn – Einzel
	Anna Maria MISSLINGER, Club der Rodler Hopfgarten	Sportrodeln – Einzel
	Miguel BRUGGER, Sportverein Umhausen	Naturbahn – Einzel
	Hannes LINDNER, Club der Rodler Hopfgarten	Sportrodeln – Einzel
	Österreichischer Juniorenmeister:	
	Madeleine EGLE, Sportverein Rinn	Kunstbahn – Einzel
	Lea GEIGER, Sportverein Uderns	Sportrodeln – Einzel
	Nico GLEIRSCHER, Rodelverein Swarovski Halltal	Kunstbahn – Einzel
	David TROJER, Sportunion Eisbären Innsbruck	Kunstbahn – Doppelsitzer
	Philip KNOLL, Sportverein Sistrans	Kunstbahn – Doppelsitzer
	Dominik KIRCHMAIR, Sportverein Oberperfuß	Naturbahn – Einzel
	Junioren-Europameister:	
	Nina PROCK, Rodel Rennclub Innsbruck	Kunstbahn – Team (3. Platz)
	Nico GLEIRSCHER, Rodelverein Swarovski Halltal	Kunstbahn – Einzel (3. Platz), Team (3. Platz)
	David TROJER, Sportunion Eisbären Innsbruck	Kunstbahn – Team (3. Platz)
	Philip KNOLL, Sportverein Sistrans	Kunstbahn – Team (3. Platz)
	Dominik KIRCHMAIR, Sportverein Oberperfuß	Naturbahn – Einzel (1. Platz)
	Junioren-Weltmeister:	
	Madeleine EGLE, Sportverein Rinn	Kunstbahn – Einzel (4. Platz), Team (3. Platz)
	Nico GLEIRSCHER, Rodelverein Swarovski Halltal	Kunstbahn – Einzel (3. Platz)
	Philip KNOLL, Sportverein Sistrans	Kunstbahn – Team (3. Platz)
	David TROJER, Sportunion Eisbären Innsbruck	Kunstbahn – Team (3. Platz)
RINGEN	**Tiroler Mädchenmeister:**	
	Marina PANCHERI, AC Vollkraft Innsbruck	bis 27 kg
	Michelle KURZ, KSC Hatting	bis 33 kg
	Stellina OSTERMANN, RSC Inzing	bis 43 kg
	Tiroler Schülermeister:	
	<u>Schüler A:</u>	
	Paul FUCHS, SV Kelchsau	Freistil bis 41 kg

Michael BERCHTOLD, AC Hötting — Griechisch-Römisch bis 41 kg
Gabriel FEDERA, AC Vollkraft Innsbruck — Freistil bis 50 kg, Griechisch-Römisch bis 50 kg
Timon HASLWANTER, RSC Inzing — Freistil bis 55 kg, Griechisch-Römisch bis 60 kg
Maximilian KIRCHMAIR, RSC Inzing — Freistil bis 66 kg

Schüler B:
Alois ABFALTERER, RSC Inzing — Freistil bis 21 kg
Lorenz HUNDSBICHLER, SV Kelchsau — Freistil bis 23 kg, Griechisch-Römisch bis 23 kg
Philip FUCHS, SV Kelchsau — Freistil bis 25 kg
Alan KOVALCHUK, AC Vollkraft Innsbruck — Griechisch-Römisch bis 25 kg
German MUDIEV, AC Hötting — Freistil bis 27 kg, Griechisch-Römisch bis 29 kg
Elias OBERDANNER, RSC Inzing — Griechisch-Römisch bis 27 kg
Florian FEDERA, AC Vollkraft Innsbruck — Freistil bis 29 kg
Julian SCHONER, SV Kelchsau — Freistil bis 32 kg, Griechisch-Römisch bis 35 kg
Martin ENNEMOSER, RSC Inzing — Griechisch-Römisch bis 32 kg
Johannes TAMERL, KSC Hatting — Freistil bis 35 kg
Tobias HEISS, RSC Inzing — Freistil bis 38 kg
Ramzam YUSUPOV, AC Hötting — Griechisch-Römisch bis 38 kg
Clemens BAUMGARTNER, RSC Inzing — Freistil bis 47 kg, Griechisch-Römisch bis 47 kg

Tiroler Jugendmeister:
Kadetten:
Gabriel FEDERA, AC Vollkraft Innsbruck — Freistil bis 46 kg, Griechisch-Römisch bis 46 kg
Wolfgang NORZ, RSC Inzing — Freistil bis 58 kg
Timon HASLWANTER, RSC Inzing — Griechisch-Römisch bis 58 kg
Benjamin GREIL, RSC Inzing — Freistil bis 69 kg, Griechisch-Römisch bis 63 kg
Schamil FEITOULLAEV, RSC Inzing — Griechisch-Römisch bis 69 kg
Dominik GASTL, RSC Inzing — Freistil bis 76 kg
Sandro GREIL, RSC Inzing — Griechisch-Römisch bis 76 kg

Tiroler Juniorenmeister:
Gabriel FEDERA, AC Vollkraft Innsbruck — Griechisch-Römisch bis 47 kg
Wolfgang NORZ, RSC Inzing — Freistil bis 55 kg
Zaur ALIKHANOV, RSC Inzing — Freistil bis 60 kg
Timon HASLWANTER, RSC Inzing — Griechisch-Römisch bis 60 kg
Benjamin GREIL, RSC Inzing — Griechisch-Römisch bis 66 kg
Lukas TRENKWALDER, RSC Inzing — Freistil bis 74 kg
Sandro GREIL, RSC Inzing — Griechisch-Römisch bis 74 kg
Lukas GASTL, RSC Inzing — Freistil bis 84 kg, Griechisch-Römisch bis 84 kg

Österreichischer Schülermeister:
Anna ABFALTERER, RSC Inzing — Mädchen bis 37 kg
Stellina OSTERMANN, RSC Inzing — Mädchen bis 44 kg
German MUDIEV, AC Hötting — Schüler B: Freistil bis 27 kg
Timon HASLWANTER, RSC Inzing — Schüler A: Freistil bis 55 kg
Wolfgang NORZ, RSC Inzing — Schüler A: Freistil bis 60 kg

Österreichischer Jugendmeister:
Sandro GREIL, RSC Inzing — Kadetten: Griechisch-Römisch bis 69 kg
Dominik GASTL, RSC Inzing — Kadetten: Griechisch-Römisch bis 76 kg

Österreichischer Juniorenmeister:
Lukas TRENKWALDER, RSC Inzing — Freistil bis 74 kg

ROLLSPORT

Tiroler Schülermeister:
Lina PETUTSCHNIGG, SC Lattella Wörgl — AK 6/7 – Bahn: Kurzdistanz I, Langdistanz I; AK 6/7 – Straße: Kurzdistanz I, Langdistanz I
Ivona MATKOVIC, SC Lattella Wörgl — AK 8/9 – Bahn: Kurzdistanz I, Langdistanz I; AK 8/9 – Straße: Kurzdistanz I, Langdistanz I, Staffel; AK 8/9 – Alpin Slalom
Sheron PENDL, SC Lattella Wörgl — AK 8/9 – Alpin Slalom
Eva-Maria AMORT, SC Lattella Wörgl, Team Speedskating — AK 10/11 – Bahn: Kurzdistanz I, Langdistanz I; AK 10/11 – Straße: Kurzdistanz I, Langdistanz I, Staffel
Leila GSCHWENTNER, Kufsteiner Skiläufer-Vereinigung — AK 12/13 – Alpin Slalom
Alina PLONER, Kufsteiner Skiläufer-Vereinigung — AK 12/13 – Alpin Slalom
Marius BRANDAUER, SC Lattella Wörgl — AK 6/7 – Bahn: Kurzdistanz I, Langdistanz I
Leo KOHLWEG, Union Speed Skating Club Innsbruck — AK 6/7 – Straße: Kurzdistanz I, Langdistanz I
Kenan SEFEROVIC, SC Lattella Wörgl — AK 8/9 – Bahn: Kurzdistanz I, Langdistanz I
Arian WALDER, Union Speed Skating Club Innsbruck — AK 8/9 – Straße: Kurzdistanz I, Langdistanz I
Stefan HUBER, SC Lattella Wörgl, Team Speedskating — AK 10/11 – Bahn: Kurzdistanz I, Langdistanz I
Moritz PLANK, SC Lattella Wörgl, Team Inline Alpin — AK 10/11 – Straße: Kurzdistanz I, Langdistanz I, Staffel, AK 10/11 – Alpin Slalom
Alexander FARTHOFER, SC Lattella Wörgl, Team Speedskating — AK 10/11 – Straße: Staffel

	Ignaz GSCHWENTNER, Union Speed Skating Club Innsbruck	AK 12/13 – Bahn: Kurzdistanz I, Langdistanz I AK 12/13 – Straße: Kurzdistanz I, Langdistanz I, Staffel
	Nico MAIR, Skatingclub Innsbruck	AK 12/13 – Straße: Staffel

Tiroler Jugendmeister:
Anela TURANOVIC, Union Speed Skating Club Innsbruck — Bahn: Kurzdistanz I, Langdistanz I
Gabriel ODOR, Union Speed Skating Club Innsbruck — Bahn: Kurzdistanz I, Langdistanz I
Straße: Kurzdistanz I, Langdistanz I, Staffel

Tiroler Juniorenmeister:
Viktoria SCHINNERL, Union Speed Skating Club Innsbruck — Straße: Kurzdistanz I, Langdistanz I, Staffel
Viola FEICHTNER, Union Speed Skating Club Innsbruck — Straße: Kurzdistanz I, Langdistanz I
Christoph AMORT, SC Lattella Wörgl, Team Speedskating — Bahn: Kurzdistanz I, Langdistanz I
Straße: Kurzdistanz II, Langdistanz I
Alpin Slalom
Mathias HAUER, Union Speed Skating Club Innsbruck — Straße: Kurzdistanz I, Langdistanz I, Staffel
Stefan HAAN, Union Speed Skating Club Innsbruck — Straße: Staffel

Österreichischer Schülermeister:
Ivona MATKOVIC, SC Lattella Wörgl, Team Speedskating — AK 8/9 – Straße: Staffel
Eva Maria AMORT, SC Lattella Wörgl, Team Speedskating — AK 10/11 – Straße: Staffel
Leo KOHLWEG, Union Speed Skating Club Innsbruck — AK 6/7 – Straße: Staffel
Mahmoud MASIN, Union Speed Skating Club Innsbruck — AK 8/9 – Straße: Staffel
Moritz PLANK, SC Lattella Wörgl, Team Inline Alpin — AK 10/11 – Straße: Staffel
Alexander FARTHOFER, SC Lattella Wörgl, Team Speedskating — AK 10/11 – Straße: Staffel
Ignaz GSCHWENTNER, Union Speed Skating Club Innsbruck — Bahn: Kurzdistanz I, Kurzdistanz II, Langdistanz I, Langdistanz II
AK 12/13 – Straße: Kurzdistanz I, Kurzdistanz II, Langdistanz I, Langdistanz II, Staffel
Nico MAIR, Skatingclub Innsbruck — Bahn: Staffel   AK 12/13 – Straße: Staffel

Österreichischer Jugendmeister:
Gabriel ODOR, Union Speed Skating Club Innsbruck — Bahn: Kurzdistanz I, Kurzdistanz II, Langdistanz I, Langdistanz II
Straße: Kurzdistanz I, Kurzdistanz II, Langdistanz I, Langdistanz II, Staffel

Österreichischer Juniorenmeister:
Viktoria SCHINNERL, Union Speed Skating Club Innsbruck — Bahn: Kurzdistanz II, Langdistanz I, Langdistanz II
Straße: Kurzdistanz I, Kurzdistanz II, Langdistanz I, Langdistanz II, Staffel
Viola FEICHTNER, Union Speed Skating Club Innsbruck — Bahn: Kurzdistanz I, Kurzdistanz II, Langdistanz I, Langdistanz II, Staffel
Straße: Kurzdistanz I, Kurzdistanz II, Langdistanz I, Langdistanz II
Mathias HAUER, Union Speed Skating Club Innsbruck — Bahn: Kurzdistanz II, Langdistanz I, Langdistanz II
Straße: Kurzdistanz I, Kurzdistanz II, Langdistanz I, Langdistanz II, Staffel
Stefan HAAN, Union Speed Skating Club Innsbruck — Straße: Staffel
Christoph AMORT, SC Lattella Wörgl, Team Speedskating — Bahn: Kurzdistanz I, Kurzdistanz II, Langdistanz I, Langdistanz II
Straße: Kurzdistanz II, Langdistanz I, Langdistanz II, Marathon

SCHACH

Tiroler Schülermeister:
Manuela RECHER, Jugendverein Landeck — U 8 – klassisches Schach
Sandra BAMERT, Schach ohne Grenzen — U 10 – klassisches Schach
Angelina ZHBANOVA, Schachklub Sparkasse Jenbach — U 12 – klassisches Schach
Miriam WURZER, Schachklub Hall — U 14 – klassisches Schach
Simon ZANGERL, Jugendverein Landeck — U 8 – klassisches Schach
Gor TUMANYAN, Schachklub HAK/HAS Innsbruck — U 10 – klassisches Schach
Robert KRUCKENHAUSER, Verein für Jugendschach Kundl — U 12 – klassisches Schach
Sebastian PELLIZARI, Schachklub Schwaz — U 14 – klassisches Schach

Tiroler Jugendmeister:
Chiara POLTERAUER, Schachklub Hall — U 16 – klassisches Schach
Florian ATZL, Schachklub Kufstein — U 16 – klassisches Schach
Jakob HOCHSCHWARZER, Schachklub Schwaz — U 18 – klassisches Schach
Verein für Jugendschach Kundl — Schnellschach Mannschaft

Österreichischer Schülermeister:
Angelina ZHBANOVA, Schachklub Sparkasse Jenbach — U 12 – klassisches Schach

SCHWIMMEN **Tiroler Nachwuchsmeister:**

<u>Kinder:</u>
Schwimmclub Innsbruck — Halle: 4 x 100 m Freistil weiblich
Halle: 4 x 100 m Freistil männlich
Halle: 4 x 100 m Lagen männlich
Schwimmclub Söll — Halle: 4 x 100 m Lagen weiblich
Tiroler Wassersportverein Innsbruck — Halle: Mannschaft weiblich
Schwimmclub IKB Stadtoasen Innsbruck — Halle: Mannschaft männlich

<u>Kinder A:</u>
Tabea HUYS, TRI-X-Kufstein — Freiluft: 50 m Freistil, 50 m Schmetterling
Halle: 50 m Freistil, 200 m Freistil,
50 m Rücken, 100 m Lagen
Marie ABLER, Schwimmclub Wörgl — Freiluft: 200 m Freistil
Sophia SAMMER, Wassersportverein St. Johann — Freiluft: 50 m Rücken
Aylin CAKIR, Schwimmklub Kruder Zirl — Freiluft: 50 m Brust
Lisa EBSTER, Schwimmunion citynet@hall — Halle: 50 m Brust, 50 m Schmetterling
Katrin KERSCHBAUMER, Tiroler Wassersportverein Innsbruck — Halle: Mehrkampf
Emanuel EDER, Schwimmclub IKB Stadtoasen Innsbruck — Freiluft: 50 m Freistil
Daniel NIGG, Schwimmunion citynet@hall — Freiluft: 200 m Freistil, 50 m Rücken,
50 m Brust, 50 m Schmetterling
Halle: 50 m Brust
Simon FREISINGER, TRI-X-Kufstein — Halle: 50 m Freistil, 200 m Freistil,
50 m Schmetterling, 100 m Lagen, Mehrkampf
Benedikt BAUCHINGER, Schwimmklub Zirl — Halle: 50 m Rücken

<u>Kinder B:</u>
Miriam LANGHOFER, Schwimmunion citynet@hall — Halle: 50 m Freistil, 50 m Schmetterling
Romy PABST, Schwimmklub Zirl — Freiluft: 50 m Rücken
Halle: 50 m Rücken, 50 m Brust
Paula NIEDERACHER, Schwimmclub Söll — Halle: 200 m Freistil, 100 m Lagen
Laurin KORBER-PERNER, Tiroler Wassersportverein Ibk. — Freiluft: 50 m Freistil, 200 m Freistil,
50 m Rücken, 50 m Brust, 50 m Schmetterling
Fabian TRAUSNITZ, Wassersportverein St. Johann — Halle: 50 m Freistil, 50 m Rücken
Laurin FELBAR, Schwimmklub Zirl — Halle: 200 m Freistil
Moritz KRÄTSCHMER, Schwimmklub Zirl — Halle: 50 m Brust, 50 m Schmetterling, 100 m Lagen

Tiroler Schülermeister:
<u>Schüler A:</u>
Lisa SÜSSER, Tiroler Wassersportverein Innsbruck — Freiluft: 50 m Freistil, 100 m Freistil,
100 m Rücken, 100 m Schmetterling, 200 m Lagen
Lea GRÜNZWEIG, Tiroler Wassersportverein Innsbruck — Freiluft: 400 m Freistil
Alessia KOFLER, Schwimmunion Osttirol — Freiluft: 100 m Brust
Simon SCHINNERL, Schwimmclub IKB Stadtoasen Innsbruck — Freiluft: 50 m Freistil, 100 m Freistil,
400 m Freistil, 100 m Schmetterling, 200 m Lagen
Halle: 100 m Freistil, 400 m Freistil,
100 m Rücken, 100 m Schmetterling, 200 m Lagen
David ASTNER, Schwimmunion citynet@hall — Freiluft: 100 m Rücken
Benjamin HANANOVIC, Schwimmclub IKB Stadtoasen Ibk. — Freiluft: 100 m Brust, Halle: 100 m Brust

<u>Schüler B:</u>
Lisi SMOLY, Schwimmclub IKB Stadtoasen Innsbruck — Freiluft: 50 m Freistil, 100 m Schmetterling
Renee SEVIGNANI, Schwimmclub Sparkasse Söll — Freiluft: 100 m Freistil, 400 m Freistil,
100 m Rücken, 100 m Brust, 200 m Lagen
Lisa SÜSSER, Tiroler Wassersportverein Innsbruck — Halle: 100 m Freistil, 100 m Rücken,
100 m Schmetterling, Mehrkampf
Alissa OBERHUBER, Schwimmclub Wörgl — Halle: 400 m Freistil
Alessia KOFLER, Schwimmunion Osttirol — Halle: 100 m Brust, 200 m Lagen
Leon OPATRIL, Schwimmclub IKB Stadtoasen Innsbruck — Freiluft: 50 m Freistil, 400 m Freistil
Halle: 100 m Freistil, 400 m Freistil
Pascal LEBEDA, Schwimmclub Wörgl — Freiluft: 100 m Freistil, 100 m Rücken,
100 m Brust, 100 m Schmetterling, 200 m Lagen
Halle: 100 m Rücken, 100 m Brust,
100 m Schmetterling, 200 m Lagen, Mehrkampf

<u>Schüler C:</u>
Renee SEVIGNANI, Schwimmclub Söll — Halle: 100 m Freistil, 400 m Freistil,
100 m Rücken, 10 m Brust, Mehrkampf
Franziska FARTHOFER, TRI-X-Kufstein — Halle: 100 m Schmetterling
Lea SCHWÖLLENBACH, Schwimmclub Wörgl — Halle: 200 m Lagen
Simon FRANZ, Schwimmklub Kruder Zirl — Freiluft: 50 m Freistil
Halle: 400 m Freistil, Mehrkampf

Florian KORBER-PERNER, Tiroler Wassersportverein Ibk.	Freiluft: 100 m Freistil, 400 m Freistil, 100 m Rücken, 100 m Brust, 100 m Schmetterling, 200 m Lagen
Jonas FELBAR, Schwimmklub Zirl	Halle: 100 m Freistil
Moritz WEILER, Schwimmklub Zirl	Halle: 100 m Rücken, 100 m Brust, 100 m Schmetterling, 200 m Lagen

Tiroler Jugendmeister:

Vanessa MADER, Tiroler Wassersportverein Telfs	Freiluft: 50 m Freistil
Jana KULOVA, Schwimmunion citynet@hall	Freiluft: 100 m Freistil, 100 m Rücken, 100 m Schmetterling, 200 m Lagen Halle: 100 m Freistil, 100 m Rücken, 100 m Brust, 100 m Schmetterling, 200 m Lagen
Lisa KRALINGER, Schwimmclub IKB Stadtoasen Innsbruck	Freiluft: 400 m Freistil, Halle: 400 m Freistil
Nina KAPPACHER, Schwimmclub IKB Stadtoasen Innsbruck	Freiluft: 100 m Brust
Lena PFLUGER, Schwimmclub Wörgl	Jugend I: Open Water – 2,5 km
Yasmin RIEGER, TRI-X-Kufstein	Jugend II: Open Water – 2,5 km
Xaver GSCHWENTNER, Schwimmclub IKB Stadtoasen Ibk.	Freiluft: 50 m Freistil, 100 m Freistil, 400 m Freistil, 100 m Schmetterling, 200 m Lagen Halle: 100 m Freistil, 400 m Freistil, 100 m Rücken, 100 m Brust, 100 m Schmetterling, 200 m Lagen
Simon BUCHER, Tiroler Wassersportverein Innsbruck	Freiluft: 100 m Rücken
Nikolaus FEDORCIO, Tiroler Wassersportverein Innsbruck	Freiluft: 100 m Brust
Michael FREISINGER, TRI-X-Kufstein	Jugend I: Open Water – 2,5 km
Dominik WELZ, TRI-X-Kufstein	Jugend II: Open Water – 2,5 km
Schwimmclub IKB Stadtoasen Innsbruck	Halle: 4 x 100 m Freistil weiblich Halle: 4 x 100 m Freistil männlich

Tiroler Juniorenmeister:
Junioren I:

Emma GSCHWENTNER, Schwimmclub IKB Stadtoasen Ibk.	Freiluft: 100 m Freistil, 400 m Freistil, 100 m Rücken, 200 m Lagen Halle: 400 m Freistil, 100 m Rücken, 200 m Lagen
Adriana DULLER, Schwimmunion citynet@hall	Halle: 100 m Freistil, 100 m Brust
Hanna WALDHART, Tiroler Wassersportverein Telfs	Freiluft: 100 m Schmetterling Halle: 100 m Schmetterling
Alexander KNABL, Tiroler Wassersportverein Telfs	Freiluft: 50 m Freistil, 100 m Freistil, 100 m Rücken, 100 m Brust Halle: 100 m Freistil, 400 m Freistil, 100 m Rücken, 100 m Schmetterling

Junioren II:

Ivona JURIC, Schwimmunion citynet@hall	Freiluft: 50 m Freistil, 100 m Brust Halle: 100 m Brust, 100 m Schmetterling
Lena OPATRIL, Schwimmclub IKB Stadtoasen Innsbruck	Freiluft: 100 m Freistil, 400 m Freistil, 100 m Schmetterling, 200 m Lagen Halle: 100 m Freistil, 400 m Freistil, 200 m Lagen
Zelmira KULOVA, Schwimmunion citynet@hall	Freiluft: 100 m Rücken, Halle: 100 m Rücken
Robin GRÜNBERGER, Schwimmclub IKB Stadtoasen Ibk.	Freiluft: 50 m Freistil, 100 m Freistil, 400 m Freistil Halle: 100 m Freistil, 400 m Freistil, 100 m Rücken
Marco SONNTAG, Schwimmclub Zirl	Freiluft: 100 m Rücken 100 m Schmetterling, 200 m Lagen Halle: 100 m Schmetterling, 200 m Lagen
Thomas ASTNER, Schwimmunion citynet@hall	Freiluft: 100 m Brust, Halle: 100 m Brust

Österreichischer Schülermeister:

Lea GRÜNZWEIG, Tiroler Wassersportverein Innsbruck	Freiluft: 200 m Freistil
Lisa SÜSSER, Tiroler Wassersportverein Innsbruck	Freiluft: Mehrkampf, 100 m Rücken, 200 m Rücken, 100 m Schmetterling Halle: 100 m Freistil, 100 m Rücken, 200 m Rücken
Alessia KOFLER, Schwimmunion Osttirol	Freiluft: 200 m Brust Halle: 100 m Brust, 200 m Brust, 200 m Lagen
Simon SCHINNERL, Schwimmclub IKB Stadtoasen Innsbruck	Freiluft: 100 m Freistil, 200 m Freistil, 400 m Freistil Halle: 100 m Freistil, 200 m Freistil – Schüler II
Luis KURZ, Schwimmclub IKB Stadtoasen Innsbruck	Halle: 100 m Freistil, 200 m Freistil – Schüler I
David ASTNER, Schwimmunion citynet@hall	Halle: 100 m Rücken – Schüler II
Pascal LEBEDA, Schwimmclub Wörgl	Halle: 100 m Rücken – Schüler I
Benjamin HASANOVIC, Schwimmclub IKB Stadtoasen Ibk.	Freiluft: 100 m Brust Halle: 100 m Brust, 200 m Brust

Österreichischer Jugendmeister:

Jana KULOVA, Schwimmunion citynet@hall	Freiluft: 100 m Freistil Halle: 100 m Freistil
Lisa KRALINGER, Schwimmclub IKB Stadtoasen Innsbruck	
Moritz NIGG, Schwimmunion citynet@hall	Freiluft: 1.500 m Freistil

	Simon BUCHER, Tiroler Wassersportverein Innsbruck	Halle: 100 m Rücken, 200 m Rücken
	Michael FREISINGER, TRI-X-Kufstein	Open Water 2,5 km
	Österreichischer Juniorenmeister:	
	Lena OPATRIL, Schwimmclub IKB Stadtoasen Innsbruck	Freiluft: 200 m Freistil, 800 m Freistil Halle: 800 m Freistil
	Emma GSCHWENTNER, Schwimmclub IKB Stadtoasen Ibk.	Freiluft: 100 m Rücken, 200 m Rücken Halle: 200 m Rücken
	Ivona JURIC, Schwimmunion citynet@hall	Freiluft: 50 m Brust
	Alexander KNABL, Tiroler Wassersportverein Innsbruck	Freiluft: 100 m Freistil Halle: 50 m Freistil, 100 m Freistil, 200 m Freistil
	Marco SONNTAG, Schwimmclub Zirl	Freiluft: 200 m Rücken, Open Water 5 km Halle: 200 m Rücken
	Robin GRÜNBERGER, Schwimmclub IKB Stadtoasen Ibk.	Halle: 100 m Freistil, 200 m Freistil, 400 m Freistil
SEGELFLUG	**Tiroler Juniorenmeister:**	
	Jonas KATHREIN, Innsbrucker Segelflieger Vereinigung	Klasse 1
SEGELN	**Tiroler Schülermeister:**	
	Leonie KRALINGER, Segelclub TWV Achensee	Optimist
	Yannis SAJE, Segelclub TWV Achensee	420er
	Johannes REDER, Yachtclub Achenkirch	420er
	Tiroler Jugendmeister:	
	Johanna SCHMIDT, Segelclub TWV Achensee	Optimist
	Yannis SAJE, Segelclub TWV Achensee	420er
	Johannes REDER, Yachtclub Achenkirch	420er
	Junioren-Weltmeister:	
	David HUSSL, Yachtclub Achenkirch	49er (1. Platz)
SKISPORT	**Tiroler Schülermeister:**	
	Alpin:	
	Lisa HÖRHAGER, SC Mayrhofen	U 14 – Super-G, Slalom
	Tina SCHÄDLE, SC Tannheimertal	U 14 – Riesenslalom, Kombination
	Sophie RIML, SC Sölden-Hochsölden	U 16 – Super-G
	Jana STANDTEINER, SC Lienz	U 16 – Riesenslalom
	Magdalena SCHWAIGER, SC Fieberbrunn	U 16 – Slalom
	Nina ASTNER, USC Itter	U 16 – Kombination
	Lukas SINGER, SK Schwaz	U 14 – Super-G, Riesenslalom, Slalom, Kombination
	Gabriel NAIRZ, SV Zams	U 16 – Super-G, Kombination
	Matthias KOHLER, SV Elbigenalp	U 16 – Riesenslalom
	Stefan THAURER, WSV Zell a.Z.	U 16 – Slalom
	Biathlon und Nordisch Langlauf:	
	Andrea UNTERKIRCHER, WSV St. Jakob	Schülerinnen – Langlauf Staffel
	Madeleine VEITER, WSV St. Jakob	Schülerinnen – Langlauf Staffel
	Lara WAGNER, Kitzbüheler Skiclub	Schülerinnen I – Biathlon Sprint Schülerinnen I – Langlauf Einzel Freie Technik, Sprint
	Anna GANDLER, Kitzbüheler Skiclub	Schülerinnen II – Langlauf Einzel Freie Technik
	Lisa OSL, LLC Angerberg	Schülerinnen II – Biathlon Sprint Schülerinnen II – Langlauf
	Adrian SCHMID, WSV Neustift	Schüler – Langlauf Staffel
	Gotthard GLEIRSCHER, WSV Neustift	Schüler – Langlauf Staffel
	Lukas WEISSBACHER, SC St. Ulrich	Schüler I – Biathlon Sprint, Schüler I – Langlauf Einzel Freie Technik
	Eric BUCHER, Nordic Team Absam	Schüler I – Langlauf Sprint
	Gerhard GRASSMAIR, Nordic Team Absam	Schüler II – Biathlon Sprint Schüler II – Langlauf Einzel Freie Technik, Sprint
	Firngleiten und Shortcarving:	
	Viktoria AUER, USV Ötz	Shortcarving Vielseitigkeit
	Jessica WALLNER, SK Imst	Firngleiten Slalom
	Julian ZAGRAJSEK, SK Götzens	Firngleiten Slalom Shortcarving Vielseitigkeit
	Nordische Kombination:	
	Marit WEICHSELBRAUN, WSV Wörgl	Schülerinnen – Nordische Kombination
	Florian KRÖLL, SC Mayrhofen	Schüler I – Nordische Kombination
	Gregor PISECKER, Kitzbüheler Skiclub	Schüler II – Nordische Kombination
	Spezialsprunglauf:	
	Elena GRUBER, WSV Wörgl	Schülerinnen – Sprunglauf
	Elias MEDWED, SV Innsbruck-Bergisel	Schüler I – Sprunglauf
	Julian WACKERNELL, SV Innsbruck-Bergisel	Schüler II – Sprunglauf

Tiroler Jugendmeister:

Alpin:
Hanna WECHSELBERGER, SC Kelchsau	U 18 – Riesenslalom
Denise WIDNER, WSV Fügen	U 18 – Slalom
Lara KIELTRUNK, SC Vils	U 21 – Riesenslalom
Marie-Therese SPORER, RSK Finkenberg	U 21 – Slalom
Stefan THAURER, WSV Zell a.Z.	U 18 – Slalom
Patrick SCHIESTL, WSV Hippach	U 21 – Riesenslalom
Hannes ANGERER, Innsbrucker Skiläufervereinigung	U 21 – Slalom

Biathlon:
Simone KUPFNER, WSV Schwoich	Sprint Kleinkaliber
Patrick JAKOB, SC St. Ulrich/P.	Sprint Kleinkaliber

Firngleiten und Shortcarving:
Magdalena LANDERER, SC Kaunertal	Shortcarving – Vielseitigkeit
Hannes ANGERER, Innsbrucker Skiläufervereinigung	Firngleiten Slalom, Shortcarving – Vielseitigkeit

Nordisch Langlauf:
Stefanie ERHARTER, SK Hopfgarten	Jugend – Sprint, Jugend I – Einzel Freie Technik
Tobias MOOSMANN, SC Kössen	Jugend – Langlauf Sprint
Lukas WAGNER, SC Breitenwang	Jugend – Staffel
Raphael SUN, SC Breitenwang	Jugend – Staffel
Tjebbe KAINDL, LLC Angerberg	Jugend I – Einzel Freie Technik
Julian NASCHBERGER, SV Achenkirch	Jugend II – Einzel Freie Technik

Nordische Kombination:
Florian DAGN, Kitzbüheler Skiclub	Nordische Kombination

Spezialsprunglauf:
Clemens LEITNER, Nordic Team Absam	Spezialsprunglauf

Wettkampf- Skibergsteigen:
Jakob SIEDLER, Rennteam Alpbachtal	Einzel

Tiroler Juniorenmeister:
Sabine ERHARTER, SK Hopfgarten	Nordisch Langlauf
Johanna HASELWANTER, Nordic Team Absam	Spezialsprunglauf
Thomas PETUTSCHNIGG, SC Wörgl	Nordisch Langlauf
Christian DEUSCHL, Nordic Team Absam	Nordische Kombination
Fabian RAUTER, WSV Wörgl	Spezialsprunglauf

Österreichischer Schülermeister:

Alpin:
Lisa HÖRHAGER, SC Mayrhofen	U 14 – Riesenslalom, Slalom
Stefan THAURER, WSV Zell a.Z.	U 16 – Riesenslalom

Biathlon und Nordisch Langlauf:
Lara WAGNER, Kitzbüheler Skiclub	Schülerinnen – Biathlon Einzel
	Schülerinnen I – Biathlon Sprint
Lisa OSL, LLC Angerberg	Schülerinnen II – Biathlon Einzel
Gerhard GRASSMAIR, Nordic Team Absam	Biathlon Staffel, Langlauf
Benedikt FOIDL, HSV Hochfilzen	Biathlon Staffel
Andreas HECHENBERGER, Kitzbüheler Skiclub	Biathlon Staffel
Lukas WEISSBACHER, SC St. Ulrich	Schüler I – Biathlon Einzel

Freestyle:
Felix ALBER-STROLZ, SC Arlberg	U 13 Minis – Slopestyle

Shortcarving:
Paula LANDERER, SV Zams	U 14 – Riesenslalom, Slalom, Kombination

Snowboard:
Kiara ZUNG, Turnerschaft Innsbruck	U 14 – Snowboardcross
Lukas FRISCHHUT, Turnerschaft Innsbruck	U 14 – Snowboardcross

Spezialsprunglauf:
Timna MOSER, Nordic Team Absam	Sprunglauf

Österreichischer Jugendmeister:

Alpin:
Jana GIGELE, SC Fliess	U 18 – Abfahrt
Stefanie BRUNNER, WSV Hippach	U 21 – Kombination
Moritz MARKO, Kitzbüheler Skiclub	U 18 – Abfahrt
Fabio GSTREIN, SC Sölden-Hochsölden	U 18 – Riesenslalom, Slalom
Raphael HAASER, SV Achensee	U 18 – Kombination

Biathlon:
Lea WÖRTER, SC St. Ulrich/P.	Jugend I – Einzel, Sprint

	Simone KUPFNER, WSV Schwoich	Jugend II – Verfolgung
	Lukas KRÖLL, Kitzbüheler Skiclub	Jugend I – Sprint
	Dominic UNTERWEGER, LLC Angerberg	Jugend I – Verfolgung
	Felix LEITNER, Nordic Team Absam	Jugend II – Einzel
	Patrick JAKOB, SC St. Ulrich/P.	Jugend II – Sprint, Verfolgung
	Firngleiten, Shortcarving, Grasski:	
	Magdalena LANDERER, SC Kaunertal	U 21 – Shortcarving: Riesenslalom, Slalom, Kombination
	Maximilian GRAF, SC Scharnitz	U 18 – Shortcarving: Slalom, Kombination
	Hannes ANGERER, Innsbrucker Skiläufervereinigung	U 21 – Firngleiten: Riesenslalom, Slalom, Kombination
		U 21 – Shortcarving: Slalom, Kombination
		Jugend – Grasski: Riesenslalom, Slalom, Super-G, Kombination
	Freestyle:	
	Hannes RUDIGIER, SC Kappl	Jugend – Halfpipe, Slopestyle
	Nordisch Langlauf:	
	Lisa ACHLEITNER, LLC Angerberg	Jugend II – Einzel Klassisch, Langdistanz
	Katharina BRUDERMANN, Kitzbüheler Skiclub	Jugend I – Verfolgung Freie Technik
	Tobias MOOSMANN, SC Kössen	Jugend – Staffel
	Thomas POSTL, WSV Achenkirch	Jugend – Staffel
		Jugend I – Verfolgung Freie Technik
	Benjamin MOSER, SV Achensee	Jugend – Staffel
	Nordische Kombination:	
	Florian DAGN, Kitzbüheler Skiclub	Nordische Kombination
	Österreichischer Juniorenmeister:	
	Felix LEITNER, Nordic Team Absam	Biathlon – Sprint, Verfolgung
	Jugend-Europameister:	
	Magdalena LANDERER, SC Kaunertal	U 21 – Shortcarving – Vielseitigkeit (1. Platz)
	Maximilian GRAF, SV Scharnitz	U 18 – Shortcarving – Vielseitigkeit (1. Platz)
		U 21 – Firngleiten – Slalom (3. Platz), Riesenslalom (2. Platz), Kombination (3. Platz)
	Hannes ANGERER, Innsbrucker Skiläufervereinigung	U 21 – Shortcarving – Vielseitigkeit (1. Platz)
		U 21 – Firngleiten – Slalom (1. Platz), Kombination (2. Platz)
	Marco SCHLIERENZAUER, USV Ötz	U 21 – Firngleiten – Riesenslalom (3. Platz)
	Jugend-Weltmeister:	
	Simone KUPFNER, WSV Schwoich	Biathlon – Verfolgung (3. Platz)
	Felix LEITNER, Nordic Team Absam	Biathlon – Verfolgung (1. Platz), Sprint (2. Platz)
	Hannes ANGERER, Innsbrucker Skiläufervereinigung	Grasski – Slalom (1. Platz), Riesenslalom (2. Platz), Super-G (2. Platz)
	Junioren-Weltmeister:	
	Stefanie BRUNNER, WSV Hippach	Alpin – Riesenslalom (2. Platz), Mixed Team (2. Platz)
	Lara WOLF, SC Kappl	Freestyle – Slopestyle (4. Platz)
	Laura WALLNER, Aerial Artists Association	Freestyle – Slopestyle (5. Platz)
	Dominik RASCHNER, SC Mils	Alpin – Mixed Team (2. Platz)
	Philipp ASCHENWALD, SC Mayrhofen	Sprunglauf – Team (3. Platz)
	Simon GREIDERER, HSV Absam Bergisel	Sprunglauf – Team (3. Platz)
	Elias TOLLINGER, SV Innsbruck-Bergisel	Sprunglauf – Team (3. Platz)
	Marco LADNER, SC Arlberg	Freestyle – Halfpipe (4. Platz)
SPORTKEGELN	**Tiroler Schülermeister:**	
	Leonie PLATTNER, Ebbser Kegelverein	U 10 – Einzel Classic
	Rita ZIMMERMANN, KC Montanwerke Kramsach	U 14 – Einzel Classic
	Fabio GOGL, ESV Wörgl	U 10 – Einzel Classic
	Alexander WALCH, ESV Wörgl	U 14 – Einzel Classic
	Tiroler Jugendmeister:	
	Stefanie SCHRÖDL, KC Montanwerke Kramsach	U 18 – Einzel Classic
	Stefan FALZBERGER, TV Schwaz 1857	U 18 – Einzel Classic
	Tiroler Juniorenmeister:	
	Vanessa NAIRZ, ESV Wörgl	U 23 – Einzel Classic
	Wolfram GRÖBNER, KSK Wacker	U 23 – Einzel Classic
	Österreichischer Schülermeister:	
	Alexander WALCH, ESV Wörgl	U 14 – Tandem
	Maximilian MONTHALER, KV Jenbach	U 14 – Tandem
SPORTSCHIESSEN	**Tiroler Schülermeister:**	
	Laetitia HOFMANN, Schützengilde Außervillgraten	Luftgewehr – Jugend 1

Jana VOGL, Schützengilde Rettenberg Wattens	Luftgewehr – Jugend 2
Fabian EDER, Schützengilde Nussdorf	Luftgewehr – Jugend 1
Felix UNTERPERTINGER, Schützengilde Bad Häring	Luftgewehr – Jugend 2
Marco MARKL, Schützengilde Zams	Luftpistole

Tiroler Jugendmeister:

Carmen HASELSBERGER, Sportschützen Scheffau	KK-Gewehr 3 x 20 – Jungschützinnen
	Luftgewehr – Jungschützinnen
Rebecca KÖCK, Schützengilde Absam	KK-Gewehr liegend – Jungschützinnen
	KK-Gewehr 100 m – Jungschützinnen
Nadine GRIESSER, Schützengilde Umhausen	Luftgewehr – 3 x 20 – Jungschützinnen
Matthias MOSER, Schützengilde Münster	Armbrust – 10 m
Thomas FANKHAUSER, Schützengilde Fügenberg	KK-Gewehr liegend – Jungschützen
	KK-Gewehr 100 m – Jungschützen
Marco RUBERTO, Schützengilde Wörgl	Luftgewehr Jungschützen
Andreas THUM, Schützengilde Fügenberg	KK-Gewehr 3 x 20 – Jungschützen
	Luftgewehr – 3 x 20 – Jungschützen
Manuel MAIR, Schützengilde Innervillgraten	Luftpistole
Schützengilde Münster	Luftgewehr – Jungschützen Mannschaft

Tiroler Juniorenmeister:

Nadine UNGERANK, Schützengilde Zell am Ziller	KK-Gewehr liegend, KK-Gewehr 3 x 20
Michelle OBERHOFER, Schützengilde Bruckhäusl	Luftgewehr
Thomas KOSTENZER, Schützengilde Münster	Armbrust – 10 m, 30 m stehend
Manuel MOSER, Schützengilde Münster	Armbrust – 30 m kniend, 30 m Kombination
	Luftgewehr
Lukas SCHIESTL, Schützengilde Fügenberg	Luftpistole

Österreichischer Schülermeister:

Manuela WACHTLER, Schützengilde Fügenberg	Luftgewehr – Jugend 2
Jana VOGL, Tiroler Landesschützenbund	Luftgewehr – Jugend 2 Mannschaft
Annalena STEINLECHNER, Tiroler Landesschützenbund	Luftgewehr – Jugend 2 Mannschaft
Johanna KATHREIN, Tiroler Landesschützenbund	Luftgewehr – Jugend 2 Mannschaft
Tobias MAIR, Schützengilde Innervillgraten	Luftgewehr – Jugend 2 Einzel
	Luftgewehr – Jugend 2 Mannschaft
Fabian EDER, Tiroler Landesschützenbund	Luftgewehr – Jugend 1 Mannschaft
Christopher THALER, Tiroler Landesschützenbund	Luftgewehr – Jugend 1 Mannschaft
Alexander MAIR, Tiroler Landesschützenbund	Luftgewehr – Jugend 1 Mannschaft
Manuel SOMMAVILLA, Tiroler Landesschützenbund	Luftgewehr – Jugend 2 Mannschaft
Thomas FANKHAUSER, Tiroler Landesschützenbund	Luftgewehr – Jugend 2 Mannschaft

Österreichischer Jugendmeister:

Rebecca KÖCK, Schützengilde Absam	KK-Gewehr 100 m – Jungschützinnen
Thomas FANKHAUSER, Schützengilde Fügenberg/TLSB	KK-Gewehr 3 x 20 – Jungschützen
	KK-Gewehr 3 x 20 – Jungschützen Mannschaft
	KK-Gewehr 60 liegend – Jungschützen Mannschaft
	KK-Gewehr 100 m – Jungschützen Mannschaft
Andreas THUM, Tiroler Landesschützenbund	KK-Gewehr 100 m – Jungschützen
	KK-Gewehr 3 x 20 – Jungschützen Mannschaft
	KK-Gewehr 60 liegend – Jungschützen Mannschaft
	KK-Gewehr 100 m – Jungschützen Mannschaft
Marcel SCHÖFBECK, Tiroler Landesschützenbund	KK-Gewehr 3 x 20 – Jungschützen Mannschaft
	KK-Gewehr 60 liegend – Jungschützen Mannschaft
	KK-Gewehr 100 m – Jungschützen Mannschaft

Österreichischer Juniorenmeister:

Michelle OBERHOFER, Schützengilde Bruckhäusl/TLSB	Luftgewehr, Luftgewehr Mannschaft
Marie-Theres AUER, Tiroler Landesschützenbund	Luftgewehr Mannschaft
Maria WEISKOPF, Tiroler Landesschützenbund	Luftgewehr Mannschaft
Thomas KOSTENZER, Schützengilde Münster	Armbrust – 10 m, Armbrust – 10 m Mannschaft
Manuel MOSER, Schützengilde Münster	Armbrust – 30 m kniend, stehend, Kombination
	Armbrust – 10 m Mannschaft
Florian LAMPLMAYR, Schützengilde Münster	Armbrust – 10 m Mannschaft

Junioren-Europameister:

Nadine UNGERANK, Schützengilde Zell am Ziller	KK-Gewehr liegend Mannschaft (3. Platz)

Junioren-Weltmeister:

Marie-Theres AUER, Schützengilde Roppen	U 23 – Armbrust – 10 m Einzel (5. Platz)
	U 23 – Armbrust – 10 m Mannschaft (5. Platz)
Thomas KOSTENZER, Schützengilde Münster	U 23 – Armbrust – 30 m stehend Einzel (5. Platz)
	U 23 – Armbrust – 30 m kniend Einzel (3. Platz)
	U 23 – Armbrust – 30 m Komb.n Einzel (2. Platz)
	U 23 – Armbrust – 10 m Mannschaft (2. Platz)

SQUASH	**Tiroler Schülermeister:**	
	Luis SINGHARTINGER, Raiffeisen Squash Club Telfs	U 11 – Einzel
	Florian NACHTIGALL, Raiffeisen Squash Club Telfs	U 13 – Einzel
	Tiroler Jugendmeister:	
	Anna STUCHLIK, Raiffeisen Squash Club Telfs	U 15 – Einzel
	Katarina GLAVIC, Raiffeisen Squash Club Telfs	U 17 – Einzel
	Jan GASTL, 1. Tiroler Squash Verein	U 15 – Einzel
	Dominik GSTREIN, Raiffeisen Squash Club Telfs	U 17 – Einzel
	Tiroler Juniorenmeister:	
	Katarina GLAVIC, Raiffeisen Squash Club Telfs	U 19 – Einzel
	Österreichischer Jugendmeister:	
	Dominik GSTREIN, Raiffeisen Squash Club Telfs	U 17 – Einzel
	Österreichischer Juniorenmeister:	
	Jacqueline PEYCHÄR, 1. Tiroler Squash Verein	U 23 – Einzel
TAEKWONDO	**Tiroler Schülermeister:**	
	Larissa NEUNER, Taekwondo Verein Achensee	bis 30 kg
	Sandra HACKSTEINER, Taekwondo Schule Steinach	bis 33 kg
	Lea TOST, Taekwondo Schule Steinach	bis 40 kg
	Lucas POCKSTALLER, Taekwondo Verein Achensee	bis 36 kg
	Leonhard EICHEL, Taekwondo Verein Achensee	bis 45 kg
	Tiroler Jugendmeister:	
	Kadetten:	
	Aylin REIMAIR, Taekwondo Verein Zirl	bis 29 kg
	Elena HOLZMANN, Taekwondo Schule Steinach	bis 33 kg
	Melanie PEER, Tiroler Wettkampf- und SV-Zentrum	bis 37 kg
	Melanie KINDL, Taekwondo Schule Söll	bis 41 kg
	Kathrin WOPFNER, Tiroler Wettkampf- und SV-Zentrum	bis 44 kg
	Katharina RIGGER, TWD WSG Swarovski Wattens	bis 47 kg
	Vanessa KNOLZ, Tiroler Wettkampf- und SV-Zentrum	bis 51 kg
	Verena SCHWENTER, Taekwondo Verein Kössen	bis 59 kg
	Sandra KOTZBECK, Taekwondo Verein Hall	über 59 kg
	Bianca WURZENRAINER, Taekwondo Club Fieberbrunn	Formen Poomsae Einzel
	Lukas DÜNSER, Taekwondo Scorpions Austria	bis 37 kg
	Maximilian GANEIDER, Taekwondo Scorpions Austria	bis 41 kg
	Niklas WEINERT, Taekwondo Schule Steinach	bis 45 kg
	Florian PFURTSCHELLER, TWD WSG Swarovski Wattens	bis 53 kg
	Tiroler Juniorenmeister:	
	Johanna MÜHLBACHER, Taekwondo Verein Zirl	bis 44 kg
	Selina HELL, Taekwondo Schule Steinach	bis 46 kg
	Christina PALI, Taekwondo Club Fieberbrunn	bis 49 kg
	Srisamorn LOACKER, Taekwondo Scorpions Austria	bis 52 kg
	Anna Lena STÖCKL, Taekwondo Club Fieberbrunn	bis 55 kg
	Nicole WALZTHÖNI, Tiroler Wettkampf- und SV-Zentrum	bis 59 kg
	Martina NISANDZIC, TWD WSG Swarovski Wattens	bis 63 kg
	Sarah MADLENER, Taekwondo Scorpions Austria	bis 68 kg
	Anna SCHNEEBERGER, Taekwondo Verein Wörgl	Formen Poomsae Einzel
	Alina SCHNAITL, Taekwondo Club Fieberbrunn	Formen Poomsae Paar, Team
	Eva NOCKER, Taekwondo Club Fieberbrunn	Formen Poomsae Team
	Franciska PONYMAIR, Taekwondo Club Fieberbrunn	Formen Poomsae Team
	Florian DELVAI, Taekwondo Schule Steinach	bis 45 kg
	Mert TUNCEL, Taekwondo WSG Swarovski Wattens	bis 51 kg
	Armin OBEROSLER, Tae Kwon Do Verein SV Hall	bis 59 kg
	Philip AUER, Taekwondo Scorpions Austria	bis 63 kg
	Sami HANAFI, Taekwondo Scorpions Austria	bis 68 kg
	Florian FURTNER, Taekwondo Scorpions Austria	bis 73 kg
	Marcel WITTMANN, Taekwondo WSG Swarovski Wattens	bis 78 kg
	Philipp SCHÄDLICH, Taekwondo Verein Kössen	über 78 kg
	David KRENNWALLNER, Taekwondo Club Fieberbrunn	Formen Poomsae Einzel, Paar
	Österreichischer Schülermeister:	
	Melissa RAUCH, Taekwondo Scorpions Austria	bis 36 kg
	Lea TOST, Taekwondo Schule Steinach	bis 45 kg
	Niklas KNERINGER, Taekwondo Scorpions Austria	bis 36 kg
	Österreichischer Jugend-Kadettenmeister:	
	Magdalena KINDL, Taekwondoschule Söll	bis 37 kg
	Melanie KINDL, Taekwondoschule Söll	bis 44 kg
	Bianca WURZENRAINER, Taekwondo Club Fieberbrunn	Poomsae Einzel

	Philip PLOBERGER, Tiroler Wettkampf- u. SV-Zentrum	bis 37 kg
	Berke TOPRAK, Taekwondo Center Schwaz	bis 49 kg

Österreichischer Juniorenmeister:
Johanna MÜHLBACHER, Taekwondo Verein Zirl — bis 46 kg
Christina PALI, Taekwondo Club Raiffeisen Fieberbrunn — bis 49 kg
Janine KASAPOGLU, Taekwondo WSG Swarovski Wattens — bis 52 kg
Martina NISANDZIC, WSG Swarovski Wattens — bis 68 kg
David BAUMANN, Taekwondo Club Raiffeisen Fieberbrunn — bis 63 kg
Alexander HAGELE, Taekwondo Club Raiffeisen Fieberbrunn — bis 68 kg
Elias DOBLER, Taekwondo Scorpions Austria — bis 78 kg

Junioren-Europameister:
Philip AUER, Taekwondo Scorpions Austria — bis 59 kg (1. Platz)
Florian FURTNER, Taekwondo Scorpions Austria — bis 73 kg (3. Platz)

TENNIS

Tiroler Schülermeister:
Sophia WURM, Tennisclub Kramsach — Freiluft: U 12 – Einzel, Halle: U 12 – Doppel
Sara ERENDA, TSV Hall — Halle: U 12 – Einzel, Doppel
Aleksandar TOMAS, Tennisclub Hall/Schönegg — Freiluft: U 12 – Einzel
Florian BRANDACHER, Tennisclub Ried-Kaltenbach — Halle: U 12 – Einzel
Tennisclub Vomp — U 12 – Mannschaft weiblich
Tennisclub Hall-Schönegg — U 12 – Mannschaft männlich

Tiroler Jugendmeister:
Leonie OBERMAIR, Tennisclub Fügen — Freiluft: U 14 – Einzel
Jana Maria DONA, Tennisclub Pitztal — Halle: U 14 – Einzel
Christoph DÖTTELMAYER, Tennisclub Fügen — Freiluft: U 14 – Einzel
Aleksandar TOMAS, Tennisclub Hall/Schönegg — Freiluft: U 14 – Doppel
Daniel ZIMMERMANN, Tennisclub Hall/Schönegg — Freiluft: U 14 – Doppel
Niklas WALDNER, Tennisclub Pitztal — Halle: U 14 – Einzel
Tennisclub Sparkasse Kufstein — U 15 – Mannschaft weiblich
Tennisclub Raika Pitztal — U 15 – Mannschaft männlich

Tiroler Juniorenmeister:
Anja PFISTER, Tennisclub Parkclub Igls — Freiluft: U 16 – Einzel, Doppel; Halle: U 16 – Doppel
Michelle WECHSELBERGER, Tennisclub Hippach — Freiluft: U 16 – Doppel
Ema VASIC, Tennisclub Wörgl — Halle: U 16 – Einzel
Maren BENKO, Tennisclub Parkclub Igls — Halle: U 16 – Doppel
Julian SCHUBERT, Tennisclub Telfs — Freiluft: U 16 – Einzel, Doppel
Yannick PFLEIDERER, Tennisclub Telfs — Freiluft: U 16 – Doppel
Sandro KOPP, Tennisclub Kramsach — Halle: U 16 – Einzel, Doppel
Kilian ZIERHOFER, Tennisclub Wörgl — Halle: U 16 – Doppel

Österreichischer Juniorenmeister:
Ema VASIC, Tennisclub Wörgl — Halle: U 16 – Einzel
Gabriel HUBER, Tennisclub Schwaz — Halle: U 16 – Einzel
Alexander ERLER, Tennisclub Kufstein — Freiluft: U 18 – Einzel, Doppel
Matthias HAIM, Tennisklub IEV — Halle: U 18 – Einzel

TISCHTENNIS

Tiroler Unterstufenmeister:
Nicole UNGERHOFER, SU Sparkasse Kufstein — U 11 – Einzel, Doppel
Elena GENSER, TTC Raiba Kirchbichl — U 13 – Mixed-Doppel
Marie SCHÖBEL, TTC Raiba Kirchbichl — U 13 – Einzel, Doppel
Konstantin WIDAUER, SU Sparkasse Kufstein — U 11 – Einzel, Doppel
Lorenz PÜRSTINGER, Tischtennisclub Telfs — U 13 – Einzel, Doppel, Mixed-Doppel
Elija DORNAUER, TTC Black Panthers Sportunion Zirl — U 13 – Doppel
TTC Raiba Kirchbichl — U 13 – Mannschaft

Tiroler Schülermeister:
Lara MARGREITER, TTC Raiba Kirchbichl — Einzel, Doppel, Mixed-Doppel
Teresa OPPELZ, TTC Raiba Kirchbichl — Doppel
Philipp GÖLLER, Sportvereinigung Tyrol — Einzel, Doppel, Mixed-Doppel
Matthias GÖLLER, Sportvereinigung Tyrol — Doppel
TTC Raiba Kirchbichl — Mannschaft

Tiroler Jugendmeister:
Chiara SCHWARZENBACHER, TTC Raiba Kirchbichl — Einzel
Teresa OPPELZ, TTC Raiba Kirchbichl — Doppel
Lara MARGREITER, TTC Raiba Kirchbichl — Doppel, Mixed-Doppel
Philipp GÖLLER, Sportvereinigung Tyrol — Einzel, Doppel, Mixed-Doppel
Matthias GÖLLER, Sportvereinigung Tyrol — Doppel
ESV Sparkasse Wörgl — Mannschaft

Tiroler Juniormeister:
Theresa RAICH, TTC Raiba Kirchbichl — Einzel
Jaron EDLINGER, Turnerschaft Sparkasse Innsbruck — Einzel

Österreichischer Juniorenmeister:
Stefan LEITGEB, Turnerschaft Sparkasse Innsbruck — Doppel

TRIATHLON

Tiroler Schülermeister:
Elisabeth BERGER, Triathlonverein Kitzbühel	Schüler E – Aquathlon, Triathlon
Jasmin MOYSEY, Tri Team Achensee	Schüler E – Duathlon
Lisa ZALLINGER, Ski Club Leutasch	Schüler E – Crosstriathlon
Miriam LANGHOFER, 1. Raika TTC Innsbruck	Schüler D – Aquathlon, Triathlon
Lilly FUCHS, Triathlonverein Kitzbühel	Schüler D – Duathlon, Crosstriathlon
Leonie HAUSER, RC Figaro Lienz	Schüler C – Aquathlon
Lea SCHWÖLLENBACH, WAVE Tri Team TS Wörgl	Schüler C – Triathlon, Crosstriathlon
Samra FÜRRUTTER, SU Tarrenz	Schüler C – Duathlon
Teresa SCHWARZ, Ski Club Leutasch	Schüler B – Aquathlon
Lara WAGNER, Triathlonverein Kitzbühel	Schüler B – Triathlon, Crosstriathlon
Lisa FLEISCHHACKER, WAVE Tri Team TS Wörgl	Schüler B – Duathlon
Lisa KLINGLER, WAVE Tri Team TS Wörgl	Schüler A – Aquathlon
Pia TOTSCHNIG, Raika Tri Telfs	Schüler A – Triathlon
Sanne KAINDL, WAVE Tri Team TS Wörgl	Schüler A – Duathlon
Katharina ERBER, Triathlonverein Kitzbühel	Schüler A – Crosstriathlon
Luis HUTER, TRI-X-Kufstein	Schüler E – Aquathlon, Triathlon, Duathlon
Maximilian FUCHS, Triathlonverein Kitzbühel	Schüler E – Crosstriathlon
Fabian FAHRINGER, TRI-X-Kufstein	Schüler D – Aquathlon
Laurin FELBAR, SKI TRI ZIRL	Schüler D – Triathlon, Duathlon, Crosstriathlon
Jonas HAUSER, RC Figaro Lienz	Schüler C – Aquathlon
Simon FREISINGER, TRI-X-Kufstein	Schüler C – Triathlon, Crosstriathlon
Leo FILL, SKI TRI ZIRL	Schüler C – Duathlon
Vitus FARBMACHER, 1. Raika TTC Innsbruck	Schüler B – Aquathlon
Matthias FREISINGER, TRI-X-Kufstein	Schüler B – Triathlon, Crosstriathlon
Raphael PETROVIC, 1. Raika TTC Innsbruck	Schüler B – Duathlon
David PETEROVIC, 1. Raika TTC Innsbruck	Schüler A – Aquathlon
Michael FREISINGER, TRI-X-Kufstein	Schüler A – Triathlon, Crosstriathlon
Johannes FRIESS, WAVE Tri Team TS Wörgl	Schüler A – Duathlon

Tiroler Jugendmeister:
Mona RITTER, Triathlonverein Kitzbühel	Triathlon Sprintdistanz, Duathlon Sprintdistanz, Crosstriathlon
Hannah MOSER, WAVE Tri Team TS Wörgl	Aquathlon
Tjebbe KAINDL, WAVE Tri Team TS Wörgl	Triathlon Sprintdistanz
Dominik WELZ, TRI-X-Kufstein	Aquathlon
Christopher FRIESS, WAVE Tri Team TS Wörgl	Duathlon Sprintdistanz
Raphael EICHINGER, 1. Raika TTC Innsbruck	Crosstriathlon

Tiroler Juniorenmeister:
Chanette ROG, Radclub Figaro Lienz	Triathlon Sprintdistanz, Aquathlon
Simona ERBER, Triathlonverein Kitzbühel	Crosstriathlon
Bastian SCHWÖLLENBACH, WAVE Tri Team TS Wörgl	Triathlon Sprintdistanz

Österreichischer Schülermeister:
Lea SCHWÖLLENBACH, WAVE Tri Team TS Wörgl	Schüler C – Tri-Super Sprint, Aquathlon
Lara WAGNER, Triathlonverein Kitzbühel	Schüler B – Aquathlon
Pia TOTSCHNIG, Raika Tri Telfs	Schüler A – Tri-Super Sprint
Magdalena FRÜH, 1. Raika TTC Innsbruck	Schüler A – Aquathlon
Simon FREISINGER, TRI-X-Kufstein	Schüler C – Aquathlon

Österreichischer Jugendmeister:
Lea AMORT, Radclub Figaro Lienz	Wintertriathlon Mannschaft
Tanja OBEREGGER, Radclub Figaro Lienz	Wintertriathlon Mannschaft
Felix GALL, Radclub Figaro Lienz	Wintertriathlon, Wintertriathlon Mannschaft

Österreichischer Juniorenmeister:
Magdalena FRÜH, WAVE Tri Team TS Wörgl	Aquathlon Mannschaft
Lena PFLUGER, WAVE Tri Team TS Wörgl	Aquathlon Mannschaft
Tjebbe KAINDL, WAVE Tri Team TS Wörgl	Aquathlon Mannschaft
Bastian SCHWÖLLENBACH, WAVE Tri Team TS Wörgl	Aquathlon Mannschaft

TURNEN
Kunstturnen

Tiroler Kindermeister:
Anneliesa FUREGATO, Innsbrucker Turnverein	Level 0a
Hanna KUPERION, Innsbrucker Turnverein	Level 0b
Laura LAMPARTER, Innsbrucker Turnverein	Level 1a
Pauline BÖWING, Innsbrucker Turnverein	Level 3
Rasul ASTAMIROV, Innsbrucker Turnverein	Level 1

	Markus LAMPARTER, Innsbrucker Turnverein	Kinder 1
	Simon PANCHERI, Innsbrucker Turnverein	Kinder 2

Tiroler Schülermeister:
- Jule WINTER, Innsbrucker Turnverein — Mehrkampf Mini 1
- Cinderella BEN ABDERRAHMANE, Innsbrucker Turnverein — Mehrkampf Kinder 1
- Josefine MICHELER, Turnverein Wattens — Mehrkampf Kinder 2
- Amelie KRENN, Turnverein Wattens — Mehrkampf Kinder 3
- Markus LAMPARTER, Innsbrucker Turnverein — Mehrkampf Kinder 1

Tiroler Jugendmeister:
- Ronja REUSS, Innsbrucker Turnverein — Mehrkampf Jugend 2
- Berta SCHWANINGER, Turnverein Wattens — Mehrkampf Jugend 3
- Manuel ARNOLD, Innsbrucker Turnverein — Mehrkampf Jugend 1
- Askhab MATIEV, Innsbrucker Turnverein — Mehrkampf Jugend 2
- Rasul ASTAMIROV, Innsbrucker Turnverein — Mehrkampf Jugend 3

Tiroler Juniorenmeister:
- Julia LENER, Innsbrucker Turnverein — Mehrkampf
- Askhab MATIEV, Innsbrucker Turnverein — Mehrkampf, Pauschenpferd, Reck, Ringe
- Daniel ZANDER, Innsbrucker Turnverein — Boden, Sprung, Stufenbarren
- Laurin ZAMBELIS, Innsbrucker Turnverein — Mehrkampf

Österreichischer Jugendmeister:
- Ronja REUSS, Innsbrucker Turnverein — Mehrkampf Jugend 2
- Askhab MATIEV, Innsbrucker Turnverein — Mehrkampf-Pflicht Jugend 2

Österreichischer Juniorenmeister:
- Johannes MAIROSER, Innsbrucker Turnverein — Mehrkampf, Boden, Pauschenpferd, Ringe, Barren

Rhythmische Gymnastik

Tiroler Schülermeister:
- Naomi NIKOLUSSI, Innsbrucker Turnverein — Mehrkampf Kinder 1
- Sophia CIRABISI, Innsbrucker Turnverein — Mehrkampf Kinder 2
- Victoria GURSCHI, Verein Rhythmische Gymnastik Wörgl — Mehrkampf Kinder 3

Tiroler Jugendmeister:
- Elisabeth ASCHER, Verein Rhythmische Gymnastik Wörgl — Mehrkampf Jugend 1
- Sophia GWIGGNER, Verein Rhythmische Gymnastik Wörgl — Mehrkampf Jugend 2
- Lena MÖHRING, Innsbrucker Turnverein — Mehrkampf Jugend 3

Tiroler Juniorenmeister:
- Anna-Sophia REITTER, Innsbrucker Turnverein — Mehrkampf Juniorinnen 1
- Romana NAGLER, Verein Rhythmische Gymnastik Wörgl — Mehrkampf Juniorinnen 2
- Susana MAGALHAES, Verein Rhythmische Gymnastik Wörgl — Mehrkampf Juniorinnenwettkampfklasse

VOLLEYBALL

Tiroler Super-Mini-Meister:
- Volleyballclub Tirol — U 11 – Volleyball weiblich
- Sportunion Inzing — U 11 – Volleyball männlich

Tiroler Mini-Meister:
- Volleyballclub Tirol — U 12 – Volleyball weiblich
- Sportunion Inzing — U 12 – Volleyball männlich

Tiroler Midi-Meister:
- Elena SCHLETTERER, Volleyballclub Tirol — U 14 – Beachvolleyball
- Lina BRINDLINGER, Volleyballclub Tirol — U 14 – Beachvolleyball
- Marcell MIKULÁSS, Sportunion Inzing — U 14 – Beachvolleyball
- Alexander HUTER, Sportunion Inzing — U 14 – Beachvolleyball
- Volleyballclub Tirol — U 13 – Volleyball weiblich
- Volleyballclub Mils — U 13 – Volleyball männlich

Tiroler Schülermeister:
- Patricia MAROŠ, Volleyballclub Mils — U 16 – Beachvolleyball
- Nora JANKA, TI Volley — U 16 – Beachvolleyball
- Michael PICHLER, Hypo Tirol Volleyballteam — U 16 – Beachvolleyball
- Felix MAST, Hypo Tirol Volleyballteam — U 16 – Beachvolleyball
- Volleyballclub Tirol — U 15 – Volleyball weiblich
- Sportunion Inzing — U 15 – Volleyball männlich

Tiroler Jugendmeister:
- Jana GRAF, Sportunion Inzing — U 18 – Beachvolleyball
- Anna LAMPRECHT, Sportunion Inzing — U 18 – Beachvolleyball
- Michael LADNER, Hypo Tirol Volleyballteam — U 18 – Beachvolleyball
- Markus DRAXL, Volleyballclub Mils — U 18 – Beachvolleyball
- Volleyballclub Tirol — U 17 – Volleyball weiblich
- Hypo Tirol Volleyballteam — U 17 – Volleyball männlich

Tiroler Juniorenmeister:
- Nikolina MAROŠ, Volleyballclub Tirol — U 20 – Beachvolleyball

	Eva MEINDL, Turnerschaft Innsbruck Volleyball	U 20 – Beachvolleyball
	Fabian THEURL, TI Volley	U 20 – Beachvolleyball
	Thomas MORSCHER, TI Volley	U 20 – Beachvolleyball
	Volleyballclub Tirol	U 19 – Volleyball weiblich
	Hypo Tirol Volleyballteam	U 19 – Volleyball männlich

Österreichischer Schülermeister:
Michael PICHLER, Hypo Tirol Volleyballteam — U 16 – Beachvolleyball

Österreichischer Juniorenmeister:
Nikolina MAROŠ, Volleyballclub Tirol — U 20 – Beachvolleyball
Eva MEINDL, Turnerschaft Innsbruck Volleyball — U 20 – Beachvolleyball

WASSERBALL

Tiroler Jugendmeister:
Wasserballclub Tirol — Wasserball

WETTKLETTERN

Tiroler U 12-Kinder-Meister:
Julia GRUBER, Alpenverein Kufstein — Boulder
Lena BREUSS, Alpenverein Imst Oberland — Lead
Charlotte KOFLER, Alpenverein Kitzbühel — Speed
Benjamin HAIDACHER, Alpenverein Kufstein — Boulder
Julian WIMMER, Alpenverein Wilder Kaiser — Lead
Felix LOHFEYER, Alpenverein Waidring — Speed

Tiroler U 14-Schülermeister:
Mona JENEWEIN, Alpenverein Innsbruck — Boulder
Julia LOTZ, Alpenverein Hohe Munde — Lead
Hannah SEIBL, Alpenverein Wilder Kaiser — Speed
Lukas BAUMGARTNER, Alpenverein Wilder Kaiser — Boulder, Speed
Benedikt LUDWICZEK, Alpenverein Innsbruck — Lead

Tiroler Jugendmeister:
U 16 – Jugend B:
Liesa KRUCKENHAUSER, Alpenverein Kufstein — Boulder, Lead
Benjamin STÖFFLER, Naturfreunde Axams — Boulder
Louis GUNDOLF, Alpenverein Imst Oberland — Lead

U 18 – Jugend A:
Florian KLINGLER, Alpenverein Innsbruck — Boulder
Jan-Luca POSCH, Alpenverein Innsbruck — Lead

Tiroler U 20-Juniorenmeister:
Viktoria SCHABER, Alpenverein Imst Oberland — Boulder
Hannah SCHUBERT, Alpenverein Innsbruck — Lead
Matthias ERBER, Alpenverein Wilder Kaiser — Boulder
Bernhard RÖCK, Alpenverein Innsbruck — Lead

Österreichischer Schülermeister:
Jana RAUTH, Alpenverein Imst Oberland — U 14 – Lead
Benjamin HAIDACHER, Alpenverein Kufstein — U 12 – Speed

Österreichischer Jugendmeister:
Elisa VENIER, Alpenverein Imst Oberland — U 16 Jugend B – Speed
Jan-Juca POSCH, Alpenverein Innsbruck — U 18 Jugend A – Boulder
Mathias POSCH, Alpenverein Imst Oberland — U 18 Jugend A – Lead

Junioren-Europameister:
Julia FISER, Alpenverein Innsbruck — Lead (3. Platz)

Junioren-Weltmeister:
Bernhard RÖCK, Alpenverein Innsbruck — Lead (1. Platz)
Matthias ERBER, Alpenverein Wilder Kaiser — Kombination (1. Platz)

Jugend-Europacup-Gesamtsieger:
Julia FISER, Alpenverein Innsbruck — U 20 – Lead (1. Platz)
Hannah SCHUBERT, Alpenverein Innsbruck — U 20 – Lead (3. Platz)
Jan-Luca POSCH, Alpenverein Innsbruck — U 18 – Boulder (2. Platz)
Bernhard RÖCK, Alpenverein Innsbruck — U 20 – Lead (2. Platz)